U0420134

INTERNET ADVERTISING SYSTEM

Architecture, Algorithm and Intelligence

互联网广告系统

架构、算法与智能化

唐溪柳 著

图书在版编目(CIP)数据

互联网广告系统：架构、算法与智能化/唐溪柳著．—北京：机械工业出版社，2023.3

ISBN 978-7-111-72582-4

Ⅰ.①互… Ⅱ.①唐… Ⅲ.①网络广告-算法设计-研究 Ⅳ.①F713.852

中国国家版本馆 CIP 数据核字(2023)第 024336 号

机械工业出版社(北京市百万庄大街 22 号 邮政编码 100037)
策划编辑：杨福川　　责任编辑：杨福川　罗词亮
责任校对：张爱妮　张　征　　责任印制：刘　媛
涿州市京南印刷厂印刷
2023 年 5 月第 1 版第 1 次印刷
186mm×240mm · 21.75 印张 · 1 插页 · 401 千字
标准书号：ISBN 978-7-111-72582-4
定价：109.00 元

电话服务
客服电话：010-88361066
010-88379833
010-68326294

网络服务
机 工 官 网：www.cmpbook.com
机 工 官 博：weibo.com/cmp1952
金 书 网：www.golden-book.com
机工教育服务网：www.cmpedu.com

Prologue 序

我和本书作者 Jeff 相识十多年，在腾讯和谷歌都有过紧密合作，而我们负责的产品也对业界产生过影响。很高兴看到 Jeff 将他多年的经验写成这本“秘笈”，为新入行的从业者降低试错成本。期待本书可以鼓励业界进行更多的交流与学习，共同提升。

广告平台通常分为业务(通常包含投放系统、业务数据库等)、系统(也叫工程、基建)和质量(也叫算法，通常还包括数据)三大领域。而广告平台的核心竞争力在于，利用高效、规模化的系统提升广告质量，从而帮助客户达成商业目标。Jeff 作为业内少有的超 10X 工程师，全面掌握了广告平台三大领域的核心技术以及三者之间的关键联系，能够在系统构建阶段就充分考虑到最终质量和业务提升的机会，从而提高广告平台的核心竞争力。

本书是作者基于自身丰富的行业知识与实战经验撰写而成的，旨在帮助读者深入了解广告平台的建设和完善，获取实战经验，提高自身技能和竞争力。例如，数据工程是大数据平台的核心，而要充分发挥数据优势，就需要强大的系统能力来支持各种针对商业目标的算法实现。本书第 5 章完整覆盖了数据架构的要素，更介绍了几类常见广告定向特征处理算法，其中包含许多业界难得一见的实战经验分享。

广告平台的建设和完善是一项长期工程。例如，谷歌早于 2003 年通过收购 Applied Semantics 开展 Google AdSense 项目，而直到 20 年后的今天，谷歌展示广告平台仍在持续创新和提升。广告平台是负有营收责任的复杂在线平台，对其进行任何改动都必须格外谨慎。同时，随着平台的成熟，广告效果提升的难度也会加大。一套完备、易用、严谨的线上实验系统，是质量团队长期维持高效输出的关键工具，其重要性不亚于大航海时代的指南针。因此，我特别高兴地看到本书第 6 章专门阐述了实验系统构建的各种细节。

本书是“秘笈”，也是极为详尽的大规模广告平台“线路级设计图”。相信无论是系统工程师、算法研究员、产品经理，还是有志于加入广告行业的人员，都可以通过本书深入了解先进广告系统的架构和应用。

罗征

谷歌展示广告前质量技术主管、腾讯广告前副总裁

Preface 前　言

为何要写本书

转眼之间，我从事广告系统的研发工作已经有 10 个年头。作为国内第一批从事广告系统研发的人员，我见证了国内广告系统的发展历程，也从一名程序员成长为架构师。我以架构师的视角对超大规模广告系统进行了回顾与思考，有所得之余，深深感到沉甸甸的责任，必须把这神奇的魔法、完美的商业模式成文付梓，藏之名山，传之其人。

每家跨国互联网公司都会有一个广告系统，为公司源源不断地贡献利润。互联网的发展史与互联网广告的发展史也基本吻合，互联网广告可以说是利用现代信息技术打造的完美商业模式。

本书主要内容

本书从一名架构师的视角剖析了现代广告系统的构成，包括投放、播放、检索、A/B 测试、数据、策略、预估算法等各个方面，并介绍了重要的方法论。本书尽力遵循架构设计的自描述原则，以期让读者不借助其他参考资料就能掌握书中的大多数知识点。

本书共 8 章，各章主要内容如下。

第 1 章介绍互联网广告生态，包括互联网广告生态的参与者与在线广告产品形态。

第 2 章介绍广告投放系统，包括广告的层级结构、API 设计原则、广告平台 API 等。

第 3 章介绍构建一个大规模网络系统的方法论。

第 4 章介绍如何设计一个可扩展、鲁棒性高的广告播放系统。

第 5 章介绍各类数据的收集与应用以及支撑数据应用的产品与架构设计，包括数据管理平台(DMP)、特征工程平台。

第 6 章介绍广告系统中 A/B 测试子系统的架构设计。

第 7 章从竞价的博弈论基础开始，首先介绍机制设计理论，然后介绍谷歌的广义第二价格竞价、Facebook 的 VCG 竞价方式，最后结合腾讯广告系统介绍竞价实现中的粗排、精排以及竞价系统与检索系统的接口对接方式。

第 8 章介绍预估模型的训练数据准备与模型离线评估、常用的预估模型、新广告点击率预估、广告转化率预估。

读者对象

本书是对广告系统的综合性总结，适合架构师、算法工程师以及希望了解互联网大规模系统的在校师生阅读。此外，希望了解广告系统原理的市场营销人员也可以有选择地阅读，应该不无裨益。

勘误与支持

限于我的水平，书中难免会出现一些错误或者不准确的地方，读者在阅读过程中如有发现，恳请来信指正，我的邮箱是 xiliu. tang@ gmail. com。同时欢迎提出关于本书的任何其他建议或意见。

致谢

感谢支持和鼓励我坚持写完本书的朋友们。感谢我的太太和两个女儿，她们在本书的写作过程中给予了我大力支持。

Contents 目　　录

第1章 Chapter 1

互联网广告生态

广告是一种营销传播工具，其历史由来已久。近年来，基于互联网的在线广告系统借助于计算机技术，提升广告投放的有效性，降低交易成本，为广告主带来高效、低成本的转化，从而形成一个生生不息的互联网广告生态，成为社会经济重要的组成部分。

这一生态繁荣发展的过程也是生态参与者发展的过程，许多互联网公司都以广告作为主要的收入来源，同时也产生了丰富的在线广告形态，包括搜索广告、社交广告、展示广告、视频广告等。其中谷歌是提供搜索广告的主要厂家，谷歌约占全球搜索流量的90%，而Meta精准定向广告则与Meta公司产品矩阵构成统一、高效的营销解决方案。

本章介绍互联网广告生态的参与者以及在线广告的主要产品形态。

1.1 互联网广告生态的参与者

互联网广告生态的主要参与者是跨国互联网公司，它们综合利用现代信息技术打造出超大规模的广告系统，对自有或者联盟流量进行高效变现，形成日夜不停的印钞机，获得了大量的营收与利润。例如，谷歌与Meta的总市场份额约占美国在线广告市场的50%，亚马逊约占10%。其他参与者包括：第三方广告技术平台公司，它们通过利用广告技术整合生态中的其他流量，为广告主提供广告平台之外的选择；垂直行业的广告服务公司，它们通过发掘并满足垂直、细分的行业需求，或者通过积累有效的行业数据，为大广告主量身定做广告营销方案；自媒体个人参与者（或者小企业），他们通过 Google AdSense、YouTube 等赚取广告收入分成。随着隐私保护政策的逐渐加强与反垄断带来的深入影响，头部广告平台市场与第三方广告技术平台市场的占比呈现出此消彼长的趋势。

本书主要介绍在全球广告市场中占主导地位的谷歌、Meta 广告系统，主要原因在于相比其他广告系统，这两个广告系统的生态更复杂、更全面。充分了解它们之后，再看其他广告系统就能轻车熟路、触类旁通了。

1.1.1 主要在线广告平台

1. 谷歌广告平台

谷歌是全球最大的在线广告平台。谷歌 2000 年发布 Google AdWords，2018 年将 Google AdWords 品牌升级为 Google Ads。Google Ads 主要面向广告主，允许广告主投递广告。广告主利用 Google Ads 向网站引流，并按点击向谷歌支付广告费用。2021 年，谷歌总营收 2576.4 亿美元，其中广告平台贡献的收入约占 80%。

如图 1-1 所示，谷歌的广告流量来源可以分为搜索广告网络（Search Network）和展示广告网络（Display Network）。默认情况下 Google Ads 广告会投递到这两个网络，以尽可能帮助广告主优化投放效果。

<table>
<tr><td colspan="6">谷歌广告平台</td></tr>
<tr><td colspan="2">搜索广告网络</td><td colspan="4">展示广告网络</td></tr>
<tr><td rowspan="2">谷歌搜索站点</td><td rowspan="2">谷歌搜索合作伙伴</td><td colspan="3">谷歌发布商解决方案</td><td rowspan="2">谷歌内部产品</td></tr>
<tr><td>Google AdSense</td><td>Google AdMob</td><td>Google Ad Manager</td></tr>
<tr><td>谷歌网站</td><td rowspan="6">参与谷歌搜索合作伙伴的第三方网站</td><td rowspan="6">参与Google AdSense的第三方网站</td><td rowspan="6">参与Google AdMob的第三方移动App</td><td rowspan="6">自身具备广告销售能力的较大流量方</td><td>YouTube</td></tr>
<tr><td>Google Play</td><td>Gmail</td></tr>
<tr><td>Google Shopping</td><td rowspan="4">……</td></tr>
<tr><td>Google Images</td></tr>
<tr><td>Google Maps</td></tr>
<tr><td>……</td></tr>
</table>

图 1-1 谷歌广告流量组成

(1) 搜索广告网络

搜索广告网络是一组与搜索相关的网站和应用，当广告主在 Google Ads 上投放广告并选择搜索广告网络时，在用户搜索与广告关键词相关的字词时，广告主的广告有可能会显示在搜索结果附近。

- 对于谷歌搜索站点(Google search sites)，广告可以显示在搜索结果的上方或下方。其中，对于 Google Play、Google Shopping、Google Images 和 Google Maps，广告可以显示在搜索结果的旁边、上方或下方。
- 对于谷歌搜索合作伙伴(Google search partners)，广告可能与搜索结果一起显示在谷歌搜索合作伙伴网站上，或者作为相关搜索或链接的一部分。

(2) 展示广告网络

展示广告网络可以帮助广告主在用户浏览非谷歌网站时向其投递广告，或者在用户观看 YouTube 视频或使用 Gmail 的时候向其投递广告。搜索广告网络可用于在用户有明确的意图时吸引用户(用户在搜索关键词时可能有明确的购买意图)，而展示广告网络则可以帮助广告主在用户购买周期的早期吸引用户。广告主可以在用户开始搜索对应产品之前，就将产品信息展示给用户，这可能成为广告主在市场取得优势的关键策略。展示广告网络还可以帮助用户重新回忆起自己曾经感兴趣的内容，例如向之前访问过广告主网站或者应用的用户进行再营销。

谷歌发布商解决方案(Google publisher solution)包括 Google AdSense、Google AdMob 和 Google Ad Manager，是谷歌展示广告网络的重要组成部分，也是谷歌对于流量主(发布商)变现需求的解决方案。

Google AdSense 发布于 2003 年，主要面向流量方。例如，个人网站站长可以通过 Google AdSense 引入谷歌广告，主要采用按点击计费的模式。当用户点击广告时，Google 向广告主扣费，并与第三方网站分享收入。约有 1100 万网站使用 AdSense。

谷歌于 2009 年收购 AdMob。目前 AdMob 是全球最大的移动广告平台，每月服务超过 400 亿移动 banner 广告及文字广告请求。移动开发人员通过接入 AdMob 的应用内广告形态，可以从广告点击中获得谷歌的收入分成。

谷歌于 2018 年发布 Google Ad Manager。Google Ad Manager 是一个广告交易平台，由 Double Click 公司(现已被谷歌收购)的 Double Click for Publisher 及 Double Click Ad Exchange 演变而来。Google Ad Manager 适用于拥有广告销售团队的大型流量主(发布商)，支持精细的报表配置，并支持多个广告网络，包括 AdSense、Ad Exchange 和第三方广告网络。

谷歌内部产品（如 YouTube、Gmail）也是展示广告网络的重要流量组成部分。YouTube 于 2006 年被谷歌收购，目前是全球最大的视频创作与共享平台，每年大约有 150 亿美元的广告收入。对于某些场景，YouTube 会向视频创作者支付视频广告收入的一定比例。

2. Meta 广告平台

Meta 是全球最大的社交网络公司，也是社交媒体广告和营销的领先平台，全球 94% 的营销人员利用 Meta 进行营销。2021 年 Meta 的全年营收为 1179. 29 亿美元，广告收入占全部收入的 98. 5%。

Meta 的流量来源主要有 Facebook、Instagram、Messenger 和 Meta Audience Network。不同的广告展示位置在 Meta 广告系统中被称为广告版位。Meta 广告平台的版位很多（见图 1-2），广告主可以选择自动版位设置，这时系统会帮助广告主自动优化投放。

动态消息			快拍	视频插播位	搜索	消息	文中广告	应用
Facebook 动态消息	Instagram 动态	Messenger 收件箱	Facebook 快拍	Facebook 视频插播位	Facebook 搜索结果	Messenger 赞助消息	Facebook 即阅文	Meta Audience Network 原生、横幅和插屏版位
			Instagram 快拍					Meta Audience Network 奖励式视频广告位
Facebook 视频动态	Instagram 发现		Messenger 快拍					
Facebook Marketplace								
Facebook 右边栏								

图 1-2 Meta 广告平台的广告版位

（1）Facebook

Facebook 网站和 Facebook 移动 App 合计约有 26 亿月活跃用户，其主要广告版位如下。

- ❑ Facebook 动态消息。当用户使用电脑访问 Facebook 网站时，广告在桌面版动态消息中展示；当用户在移动设备上使用 Facebook 应用时或者通过移动版浏览器访问 Facebook 网站时，广告在移动版动态消息中展示。

- Facebook 视频动态。在 Facebook Watch 和 Facebook 动态消息上，纯视频环节，两次视频自然播放之间展示视频动态广告。
- Facebook Marketplace。广告在 Marketplace 首页展示，或者在用户使用 Facebook 应用浏览 Marketplace 时展示。
- Facebook 右边栏。当用户使用电脑访问 Facebook 时，在 Facebook 右边栏展示广告。
- Facebook 快拍。广告在 Facebook 用户的快拍中展示。
- Facebook 视频插播位。广告在 Facebook 视频点播和合作伙伴直播中以短片形式展示。
- Facebook 搜索结果。广告在 Facebook 和 Marketplace 搜索结果旁边展示。
- Facebook 即阅文。广告在 Facebook 移动应用的即阅文中展示。即阅文是 Facebook 定义的一种 HTML 文件，托管在 Facebook 网站，因此可以在 Facebook 中极快地加载。

（2）Instagram

Meta 2012 年收购了图片共享应用 Instagram，目前 Instagram 有超过 10 亿月活跃用户。Instagram 允许广告主将潜在客户重定向到外部网站，例如去外部在线商店购物，或者去外部应用商店下载应用。Instagram 的广告收入约占 Meta 营收的 17%，其主要广告版位如下。

- Instagram 动态。当用户在移动设备上使用 Instagram 应用时，广告会展示在移动版动态消息中。Instagram 动态广告仅向浏览 Instagram 应用的用户展示。
- Instagram 发现。广告将在用户点击照片或者视频进行浏览的过程中展示。
- Instagram 快拍。广告将在 Instagram 用户的快拍中展示。

（3）Messenger

Meta 于 2011 年将 Facebook 应用内的消息功能升级为独立的应用 Messenger。用户可以通过 Messenger 发送消息，交换照片、视频、贴纸、音频和文件，还可以进行语音和视频通话。Messenger 有超过 12 亿月活跃用户，其主要广告版位如下。

- Messenger 收件箱。广告在 Messenger 的“首页”选项卡中展示。
- Messenger 快拍。广告在 Messenger 用户的快拍中展示。
- Messenger 赞助消息。广告以消息的形式通过 Messenger 投递给与广告主发生过交流的用户。

（4）Meta Audience Network

Meta 在 2014 年发布 Meta Audience Network。Meta Audience Network 是 Meta 推出的移动

应用变现广告联盟，移动开发者可以加入 Meta Audience Network 从而共享 Meta 庞大的广告主群体，广告主则可以向 Meta 产品矩阵之外的移动网站和应用程序投放广告，扩大客户覆盖范围。Meta Audience Network 的广告版位如下。

- Meta Audience Network 原生、横幅和插屏版位。广告将在 Meta Audience Network 的应用中展示。
- Meta Audience Network 奖励式视频广告位。广告以视频的形式展示，用户可以在应用中观看以换取奖励(如应用内货币或物品)。

3. 亚马逊广告平台

亚马逊是全球最大的电子商务与云计算公司，2021 年营收达 4698 亿美元，为当时全球营收最高的互联网公司。亚马逊在全球拥有超过 3 亿的年活跃用户(定义为在过去一年内下单购买过商品的用户)。用户访问亚马逊时具有明显的购物倾向，亚马逊积累了丰富的消费数据，因而能较详细地洞察用户在网上发现、研究与购买商品时与商品和品牌互动、下单的全过程。亚马逊还是全球第三大广告平台，主要服务于亚马逊站内的卖家。2021 年亚马逊的广告收入为 326 亿美元，它提供的广告产品如下：

- 亚马逊商品推广；
- 亚马逊品牌推广；
- 亚马逊展示型推广；
- 视频广告；
- Amazon DSP；
- 亚马逊归因。

亚马逊商品推广是指利用购物搜索结果页与商品展示页上的展示广告来让用户发现和购买卖家在亚马逊上销售的商品。由于用户在亚马逊上搜索时已经具有较强的购物倾向，通过搜索关键词匹配商品，商品推广广告具有非常高的转化效率。商品推广广告可能会展示在购物搜索结果的顶部、旁边或者中间以及商品展示页上，按点击计费。

亚马逊品牌推广是指通过展示在亚马逊购物搜索结果中的定制广告来提高卖家品牌和商品组合的知名度与曝光度。加入亚马逊品牌注册计划的卖家、供应商和代理商可以使用品牌推广。品牌推广广告可能会展示在购物搜索结果的顶部、旁边或者中间，按点击计费。

亚马逊展示型推广是一种自助式广告解决方案，广告主可以通过简单的广告活动创建和自动生成的广告素材在亚马逊网站内外部吸引合适的受众，按点击计费。共有三种可选定向：浏览定向、商品投放定向和兴趣定向。浏览定向帮助广告主吸引查看过广告主商品详情页或相似商品详情页的受众，展示在亚马逊站外；商品投放定向可以将广告投递到主动浏览过广告主商品或者类似商品和品类的受众，展示在亚马逊站内；兴趣定向可以向新受众推荐广告主商品，这些受众的购物行为表明他们可能对广告主商品感兴趣，展示在亚马逊站内。

亚马逊视频广告，即 Amazon OTT(Over-The-Top)广告。OTT 是指不通过卫星电视或者有线电视，而通过互联网提供流媒体视频的内容服务。用户只需要将相应的设备联网即可观看 OTT 内容。在 OTT 视频内出现的视频广告，无论出现在视频播放之前、播放期间还是播放之后，都称为 OTT 视频广告。这种类型的广告一般不会跳过，用户通常能观看到广告结束。Amazon OTT 广告的流量来源包括 IMDb TV、亚马逊出版商服务播送设备和网络应用、支持广告的体育赛事直播、Fire TV 上的新闻应用。

Amazon DSP(Demand-Side-Platform，需求方平台)可以帮助广告主利用程序化的方式大规模地购买展示广告、视频广告和音频广告。Amazon DSP 支持再营销受众定位，覆盖亚马逊站内和站外的受众。

亚马逊归因是亚马逊提供的免费工具，可以帮助广告主统一衡量和分析广告，更好地了解数字广告(包括搜索广告、社交广告和电子邮件营销)的投资回报率(ROI)，并帮助广告主深入了解用户如何在亚马逊发现、研究和购买商品。

4. 微软广告业务

微软的广告流量构成主要是搜索产品 Bing 与社交产品 LinkedIn，两个产品合计 2022 年广告收入约为 100 亿美元。

(1) Bing

微软持续在搜索引擎业务上投入，推出 MSN Search、Windows Live Search、Live Search 等产品，并于 2009 年进行品牌升级，发布 bing. com 搜索引擎(2022 年约占互联网搜索流量的 2. 69%)。对应 bing. com 的广告产品为 Bing Ads，2019 年 Bing Ads 进行品牌升级，更名为 Microsoft Ads。与 Google Ads 类似，Microsoft Ads 使用广告客户愿意为每次广告点击支付的最高费用(PPC)和广告的点击率(CTR)来确定广告的显示频率，这一系统促使广告主制作有效的广告，并且仅在与其广告相关的搜索上显示广告。Microsoft Ads 同时允许广告客户对广告进行人口学信息定向，并在特定人群触发广告时提高出价。2023 年，微软 Bing 集成创新的人工智能技术 ChatGPT，给搜索及搜索广告带来深远影响。这样一来，用户可以更轻松地找到所需的搜索结果，从而减少对搜索广告的依赖。此外，Bing 还改善了搜索广告精准度，使搜索广告更加高效。

(2) LinkedIn

微软于 2016 年收购 LinkedIn。2022 年 LinkedIn 的用户数约 8.1 亿，是全球领先的职场社交媒体。通过 LinkedIn，广告主可以付费将图片、视频广告展示给目标受众。LinkedIn 的主要广告产品包括：

- 企业推广内容广告；
- 推广 Inmail 广告；
- 文字广告；
- 动态广告。

LinkedIn 企业推广内容广告包括单图广告和轮播广告两种形式，展示位置为 LinkedIn 信息流。广告主可以利用 LinkedIn 的人群数据和自身已有的人群数据进行目标人群定向。

LinkedIn 推广 Inmail 广告的展示位置为 LinkedIn 站内消息收件箱。通过 Inmail 广告，广告主可以与潜在客户直接沟通，还可以添加销售线索表格，通过 LinkedIn 直接收集销售线索。

LinkedIn 文字广告展示在 LinkedIn 站内相关位置，通过文字广告，广告主可以进行精确的定向条件设定，同时选择按照单次点击或者展示成本来定价，设置广告预算以控制成本。

LinkedIn 动态广告主要覆盖 LinkedIn PC 版本，可以根据 LinkedIn 用户的档案内容自动生成个性化的广告文案，吸引目标用户。

1.1.2 主要在线广告网络

大型互联网公司利用多维度的用户产品构建起强大的流量矩阵，然后通过对广告主需求的深入发掘来设计广告产品，实现广告变现，它们是广告生态的重要部分。广告生态的另一个重要部分是广告网络，或者说在线广告网络，是将广告商连接到需要通过广告变现的网站或移动应用的公司。

广告网络的主要功能是聚合流量方(发布商)，并将其与广告主需求匹配。在线广告网络相比传统媒体广告网络的优势在于，在线广告网络使用中心广告服务器将广告投放给用户，并且能够精确进行目标定位、跟踪和报告展示。2022 年全球互联网广告收入约 8013 亿美元，广告网络市场是一个庞大且不断增长的市场，这种增长使市场上出现了许多新的参与者，并且希望进入该市场或者希望扩大市场份额的大公司在持续收购广告网络。

在线广告有许多不同的展示媒介，如桌面或移动网站、博客、即时消息应用、移动应用、电子邮件等。其中主要形式为第三方内容网站、搜索引擎、移动和在线视频网站等，这些网站与广告网络合作以获得广告收入的分成。大型流量方（发布商）通常仅通过广告网络将其剩余的、长尾的流量资源变现。较小的流量方（发布商）则通过广告网络出售其所有的流量资源。大型的广告网络公司包括搜索引擎（如 Google AdSense、Google AdMob）、社交媒体（如 Meta Audience Network）、独立的第三方技术公司等。

目前全球有数百个广告网络，市场分布每天都在变化。广告监测平台（MMP）会定期发布报告，点评各大平台的表现。例如，移动归因与营销分析公司 AppsFlyer 每半年会发布一次《广告平台综合表现报告》，对移动广告行业的各家媒体渠道进行排名。可以从不同的维度对广告网络进行分类，例如根据公司业务策略或者网络流量质量和广告库存进行分类。

从业务策略角度，根据与广告商及流量方（发布商）的合作方式，可以将广告网络分为以下三类。

- 垂直网络（Vertical Network）。大型流量方（发布商）将其流量组合成垂直领域的广告网络。垂直网络通常拥有对应领域（如汽车或旅行行业）的高质量流量，以较高的价格销售，并被品牌销售人员大量使用。垂直网络通常提供某个 ROS（Run-Of-Site，特定网站频道）[㊀]的广告展示，或者提供全站的广告展示。
- 盲网络（Blind Network）。这类广告网络通过以较低的价格向广告主销售流量，使得广告主放弃对其广告出现在哪些媒体上的控制权。有的盲网络还提供排除网站的方法，允许广告主排除某些网站，使其广告不出现在这些网站上。运行盲网络的公司通过批量采购流量方（发布商）的剩余流量，结合转化优化与精准定向技术来实现较低的流量采购成本，并以 RON（Run-Of-Network）[㊁]的方式向广告主销售其流量。
- 目标网络（Targeted Network）。这类广告网络有时也称为“下一代广告网络”或者“广告网络 2.0”。运行目标网络的公司专注于广告服务器内置的特定定位技术（如用户行为定位或者上下文定位），使用较为复杂的数据挖掘方式（如通过挖掘用户的点击数据流、利用社交图谱等技术），以帮助广告主提升转化，进而提高其流量的价值。

㊀ ROS 广告展示通常指在线广告可以出现在特定网站任何页面上的任何开放的广告位置。

㊁ RON 是一种互联网营销形式，其中广告主的广告营销活动被应用到各种网站，广告主没有选择特定网站的权力。

大多数广告网络通常支持各种广告格式，如横幅广告、原生广告，也支持各种广告平台，如展示广告、移动广告、视频广告等。也有一些广告网络着重支持特定的广告格式和广告平台，例如：

- 移动广告网络专注于通过移动应用和移动 Web 网站展示广告，因此其广告展示样式与广告产品适用于移动平台；
- 视频广告网络专注于通过与在线视频相关的广告位置展示广告，因此其广告样式与广告产品适用于视频资源。

每个广告网络都满足不同类型的广告需求，具有不同的广告格式、广告定向和配置，且可能服务于不同的垂直行业，因此难分优劣。流量方(发布商)需要测试、优化不同的广告网络，从而找到最优的 eCPM(有效 CPM [⊖])配置。以下是主流的移动广告网络。

- AdMob。AdMob 是 Google 推出的移动广告网络，每月响应全球 2000 亿个移动广告请求。超过 100 万广告主和超过 100 万移动应用使用 AdMob。
- Meta Audience Network。这是 Meta 推出的广告网络，其全球月活跃用户超过 10 亿，支持多种移动广告形式(如激励视频)，适用于移动端游戏变现。
- InMobi。InMobi 为流量方(发布商)提供一个程序化的广告变现平台，发布商可以通过该平台服务全球化的广告需求，包括 200 多个 DSP 和 5000 多个顶级平台的广告卖家。InMobi 通过统一的竞价方式帮助发布商最大化应用内广告的变现。
- AppLovin。AppLovin 成立于 2012 年，是一家总部位于加利福尼亚州帕洛阿尔托的移动技术公司。AppLovin 使各类开发人员能够通过其移动广告平台 MAX、营销平台 AppDiscovery、分析平台 SparkLabs 营销、货币化、分析和发布应用程序。AppLovin 运营着 Lion Studios，后者与游戏开发商合作推广和发布他们的手机游戏。AppLovin 还对各种移动游戏发行商进行了大量投资。AppLovin 平台每天处理 600 亿~700 亿次广告需求，触及的全球移动设备数高达 20 亿，覆盖全球数百万个 App。2023 年 3 月，AppLovin 的市值约为 50 亿美元。
- Unity Ads 与 ironSource。Unity Ads 帮助发布商将视频广告集成到其游戏之中，以最大限度增加收入，改善用户体验。Unity Ads 与 SEGA、Halfbrick、Next Games 等游戏发行商合作，通过视频广告变现。游戏开发人员可以在游戏玩家观看视频之后，为其提供多种选择，如增加寿命、增加金币、增加分数等。Unity Ads 广告网络注重提

⊖ CPM，Cost Per Mille，也称为 Cost Per Thousand，指某个网页上 1000 次广告展示的价格。

高用户的生命周期价值，而不是单纯地提升填充率和 eCPM 值。

ironSource 是移动游戏行业垂直广告网络，与一些顶级游戏移动应用程序发行商，包括 Ubisoft、Zynga、EA、Gameloft 等建立了合作关系。ironSource 的 SDK 支持 iOS、Android、Unity 平台。该广告网络每天响应 10 亿次广告曝光请求。2022 年，Unity 与 ironSource 宣布合并，ironSource 成为 Unity 的全资子公司。

- Mintegral。Mintegral 是 AI 驱动的程序化互动式移动广告平台，致力于在移动营销领域连接东西方市场，通过全栈式程序化广告产品与服务，为全球广告主与移动开发者提供用户获取、流量变现及创意解决方案，助力提升营销价值与收益。Mintegral 是唯一一家总部位于中国的头部第三方平台。
- PubMatic。PubMatic 为发布商提供一系列服务，同时为应用程序开发人员推出 Open-Wrap SDK，该 SDK 可以增强应用程序性能、扩大广告资源覆盖范围。
- TripleLift。TripleLift 专注于应用内视频广告，同时也支持原生视频。它使用其专有技术，为发布商提供与它们的应用程序外观和风格匹配的广告展示位置。
- Fyber。Fyber 为发布商提供 FairBid 和视频广告变现方案。FairBid 在应用程序环境中实施标头竞价(Header Bidding)[1]，从而提升竞价透明度，增强对广告主的议价能力。Fyber 的视频广告变现平台将发布商与 150 多个 DSP 对接，并通过多渠道(如通过 RTB[2]销售、通过 PMP[3]销售、直接销售)销售广告，从而增强对流量的竞争度，提升流量变现价值。
- Chartboost。Chartboost 是专注于移动游戏行业的垂直广告网络，支持多种广告形式，例如激励视频、互动广告等。

近年来，各国政府加强对个人数据隐私的保护，并纷纷出台隐私保护政策，这一趋势对于在线广告的生态有着重要影响。首先，隐私保护政策的出台让消费者受到了严格的保护，只有遵守隐私保护政策的公司才能在市场上做广告，这加强了市场的竞争性，提高了产品的质量和广告的效果。其次，隐私保护政策的核心是减少巨头对用户隐私数据的滥用，

---

[1] 标头竞价是一种程序化广告竞价方式。在该竞价方式下，发布商在调用广告服务器之前(如 DoubleClick for Publisher)，同时向多个广告交易平台发起广告请求，让多个需求方同时竞价同一个广告请求，从而提高收益。

[2] RTB(Real-Time Bidding，实时出价)是一种计算机运行的拍卖，可以让广告主根据广告交易平台提供的用户数据(如访问者来自的网站和地区)来决定是否竞拍该广告曝光机会及设定出价。

[3] PMP(Private MarketPlace，私有交易市场)是基于邀请制的实时竞价拍卖。在这种方式下，一个或多个发布商邀请一定数量的广告主购买其广告展示资源。

提高隐私保护水平，影响到整个互联网广告行业的精准度。这其中，既有政府的立法，也有生态巨头的发力动作，苹果 IDFA 的发布(以及谷歌之后的跟进)对互联网广告行业有着巨大影响，既有积极的一面，也有消极的一面。积极的一方面是，企业可以更好地保护用户隐私，在不影响用户体验的前提下提升广告的精准度，更好地满足用户需求；消极的一方面是，隐私保护带来了一些不便，对于广告主而言，数据的使用受到了限制，如果不做好数据使用的权限管理，很容易造成精准度降低、收益下降。最后，隐私保护政策的出台促进了在线广告技术的发展，如数据挖掘和机器学习技术的大规模应用，可以帮助企业更好地理解消费者的需求，提升广告的质量和效果。

同时，欧美的一系列反垄断政策也对广告行业，特别是对广告行业营销活动的定价、结构、内容和执行具有重要影响。例如，欧美反垄断政策已经介入了多媒体广告投放行业，加大了对垄断行为的监管，改变了行业中的结构和定价。此外，欧美反垄断政策还可以控制网络广告行业的结构和定价，调整广告行业的市场分配和营销政策，为广告生态的多样化繁荣带来积极影响。

1.1.3 程序化购买生态

程序化购买(Programmatic Buying)是指基于技术和数据进行广告交易和投放管理。在该生态下在线广告投放流程如图 1-3 所示，主要参与方有 DSP(Demand-Side Platform，需求方平台)、广告交易平台(Ad Exchange)、SSP(Supply-Side Platform，供应方平台)。

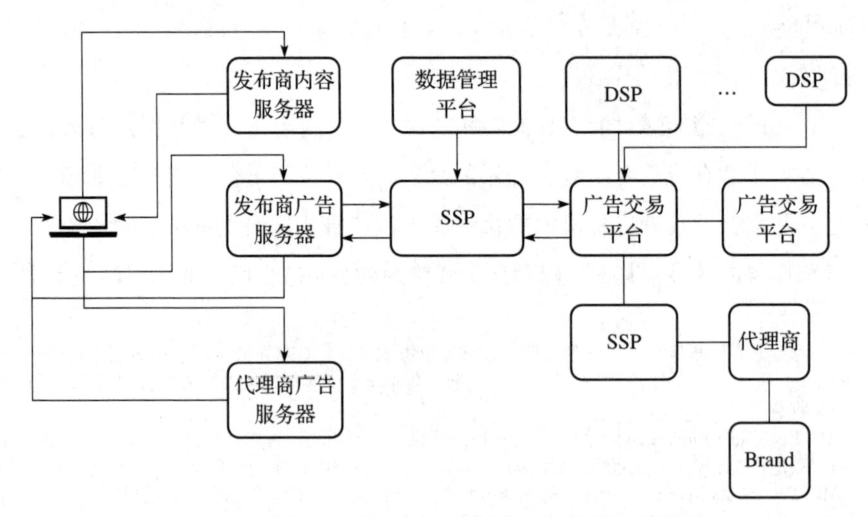

图 1-3 程序化购买生态下的在线广告服务响应流程

1. DSP

DSP是一种软件系统，提供一个统一的界面，购买在线广告的广告主可以通过该界面管理多个广告交易平台，向不同的广告流量来源投放广告，广告的实时竞价过程在广告交易平台内部完成。营销人员通过使用DSP可以管理横幅广告的出价或者针对目标受众定向数据的价格，也可以基于关键绩效指标进行优化，例如有效的每次点击费用(eCPC)或者有效的每次转化费用(eCPA)。

DSP整合了广告网络的许多功能，例如对流量的广泛获取功能、投放广告的功能，对广告进行实时出价、跟踪和优化的功能。由于这些功能被整合到同一个界面，广告主得以控制和最大化其广告的影响力。DSP能跟踪的信息非常详细，包括播放频次、多种形式的富媒体广告、视频播放指标等，同时许多第三方广告跟踪技术公司与DSP集成，为广告主提供更详细的广告跟踪信息。此外，在进行第一价格拍卖的竞拍环境下，DSP应用先进的降价算法(bid sharding[㊀]算法)来帮助广告主以较低的CPM获取广告曝光。

DSP通常用于重定向，因为DSP能服务大量的广告请求，从而识别出广告主希望触达的用户。DSP的胜出率是指胜出的出价占DSP提交出价的百分比。目前市场占有率较高的DSP如下：

- DoubleClick Bid Manager;
- Amazon Advertising;
- Sizmek;
- Oath DSP;
- Adobe Media Optimizer DSP;
- TheTradeDesk;
- MediaMath;
- Adobe Advertising Cloud;
- AppNexus;
- DataXu。

2. 广告交易平台

广告交易平台是一种技术平台，它联系着DSP和SSP。通过接入SSP汇集大量媒体流

㊀ bid sharding算法是指竞拍者以低于其真实估计的价格报价。在第一价格拍卖中，中标者支付其拍卖金额，如果出价等于其商品价值，中标者将无利可图。竞标者通过降低获胜的概率来换取更高的回报，从而优化整体期望。

量资源，广告主可以通过 DSP 以 RTB 的方式购买这些广告展示资源。广告展示包括视频、移动应用等多种形式。

发布商可以通过这一广告交易平台统一的渠道向多个广告主出售其广告流量，并从大量合并的广告需求中争取更高的收益。对于广告主而言，通过广告交易平台可以触达更多用户，同时可以通过 DSP 应用更先进的定位技术来提高广告转化率。目前市场占有率较高的广告交易平台如下：

- Xandr（AT&T 2018 年收购 AppNexus，合并到 Xandr 运营）；
- Verizon Media；
- OpenX；
- Rubicon Project；
- PubMatic；
- Index Exchange；
- Google Ad Exchange。

3. SSP

SSP 是一种技术平台，或者说卖方平台，该平台可以使流量方（发布商）和数字户外媒体所有者（Digital Out-Of-Home，DOOH）管理其流量媒体资源，填充广告并获得收入。

SSP 在发布商这侧与广告网络或者广告交易平台交互，而广告网络和广告交易平台在广告主这侧与 DSP 交互。SSP 向广告交易平台发起广告曝光请求，DSP 在广告交易平台代表广告主根据特定的受众定向属性以 RTB 的方式竞购这些广告曝光请求。发布商可以使用 SSP 向尽可能多的潜在买家展示可能的曝光机会，从而使收益最大化。市场占有率较高的 SSP 如下：

- Index Exchange；
- OpenX；
- PubMatic；
- Rubicon Project；
- SpotX；
- Xandr。

本节介绍了互联网广告生态的参与者。互联网广告生态是一个价值数千亿美元的繁荣生态，该生态中既有 Google、Meta 这样的巨头，也有大量小而美的第三方技术公司，大家可以从广告平台、广告网络、程序化购买这三个方面来熟悉与了解这一生态。

1.2 在线广告产品形态

在线广告主要向互联网用户传递营销信息。在线广告自出现之后便迅速发展，目前已成为许多中小企业和个人的首选营销方式。特别是营销预算有限的企业，借助社交媒体和搜索引擎，只需要小额预算就可以带来数倍的销售额。例如，如果广告主希望通过电视营销，则必须买断对应的展示位置，且无法选择目标受众，而在 YouTube 上做对应的视频广告，则可以选择特定的目标人群。在社交媒体或者搜索引擎上发布广告时，只有在用户点击广告时才需要付费，这种方式使广告主可以精确评估 ROI，且可以实时了解营销效果。相比传统的电视广告、平面广告，在线广告在如下方面具有明显优势。

- 广告效果跟踪。传统广告一般无法精确追踪营销效果，而在线广告平台可提供转化全链条的效果追踪、归因工具。
- 共享能力(社交裂变能力)。传统广告一般无法让用户与朋友分享，而对于社交媒体广告，共享和传播能力内置在广告之中，很多社交媒体广告设计的目标就是触发社交传播，从而以较低的价格获得大量曝光。
- 发展品牌。在线广告可以让企业以较低的营销成本发展其品牌，例如通过发布高质量的网站内容吸引关注，在社交媒体网站上与用户互动，运营与品牌相关的线上活动。
- 更公平高效的竞争环境。传统广告展示资源由于无法细分人群，往往售价较高，个人与小企业在与大企业的竞争中处于劣势；而在线广告系统提供目标人群细分定向功能，因此个人与小企业主可以与大企业进行公平竞价。

本节从广告投递方式和计费方式两个方面来对在线广告产品形态进行总结与分析。

1.2.1 在线广告的投递方式

在线广告的投递方式有展示广告、搜索引擎营销、社交媒体营销、电子邮件营销等。

1. 展示广告

展示广告使用文字、徽标、动画、视频、照片或者其他图形在视觉上传递营销信息。使用展示广告的营销人员通常根据产品的人群特征，针对特定的用户群体制作广告素材，以提升广告效果。广告平台使用 Cookie、登录用户账户等人群标志来决定将哪些广告投递给特定用户。

Cookie 可以跟踪到用户是否离开了页面而没有发生购买行为，此时广告主可以使用这些 Cookie 在用户访问其他网站时重新定位用户，向其投递广告，促使其再次访问广告主网站，这叫作再营销或重定向。更进一步，大型在线广告公司可以通过广告网络收集用户在多个网站的在线活动数据，从中创建用户画像，从而投放更具针对性的广告，这种将数据进行汇总与挖掘的广告定向方式称为行为定向。广告平台可以通过用户访问网页的上下文来定位用户当前的兴趣热点，这称为上下文定向。重定向、行为定向、上下文定向都是非常有用的营销工具，可以帮助广告主优化用户转化，提升 ROI。

广告平台也可以基于多种信息以较高的准确率推断出用户的地理位置。用户的 IP 地址能映射到大概的地理位置范围，而对于移动设备，广告平台在某些情况下可以获取到用户的 GPS 经纬度信息或者用户设备接入的基站信息。基于用户的地理位置信息，广告平台可以向常驻地用户、旅行出差用户推送不同的与地理位置相关的广告。

展示广告有多种展示形式，常见形式如下。

- 网页横幅广告：通常是显示在网页内的图片广告，可以使用 Java 小程序、HTML5、Adobe Flash 和其他程序来展示，由视频、音频、动画、按钮、表单或其他交互元素合并而成。
- 框架广告（传统横幅广告）：网页横幅广告的第一种形式，网站的发布者在网页上预留特定的空间（框架）来放置广告。
- 弹出式广告（pop-ups/pop-unders）：在网站访问者的初始浏览窗口上方或下方打开一个新窗口来放置广告。这种广告形式对用户的浏览体验有很大的影响，受到 Google 等大型广告平台的明确反对。
- 浮窗广告：这种广告显示在用户访问的网页内容之上，并在展示一定时间之后自动消失。
- 展开式广告：一种富媒体框架广告，根据用户互动来更改尺寸，例如用户鼠标移动到广告上或者单击广告时广告会展开变大。
- 信息流广告：插入社交信息流中的展示广告。这类广告格式与用户正在阅读的新闻类似，能较好地融入用户阅读的上下文环境，因而点击率通常比传统展示广告（硬广）高得多。

2. 搜索引擎营销

搜索引擎营销（Search Engine Marketing，SEM）旨在提高网站在搜索引擎结果页面中的排名。搜索引擎通常根据用户的搜索关键词提供赞助结果和自然结果，并采用视觉提升来区分这两类结果。搜索引擎营销的概念主要由谷歌推广。谷歌的关键词广告使广告主可以方便地创建和使用广告计划，并使广告主可以通过点击率、点击次数等指标来检测营销效果。搜索引擎营销包括搜索引擎优化(SEO)和赞助搜索(Sponsored Search)。

SEO是指通过增强网站内容与搜索关键词的相关性来提升网站在自然搜索结果中的排名。许多SEO供应商会针对搜索引擎算法进行深入优化来提升目标网站排名，从而获得更多的用户访问。搜索引擎会持续优化其算法，对恶意干扰排名的网站进行打压。

赞助搜索允许将广告主包含在搜索选定关键词的赞助结果中。搜索广告通常通过实时出价来出售关键词的搜索流量，广告主此时对关键词进行竞拍。商业价值较高的关键词竞拍价格会非常高。搜索引擎会基于广告主出价、预期点击率、关键词相关性、广告主落地页等因子对赞助列表进行排名并展示。

3. 社交媒体营销

社交媒体营销(Social Media Marketing)是指通过社交媒体网站进行的商业推广。常见的社交媒体营销方法有口碑营销、意见领袖(KOL)营销、社交广告、SMO(社交媒体优化)等。

口碑营销是社交媒体营销非常重要的组成部分。市场营销人员注意到一个人的行为受许多小团体的影响，这些小团体围绕社交媒体构建，这些账户的管理者对小组成员具有影响力。

意见领袖营销(或称网红营销)是社交媒体提供的一种简单、快捷地触达特定人群的方式。营销人员也注意到消费者更容易相信来自他所信任的人的营销信息。例如，一名体育明星在社交网站上可能有数百万支持者，而一家体育用品公司可以通过精选一组体育明星在社交网站宣传其产品与服务(如转发与点赞)，从而更精准地吸引目标受众。

社交平台往往提供精准定向工具，广告主可以通过付费的方式精准触达目标人群。例如，餐饮企业可以使用社交广告向本地用户推广到店优惠，可以将关注过其社交媒体账号的用户作为种子用户进行人群扩展，以扩大目标受众等。

SMO的目标是制作有趣的在线内容，如动人的文章、吸引眼球的照片或视频、有趣的社交小游戏，这些内容可以鼓励用户参与互动，转发或者推荐给朋友，从而吸引更多的潜在用户。当这些内容引发大量转发而成为爆款时，企业可以以极低的成本获得大量流量。

拥有社交媒体渠道对于面向消费者的企业和品牌非常重要，大的品牌往往有专业团队来维护社交媒体账号，也有专业公司利用人工智能技术，以优化转发为目的有针对性地生成社交内容。

4. 电子邮件营销

电子邮件营销(Email Advertising)是使用电子邮件将商业信息发送给一群人的营销方式。电子邮件营销的目的通常是增强广告主与当前或者以前客户的关系，增强客户忠诚度，促进复购，获取新客户等。企业可能会要求定期通过电子邮件向客户发送新产品信息或者新的优惠信息。电子邮件营销具有以下优点：

- 电子邮件营销比较便宜，与通过广告系统发布在线广告比，电子邮件的投递费用几乎可以忽略不计；
- 发送大量电子邮件的企业可以通过第三方电子邮件服务提供商来收集目标人群的电子邮件；
- 大多数用户会每天查看电子邮箱，电子邮件的曝光率高。

正因为这些优点，电子邮件营销存在比较严重的滥用行为，在某些市场使用电子邮件营销需要确保不违反垃圾邮件相关的法律。

1.2.2 在线广告的计费方式

在线广告计费方式是指广告平台或者广告网络如何向广告主收取费用，可以分为基于展示成本的方式、基于效果的方式和品效结合的方式这三类，主要有以下方式。

- CPM(Cost Per Mille，每千次曝光费用)：广告主为向潜在用户进行一千次广告曝光支付的费用。每个流量方(发布商)对“曝光”的定义可能不一样，且某些曝光由于比较难定义为对真实用户的触达，可能不收取费用。广告主可以使用第三方跟踪技术公司的服务，使用Web beacon[㊀]之类的技术来验证曝光是否触达真实用户。CPM计费易受到展示欺诈的影响，期望CPM广告带来网站访问的广告主通常比较难找到按展示次数计费的合理定价标准。
- CPC(Cost Per Click，每次点击计费)：广告主为用户对广告的每次点击支付费用。对于希望通过广告为其网站带来流量的广告主，CPC广告的效果较好；而对于希望建立品牌知名度的广告主，CPC广告的效果较难衡量。

㊀ Web beacon，也称为Web bug、tracking bug、tag、Web tag、page tag、tracking pixel、pixel tag、1x1 gif或clear gif，是针对网页或者电子邮件的跟踪技术，用于检查用户是否访问了某些内容，通常对用户不可见。

- CPV(Cost Per View，每次观看计费)：广告主为用户对视频广告的观看计费。CPV 是 Google Ads 平台 YouTube 广告的主要计费基准。
- CPI(Cost Per Install，每次安装计费)：广告主为每次用户安装移动应用计费。CPI 计费特定于移动应用。
- CPA(Cost Per Action，每次效果计费)：广告主为用户执行的每次活动(如完成购买或者填写注册表单)支付费用。
- oCPM(optimized CPM)：这是 Meta 提供的出价类型，使用这种出价类型时，广告主仍然支付 CPM，但 Meta 广告平台将托管每次曝光的竞拍出价，并自动优化调整，以帮助广告主获得更多曝光，确保其总体广告支出不超过预算。这种自动优化出价的模式有一系列衍生类型，如 oCPA、oCPC 等。

本节从在线广告投递方式和计费方式两个方面介绍了在线广告的产品形态。随着移动设备逐渐成为最重要的用户触达渠道，在线广告投放方式组成部分也随之发生变更，移动媒体的在线广告所占市场份额逐年增加，而广告计费方式也逐步演进到更方便广告主跟踪效果、控制成本的方式，如 oCPM、oCPA 等计费方式。

1.3 本章小结

本章主要从生态参与者角度和产品形态角度对互联网在线广告生态进行了简单介绍。本书的主题“互联网广告系统”主要是指驱动对应生态中的广告平台这一参与者的广告系统。

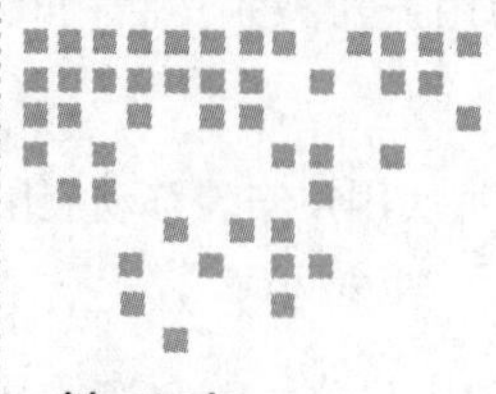

Chapter 2 第2章

广告投放系统

广告投放系统，对外部表现为广告平台对外部提供的接口，一般有API和投放网站两种形式，而广告平台的投放网站也通过API实现投放功能。本章将依次介绍广告层级结构、API的基本设计原则、广告平台API。

2.1 广告层级结构

广告层级结构是指广告在逻辑上呈现的树形结构。各大广告平台的层级结构中都有广告计划、广告这两层，但又略有不同。广告层级结构是广告系统中非常重要的设定，影响到广告投放、检索、点击率预估等多个方面。本节以Facebook、Google和Twitter的广告层级结构为例来展开介绍。

2.1.1 Facebook Marketing 广告层级结构

Facebook Marketing将广告组织分为4层，即广告计划(Campaign)、广告集合(Ad set)、广告(Ad)和创意(Creative)，如图2-1所示，其中创意仅可通过API访问。

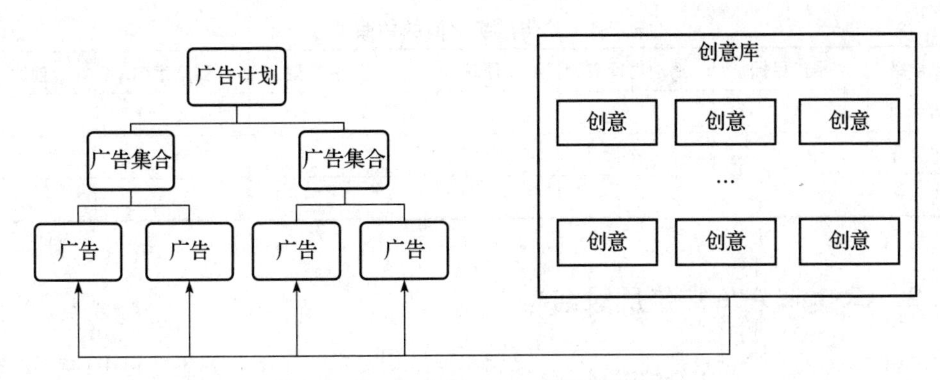

图 2-1　Facebook Marketing 广告层级结构

(1) 广告计划

广告计划是广告账户中最高级别的组织结构，代表了广告主的单个最终目标，例如以提高页面发布的用户参与度为目标。设置广告计划的推广目标将触发对于该广告计划下的所有广告进行验证，以确保这些广告也有正确的推广目标。

(2) 广告集合

广告集合是一组广告的集合，这些广告具有相同的每日预算或总预算、广告播放时间表、出价类型、出价信息、定向数据。广告集合中的每个广告以相同的出价定位到相同的受众。这有助于广告主控制在每个受众群体上的花费，确定受众群体何时看到广告，并为每个受众群体设定指标。通过广告集合，广告主可以根据自己的分类标准将广告分组。在对广告集合进行设定之后，广告主还可以通过广告层级结构查询这些设定的效果。

(3) 广告

广告这个层级包含创意。在每个广告集合中可以创建多个广告，以优化基于不同的图像、URL 链接、视频、文本或者不同的展示位置的广告投放。

(4) 创意

创意包含广告的视觉元素，创建后无法更改。每个广告账户中都有一个广告素材库，用于存储广告素材以便在广告中重复使用。

层级之间的关联关系如表 2-1 所示。广告主广告账户的结构设定会在较大程度上影响广告展示与营销效果优化。合理的广告账户结构需要遵循 MECE 原则(不重叠，不遗漏)。例如，对于游戏推广，对不同的游戏采用不同的账号，将相同的受众兴趣放在同一广告集合中，广告素材通过测试来择优，将曝光集中在效果最好的素材上。

表 2-1　广告层级之间的关联关系

广告层级	推广目标	播放时间表	预算	竞价类型	受众定向	创意
广告计划	√					
广告集合		√	√	√	√	
广告						√

2. 1. 2　Google Ads 广告层级结构

Google Ads 的主要场景是搜索广告，采用三层结构设计，了解与熟悉账户中这些层之间的关系，有助于广告主将广告、关键字和广告组组织到有效的广告计划中，并设定恰当的广告受众。如图 2-2 所示，Google Ads 的三层结构组织为账号（Account）、广告计划（Ads Campaign）、广告组（Ad Group）。

- 账号：账号与一个唯一的邮箱地址关联，包括账号密码、账单信息等。
- 广告计划：每个广告计划对应一笔预算以及其他决定广告计划展示位置的设置。
- 广告组：广告组包括一系列类似的广告与关键词。对于视频广告的广告计划，一个广告组包括的视频广告须具有相同的定向条件、竞价类型及展示样式。

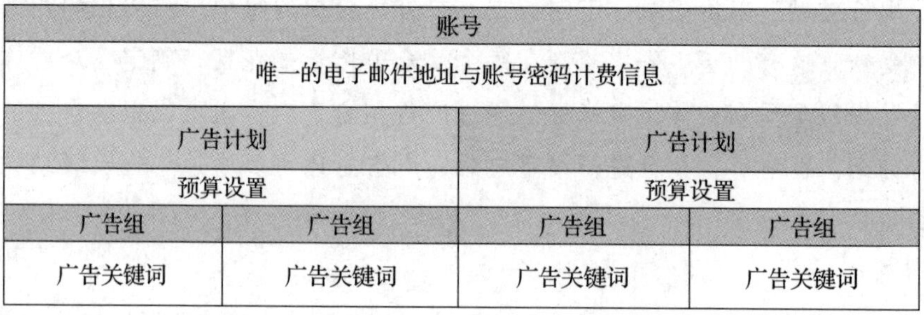

<table>
<tr><td colspan="4">账号</td></tr>
<tr><td colspan="4">唯一的电子邮件地址与账号密码计费信息</td></tr>
<tr><td colspan="2">广告计划</td><td colspan="2">广告计划</td></tr>
<tr><td colspan="2">预算设置</td><td colspan="2">预算设置</td></tr>
<tr><td>广告组</td><td>广告组</td><td>广告组</td><td>广告组</td></tr>
<tr><td>广告关键词</td><td>广告关键词</td><td>广告关键词</td><td>广告关键词</td></tr>
</table>

图 2-2　Google Ads 账户的三层结构

使用 Google Ads 投放广告始于创建广告计划。在 Google Ads 中，广告计划包括一组共享预算、地理位置定位和其他设置的广告组，广告计划通常根据广告主提供的产品或服务类别来组织。一个 Google Ads 账号下可以运行一个或多个广告计划，每个广告计划都包含一个或多个广告组。可以在广告计划这一级配置的设置有广告预算、广告对应的语言、位置等。如要配置不同的地理位置或者使用不同的预算，可以分别创建对应的广告计划。创建广告计划时可以选择广告计划类型（Google Ads Campaign Types），选择的依据是广告主的广告目标。例如，如果广告主希望在 Google. com 上展示广告，吸引更多的网站访问者，那么他应该选择搜索广告类型。广告计划有以下类型：

- 搜索广告；
- 展示广告；
- 购物广告；
- 视频广告；
- 应用程序广告。

每个广告网络，如 Google 搜索广告网络、Google 展示广告网络、YouTube 广告网络，都有适合广告主目标的不同广告计划类型，广告主可以根据预期的用户行为来选择推广的目标。可选的推广目标如下：

- 营业额（Sales）；
- 潜在客户线索（Leads）；
- 网站流量（Website traffic）；
- 产品和品牌（Product & Brand）；
- 品牌知名度与影响力（Brand Awareness & Reach）；
- 应用推广（App Promotion）。

广告计划类型决定客户可以在哪里看到广告，广告定位功能可以使广告主进一步细分人群。广告主设计出广告素材之后，需要在合适的时间向合适的人群展示广告。如图 2-3 所示，Google Ads 提供了多种定位功能，分为受众群体定位和上下文定位这两类。

- 广告定位
  - 受众群体定位
    - 受众特征定位
    - 相似性定位
    - 购买意向定位
    - 自定义意图定位
    - 相似的受众群体定位
    - 再营销定位
  - 上下文定位
    - 主题定位
    - 展示位置定位
    - 内容关键词定位
    - 显示搜索扩展

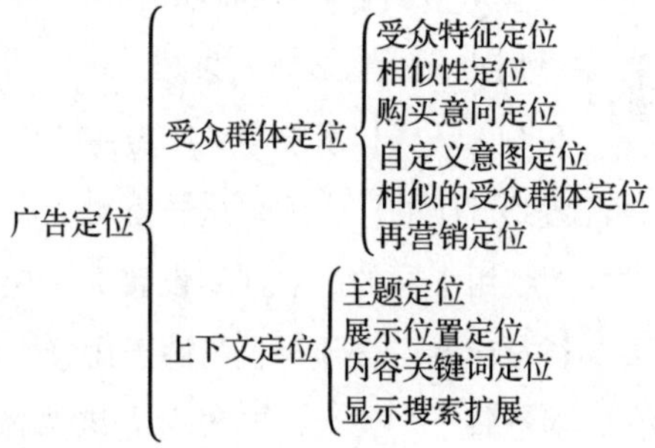

图 2-3　Google Ads 的广告定位功能

受众群体定位可以分为受众特征定位、相似性定位、购买意向定位和自定义意图定位等。

- 受众特征定位：广告主可以根据位置、年龄、性别、设备类型等用户数据维度来定位产品或服务的用户。
- 相似性定位：在电视媒体上投放广告的广告主，可以使用谷歌搜索或者展示广告网络来扩展广告计划，触达更多人群。
- 购买意向定位：广告主可以向一直在搜索对应的产品或服务的用户显示广告，这些用户可能正在寻找购买的商品，或者曾经购买过商品且仍然可能有足够的兴趣与广告主的广告进行互动。
- 自定义意图定位：广告主可以选择和最有可能与其网站互动的人群相关的词或者短

语，并使用“自定义意图的受众”进行购买。除了关键词之外，自定义意图的受众还使广告主可以添加与受众兴趣相关的网站、App 或者 YouTube 内容的 URL。

- 相似的受众群体定位：广告主可以使用其再营销列表中的用户相关的兴趣来标注目标用户，来扩大广告的受众群体。这些用户并没有直接搜索广告主的产品或服务，但是他们的相关兴趣显示他们有可能与广告主的广告进行互动。
- 再营销定位：广告主可以定向到与其广告、网站或 App 有过互动的用户，并增加广告对这一人群的曝光。这些用户曾经的互动行为，如点击过广告或者访问过网站，说明他们可能处于广告转化的某个阶段，而更多的广告曝光可能促使他们返回并完成转化。

上下文定位可以分为主题定位、展示位置定位、内容关键词定位和显示搜索扩展。

- 主题定位：将一个广告一次定位到与某些主题有关的多个页面上。通过主题定位，广告主可以触达广告网络上的多个页面。Google Ads 分析网站的内容，通过综合各种因素，如网页文本、网页语言(英文、中文等)、网页链接结构、页面布局等，确定页面的中心主题，将广告主定向的主题与页面主题匹配。
- 展示位置定位：广告主可以定向到广告网络上的特定网站或者网站的一部分。
- 内容关键词定位：广告主可以选择与其产品或服务相关的关键词，定位到使用相同关键词进行搜索的用户。广告主可以定制一组关键词，这一组关键词可以定位到特定的受众特征或者特定的目标。
- 显示搜索扩展：Google Ads 可以结合自动出价和智能定位功能，为广告主找到目标用户，达到最佳效果。

在 Google Ads 系统中，广告主应该围绕广告组来组织账号，将相关广告与相关的关键词配置到对应的广告组，这样就可以将相关广告投递到正在搜索相似内容的客户。当广告主需要使用不同的广告计划设置时，应该分别创建广告计划。例如，如果出售服装，则需要为衬衫设置广告预算，为裤子设置不同的广告预算，这时需要创建两个广告组。

对于每个广告组，广告主应该选择一个较为聚焦的主题，并围绕该主题创建广告组，使用与主题相关的关键词，还应该让广告在标题中至少提及一个关键词。当某位客户搜索与关键词匹配的字词时，看到一个广告提及该关键词，另一个广告没有提及该关键词，则他们更有可能认为第一个广告与他们所关注的内容更相关。

在广告投递之前，一般比较难了解哪种信息能获取潜在客户，因此建议每个广告组中至少包含 3 个广告，并使用优化轮播方式轮播这些广告。优化轮播方式使用关键词、搜索词、设备、地理位置等信息，针对每次竞价中的点击来帮助广告主优化广告。

经营一家在线电子产品商店的广告主，其 Google Ads 的账号在广告计划这一层级可以按照以下规则来划分：

- 广告主愿意为广告点击或者转化花费多少；
- 广告主期望广告展示的网络媒体或者地理位置；
- 其他可能影响广告组聚合的配置。

例如广告主要为电脑和手机制作广告，就要为这两者各自创建广告计划。对于很多广告主来说，网站结构可以对应到广告组，每个广告组代表网站上的不同页面或者类别。广告组可以帮助广告主确保广告与关键字相关。例如：对于电脑广告，可以为台式机和笔记本电脑分别制作广告；对于手机广告，可以分别为 iPhone 与 Android 手机制作广告。综合起来，广告账号结构可能如图 2-4 所示。

账号			
唯一的电子邮件地址与账号密码计费信息			
广告计划		广告计划	
电脑系列		手机系列	
广告组	广告组	广告组	广告组
台式机广告组	笔记本电脑广告组	iPhone手机广告组	Android手机广告组

图 2-4 在线电子商店的 Google Ads 账号示例

2.1.3 Twitter Ads 广告层级结构

Twitter Ads 分为 4 层，即广告账号、资金工具、广告计划和广告组，如图 2-5 所示。

Twitter Ads 广告层级结构的顶部是广告账号，一个广告账号通过 account_id(一个 base36 的字母数字字符串)来识别，可以由多个 Twitter 用户管理。每个账号下存储了许多可以用在各个广告计划中的实体类型，如可用于广告定位的定制受众、账号媒体(视频或图片)、卡片(可扩展的广告素材，可以加在推文中)。

广告账号之下是资金工具，这是广告主设置用于 Twitter Ads 的不同资金来源，例如广告主与 Twitter 签署的广告订单，或者该账号附带的信用卡。

资金工具之下是广告计划，每个广告计划必须归属于一个资金工具。在这一层级，广告主可以设置广告计划的名称、播放时间表、预算等内容。

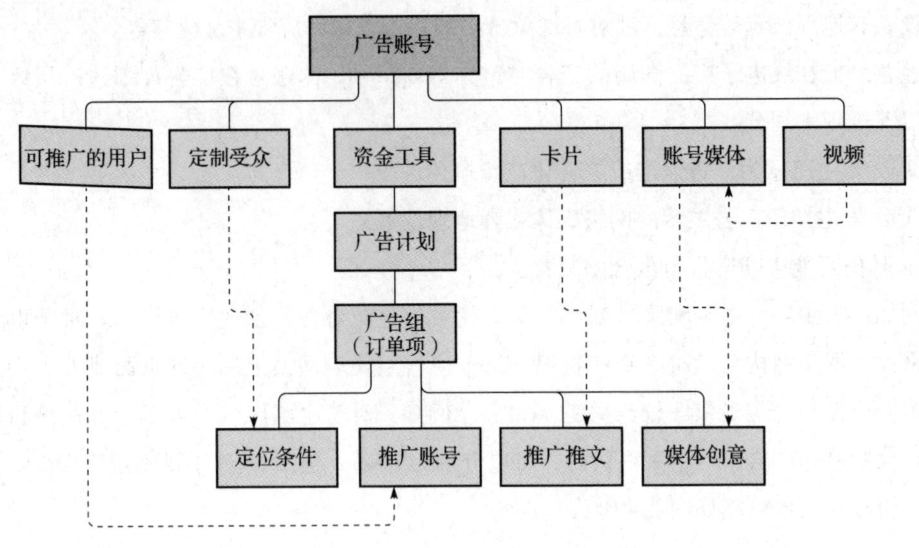

图 2-5 Twitter Ads 广告层级结构

广告计划之下是广告组。在一个广告计划中可以有一个或多个广告组，Twitter Ads API 也称之为订单项。可以将订单项视为广告计划的不同细分，每个细分都有自己的定位集合与广告素材。包含多个订单项的广告计划通常称为广告组广告计划。单个广告计划中有多个订单项的好处之一是可以创建更多种类的广告定位和广告素材的组合。

广告主可以在包含广告素材(如图片、GIF、视频)的广告计划中宣传推文。广告素材可以与卡片相关联，从而能够将富媒体(如照片、视频、媒体创意等)添加到推文中。广告素材也可以直接附加到推文上。例如，广告主可以添加文本和视频(或者最多不超过 3 张图片)并创建推文。每个广告订单项都至少需要有一个与其关联的广告素材才能运行。Twitter Ads 提供了多个广告素材项，包括用于获得新关注者的推荐账号，在 Twitter Audience 平台上用于订单项的图片、视频类广告素材或者推文。

定位条件与订单项相关联，广告主可以使用多种不同的定位，从位置、关键词和性别到更细化的属性，如用户行为和兴趣。

2.2 API 的基本设计原则

API 是 Application Programming Interface 的缩写，指一种计算机接口，由一组定义和协议组合而成，定义了多个软件系统之间的交互。通过 API，设计者可以公开数据与应用程序功能，供开发人员与用户使用。API在互联网企业中大量应用，对于广告平台也非常重要，是广告投放的入口，可以为广告产品及合作伙伴各方增加新功能。

设计API并不容易，冗余、复杂的API可能会给技术支持团队带来繁重的工作，为广告主增加额外的成本，从而降低广告平台的竞争力。Programmable Web的创始人John Musser总结了API设计的5条基本原则，具体如下。

- 价值性：API必须为客户提供价值，例如客户利用API可以访问有价值的数据，实现有价值的功能，或者对目标用户进行认证与授权。
- 规划性：API需要针对企业的业务模型进行分析和抽象，从而形成整体一致的规划。
- 灵活性：API的设计需要简单、灵活、容易集成。
- 可管理性：API需要能够实现有效的管理与衡量。
- 可支持性：企业需要为API提供持续、高质量的开发者支持。

2.2.1 API的价值性

首先API必须具有价值。API的价值可以来源于多个方面，包括但不限于以下几点。

- 有价值的服务：API设计者可以将有价值的服务包装成API，例如Twilio公司将通信能力包装成API。
- 有价值的数据：企业可以将有价值的数据包装成API对外提供服务，例如，AccuWeather.com提供天气数据API。
- 有价值的用户认证：企业可以将用户认证包装成API对外提供服务，例如Twitter、Facebook、LinkedIn、腾讯、微博等将用户认证包装成API对外提供服务。
- 有价值的功能：企业可以将核心功能包装成API，例如人工智能公司将图像识别能力包装成API，提供对外服务，Salesforce公司将销售能力包装成API对外提供服务。
- 有价值的市场：例如Facebook、Google广告系统的API，对外提供它们的广告电子市场服务，广告主可以参与电子市场竞价排名。

任何公司只要能将API对接到现有产品并加以改进，几乎都可以通过API产生价值。如图2-6所示，API价值主张的发现是一个迭代过程。

1）描述用户需要完成的工作，例如：

- 在紧急情况下，通过各种通信通道（电话、邮箱、聊天工具）自动向团队成员发送告警；

- ❑ 对数据进行备份以确保万无一失；
- ❑ 对企业电子邮件进行检测以过滤垃圾邮件。

2）确定用户在完成工作中可能遇到的难题、痛点。

- ❑ 通过多次发送、检测故障、发送多条消息而不只是一条消息，根据用户位置与不同的消息传送系统集成，确保发送的可靠性。
- ❑ 确保安全传送文件，同时还要最大限度减小传输带宽。
- ❑ 接收与存储大量数据并尝试实时关联这些数据。

3）总结用户可能获得的潜在收益。

- ❑ 可以通过同样的机制（API）发送其他类型的通知，这些通知并非紧急情况下的告警，而可能是新的业务增长机会（如销售线索）。
- ❑ 如可靠性达到业务要求，则可以去除其他存储设备，降低系统复杂性。
- ❑ 根据事件自动触发操作。

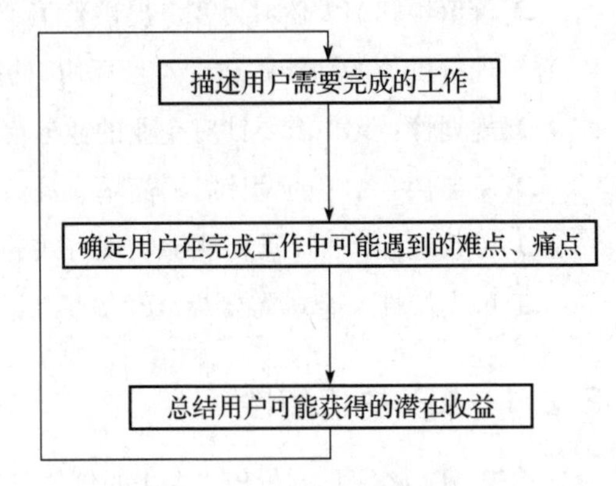

图 2-6　API 价值主张的发现过程

通过不断重复和优化这一过程，最后可以提炼出 API 的价值主张。价值主张可以是一句话。例如对于消息发送这个 API，价值主张可能为：

> 为开发者提供可靠的、无延迟的文本与富媒体消息传递功能，用于高度关键的业务应用；提供 RESTful、GraphQL 接口帮助开发者快速集成。

2.2.2　API 的规划性

确定 API 价值主张之后，API 设计者需要对 API 进行深入的思考与总体规划设计。刚开始可以围绕以下问题进行推导与考虑。

- ❑ API 需要达成什么目标，需要解决哪些用户痛点或者为用户创造什么收益？这个问题应该根据 API 与客户业务的关系，从 API 价值主张中确定的难点、痛点和收益，是否满足关键需求（是痛点还是收入机会），以及 API 能否为用户带来业务改进的衡量标准（速度、收入、成本节省、创新能力）等方面来回答。

- API的使用者是什么样的人群，谁会使用API？这个问题应该从API设计者与API使用者之间的关系(API使用者是现有客户、合作伙伴还是外部开发人员)、API使用者的角色(API使用者是数据科学家、移动开发人员、后台开发人员还是运维工程师)这些方面来回答。
- API支持哪些场景、哪些用例？借助API价值主张，发现API使用者的需求与痛点并提供解决方案，这也是API的商机所在。
- 如何随着时间的推移扩大使用者的价值主张？深入规划API价值主张，考虑内部与外部未来的变化以及可能的增长点在哪方面。

同时需要考虑到，API的设计、维护与优化会产生成本。这些成本可以通过API的价值来平衡，因此API设计者在API规划之初就需要明确业务模式。设计者可以思考以下要点：

- 自己所在企业的核心业务是什么？
- 如何使用API来加速企业的业务发展？

API设计者可以利用现有业务资产或者专业知识以新的方式来创造商机。在某些情况下，API也可以在企业现有业务模式之外产生全新的商机。结合业务模式思考与规划API对于设计有效的API非常重要，因为确定正确的业务模式具有以下好处。

- 凸显API对于企业的价值，从而推动API程序作出对客户的长期服务承诺。没有这种长期服务承诺，就不可能有资源来建立、运行、优化与维护API程序。
- 帮助定义产品的功能，从而更好地发掘与满足开发者的需求，完成API的价值性并持续推动API发展。
- 确保API设计考虑到企业内的角色与职责，例如企业的哪个部门维护API生成价值的哪些模块。这也倒推API价值主张的发现，确定API能为用户和API开发者带来哪些收益，以及如何在两者之间进行平衡(确定API涉及的利润中心与成本中心)。

在确定业务模式并开始API规划设计之后，设计者可能会遇到以下设计决策。

- API需要支持什么协议(TCP、HTTP、SOAP、RESTful、GraphQL等)？
- API需要提供哪种或哪些数据格式(XML、ProtocolBuf、JSON等)？
- API的安全性该如何考量？
- 是否需要使用某个开源框架？
- 是否需要使用某种设计模式？
- API是否需要支持旧版本？

这些设计决策在 API 投入使用之后通常就比较难变更，特别是对于已经向第三方开发者公开的 API。设计决策的变更方式通常是发布新版本，而不是废弃旧版本，这时 API 设计者需要长期维护不同的 API 版本，带来较高的维护成本。

API 的规划通常也涉及 API 团队的规划与组建。API 团队与产品团队关系密切，与产品团队类似，API 团队也非常多样化，但通常应该包括以产品为中心的战略目标负责人、以设计为中心的团队成员（确保最佳 API 设计实践）、将 API 技术落地实施的开发工程师、运行 API 服务的运维工程师。随着产品研发的进展，还需要逐步加入其他人员，如支持社区团队成员、API 传播者、安全审查人员等。

2.2.3 API 的灵活性

好的 API 设计有一些核心原则，这些原则可能在实施上略有不同。可以做个类比，不同汽车厂商的汽车构造可能各有不同，但熟悉一款车型的司机可以在很短的时间内熟练驾驶另一辆车。这种标准化的 API 是 API 设计者追求的目标之一，经验丰富的开发者基本不需要说明就可以开始使用。

API 的设计首先应该遵循简单性的原则，而简单性取决于使用场景。特定的设计对于一个使用场景很简单，对于另一个使用场景可能非常复杂，因此 API 设计者必须平衡 API 方法的粒度。API 设计者可以从以下几个层面考虑简单性。

- 协议类型：API 可使用的协议多种多样，其中 RESTful 相比 SOAP 更简洁（见图 2-7）。较新的 API 设计越来越集中于 RESTful、GraphQL 这两种。

```
SOAP                                                    RESTful
POST /GetStock HTTP/1.1
Host:www.example.org                                    GET http://example.org/stock/IBM
Content-Type:applicaRon/soap+xml
<?xml version="1.0"?>
<soap:Envelope
xmlns:soap="http://www.w3.org/2001/12/soap-envelope"
soap:encodingStyle="http://www.w3.org/2001/12/soap-encoding">
<soap:Body xmlns:m="http://www.example.org/stock">
<m:GetStockPrice>
<m:StockName>IBM</m:StockName>
</m:GetStockPrice>
</soap:Body>
</soap:Envelope>
```

图 2-7　SOAP、RESTful 两种 API 对比

- 数据格式：API可使用的数据格式非常多，常用的有XML、JSON、Protocolbuf，其中JSON相比XML更紧凑(见图2-8)。JSON经常与RESTful协议搭配使用。

XML

```
<?xml version="1.0"?>
<soap:Envelope
xmlns:soap="http://www.w3.org/2001/12/soap-envelope"
soap:encodingStyle="http://www.w3.org/2001/12/soap--encoding">
<soap:Body xmlns:m="http://www.example.org/stock">
<m:GetStockPriceResponse>
<m:Price>34.5</m:Price>
</m:GetStockPriceResponse>
</soap:Body>
</soap:Envelope>
```

JSON

```
{
"symbol": "IBM",
"price": 94.72,
}
```

图2-8 XML、JSON格式对比

- 方法结构：应尽量设计通用的方法，返回广泛的数据。方法通常以特定的顺序调用以实现某些用例。
- 数据模型：API实际显示的数据模型应该与底层数据模型隔离，将底层数据模型通过API发布给使用者，会带来比较严重的可用性和可维护性方面的问题。
- 身份验证：不同的身份验证机制具有不同的优缺点，应根据具体使用场景选择适合的机制，不宜一刀切，一律采用过于严格的身份验证机制。
- 使用策略：开发人员的使用策略，例如权限与配额，应该清晰，易于使用。

一般来说，API的设计应越简单越好，但简化API可能会与API的灵活性原则相冲突。仅仅考虑简单性而创建的API可能存在过度定制的风险，即只为非常具体的用例提供服务，不适用于其他场景，失去灵活性。API设计者可以从以下方面考虑灵活性：

- 提供多种选项，如多种数据格式、协议、版本；
- 给开发者更多的控制权，例如提供分片查询与更新，提供批操作(如批量更新)；
- 提供高级选项，如钩子入口(webhooks)、流处理方式(streaming)、缓存选项(caching)；
- 找出操作空间中的原子操作，通过组合原子操作来覆盖整个操作空间；
- 确定常见和有价值的用例，设计第二层次的元操作，这些元操作通过组合多个原子操作来为常见和有价值的用例提供服务。

总之，要实现灵活性，需要设计者从底层系统和底层数据模型出发，发掘潜在的操作空间，定义这些操作中的哪些子集是可行且有价值的，从而在简单性和灵活性之间找到平衡。

2.2.4 API的可管理性

API可以作为跨企业内部网与外部云，连接应用和数据的工具。API管理是指分发、控制、分析API的过程。如表2-2所示，可管理性包括管理与衡量两方面，它的目的是确保API团队与API使用者(开发人员)都能监控其API活动，满足API使用者或应用场景的需求。

表2-2 API的管理与衡量

管理	衡量
安全性	性能
密钥管理	开发者数目与接入App数目
监控	质量
报表	市场份额
可扩展性	营收增长
限速	规模
版本	趋势

API的版本管理方法有很多。通常应在API的初始版本中设定好版本管理方法，并在之后的实施过程中保持一致。表2-3给出了RESTful设计中的多种API版本管理方法。

表2-3 RESTful设计中的多种API版本管理方法

版本配置位置	版本配置形式	API设计者	示例
URL路径	日期	Twilio	/2010-08-01...
URL路径	数字	Twitter	/2/...
URL路径	前缀“v”+数字	LinkedIn	/v2/...
URL查询字符串	数字	Google	?v=3
自定义HTTP头	数字	Google	GData-Version:3
HTTP头部Accept字段	数字	GitHub	application/vnd.github[.version]

API的安全性包括安全协议与安全认证。越来越多基于HTTP的API将SSL作为唯一支持的协议，大多数API使用OAuth 2.0作为安全认证方式。OAuth是一个开放网络标准，其作用是让应用程序安全可控地获取用户的授权，与服务提供商(这里是API提供商)互动。

API 设计者也可以选用 OpenID Connection 来进行用户认证。

API 设计者在设计 API 时就应制定全面的衡量指标，包括流量、开发者、服务、市场、技术支持、商业等维度(见表 2-4)。这些被量化的指标驱动着 API 不断丰富与完善。

表 2-4 API 衡量维度与指标

维度	指标	维度	指标
流量	总调用次数 调用次数最多的 API 调用链 配额超载统计	市场	开发人员注册 开发人员门户渠道 流量渠道 营销事件
开发者	总开发者数 活跃开发者数 头部开发者数 调用 API 增长最快 App 留存开发者指标	技术支持	技术支持工单数 响应时间 技术支持社区指标
服务	性能 可用性 错误率 代码缺陷	商业	直接营收 间接营收 市场份额 费用

API 速率限制(rate limiting)是安全设计中非常重要的部分。DoS 攻击就是服务器受到无限请求攻击导致过载的例子。速率限制还使得 API 可扩展。如果 API 在推出后大受欢迎，使得流量激增，可能导致严重的延迟，而增加速率限制可以较好地处理这种情况。速率限制可以应用于多个方面，例如限制每秒请求数(QPS)、每秒处理事务数(TPS)、每秒传输数据量或者同时建立的 TCP 连接数。API 速率限制的最佳做法是提供免费访问层和付费访问层，每层对应不同的限制，对于付费访问层，可以通过各种因素将速率限制货币化。例如，AWS DynamoDB 对于不同的 QoS(服务质量)限制有不同的付费标准。此外，API 设计者在设计 API 速率限制时还应考虑以下因素：

- 超过速率限制时是否应该限制请求？
- 超过速率限制后，新的请求或者调用是否会产生额外的费用？
- 超过速率限制后，新的请求或者调用是否会触发特定的错误码？如何定义该错误码？

例如，GitHub 在文档(https://developer.github.com/v3/#rate-limiting)中说明了已验证与未验证请求的不同速率限制，并定义了返回的 HTTP 头以及某些速率限制命令的含义。该文档还说明了用户如何检查其当前使用速率，如何为特定应用程序设置速率限制，以及在客户端超过速率限制或者出现 API 滥用(例如调用 API 快速创建内容)之后可能遇到的限制。

2.2.5 API 的可支持性

API 的可支持性体现在 API 团队对 API 用户需求的全方位满足。满足 API 的用户需求有两个基本原则：一是 API 应该设计一种产品或服务，二是产品要易于访问。

API 设计者可以通过优化 TTFHW（Time To First "Hello World"，首次问世时间）这一指标来改进 API 的可支持性。换言之，要缩短开发人员使用该 API 创造 MVP（最小可行产品）的时间。优化这一指标时要从开发人员的角度来考虑 API 的易用性，而开发人员也可能在多个同类 API 中寻找可以让工作最为有效的那个 API。对于开发人员而言，TTFHW 也是辅助决策的关键指标。

定义 TTFHW 指标的开始与结束时，建议尽可能覆盖 API 使用者即开发人员参与的全流程，然后优化这一流程，使其尽可能快捷、方便。能够快速完成整个过程还可以使开发人员确信 API 组织良好，使用 API 组建的系统可以快速正常工作，而将"成功时刻"延迟太久可能有失去 API 用户的风险。

API 设计者可以考虑从以下方向优化 TTFHW 指标。

- 明确 API 的目标。如图 2-9 所示，Twilio 明确 API 的目标为云端语音通信 API，这个过程分为三步：用户呼叫企业电话号码，Twilio 收到电话呼叫，Twilio 通过 API 回调开发者。这三步清晰地向 API 使用者传递了 API 的目标。通过定义清晰的目标，API 为开发人员提供明确的价值，助其应对显而易见的难题或把握商机。这里的价值包括多个方面，例如提高安装覆盖率的方式，提升品牌知名度，提升盈利水平等。
- 提供免费的 API 体验或评估版本。要求付费可能会显著增加 TTFHW，因此大部分成熟的 API 产品会提供一个免费的体验或评估版本。
- 提供快速自动注册页面（如通过手机号码和验证码登录），或者允许在不注册的情况下体验大部分功能。
- 提供结构合理、内容准确的文档。
- 提供丰富的代码范例，覆盖各种 API 使用场景。
- 提供调试工具，辅助 API 使用者调试和使用 API 的代码。
- 建设 API 支持社区，例如可以通过论坛、博客、社交媒体、邮件等方式，建立和丰富 API 开发者社区。
- 建立 API 布道师团队，通过组织活动、参与会议、开发者互动等方式宣传与推广 API。

- 建立API生态，通过生态系统中的合作伙伴加速API的推广与应用。API团队可以作为API提供商在合作伙伴与供应商的生态系统中运营，这些合作伙伴通常拥有自己的内容分发渠道。建立一个API互补联盟有助于提高API的采用率。

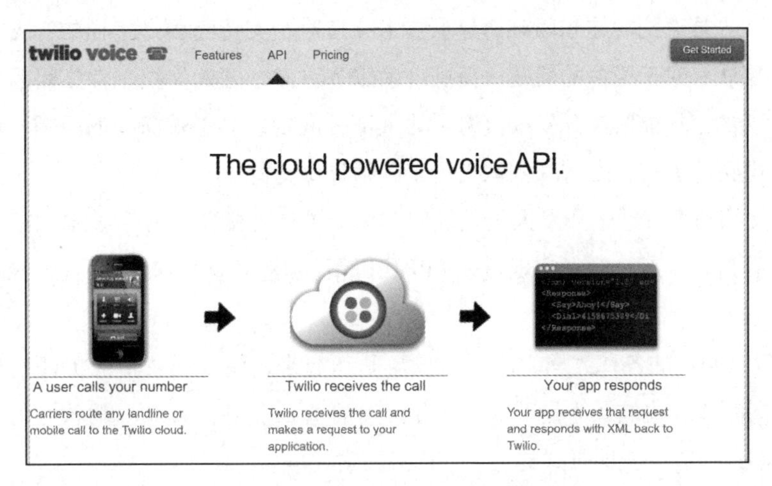

图2-9　Twilio voice API使用说明

除了TTFHW外，还推荐API设计者关注TTFPA(Time To First Profitable App，首次盈利应用时间)。TTFPA比TTFHW更难定义，因为对盈利的定义取决于业务战略。考量TTFPA的意义在于它会使API设计者将与API相关的操作作为API的一部分，并持续迭代。

API团队可以通过以下问题来评估用户体验是否合理。

- 如何在5分钟内解释API的价值？最适合开发人员的API价值主张的“电梯行销”是什么？
- API对应的TTFHW和TTFPA指标怎么定义？如何优化？通过考虑端到端的TTFHW来提高对API使用者的友好性是十分有效的方法。在可能影响用户体验的元素(如网站、文档)发生变更或者API本身发生变更时，需要仔细评估它对TTFHW与TTFPA的影响。
- API的注册、登录流程如何？是否做到了尽可能精简？这一流程应该与API的代码用例保持一致，可以分为简单部分和高级部分：简单部分应尽可能简单直观(例如不需要登录也可以访问)，以降低早期开发人员的使用门槛(降低TTFHW)；对于高级部分的用例，如需要访问敏感数据，则可以要求更高级别的安全认证。
- API是否保持足够灵活，是否对开发人员具有长期吸引力？API保持足够灵活可以吸引尽可能多的开发人员。例如，同时提供多种语言（C++、Java、Python 等）的版本，可以吸引使用这些语言的开发人员。留住开发人员并帮助他们取得成功也能提升口碑，从而带来更多的开发人员。

- 当开发人员遇到问题和困难而寻求技术支持时，支持流程是怎样的？支持可以分为两个层次：对于简单的问题，提供自助服务方法，好的文档、常见问题解答或者友好活跃的论坛能解决开发人员遇到的大部分问题；对于较深入的问题，可以通过邮件、电话等方式，由 API 团队支持工程师提供支持。
- API 文档是否有助于开发人员创新？API 文档是否覆盖了各个技术细节？当开发人员需要进行创新，或者实现超过 API 代码用例提供的功能时，他是否能从文档中受到启发？

API 可以将企业的各种数据、应用与设备联动起来，使各项技术能更好地相互通信并协同工作。同时 API 也被认为是下一代业务开发的基石，是 Web 站点的核心内容，可以将数据、资源与服务以安全的方式提供给外部开发者访问。

本节介绍了 API 设计的 5 条基本原则。设计一个好的 API 是一个艰难、持久的过程，设计一个差的 API 则很容易。导致差的 API 设计的十大原因如下：

- 缺乏完善合理的文档；
- 缺乏技术支持；
- 过于乐观的假设前提，假定设计与实现了 API，开发者自然就会到来；
- 期望一个框架（如 MVC 框架）能够提供出色的 API；
- 糟糕的用户体验；
- 临时的、仓促的、没有预先告知的版本发布；
- 复杂的安全性设计；
- API 公开了底层数据模型；
- 使用了 RESTful 风格的 API 设计，但忽略了 HTTP 规范；
- 糟糕的异常处理。

2.3 广告平台 API

广告平台 API 是广告平台对外提供的现代程序接口，它使开发人员可以与广告平台交互，大幅提高管理大型或者复杂的广告账号和广告计划的效率。广告平台 API 的典型应用类型包括：

- 自动账号管理；
- 自定义报告；
- 基于广告主广告资源(如预算、素材等)的广告管理；
- 管理智能出价策略(例如与广告主网站的内部销售、订单系统联动)。

使用广告平台 API 的广告主包括：

- 广告代理商；
- 搜索引擎营销公司；
- 大的品牌公司，管理大量广告账号，其需求超出了广告平台投放界面的能力范围。

广告平台 API 通常提供 RESTful 接口，并提供预构建的客户端库(client library)，包括常用编程语言 Java、C#、PHP、Python、Ruby 等。本节以 Google、Facebook 和 Twitter 的广告平台 API 为例来展开介绍，因为这 3 个广告平台 API 最全面、最丰富。

2.3.1 Google Ads API

使用 Google Ads API 的开发者需要先申请一个 developer token。刚申请的 developer token 处于等待批准(pending approval)状态，这时开发者可以使用一个测试账号进行功能开发。而要在正式的 Google Ads 环境中使用时，developer token 必须处于审批通过状态。

Google Ads API 提供丰富的客户端库，如表 2-5 所示。客户端库提供对 Google Ads API 的高级封装与基本构建单元，使快速开发 Google Ads 应用程序变得更加容易。

表 2-5　Google Ads 客户端库

客户端库	源代码	代码示例
Java	google-ads-java	https://github.com/googleads/google-ads-java/tree/master/google-ads-examples
.NET	google-ads-dotnet	https://github.com/googleads/google-ads-dotnet/tree/master/examples
PHP	google-ads-php	https://github.com/googleads/google-ads-php/tree/master/examples
Python	google-ads-python	https://github.com/googleads/google-ads-python/tree/master/examples
Ruby	google-ads-ruby	https://github.com/googleads/google-ads-ruby/tree/master/examples

Google Ads API 还提供调试工具 Google Ads Doctor。Google Ads Doctor 通过如下方式来分析客户端库的运行环境：

- 使用 Google Ads API 帮助开发者验证 OAuth 2.0 证书；
- 指导开发者解决配置文件中所有可能出现的 OAuth 2.0 问题。

开发者可以按照以下步骤下载 Google Ads API 命令行调试工具并运行 Linux 环境下的命令行。

```
git clone https://github.com/googleads/google-ads-doctor.git
cd google-ads-doctor/oauthdoctor/bin/linux/amd64
./oauthdoctor -language [java |dotnet |php |python |ruby] \
  -oauthtype [web |installed_app |service_account] \
  -configpath [/my/config/file/path] \
  -verbose
```

开发者可以运行如下 help 命令或者阅读相应的 README 文档获得详细帮助。

```
./oauthdoctor -help
```

Google Ads 的代码示例覆盖非常丰富，包括账号管理、广告计划管理、认证、错误处理等各个方向的内容。代码清单 2-1 是一个利用 Google Ads Python 客户端程序库创建广告计划的代码示例。

代码清单 2-1　利用 Google Ads Python 客户端程序库创建广告计划

```
import argparse
import datetime
import sys
import uuid

import google.ads.google_ads.client
def main(client, customer_id):
    campaign_budget_service = client.get_service(
        "CampaignBudgetService", version="v5"
    )
    campaign_service = client.get_service("CampaignService", version="v5")

    # 创建一个 budget 对象，该对象可以被多个广告计划共用
    campaign_budget_operation = client.get_type(
        "CampaignBudgetOperation", version="v5"
    )
    campaign_budget = campaign_budget_operation.create
    campaign_budget.name = "Interplanetary Budget %s" % uuid.uuid4()
    campaign_budget.delivery_method = client.get_type(
        "BudgetDeliveryMethodEnum"
    ).STANDARD
    campaign_budget.amount_micros = 500000

    # 增加一个 budget
    try:
```

```
        campaign_budget_response = campaign_budget_service
            .mutate_campaign_budgets(customer_id, [campaign_budget_operation])
    except google.ads.google_ads.errors.GoogleAdsException as ex:
        print(
            'Request with ID "%s" failed with status "%s" and includes the '
            "following errors:" % (ex.request_id, ex.error.code().name)
        )
        sys.exit(1)

    # 创建广告计划
    campaign_operation = client.get_type("CampaignOperation", version="v5")
    campaign = campaign_operation.create
    campaign.name = "Interplanetary Cruise %s" % uuid.uuid4()
    campaign.advertising_channel_type = client.get_type(
        "AdvertisingChannelTypeEnum"
    ).SEARCH

    # 建议在创建广告计划时,先设置成 PAUSED 状态,以避免广告状态被完整设定之前
    # 就进入广告服务状态。在设置好广告定向后,再将广告计划状态改成
    # ENABLED,这时广告即进入服务状态
    campaign.status = client.get_type("CampaignStatusEnum",version="v5").PAUSED

    # 设置广告计划对应的竞价策略与预算
    campaign.manual_cpc.enhanced_cpc_enabled = True
    campaign.campaign_budget = campaign_budget_response.results[0].resource_name

    # 设置广告计划对应的广告网络选项
    campaign.network_settings.target_google_search = True
    campaign.network_settings.target_search_network = True
    campaign.network_settings.target_content_network = False
    campaign.network_settings.target_partner_search_network = False

    # 将广告计划添加到广告账号
    try:
        campaign_response = campaign_service.mutate_campaigns(
            customer_id, [campaign_operation]
        )
    except google.ads.google_ads.errors.GoogleAdsException as ex:
        print(
            'Request with ID "%s" failed with status "%s" and includes the '
            "following errors:" % (ex.request_id, ex.error.code().name)
        )
        sys.exit(1)
    print("Created %s." %campaign_response.results[0].resource_name)

if __name__ == "__main__":
    # 如果不指定配置文件路径,GoogleAdsClient 将从当前用户的 HOME 目录下读取
```

```
    google_ads_client = (
        google.ads.google_ads.client.GoogleAdsClient.load_from_storage()
    )

    parser = argparse.ArgumentParser(
        description="Adds a campaign for specified customer."
    )
    # 应提供以下参数以运行示例
    parser.add_argument(
        "-c",
        "--customer_id",
        type=str,
        required=True,
        help="The Google Ads customer ID.",
    )
    args = parser.parse_args()

    main(google_ads_client, args.customer_id)
```

2.3.2 Facebook Marketing API

Facebook Marketing API 是一个与 Facebook 广告系统相关的 Facebook Graph API 集合，开发者可以使用这套 API 在 Facebook 广告系统内进行广告管理与投放。因为 Facebook Marketing API 是 Facebook Graph API 的子集合，所以它遵循 Facebook 对于 Graph API 的权限控制与调用约定。

1. Facebook Graph API 基础

Graph API 是将数据传入与传出 Facebook 平台的主要方法。这是一个基于 HTTP 的 API，应用程序可以使用编程方式查询数据、发布 Facebook 动态、管理广告、上传照片以及执行其他任务。Facebook 平台用社交图(Social Graph)来表征信息，并根据这一概念将通用的 API 命名为 Graph API。Graph API 由以下部分组成。

- 节点(node)：基本上是单个对象，如用户、照片、页面或评论。
- 连线(Edge)：对象集合与对象之间的连接，如页面上的照片或照片上的注释。
- 字段(Field)：有关对象的数据，如用户的生日或页面的名称。

开发者通常使用节点来获取有关特定对象的数据，使用连线来获取单个对象上连接的对象集合，使用字段来获取有关单个对象或者集合中每个对象的数据。

Graph API 基于的是 HTTP，因此可以使用任何支持 HTTP 的客户端库(如 cURL 或 urllib)访问，也可以直接在浏览器中使用。例如，在浏览器中请求 https://graph.facebook.com/facebook/picture? redirect=false 等价于执行以下 cURL 请求：

```
curl -i -X GET "https://graph.facebook.com/facebook/picture? redirect=false"
```

所有的数据传输都必须遵守 HTTP/1.1，所有的端点都需要使用 HTTPS。Facebook 还对 facebook.com 这一网站启用了 includeSubdomains HSTS 指令，以拒绝所有的 HTTP 访问(必须通过 HTTPS)。视频类的请求会重定向到 graph-video.facebook.com，其他请求都会重定向到 graph.facebook.com。

开发者需要通过访问口令来访问 Graph API。访问口令遵循 OAuth 2.0 协议，通常具备以下两个功能：

- ❑ 允许应用程序不需要密码访问用户信息；
- ❑ 允许系统识别应用程序，识别使用应用程序的用户，以及用户允许应用程序访问的数据类型。

OAuth 2.0 涉及大量跳转、登录提示和口令交换，Facebook 登录这一产品简化了该过程，让访问口令的使用变得简单。Facebook 登录适用于所有的 SDK，例如，以下代码段请求用户授予访问其生日的权限。

```
LoginManager.getInstance().logInWithPublishPermissions(
  fragmentOrActivity,
  Arrays.asList("user_birthday"));
```

开发者可以通过对/{user-id}/permissions 连线执行 GET 操作，来验证用户是否对其应用程序授予了 user_birthday 权限。假设已经授予，则 API 响应如下：

```
{
  "data": [
      {
        "permission": "user_birthday",
        "status": "granted"
      }
    ]
}
```

大部分 Graph API 的读取从节点开始，节点指向拥有唯一编号的个体对象。如需读取节点，需要先查询对应对象的编号。例如要读取用户节点，则可以通过以下代码段查询节点编号：

```
curl -i -X GET "https://graph.facebook.com/{your-user-id}? fields=id,\
  name&access_token={your-user-access-token}"
```

该请求会默认以 JSON 格式返回以下节点属性：

```
{
  "name": "Your Name",
  "id": "your-user-id"
}
```

/me 节点是一个特殊节点，对/me 节点的访问被转译成对用户 user_id(或者 Facebook 主页的 page_id)的访问。该用户 user_id 的口令是当前正被用于 API 访问的口令。例如，执行以下命令会检索用户的所有照片：

```
GET graph.facebook.com /me/photos
```

节点有连线，连线通常可以返回与某节点关联的其他节点的集合。如要读取连线，则必须在访问路径中提供节点编号与连线名称。例如/user 节点与/feed 连线，该连线可以返回与用户关联的所有 feed 帖子的节点，访问该连线首先需要获取 user_posts 权限的访问口令。以下命令展示了使用连线获取所有 feed 帖子：

```
curl -i -X GET "https://graph.facebook.com/{your-user-id}/feed? \
  access_token={your-user-access-token}"
```

响应结果如下：

```
{
  "data": [
    {
      "created_time": "2017-12-08T01:08:57+0000",
      "message": "Love this puzzle. One of my favorite puzzles",
      "id": "post-id"
    },
    {
      "created_time": "2017-12-07T20:06:14+0000",
      "message": "You need to add grape as a flavor.",
      "id": "post-id"
    }
  ]
}
```

节点有很多属性字段，在查询节点时，系统会默认返回一系列字段。开发者也可以使用 fields 参数并列出所需的每个字段，以指定希望返回的字段，系统始终会返回对象编号。

可以使用以下命令获取用户的生日、电子邮件地址和家乡：

```
curl -i -X GET "https://graph.facebook.com/{your-user-id}? fields=birthday,\
  email,hometown&access_token={your-user-access-token}"
```

此查询的响应结果如下：

```
{
  "hometown":"Your, Hometown"
  "birthday":"01/01/1985",
  "email":your-email@ example.com
  "id":"{your-user-id}"
}
```

很多情况下API返回的结果集较大，需要分页显示，这时候可以通过向任意字段或者连线添加.limit()参数来限制结果数量。例如，对/feed连线执行GET请求可能会返回数百篇帖子，可以通过以下命令来限制每个结果页返回的帖子数量(3个)：

```
curl -i -X GET "https://graph.facebook.com/{your-user-id}? \
  fields=feed.limit(3)&access_token={your-access-token}"
```

响应结果如下：

```
{
  "feed": {
    "data": [
      {
        "created_time": "2017-12-12T01:24:21+0000",
        "message": "This picture of my grandson with Santa",
        "id": "{your-user-id}_1809387339093972"      // 帖子 ID
      },
      {
        "created_time": "2017-12-11T23:40:17+0000",
        "message": ":)",
        "id": "{your-user-id}_1809316002434439"      // 帖子 ID
      },
      {
        "created_time": "2017-12-11T23:31:38+0000",
        "message": "Thought you might enjoy this.",
        "id": "{your-user-id}_1809310929101613"      // 帖子 ID
      }
    ],
    "paging": {
      "previous": "https://graph.facebook.com/v3.2/{your-user-id}/feed? format=
        json&limit=3&since=1542820440&access_token={your-user-access-token}&__
        paging_token=enc_AdCgj6RSGWTYV7EXj2cFlOWJjbZCq8oI3ogIpLrxPCVK3U8Kad0EgsZA2
```

```
      vri3YKIwl71XGRDJz9C8TgqMeyiu8U5CD&__previous=1",
    "next": "https://graph.facebook.com/v3.2/{your-user-id}/feed? format=
      json&limit=3&access_token={your-user-access-token}&until=1542583212&
      __paging_token=enc_AdDLmzUgWiLo6oHGCI53S5begiKOfNZBY0affrLMWgheBzfwMA7
      XSKmgjyNbuZBIptdXc18j1Se0Dm7vEsePh1SoM3"
    }
  },
  "id": "{your-user-id}"
}
```

此结果分页只显示了 3 个对象，但响应包含了 next 字段，对应下一页结果。

开发者可以在主页上执行 CREATE 任务，这时只能发布到主页，并且只能使用主页的访问口令发布。需要申请 pages_read_engagement 和 pages_manage_posts 权限，且主页显示为帖子的作者。对于其他发布可以使用分享功能，让用户可以通过应用程序在 Facebook 上发帖。如下代码在主页节点的 feed 连线上使用 POST 请求，将帖子发布到主页：

```
curl -i -X POST "https://graph.facebook.com/{your-page-id}/feed? \
  message=HelloWorld! &access_token={your-page-access-token}"
```

成功后返回结果如下：

```
{
  "id": "{your-page-id}_1810399758992730"      // 帖子 ID
}
```

开发者可以使用 POST 请求对当前节点执行更新操作。例如，以下请求更新当前评论的 message 字段：

```
curl -i -X POST "https://graph.facebook.com/{your-page-post-id}? \
  message=Happy%20Holidays! &access_token={your-page-access-token}"
```

成功后返回结果如下：

```
{
  "success":true
}
```

开发者可以使用 DELETE 操作删除节点，命令如下：

```
curl -i -X DELETE https://graph.facebook.com/{your-page-post-id}? \
  access_token={your-page-access-token}
```

成功后返回结果如下：

```
{
  "success":true
}
```

也可以向节点发送 POST 请求，并添加 method=delete 参数和值，覆盖 HTTP 默认方法：

```
curl -i -X POST "https://graph.facebook.com/{comment-id}? \
  method=delete&access_token={access-token}"
```

当开发者发出 Graph API 请求时，通常结果集较大，不会在单个响应中收到全部结果，而是分页返回结果。分页方式有以下几种。

- 基于游标的分页。这是最有效的分页方法。游标是一个随机字符串，用于标记数据列表中的特定项目。
- 基于时间的分页。时间分页使用指向数据列表中特定时间的 Unix 时间戳在结果数据中导航。
- 基于偏移的分页。如只需要返回一定数量的对象，则可以使用基于偏移的分页。并非所有 Graph API 调用都支持基于偏移的分页，只有连线不支持基于游标或时间的分页时，才能使用这种分页方式。

Graph API 有许多版本，可以在请求路径的开头添加字母 v 和版本号来调用对应版本的 API。如果路径中不包括版本号，则默认使用最早期的版本，因此最好在路径中包括版本号。以下代码是对 2.9 版本 API 的调用。

```
curl -i -X GET "https://graph.facebook.com/v2.9/your-facebook-user-id/photos? \
  access_token=your-access-token"
```

2. Facebook Marketing API 介绍

Marketing API 主要定义的根节点如下。

- /{USER}，创建广告的 Facebook 用户，每个广告用户可以在多个广告账户中拥有用户身份。
- /act_{AD_ACCOUNT_ID}，表示管理广告的商家实体。
- /{CAMPAIGN_ID}，定义广告计划，可以包含一个或者多个广告组。

/{USER} 下的连线定义如下。

- /adaccountgroups，与此用户关联的广告账户组。
- /adaccounts，与此用户关联的所有广告账户。
- /accounts，某用户是管理员的所有主页和地点。

- /promotable_events，用户创建的所有可推广活动，或者用户担任管理员的主页中的可推广主页活动。
- /promotable_domains，用户可推广的所有网络域名。

/act_{AD_ACCOUNT_ID}，属于同一个广告账户的所有广告对象的集合，其对应的连线如下。

- /campaigns，定义广告计划目标，包含一个或者多个广告组。
- /adsets，包含使用同一预算、排期、竞价和定位条件的所有广告。
- /ads，广告数据，例如创意元素或者成效衡量信息。
- /adcreatives，广告的展示效果和内容。
- /adimages，在广告创意中使用的图片库，可以单独上传或者管理。
- /advideos，在广告创意中使用的视频库，可以单独上传或者管理。
- /activities，对广告账户的操作日志。
- /adtags，广告账户的一系列标签，用于标记相似的广告系列、广告组或者广告。
- /adcampaignconversions，广告账户中按照广告组累计的转化数据。
- /adgroupconversions，广告账户中按照广告累计的转化数据。
- /customaudiences，广告账户的自定义受众，这类受众可以帮助广告主定位与其业务已经建立了联系的用户群，以便向他们投放广告。
- /generatepreviews，生成广告预览。
- /offsitepixels，与该账户关联的像素，Facebook 像素是用于追踪网站上事件的主要工具，将像素数据与 Marketing API 结合，广告主可以根据网站上的用户活动构建自定义受众，衡量转化活动并确定产生成效的广告(如触发用户购买的广告)。
- /reachestimate，为使用特定定位参数的广告生成预估的覆盖人数。
- /reportstats，获取广告账户统计数据，并向广告主定期发送报告。
- /adcampaignstats，广告账户中按照广告组累计的一组统计数据。
- /adgroupstats，广告账户中按照广告累计的一组统计数据。
- /targetingsentencelines，生成可读的广告组定位说明。
- /users，与广告账户关联的用户列表。
- /insights，成效分析界面，包括删除重复数据并提供整理好的异步报告。

/{CAMPAIGN_ID}下的连线如下。

- /adsets，包含使用同一预算、排期、竞价和定位条件的所有广告。

- /ads，广告的必要数据，例如创意元素和成效衡量信息。
- /adtags，广告计划标签，用于查找相似的广告计划。
- /insights，成效分析界面，包括删除重复数据并提供整理好的异步报告。

/{CAMPAIGN_ID}/adsets 对应的连线如下。

- /ads，广告的必要数据，例如创意元素和成效衡量信息。
- /adcreatives，定义广告的内容和展示效果。
- /activities，对广告组的操作日志。
- /adtags，广告组标签，用于查找相似的广告组。
- /conversions，广告组的转化数据。
- /insights，成效分析界面，包括删除重复数据并提供整理好的异步报告。

/{CAMPAIGN}/广告下的连线如下。

- /adcreatives，定义广告的展示效果和内容。
- /adtags，广告标签，用于查找相似广告。
- /conversions，广告的转化数据。
- /keywordstats，返回每个广告定位关键词的统计数据。
- /previews，通过现有广告生成广告预览。
- /reachestimate，获得广告的预估覆盖人数。
- /tagetingsentencelines，获取可读的广告组定位说明。
- /trackingtag，为广告分配点击追踪标签，点击追踪标签可用于指定用户点击广告时触发的网址。
- /insights，成效分析界面，包括删除重复数据并提供整理好的异步报告。

/{CAMPAIGN}/广告创意下的连线如下。

- /previews，通过现有广告创意对象生成广告预览。

利用这一系列 API，开发者可以设定 Facebook 广告各个维度的参数，例如，按照如下步骤利用 Marketing API 来创建 Facebook 广告。

第一步：创建广告计划。

第二步：定义广告定向。

第三步：创建广告集，定义预算、账单、优化策略与持续时间等。

第四步：上传广告创意。

第五步：触发广告服务。

开始写代码之前，开发者需要进行一系列的账号准备和权限申请工作，包括：

- 申请 Facebook Developer Account，可以用于访问开发者工具，创建 Facebook App；
- 申请一个 Facebook App 作为广告投放的容器；
- 需要申请系统用户访问令牌或者具有过期期限的用户访问令牌，这点取决于开发者使用 API 的方式；
- 需要申请一个广告账户来管理对广告的访问权限、结算设置、预算控制等广告配置。

创建 Facebook 广告的具体步骤说明如下。

第一步，创建一个广告计划。此时开发者需要为广告设置优化目标，建议先将广告计划设置为 PAUSED 状态，以避免在测试期间产生广告费用。通过以下命令行创建一个广告计划，成功时返回新创建广告计划对应的 ID。

```
curl -X POST \
  -F 'name="My campaign"' \
  -F 'objective="LINK_CLICKS"' \
  -F 'status="PAUSED"' \
  -F 'special_ad_categories=[]' \
  -F 'access_token=<ACCESS_TOKEN>' \
  https://graph.facebook.com/v8.0/act_<AD_ACCOUNT_ID>/campaigns
```

第二步，定义广告定向。在这一步开发者可以通过 API 搜索 Facebook 广告系统提供的定向集合，例如，通过如下命令行可以寻找包括 movie（电影）一词的兴趣：

```
curl -G \
  -d 'type=adinterest' \
  -d 'q=movie' \
  -d 'access_token=<ACCESS_TOKEN>' \
  https://graph.facebook.com/v<API_VERSION>/search
```

根据返回结果可以设定广告定向为喜欢电影的用户：

```
targeting={
    "interests": [{id: 6003139266461, 'name': 'Movies'}]
}
```

第三步，创建广告集，定义预算、账单、优化策略与持续时间等。一个广告集包括一系列共享了这些配置的广告。如下命令行创建一个广告集，将状态设置为 PAUSED，避免在测试期间产生广告费用。

```
curl \
  -F 'name=My Ad Set' \
```

```
  -F 'optimization_goal=REACH' \
  -F 'billing_event=IMPRESSIONS' \
  -F 'bid_amount=2' \
  -F 'daily_budget=1000' \
  -F 'campaign_id=<CAMPAIGN_ID>' \
  -F 'targeting={"interests": [{id: 6003139266461, 'name': 'Movies'}]}' \
  -F 'start_time=2020-10-06T04:45:17+0000' \
  -F 'status=PAUSED' \
  -F 'access_token=<ACCESS_TOKEN>' \
  https://graph.facebook.com/v<API_VERSION>/act_<AD_ACCOUNT_ID>/adsets
```

第四步，上传广告创意。在这步开发者设定广告的视觉展示元素，包括图片和视频、标题与说明、链接、点击按钮等，根据优化目标不同还需要提供不同的字段，例如推广 iOS App 的广告需要应用程序商店 URL。通过以下命令行上传图片：

```
curl \
  -F 'filename=@ <IMAGE_PATH>' \
  -F 'access_token=<ACCESS_TOKEN>' \
  https://graph.facebook.com/v<API_VERSION>/act_<AD_ACCOUNT_ID>/adimages
```

通过以下命令行利用图片 Hash 来创建创意：

```
curl -X POST \
  -F 'name="Sample Creative"' \
  -F 'object_story_spec={
      "page_id": "<PAGE_ID>",
      "link_data": {
        "image_hash": "<IMAGE_HASH>",
        "link": "https://facebook.com/<PAGE_ID>",
        "message": "try it out"
      }
    }' \
  -F 'access_token=<ACCESS_TOKEN>' \
  https://graph.facebook.com/v8.0/act_<AD_ACCOUNT_ID>/adcreatives
```

第五步，触发广告投放，创建一个广告并链接创意与广告集。这时可以将状态设置为 PAUSED，以避免广告被立即投放。通过以下命令行创建广告：

```
curl -X POST \
  -F 'name="Sample Creative"' \
  -F 'object_story_spec={
      "page_id": "<PAGE_ID>",
      "link_data": {
        "image_hash": "<IMAGE_HASH>",
        "link": "https://facebook.com/<PAGE_ID>",
```

```
        "message": "try it out"
      }
    }' \
  -F 'access_token=<ACCESS_TOKEN>' \
  https://graph.facebook.com/v8.0/act_<AD_ACCOUNT_ID>/adcreatives
```

这时开发者可以在 Facebook Ads Manager 工具中校验广告、广告计划、广告集，校验完之后可以将状态设置为 ACTIVE，这时广告会进入审核流程，状态转为 PENDING_REVIEW。如果审核通过，状态会回到 ACTIVE。

2.3.3 Twitter Ads API

Twitter Ads API 可以通过编程的方式访问 Twitter 广告账户。开发者可以将 Twitter Ads API 与企业内部业务逻辑集成来推广推文或 Twitter 账户，进行广告计划排期、效果分析、目标受众管理等。

Twitter Ads API 通过 https://ads-api.twitter.com 访问，支持 RESTful API 标准，强制使用 HTTPS（因此使用 HTTP 访问会报错），同时使用 OAuth 1.0a 来管理认证。Twitter Ads API 的输出为 JSON 格式的数据，所有的标识符都是字符串，且所有字符串都采用 UTF-8 编码。Twitter Ads API 是版本化的 API，可以通过在 URL 路径的第一个路径元素中添加数字来标识不同的版本。例如，https://ads-api.twitter.com/6/accounts 中的 6 代表 API 的第 6 个版本。

使用 Twitter Ads API 涉及两类账户：广告账户与 Twitter 用户账户。广告账户在 ads.twitter.com 上注册，在 Twitter Ads API 中由 account_id 标识。广告账户直接链接到资金来源。每个广告账户可以向一个或多个 Twitter 用户账户授予权限。广告账户在 URL 路径中由参数 account_id 表示。Twitter 用户账户在 Twitter Ads API 中由 user_id 标识，这些账户中的一个或多个可以与广告账户关联。经过身份验证后，通过 Twitter Ads API 发出的请求所对应的 Twitter 用户账户被称为“当前用户”。

开发者可以通过两种方式发出 Twitter Ads API 请求：代表一个广告账户（这也是 Twitter 推荐的方式），或者使用被授予广告账户访问权限的账户进行访问（例如一个代理商可能需要支持多个广告账户）。这两种方式均需要通过 OAuth 1.0a 获得授权，并使用不同的广告管理权限。

Twitter Ads API 中使用了 4 个 HTTP 命令。

- GET：检索数据。
- POST：创建新数据，例如创建一个广告计划。

- PUT：更新现有数据，例如更新订单项。
- DELETE：删除数据。

创建、删除或更新数据时，如请求成功，返回HTTP 200系列响应码以及对应的JSON数据。使用HTTP PUT更新数据时，只会更新指定的字段，可以通过使用空字符串指定参数来取消设置可选值。例如，&end_time=&paused=false将取消任何已经设置好的end_time。

首先开发者需要安装twurl，并配置和授权对应的应用与用户。twurl是类似cURL的命令行工具，能较好地处理Twitter的OAuth认证，帮助开发者快速测试和调试Twitter Ads API。可以通过twurl-t命令查看twurl帮助。

开发者可以通过https://ads-api-sandbox.twitter.com来使用沙箱。在开发者向沙箱发出初始化POST请求后，系统会生成一份广告账户记录，开发者可以使用该账户来执行测试操作。沙箱可能会不定期重置。沙箱中对应的账户、广告计划、广告订单项对于当前用户是唯一的。

开发者可以使用支持REST的客户端来使用Twitter Ads API。我们来看一个例子。这个例子创建一个广告计划，该广告计划推广推文，并利用关键词来定向目标用户，具体步骤如下。

1）通过以下命令获取对应的广告账户id：

```
twurl -H ads-api-sandbox.twitter.com /5/accounts/
```

对应的响应如下：

```
{
  "request": {
    "params": {
    }
  },
  "data": [
    {
      "name": "Sandbox account for @ AdsAPI",
      …
      "id": "xxxxxx",
      "created_at": "2014-03-09T00:41:49Z",
      "salt": "f9f9d5a5f23075c618da5eb1d1a9df57",
      "updated_at": "2015-01-29T00:41:49Z",
      "approval_status": "ACCEPTED",
      "deleted": false
    }
  ],
```

```
  "data_type": "account",
  "total_count": 1,
  "next_cursor": null
}
```


2）通过如下命令使用第 1 步获得的广告账户 id 来获取对应的资金工具：

```
twurl -H ads-api-sandbox.twitter.com /5/accounts/xxxxxx/funding_instruments
```

对应的响应如下：


```
{
  "data": [
    {
      "account_id": "xxxxxx",
      "cancelled": true,
      "created_at": "2014-03-09T00:41:49Z",
      "credit_limit_local_micro": null,
      "currency": "USD",
      "deleted": false,
      "description": null,
      "end_time": null,
      "funded_amount_local_micro": null,
      "id": "12345678",
      "start_time": "2014-05-29T00:41:49Z",
      "type": null,
      "updated_at": "2014-05-29T00:41:49Z"
    }
  ],
  "data_type": "funding_instrument",
  "next_cursor": null,
  "request": {
    "params": {
      "account_id": "xxxxxx"
    }
  },
  "total_count": 1
}
```


3）创建一个广告计划并将其与资金工具关联，同时设置广告计划对应的开始时间和预算。例如，以下代码将总预算设定为 500 美元，将每日预算设定为 50 美元：

```
twurl -H ads-api-sandbox.twitter.com -d "start_time=2019-02-09T00:00:00Z&funding_\
  instrument_id=yyyy&name=MyFirstCampaign&total_budget_amount_local_micro=\
  500000000&daily_budget_amount_local_micro=50000000" /5/accounts/xxxxxx/campaigns
```

对应的响应如下：

```
{
  "data": {
    "created_at": "2015-02-09T00:00:00Z",
    "currency": "USD",
    "daily_budget_amount_local_micro": 50000000,
    "deleted": false,
    "end_time": null,
    "funding_instrument_id": "12345678",
    "id": "92ph",
    "name": "My First Campaign",
    "paused": false,
    "standard_delivery": true,
    "start_time": "2019-02-09T00:00:00Z",
    "total_budget_amount_local_micro": 500000000,
    "updated_at": "2019-02-09T00:00:00Z"
  },
  "data_type": "campaign",
  "request": {
    "params": {
      "account_id": "xxxxxx",
      "daily_budget_amount_local_micro": 50000000,
      "funding_instrument_id": "12345678",
      "name": "My First Campaign",
      "start_time": "2015-02-09T00:00:00Z",
      "total_budget_amount_local_micro": 500000000
    }
  }
}
```


4）创建订单项，并将订单项与广告计划关联（这时开发者已经获取了广告计划对应的id），订单项也对应设置竞拍价格、定向条件、广告创意等属性。以下命令创建订单项，并将广告创意设置为promoting tweet，将竞拍价格设置为1.5美元：

```
twurl -H ads-api-sandbox.twitter.com -d "campaign_id=XXXX&bid_amount_local_micro=\
  1500000&product_type=PROMOTED_TWEETS&placements=ALL_ON_TWITTER&objective=\
  TWEET_ENGAGEMENTS&entity_status=PAUSED" /5/accounts/xxxxxxx/line_items
```

对应的响应如下：


```
{
  "data_type": "line_item",
  "data": {
    "bid_type": "MAX",
    "name": "Untitled",
    "placements": [
      "ALL_ON_TWITTER"
```

```
    ],
    "bid_amount_local_micro": 1500000,
    "automatically_select_bid": false,
    "advertiser_domain": null,
    "primary_web_event_tag": null,
    "charge_by": "ENGAGEMENT",
    "product_type": "PROMOTED_TWEETS",
    "bid_unit": "ENGAGEMENT",
    "total_budget_amount_local_micro": null,
    "objective": "TWEET_ENGAGEMENTS",
    "id": "azjx",
    "entity_status": "PAUSED",
    "optimization": "DEFAULT",
    "categories": [],
    "currency": "USD",
    "created_at": "2015-02-09T00:00:00Z",
    "updated_at": "2015-02-09T00:00:00Z",
    "include_sentiment": "POSITIVE_ONLY",
    "campaign_id": "92ph",
    "deleted": false
  },
  "request": {
    "params": {
      "placements": [
        "ALL_ON_TWITTER"
      ],
      "bid_amount_local_micro": 1500000,
      "product_type": "PROMOTED_TWEETS",
      "entity_status": "PAUSED",
      "account_id": "xxxxxxx",
      "campaign_id": "92ph"
    }
  }
}
```

5）创建一个定向条件并将其与订单项关联。例如，我们定位于旧金山地区，首先需要查找位置 id，然后使用 POST 请求设置定向。查询定向 id 的命令如下：

```
twurl -H ads-api-sandbox.twitter.com "/5/targeting_criteria/locations? \
  location_type=CITIES&q=San Francisco"
```

对应的响应为：

```
{
  "data": [
    {
      "name": "San Francisco-Oakland-San Jose CA, US",
```

```
      "targeting_type": "LOCATION",
      "targeting_value": "5122804691e5fecc"
    }
  ],
  "data_type": "targeting_criterion",
  "request": {
    "params": {
      "location_type": "CITY",
      "q": "San Francisco"
    }
  }
}
```

更新定向配置的命令如下：

```
twurl -H ads-api-sandbox.twitter.com -X POST -d "line_item_id=yyyy&targeting_type=\
  LOCATION&targeting_value=5122804691e5fecc" /5/accounts/xxxxxx/targeting_criteria
```

对应的响应如下：

```
{
  "data": {
    "account_id": "xxxxxx",
    "created_at": "2015-02-09T00:00:15Z",
    "deleted": false,
    "id": "2u3be",
    "line_item_id": "yyyy",
    "name": "San Francisco-Oakland-San Jose CA, US",
    "targeting_type": "LOCATION",
    "targeting_value": "5122804691e5fecc",
    "updated_at": "2013-05-30T21:01:35Z"
  },
  "data_type": "targeting_criterion",
  "request": {
    "params": {
      "account_id": "xxxxxx",
      "line_item_id": "yyyy",
      "targeting_type": "LOCATION",
      "targeting_value": "5122804691e5fecc"
    }
  }
}
```

6）将对应的订单项状态设置为 ACTIVE，命令如下：

```
twurl -H ads-api-sandbox.twitter.com -X PUT "/5/accounts/xxxxxx/line_items/yyyy/? \
  entity_status=ACTIVE"
```

对应的响应如下：


```
{
  "data_type": "line_item",
  "data": {
    "bid_type": "MAX",
    "name": "grumpy cat",
    "placements": [],
    "bid_amount_local_micro": 1500000,
    "automatically_select_bid": false,
    "advertiser_domain": null,
    "primary_web_event_tag": null,
    "charge_by": "ENGAGEMENT",
    "product_type": "PROMOTED_TWEETS",
    "bid_unit": "ENGAGEMENT",
    "total_budget_amount_local_micro": null,
    "objective": "TWEET_ENGAGEMENTS",
    "id": "yyyy",
    "entity_status": "ACTIVE",
    "account_id": "xxxxxx",
    "optimization": "DEFAULT",
    "categories": [],
    "currency": "USD",
    "created_at": "2015-02-09T00:00:20Z",
    "updated_at": "2015-02-09T00:00:20Z",
    "include_sentiment": "POSITIVE_ONLY",
    "campaign_id": "dy1f",
    "deleted": false
  },
  "request": {
    "params": {
      "line_item_id": "yyyy",
      "entity_status": "ACTIVE",
      "account_id": "xxxxxx"
    }
  }
}
```


开发者也可以使用Twitter提供的客户端库(见表2-6)。

表 2-6 Twitter Ads 客户端库

客户端库	源代码	代码示例
Python	twitter-python-ads-sdk	https://github.com/twitterdev/twitter-python-ads-sdk/tree/master/examples
Ruby	twitter-ruby-ads-sdk	https://github.com/twitterdev/twitter-ruby-ads-sdk/tree/master/examples

本节对Google Ads、Facebook Marketing、Twitter Ads这三个比较大的广告平台的Ads

API做了介绍，并分别举例说明。这三大广告平台经过多年的迭代，能体现API设计的最新设计思想。开发者通过对三者进行对比分析，既可以学习广告平台的API使用方法，将其集成到企业内部的业务逻辑中，也可以学习到API的最新设计原理。

2.4 本章小结

本章介绍了现代广告系统投放子系统的设计思想，首先介绍广告的层次结构，然后介绍API设计的基本原理，最后结合成熟广告平台的投放API，举例说明API的用法。熟悉现代API的设计原理，有助于快速了解与掌握广告平台API设计背后的逻辑。

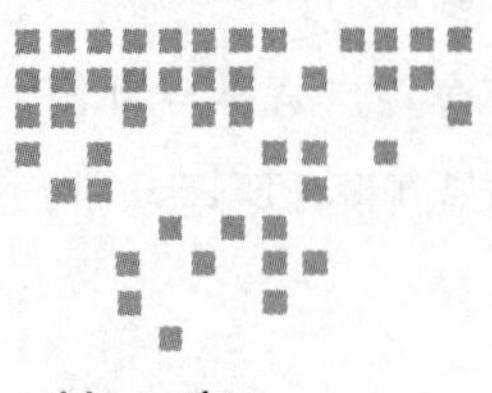

Chapter 3 第3章

大规模网络系统架构设计

广告的播放涉及数据流、检索、排序和竞价。对于请求量较小的场景，这些模块可以作为同一个程序的不同函数；而对于请求量巨大的场景，这些工作需要许多服务器协作完成。设计一个稳定、高可靠的广告播放系统是项复杂的系统工程。

谷歌2022年第一季度财报显示，其广告收入为546.6亿美元，折合每分钟收入41万美元。Meta 2022年第一季度财报显示，其广告收入为269.98亿美元，折合每分钟收入21万美元。这些数字说明，对于请求量巨大的场景，广告播放系统的稳定性是一个与广告收入息息相关的重要问题。构建这样一个复杂的系统会面临许多挑战，本章就来讨论构建这样一个复杂系统的方法论。

3.1 大规模网络系统历史背景

2006年8月9日，时任谷歌首席执行官Eric Schmidt在搜索引擎大会(SES San Jose 2006)上首次提出“云计算”(Cloud Computing)的概念。当时在谷歌内部，基于GFS和Bigtable、Borg、Chubby组成的计算架构，已经在将近50万台服务器上运行，跨全球多个大洲的数十个数据中心。云计算是Eric Schmidt对谷歌这一宏大技术架构、星球级部署的总结。十几年过去，云计算被赋予更多内涵，衍生出诸多概念，形成了复杂生态，而支撑一个完备的复杂系统需要的理想底层架构与十几年前并无显著区别。

本章将阐述如何构建这样一个理想底层并给出相应的开源组件。构建一个能够支撑搜索、广告、电商等业务形态的大规模网络系统，需要的底层架构包括负载均衡、命名服务、分布式共识服务、分布式文件系统、分布式存储、分布式集群管理系统、监控与告警系统、网络服务接口规范等，如图 3-1 所示。

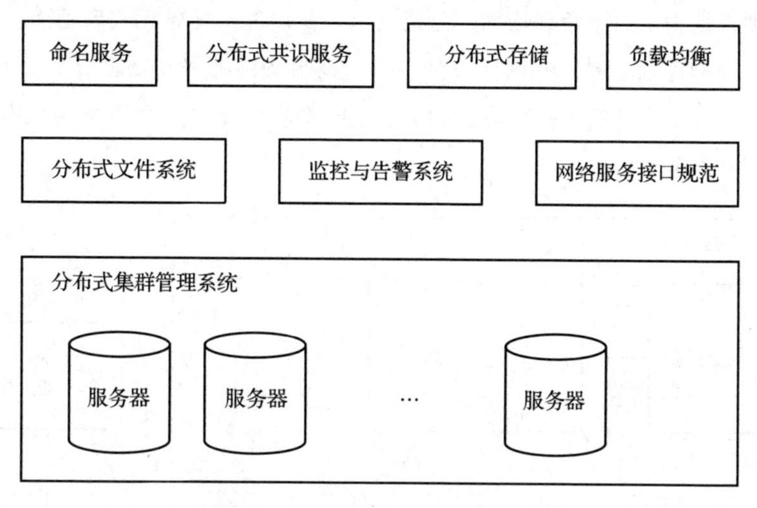

图 3-1　大规模网络系统的底层架构

3.2　分布式集群管理系统

复杂系统的底层是硬件设备，一般是物理服务器。在大规模系统设计中有一个常识是，硬件是不可靠的。这乍一听有点违反直觉，因为我们个人持有的硬件设备(如手机、笔记本电脑)在绝大多数情况下能正常工作，反而是软件相对不那么可靠，经常崩溃。为什么说在大规模系统设计中，硬件属于不可靠资源呢？因为单台物理服务器的故障率叠加上物理服务器数再叠加上系统运行时间，硬件故障发生的频率就不容小觑了。所以我们需要一个分布式集群管理系统，将硬件故障与实际运行在硬件上的业务区隔开，当单个硬件发生故障时，这个管理系统可以将程序调度到其他硬件上。通过这种方式，我们可以在硬件规模增长、硬件故障率不变的情况下，为上层业务提供一个稳定、抽象的计算能力层。在云架构中，各个组件相对固定，在云计算提出十几年后，组件的演进并未发生质的变化。可以认为，在云架构中，软件组件属于相对稳定可靠的部分，而硬件组件会随着业务规模增长而增长，属于不可靠的部分。这是云架构反直觉的地方。

谷歌一直使用 Borg 来管理计算集群。如图 3-2 所示，Borg 是一个分布式集群管理系统，负责在集群层面编排和调度任务。用户向 Borg 提交一个 Borg 配置文件，里面描述用户需要调度的任务，该任务既可以是响应用户请求的程序，也可以是用于数据处理的批处理程序。同时定义需要的实例数。每个任务由一个或多个实例组成，有的任务多达数千个实例，配置多个实例通常是为了用于负载均衡，分担请求。在调度到任务正式启动前，Borg 会为每个任务分配一台物理服务器，将该任务对应的二进制文件部署到物理服务器并启动执行。Borg 会不断监控这些实例的运行状态，如果发现某个实例异常，会终止该实例并将其分配给其他物理服务器重新启动。

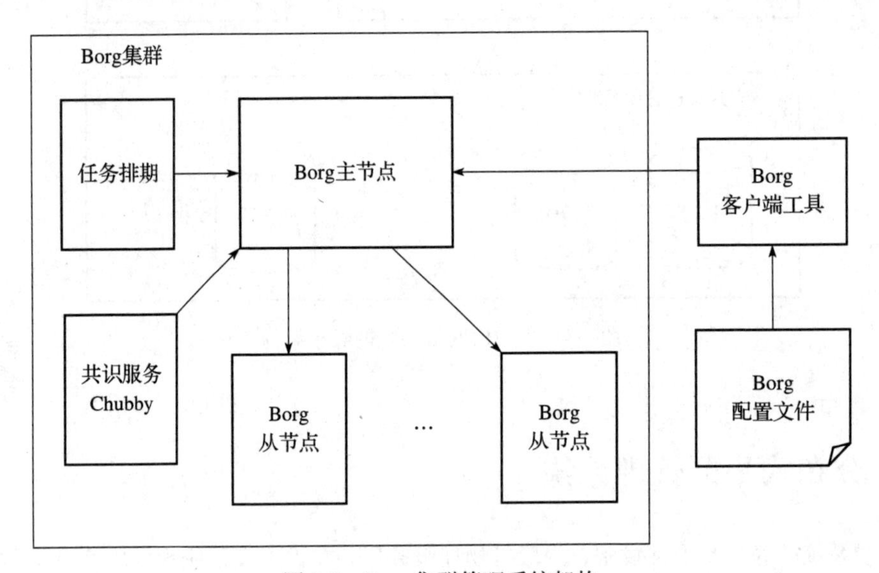

图 3-2　Borg 集群管理系统架构

由以上可知，在 Borg 中，任务实例与物理服务器没有固定的一一对应关系，因此我们无法使用 IP 地址与端口来指代某一个具体的任务实例。Borg 在启动任务时，会给每个具体的任务分配一个名字与编号，并使用一个分布式共识服务（Chubby）将任务的具体 IP 地址、端口与虚拟名字、编号进行映射。这套系统称为 Borg 名字服务（BNS）系统。其他任务通过 BNS 系统解析到具体的 IP 地址与端口，最终连到具体的任务实例上。当实例被重新启动并分配给其他物理服务器时，BNS 系统会更新该实例对应的 BNS 名字。一个 BNS 地址对应一个树形结构的字符串，如/bns/borg 集群名/用户名/任务名/实例名，所以实例名也可能是一个树形字符串。

Borg 还负责在集群的范围内调度与优化资源，提升物理服务器的使用效率。用户在提交 Borg 配置文件的时候会指明每个任务需要的资源(包括 CPU、内存等)。Borg 任务编排系统会将全部实例安排在不同的物理服务器上，一个物理服务器可能会同时运行不同的实例。同时 Borg 也会避免将同一个任务的全部实例放在同一个机柜上运行，以避免机柜成为容灾单点。

与 Borg 对应的开源分布式集群管理系统有 YARN、Kubernetes 等。YARN[一]是 Hadoop 集群的资源管理系统。Kubernetes[二]源自希腊语，是“舵手”的意思。它是谷歌开源的容器集群管理系统，也是与 Borg 对应的下一代集群管理系统。容器技术与微服务技术是 Kubernetes 应用的基础，下面简单介绍主流容器技术 Docker 与微服务技术。

3.2.1　Docker 简介

容器技术主要有 Docker、Rocket 等，目前 Docker 是主流。利用 Docker 技术，开发者可以在构建 Docker 镜像时完成依赖的安装与编译等工作，将应用程序及其依赖打包到一个可移植的容器中，从而让应用程序之后的运行不依赖于宿主机的环境。可以在同一个宿主机上运行多个 Docker 容器，以对宿主机进行有效的资源分配，充分利用计算资源。Docker 的组件非常多，生态较为复杂，当前 Docker 主要用到了 namespaces、cgroups、Unionfs 这些 Linux 的底层核心技术。

namespaces 是 Linux 提供的用于资源隔离的系统调用，应用于 clone、setns、unshare、ioctl 这些系统 API，分离进程树、网络接口、挂载点及进程间通信等资源。

表 3-1 给出了 Linux 提供的 namespace 标志位。

表 3-1　Linux namespace 标志位

namespace	标志位	隔离项
Cgroup	CLONE_NEWCGROUP	隔离 Cgroup 的顶层目录
IPC	CLONE_NEWIPC	隔离进程间通信
Network	CLONE_NEWNET	隔离网络设备、端口等
Mount	CLONE_NEWNS	隔离挂载点
PID	CLONE_NEWPID	隔离进程 ID
User	CLONE_NEWUSER	隔离用户与用户组 ID
UTS	CLONE_NEWUTS	隔离服务器名、NIS 域名

[一] https://hadoop.apache.org/docs/current/hadoop-yarn/hadoop-yarn-site/YARN.html
[二] https://kubernetes.io/

通过这种隔离，运行在同一台宿主机上的不同Docker就像运行于不同的服务器上一样，相互不能访问对方的信息。但这种隔离并不能提供CPU或内存等物理资源的隔离，如果某个Docker内的进程在执行CPU密集型的任务，则会影响其他容器中任务的性能与执行效率。control groups（简称cgroups）能够隔离宿主机上的物理资源，如CPU、内存、磁盘I/O、网络带宽等。cgroups的API是以文件系统的方式来实现的，用户可以通过文件操作实现cgroups的组织管理。cgroups有如下概念。

- 任务（task）。任务表示系统的一个进程。
- 子系统（subsytem）。资源以子系统的方式呈现，一个子系统就是一个资源调度控制器（Resource Controller），例如CPU子系统可以控制CPU资源的分配，内存子系统可以控制内存的使用量。
- cgroup（控制组）。cgroups中的资源控制以cgroup为单位实现。cgroup表示按照某种资源控制标准划分而成的任务组，包含一个或多个子系统。一个任务可以加入某个cgroup，也可以从某个cgroup迁移到另外的cgroup。
- 层级树（hierarchy）。层级树由一系列cgroup以树状结构排列而成，每棵层级树通过绑定对应的子系统进行资源调度。层级树中的cgroup节点可以包含零个或者多个子节点。子节点继承父节点的属性，整个系统可以有多棵层级树。

图3-3所示为一个cgroups层级结构，包括两棵层级树，第一棵层级树包含CPU子系统，对CPU进行了限制。例如cgrp1组中的进程可以使用60%的CPU，cgrp2组中的进程可以使用20%的CPU。

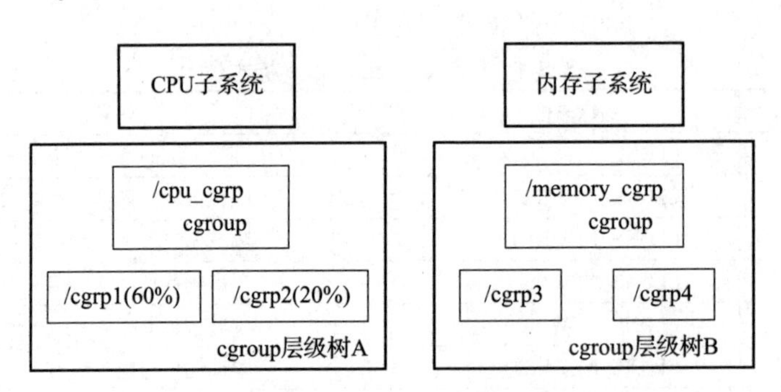

图3-3　cgroups层级结构

Linux的namespaces和cgroups分别解决了虚拟资源隔离与物理资源隔离的问题，而Docker使用Unionfs解决Docker中的镜像问题。容器实际上是在只读镜像层上增加的可读性的层，同一个镜像可以用于多个容器。Unionfs 是 Linux 系统设计的用于把多个文件系统联合挂载到同一个挂载点的文件系统服务。图 3-4 展示了容器的组装过程，每个镜像层都建立在另一个镜像层之上，所有的镜像层都是只读的，只有最顶层的容器层才可以被直接写入。这些容器建立在一些底层服务之上，包括命名空间、控制组等，只读的镜像层也能通过共享减少磁盘占用。

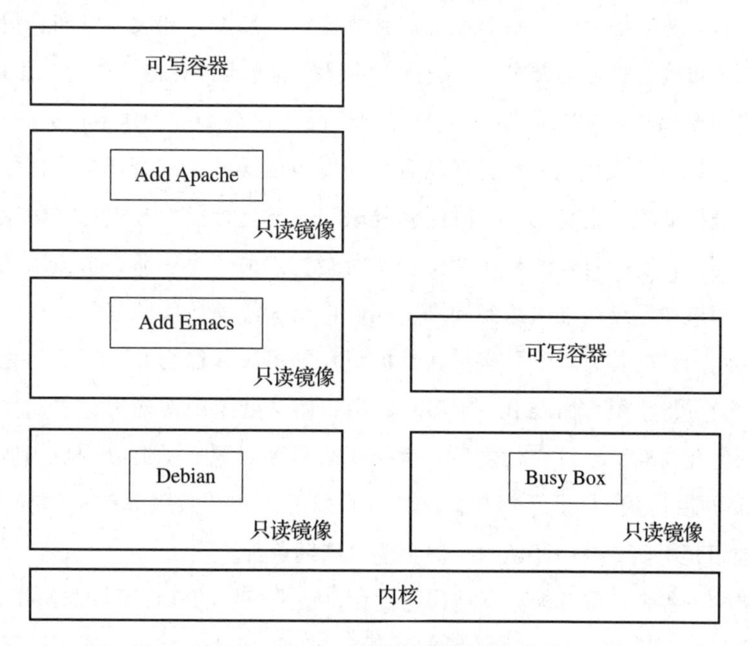

图 3-4　Docker 镜像与容器组装过程

Docker 应用场景中一般只有很少的数据（如临时文件等）需要被写入容器的可写层，业务数据一般应该写到分布式存储系统。对于需要写入容器内部的场景，Docker 支持不同的存储驱动，包括 AUFS（Advanced Unionfs）、Devicemapper、overlay2、ZFS、VFS 等。

3.2.2　微服务技术简介

微服务技术是针对康威定律的一个技术方案。康威定律是 Melvin Conway（马尔文·康威）于 1967 年提出的，其主要内容为：设计系统的架构受制于产生这些设计的组织的沟通结构。康威定律反映的是模块的设计者需要互相频繁沟通，跨部门的沟通比较困难。开源运动的理论家 Eric Raymond 指出，康威定律证明软件架构与软件团队的组织架构等价。承载了重要业务的复杂网络系统，往往需要协调成百上千的工程师，跨多个业务部门和持续许多年的开发维护，是典型的康威定律的场景。

微服务架构模式是针对康威定律所指出现象的一种架构应用，提倡尽可能以高内聚为原则拆分组织架构与系统架构。微服务架构的最小单元应该是能提供最终价值的端到端的服务，所有这些服务之间相互协调，相互配合，达成商业目的。服务与服务之间通过RESTful、GraphQL或RPC通信，每个服务围绕具体的业务进行构建，并能够被独立部署到生产环境中。微服务架构模式下各个服务能独立测试、部署、升级与发布，提高了系统容错能力，降低了重构的难度与成本，围绕独立的服务也能组建并持续迭代、优化团队。

微服务架构提倡在全生命周期优化与运维产品。亚马逊提出“you build，you run it”（谁构建，谁运维），开发团队对软件产品肩负开发与运维的全部责任，这样使开发工程师能与产品用户直接交流，也能在第一时间修复缺陷。与之相反的观点是交付项目，即项目团队完成软件开发之后，将软件与一套文档手册交付给另一个团队，由该团队来负责后续的运维工作，如果在后续运维中遇到问题，他们再反馈给项目团队修复。在实施过程中这种模式可能遇到的情况是，以项目交付为目标组建的团队往往会在项目交付之后解散或缩编，团队通常会进行重组，加入下一个项目，项目团队的组织架构生存周期往往远短于项目交付产品的生存周期，项目交付之后，运维团队遇到问题，反馈给项目团队的时候，项目团队的组员可能已经进行了几轮更替。针对类似的问题，微服务架构倡导“最小粒度、最强内聚”地组建团队，并由团队对产品全生命周期负责。

微服务架构下各个微服务能独立迭代与优化，带来极好的软件架构与组织架构灵活性，但所有这些实际上工作于一个大的容器或平台之上，需要建立完善的服务注册、发现、管理机制。构建这个大平台是一项复杂的工程，这也是Kubernetes等开源组件的应用场景。

3.2.3 Kubernetes简介

Kubernetes是一个用于自动化部署、扩容和管理容器化应用程序的开源系统，它将一个分布式软件的一组容器打包成容易管理与发现的逻辑单元。Kubernetes在设计结构上定义了一系列构建模块，目的是提供一个可以共同提供部署、维护和扩展应用程序的机制。Kubernetes基于API来设计，这些API同时被扩展的内部组件或Kubernetes上运行的容器使用。

如图3-5所示，一个Kubernetes集群由一组Kubernetes Master管理的Kubernetes节点组成。Kubernetes Master提供集群的全局视图，包括API Server、Replication Controller等关键服务。

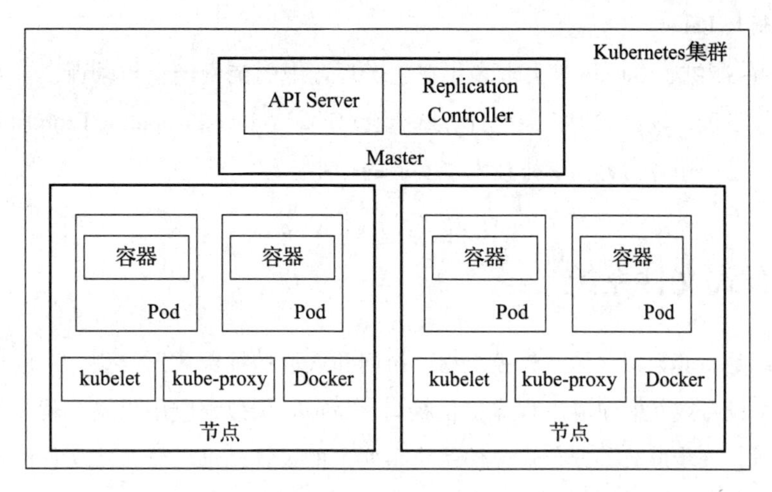

图 3-5 Kubernetes 架构

节点(Node)是物理机或虚拟机，运行着 Kubernetes 的关键组件 kubelet、kube-proxy、Docker 或 Rocket。Kubernetes 将一个或多个容器的集合定义为 Pod，同一个 Pod 内的容器总是被同时调度，容器之间共享存储、网络，共享 IP 地址与端口号，可以通过 localhost 通信。可以将 Pod 想象为多个容器共享的逻辑主机。Pod 是运行时的实体，而不是持久化的实体，Pod 在创建后，被分配一个唯一的 ID(UID)，调度到节点上。如果节点宕机或者重启，分配到该节点的 Pod 会被重新创建并给予一个新的 UID，然后调度到其他节点。

Pod 创建时可以指定 Label。Label 是一个 Key-Value 标签对，其具体值对系统透明，对用户有意义。例如可以将 Label 映射到系统架构或者组织架构(对应康威定律)，这样更便于微服务的管理。Label 的值不是唯一的，客户端或 API 可以通过标签选择器指定 object 集合，对 object 集合进行操作。例如，可以创建一个“tier”标签和一个“app”标签，使用 Label(tier = frontend, app = myapp)来标记前端 Pod，使用 Label(tier = backend, app = myapp)来标记后端 Pod，然后使用选择器选择带有特定 Label 的 Pod。

Replication Controller 用于确保任意时刻都有指定数量的 Pod 在运行。如果为某个 Pod 创建了 Replication Controller 并指定副本为 3，则 Replication Controller 会创建 3 个副本，并持续监控这些副本；如果某个 Pod 不响应，那么 Replication Controller 会替换它，保持总数为 3。如果之前不响应的 Pod 恢复工作了，现在有了 4 个 Pod，则 Replication Controller 会将其中 1 个终止。如果运行中将副本数改为 5，则 Replication Controller 会启动 2 个新的 Pod，保证总数为 5；若副本数改小，Replication Controller 也会动态缩容。创建 Replication Controller 需要指定 Pod 模板与 Label。

Kubernetes 凝结了 Google 过去十多年在生产环境中的宝贵经验与教训，自 Google 提出并开源后迅速发展，现已成为云原生计算基金会(Cloud Native Computing Foundation，CNCF)开源项目，也是微服务与容器编排技术事实上的行业标准。

3.3 分布式文件系统

文件系统是一套数据存储、分级组织、访问和获取的抽象数据类型，一般运行在内核态，通过一个设备或句柄向应用程序提供接口。Google 从搜索应用出发，就文件系统提出了不同的观点，逐步形成了分布式文件系统事实上的设计标准。分布式文件的设计遵循分布式系统理论中的 CAP 定理，该定理指出对于一个分布式计算机系统来说，不可能同时满足以下三点。

- 一致性(Consistency，C 性质)：等同于所有节点访问同一份最新的数据副本。
- 可用性(Availability，A 性质)：每次请求都能获取到非错的响应，但是不保证获取的数据是最新的。
- 分区容错性(Partition tolerance，P 性质)：主要是指系统能在部分节点不能相互通信的情况下，对外提供正确的服务。

理解 CAP 定理时可以想象两个节点分处分区两侧。允许至少一个节点更新状态会导致数据不一致，丧失 C 性质；如果为了保证数据一致性，将分区一侧的节点设置为不可用，那么丧失了 A 性质；除非两个节点可以相互通信，才能既保证 C 又保证 A，但这样又会丧失 P 性质。

3.3.1 GFS

GFS(Google File System，Google 文件系统)通过将数据复制到多台服务器上来确保达成分区容错性。通过支持仅追加接口来降低一致性模型的复杂度。仅支持追加而不支持随机写，是因为在 GFS 的应用场景中随机写的需求比较少，而且随机写可以基于追加来实现。在仅追加的情况下：如果不出现异常，追加成功的记录在 GFS 的各个副本中是确定并严格一致的；如果出现异常，可能出现某些副本追加成功而某些副本没有追加成功的情况，失败的副本可能会有一些可识别的填充记录。客户端或者应用端需要知道并处理这些错误。

谷歌在 GFS 的设计方法论中针对传统文件系统设计提出了不同的观点，具体如下。

- 硬件是不可靠的，这是由于谷歌设计的文件系统被部署在几百到数千台服务器上，单台服务器的错误会被叠加后放大。
- GFS 通常存放的文件都很大。传统的文件系统存放用户文件，一般比较小，GFS 通常存放网页搜索中间文件，通常达到几吉字节。
- 大部分文件更新是通过追加操作完成的，随机读写较少。

GFS 运行在用户态，这使得 GFS 的开发与测试工作都相对轻量。GFS 使用不可靠的硬件构建，经受了当时及后续苛刻需求的验证，这种分布式文件系统的设计模式成为数据处理业务所需的分布式文件系统的标配。

将功能在分布式文件系统与分布式文件系统使用方之间进行拆分实现，能带来系统设计上的灵活度，降低整体系统的复杂度。例如 GFS 通过支持原子的追加操作，并由客户端应用程序感知数据一致性来简化分布式一致性模型。

客户端是 GFS 提供的一组访问接口，以库的形式提供，不遵循 POSIX 文件系统规范。如图 3-6 所示，客户端访问 GFS 时，先访问 Master 节点，获取与之交互的 ChunkServer 的信息，然后直接访问 ChunkServer，完成数据存取工作。在这里，仅仅控制数据流经过 Master，数据消息并不经过 Master，而是在客户端与 ChunkServer 之间传递。这样设计是出于性能考虑，避免 Master 成为数据吞吐的瓶颈。GFS 通过租约机制，将 Chunk 写操作授权给某个

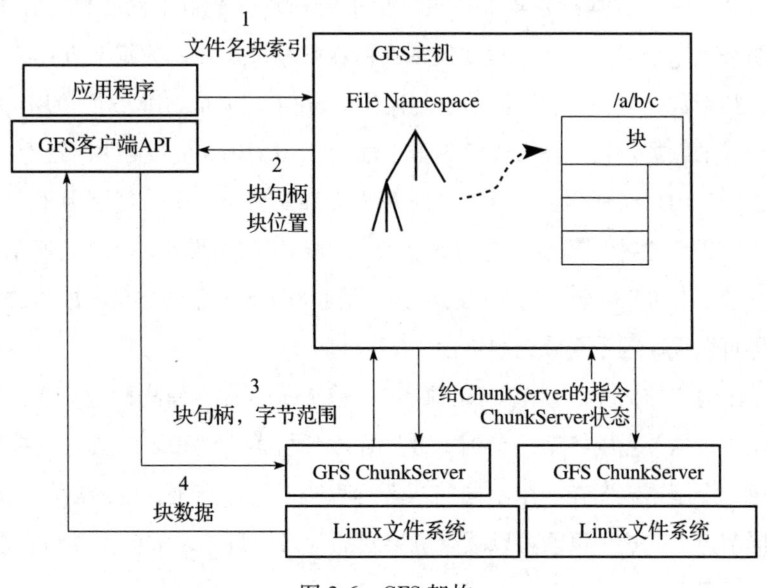

图 3-6　GFS 架构

ChunkServer。拥有租约授权的ChunkServer称为主ChunkServer，其他副本所在的ChunkServer称为备ChunkServer。在租约有效期内，对该Chunk的写操作都由主ChunkServer负责分发，从而减轻Master的负担。租约的有效期较长，如60秒，而且主ChunkServer可以不断向Master请求延长租约有效期直到Chunk写满。Google在GFS之后开发了第二代分布式文件系统Colosus。Colosus的主要特点是减小Chunk的大小，对小文件更友好，优化Master的容灾，优化元数据存储。

3.3.2 HDFS

HDFS(Hadoop Distributed File System，Hadoop分布式文件系统)[㊀]是Hadoop集群的分布式文件系统组件，是GFS的开源实现。HDFS基本遵循了GFS的设计哲学，其独特的地方在于认为移动计算的成本低于移动数据的成本，如果一个计算程序离其所需要的数据越近，则它的请求效率就会越高，尤其当数据集很大的时候，这种方式可以最大限度减少网络拥堵并提高系统整体的吞吐量。因此HDFS提供接口，让应用程序在离它们需要的数据更近的地方运行和计算。一个HDFS集群包含一个名称节点，用作管理文件系统命名空间，执行文件系统命名空间的相关操作，如打开、关闭和重命名文件与目录，决定数据块(block)到数据节点的映射。

此外集群中的每个节点都是数据节点，用于管理自己节点上的存储。在HDFS内部，一个文件会被分成一个或多个块，这些块都存储在数据节点中。数据节点还根据来自名称节点的指令，执行数据块创建、删除和复制操作。与GFS一样，HDFS的使用场景也是可靠地存储超大规模的数据。运行在大规模集群上之后，HDFS将每个文件存储为一系列的块，文件的块被复制，用来实现容错。可以针对每个文件配置块大小与复制因子。一个文件中除了最后一个数据块之外，其他所有的数据块都具有相同的大小。图3-7所示为HDFS架构。与GFS类似，HDFS也会优化副本的位置，例如HDFS通常会避免将副本放置在同一个机架上，这样可以提高整个系统的容错性。

在复制因子为3的情况下，HDFS的副本放置策略通常是：首先检查写入器是否位于数据节点，如位于数据节点则将第一个副本放置在本地机器上，否则将其放置在随机的数据节点上；将第二个副本放置在一个不同的或者远程机架的节点上；将最后一个副本在第二个机架的不同节点上。这种策略可以减少机架间的写入流量，通常会提高写入性能。HDFS

㊀ https://hadoop.apache.org/docs/r1.2.1/hdfs_design.html

与 GFS 类似，也不兼容 POSIX 文件系统 API，而是以 Java 库的形式提供 API，并提供一个类似 Shell 的 FS Shell 的命令行界面，允许用户通过命令行访问存储在 HDFS 中的文件数据。

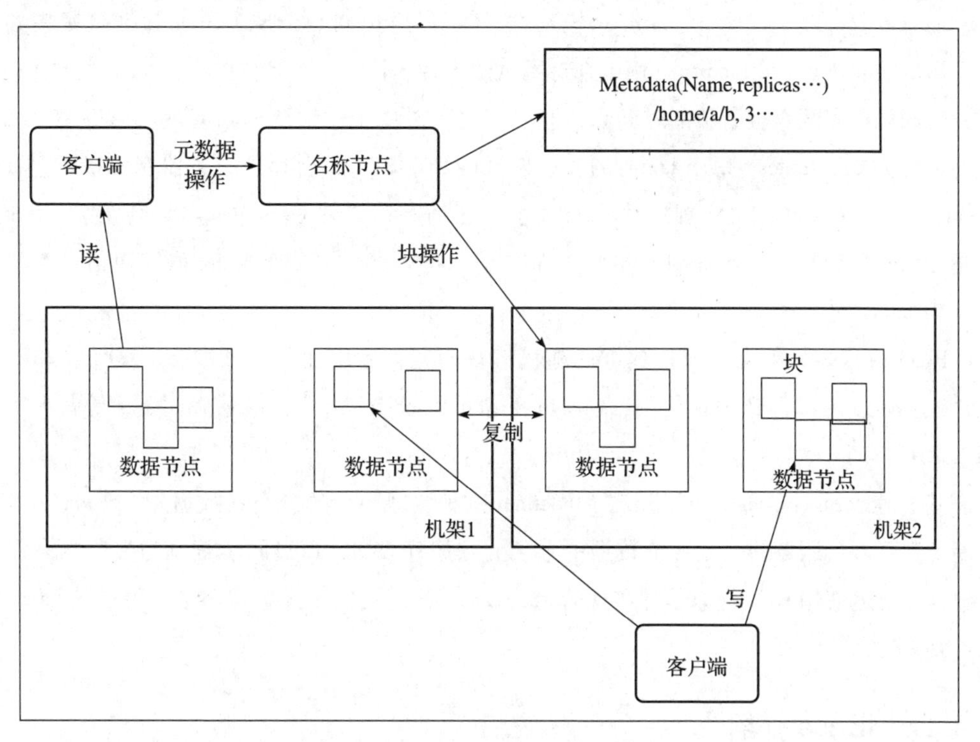

图 3-7 HDFS 架构

3.4 分布式存储

3.4.1 分布式存储介绍

分布式文件系统在廉价的硬件之上提供可靠的稳定存储，但按照 GFS、HDFS 的设计思想，都只提供追加写的操作，而实际工作中存在很多对大规模数据进行随机读写的场景，Google 设计了 Bigtable 来满足这种大规模数据按 key 读写的需求。Bigtable 是分布式、面向列的数据库，其列的数目不定，可以动态添加。不同于关系型数据库，Bigtable 可以动态扩容，数据存储于底层的 GFS，同时 GFS 存储于多副本，从而适用于不可靠硬件。Bigtable 的读写带宽与 QPS 都比较高，传统的关系型数据库要实现比较好的读写性能与可靠性，往往需要特殊的硬件与存储设备，成本也比较高。

Bigtable 中 Table 是关键的数据结构，Table 包括 row key、column key 和时间戳。例如 Google 用于存储网页数据的场景，其中：row key 用于存储倒转的 URL（例如将 www. google. com 改写成 com. google. www），这样可以避免同一个域名下的数据被聚集到一起，形成访问热点；column key 用于存储网页的各种属性，一个特殊的列存储网页本身；该列的时间戳存储网页被下载的时间点，时间戳也可以用于过期数据的清理。Table 按照 key 排序，分为多个 tablet，每个 tablet 的大小为 100~200MB。每台物理服务器有 100 个左右的 tablet，当 Table 增长到一定规模时，tablet 会被压缩并存储到 GFS 中。tablet 数据在 GFS 中的路径信息存储在一些特殊的 tablet——META1 tablet 中。META1 tablet 的路由信息存放在 META0 tablet 中。

Bigtable 很好地解决了海量数据的随机读写问题，适用性广、可扩展、高性能和高可用，在 Google 内部得到大量使用，Google Search、Google Ads、Google Analytics 等都是 Bigtable 的用户。

基于 Bigtable，Google 后续开发了 Spanner 这种全球同步的分布式数据库。Spanner 可以扩展到数百万台服务器、数百个数据中心、上万亿行数据，通过同步复制与多版本来保证一致性。通过使用 GPS 与原子钟实现的 TrueTime API，可实现无锁读事务、原子 Schema 修改等强大的功能。

3.4.2 HBase 介绍

HBase 是 Google Bigtable 的开源实现，类似于 Bigtable 利用 GFS 来持久化数据，HBase 利用 HDFS 来持久化数据。HDFS 对追加写（Append）支持比较好，HBase 则较好地支持了按 Key 的读写，非常适合用来进行大数据的实时查询，例如 Facebook 用 HBase 存储消息。

数据库事务要正确执行，需要满足以下 4 个基本要素。

- 原子性（Atomicity）：事务是一个不可再分割的工作单元，事务中的操作要么都发生，要么都不发生。
- 一致性（Consistency）：事务开始之前与结束之后，数据库的完整性约束没有被破坏，也就是说数据库事务不能破坏关系数据的完整性和业务逻辑的一致性。
- 隔离性（Isolation）：多个事务并发访问时，事务之间是隔离的，一个事务不应该影响其他事务的运行。
- 持久性（Durability）：事务完成后，该事务对数据库所做的更改就持久保存在数据库中，并不会被回滚；即使出现了事故（如断电），事务一旦提交就持久保存在数据库中。不同于关系型数据库对ACID全面支持，HBase仅支持单行级别的ACID。

如图3-8所示，HBase架构包括Master、Region Server、ZooKeeper[1]等模块。Master负责协调多个Region Server，监测各个Region Server的状态，在各个Region Server之间进行负载均衡；还负责将Region HBase存放数据的单位分配给各个Region Server。可以部署多个Master，通过ZooKeeper选主逻辑来保证同时只有一个Master处于服务状态，其他Master处于待命状态。Region Server管理表格并实现读写。HBase的客户端直连Region Server进行读写操作，同一个Region Server可以包括多个Region。HBase Master依赖于ZooKeeper来实现高可用方案，确保多个Master中同时只有一个处于运行状态，且ZooKeeper负责Region与Region Server的注册。

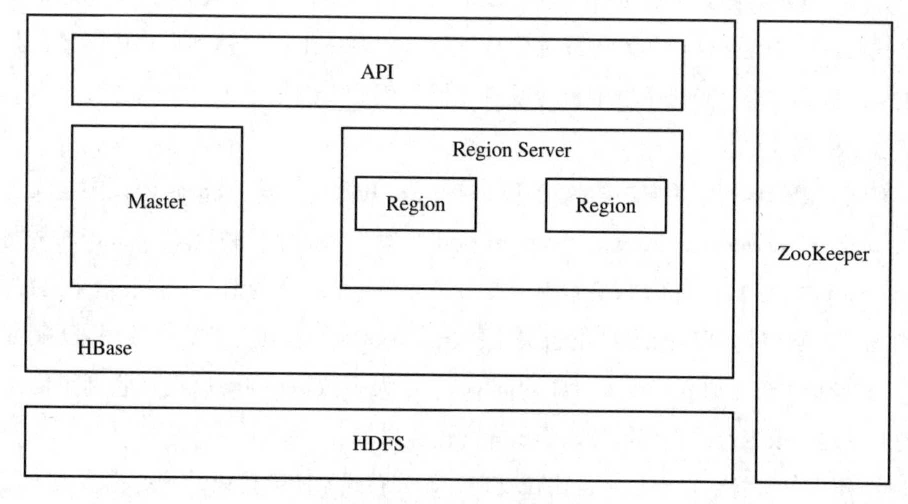

图3-8 HBase架构

HBase与关系型数据库有不同的适用场景。HBase主要适用于大数据场景，只有数据足够多，比如过亿乃至过千亿，HBase相对于关系型数据库才有部署上的优势。而在部署HBase时，还应该确保部署足够多的硬件实例，以充分发挥HBase的性能与扩展性优势。如果业务场景依赖于关系型数据库的一些特性，如事务、二级索引、SQL语言等，HBase可能并非最佳选项。

HBase的使用是否高效很大程度上依赖于RowKey的设计。设计RowKey时应该使数据分布尽量均匀。如果写比较频繁，一般建议使用随机RowKey；如果读比较频繁，则建议使

[1] https://zookeeper.apache.org/

用有序的 RowKey。对于需要频繁按时序访问的数据、需要使用 Scan 接口的数据，建议采用有序的 RowKey，这样会比较方便查询一段时间的数据。

3.5 分布式共识服务

3.5.1 分布式共识算法介绍

如何基于不可靠的硬件进行高可用设计是架构设计中要解决的首要问题。随着部署规模的增大，硬件或者网络可能会随时发生故障，数据中心可能会停电下线，只有在架构设计中充分考虑这些异常，才有可能在硬件之上构建出稳定、高可用的软件层。通常我们使用分布式共识算法在不稳定的硬件或通信环境下，协调一组进程就某点达成一致。我们将这些进程跨机房部署，确保在单个机房或者机器发生故障的情况下，该组进程作为一个整体能持续提供服务。

分布式共识问题的常用解决方案有 Paxos 协议、Raft 协议等。Paxos 协议中定义了 3 个角色：proposer、acceptor 和 learner。proposer 提出提案，包括序号和值。proposer 首先将序号发送给 accpetor，每个 acceptor 仅在没有接受过更高序号的提案的情况下接受这个提案。proposer 在必要时可以用更高的序号重新提出提案。proposer 必须使用唯一的序号(例如每个 proposer 将自身主机名加入序号)。如果 proposer 从大多数 acceptor 那里接收到了同意的意见，他会发送一条带值的提交信息来尝试提交该提案。

Paxos 不太好理解，实现起来也比较复杂，而分布式系统架构设计中有许多地方需要用到分布式共识，例如选主或者产生全局递增的序列号，或者存储重要的配置信息、路由信息等。在这种情况下，Google 研发出 Chubby 服务，将分布式共识作为一个服务来提供，使得我们无须对需要高可靠共识服务的组件进行分布式部署。Chubby 首先是一个分布式文件系统，提供原语供客户端在 Chubby 服务上创建文件、执行文件的一些基本操作；同时它还是一个分布式锁服务，提供加锁、解锁功能。通过组合使用这些原语可以实现分布式一致性。ZooKeeper 是 Chubby 对应的开源实现，许多分布式大数据相关的开源框架依赖于 ZooKeeper 实现高可用。

ZooKeeper 集群是一个基于主从复制的高可用集群，每个服务器作为 Leader、Follower 或 Observer 加入集群。如图 3-9 所示，一个 ZooKeeper 集群同一时间只有一个 Leader，它负责发起并维护与各个 Follower 及 Observer 间的心跳。所有的写操作必须由 Leader 完成再由其广播到其他服务器。一个 ZooKeeper 集群可能同时存在多个 Follower，Follower 会响应 Leader 的心跳，直接处理并返回客户端的读请求，同时将写请求转发给 Leader 处理，并在 Leader 处理写请求时对请求进行投票。Observer 与 Follower 类似，但是无投票权。

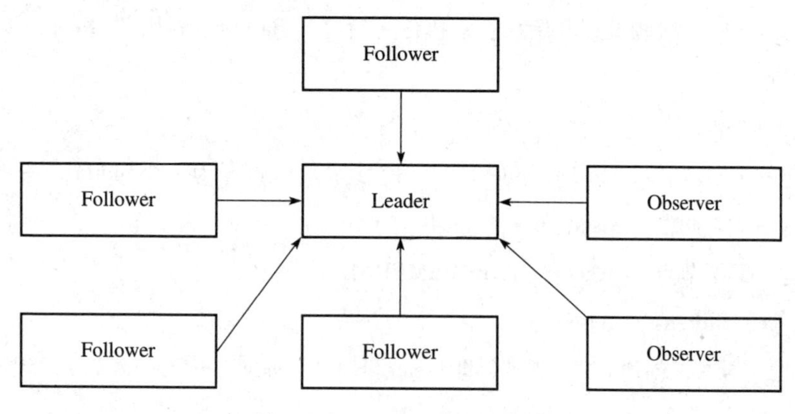

图 3-9　ZooKeeper 高可用部署

3.5.2　ZooKeeper 使用场景

1. 命名服务

命名服务是指将一个字符串与一组信息建立关联关系，例如一个电话黄页是一个命名服务，它将电话号码映射到机构或个人。全球最大的命名服务之一是 IP 地址到域名的映射：域名服务(Domain Name Service，DNS)。在云架构的系统设计中，命名服务是非常重要的底层基础能力。可以利用 ZooKeeper 来实现命名服务。通过调用 ZooKeeper 的 create 接口，可以创建层级结构的目录树。Kubernetes 中使用 etcd 实现命名服务，完成服务发现的过程。

2. Barrier 实现

分布式系统中一般使用屏障(Barrier)来协调一系列的节点，完成之后，再进展到下一个节点。在 ZooKeeper 中使用 Barrier 节点来实现屏障的功能。在 Barrier 节点存在的情况下，屏障就会发生作用，协调分布式节点统一行动。创建屏障的流程如下。

1）客户端调用 ZooKeeper API 的 exists 函数，检查 Barrier 节点是否存在，并将 watch 参数设置为 true。

2）如果 exists 函数返回 false，则屏障解除，客户端可以进展到下一节点；如果返回 true，客户端等待 Barrier 节点的 watch 事件。

3）在 watch 事件被触发的情况下，客户端重新调用 exists 函数，执行第 1 步。

3. Double Barrier 实现

Double Barrier 可以让客户端在一个计算事件的开始和结束时进行同步。在有足够多的进程进入 Barrier 后，这些进程开始执行，执行完后离开 Barrier。利用 ZooKeeper 实现 Double Barrier 的流程如下。

（1）进入部分

1）创建一个节点，n=barrier_node + "/" + _p(p 可以设置为一个 uuid)。

2）创建一个观测器：exists(_b + "/ready", true)。

3）创建一个子节点：create(_n_, EPHEMERAL)。

4）L = getChildren(b, false)。

5）如果 L >= X，创建 ready 节点，即 create(b + "/ready", REGULAR)，否则等待 ready 事件。

（2）离开部分

1）L = getChildren(b, false)。

2）如果没有子节点，则退出。

3）如果 p 是 L 唯一的处理节点，删除 n 并退出。

4）如果 p 是 L 最小的节点，则在 L 最大的节点等待，否则就删除 n(如果 n 存在)，同时在 L 最小的节点等待。

5）回到第 1 步。

在进入部分，所有进程都在一个 ready 节点等待，同时在 Barrier 节点下创建一个临时节点。每个进程(除了最后一个)进入 Barrier，在 ready 节点等待。最后进入的进程会唤醒其他进程。

4. 队列与优先级队列

分布式队列是一个比较常用的组件。在 ZooKeeper 中如下实现分布式队列：设计一个 znode 用于承载这个队列，分布式客户端创建一个以“queue”结尾的节点，设置序列属性和临时属性，将内容写入该节点。由于设置了序列属性，新的目录名会以“queue-X”结尾，X 是一个单调递增的数字。一个需要从 queue 取内容的客户端会调用 getChildren 函数，获得 queue 节点的叶子节点，并设置 watch 属性，获取并处理最小的叶子节点。

优先级队列的实现只需对上述流程稍作更改：入队列时，路径名以“queue-Y”结尾，

Y是加入队列元素的优先级，较小的Y值意味着较高的优先级；从队列中移除时，客户端重新获取最新的子节点列表。

5. 分布式共识

分布式共识服务可以基于ZooKeeper实现。首先创建一个lock节点。

（1）Lock操作

1）使用路径名“_locknode_/guid-lock-”创建节点，设置序列标志和临时标志。

2）调用getChildren查询lock节点的子节点。

3）如果第1步创建的路径名有最小的序列号后缀，则客户端锁成功，返回。

4）客户端调用exists函数，查询lock节点的下一个最小后缀，设置观测器标志。

5）如果exists函数返回空，返回第2步，否则等待观测器标志的通知。

（2）Unlock操作

Unlock操作只需删除Lock操作第1步创建的节点即可。

6. 两阶段提交

两阶段提交是指在分布式系统中，允许所有的客户端达成一致提交事务或者达成一致放弃事务。可以基于ZooKeeper实现两阶段提交，方法如下。

协调者创建一个事务节点，如“/app/Tx”，并为每个参加的客户端创建一个叶子节点，如“/app/Tx/s_i”。当事务的参与方收到协调者的事务请求时，参与方读对应的叶子节点，并设置观测器。每一个参与方开始处理请求，并向对应的叶子节点写入内容“commit”或“abort”。在所有的参与方都写入之后，它们跟进写入内容，判断是进行commit操作还是abort操作。

7. 选主操作

选主是分布式系统设计中常用的容灾操作之一。使用ZooKeeper实现选主的过程如下：

1）以路径名“election/guid-n_”创建节点z，设置序列标志与临时标志。

2）设定C为election节点的子节点，i为z节点对应的序列号。

3）如果z节点是election的最小子节点，则选主成功，返回。

4）设定j为小于i的最大序列号，并且j对应的节点在C中。

5）在节点“election/guid-n_j”设置一个观测器。

6）如果收到节点删除的通知，则重复执行第2步。

3.6 负载均衡

负载均衡是指将工作任务平衡分摊到多个服务器进程上的过程。负载均衡是大规模系统中必须仔细处理的一项基础工作，分为前端请求的负载均衡与数据中心内部的负载均衡。下面我们分别讨论这两种场景。

3.6.1 前端请求的负载均衡

在客户端发送 HTTP 请求之前，需要先通过 DNS 查询 IP 地址，这是负载均衡的入口。第一层负载均衡一般利用 DNS 的特性，在 DNS 的回复中提供多个 IP 地址，每个地址指向一个接入服务器。客户端从多个 IP 地址中选择一个，不过 DNS 的更新时间较长，为了能在某个接入服务器失效之后快速恢复，我们需要在 DNS 负载均衡之后加一层虚拟 IP 地址。可以使用开源软件 keepalived 将多个物理机器绑定到虚拟 IP。一个完整的前端请求负载均衡架构还会用 LVS 做 IP 包转发，用 Nginx 做反向代理，最终到用户的接入服务器架构，如图 3-10 所示。

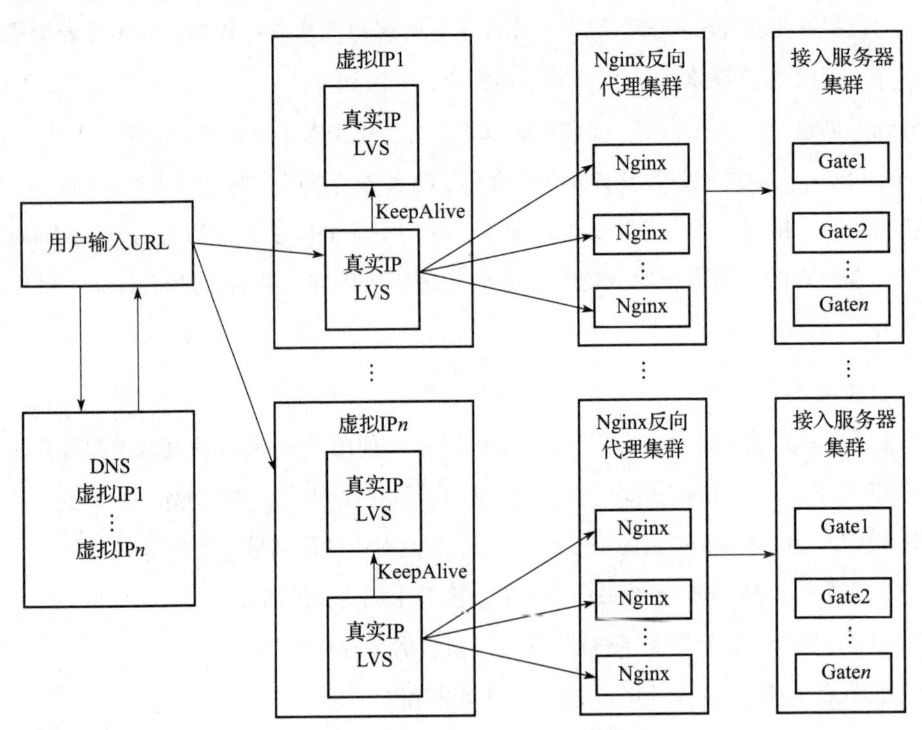

图 3-10 一个完整的前端请求负载均衡架构

3.6.2 数据中心内部的负载均衡

接入服务器之后的负载均衡属于数据中心内部范畴，由于搜索、推荐、电商等现代互联网系统都由很多不同的服务进程协同对外提供网络服务，这个处理流程可能很长，例如Google处理一次搜索请求可能涉及数千台服务器。数据中心内部负载均衡需要考虑的因素比前端负载均衡要多。例如由于服务类型不一样，基于长连接的服务会在连接池被消耗完之后对外显示不可用，但这时的真实情况是还有充足的处理资源，能很快恢复。另一种相反的情况是，后端服务被资源消耗很大的任务卡住，但对外仍然能接受连接，连接会在接入层排队，最终触发大量超时。

数据中心内部的负载均衡设计是一个提升极端情况服务质量的重要路径，通常需要综合考虑命名服务、保活探测、负载均衡与热重启、底层网络框架。例如命名服务支持将服务名映射到状态的能力，后端应用可以在连接池耗尽、处理资源紧张等情况下上报不同的状态。综合设计也可以较好地支持热重启。例如，底层网络框架可以在接收、发送请求时上报后端活跃指标，在收到停止信号后上报停止状态，同时仍然继续处理已经在网络队列中的请求，经过一段时间的冷却之后最终停止处理请求。当网络框架请求命名服务时，命名服务将处于冷却状态的服务对外屏蔽，这样可以避免请求被调度到正在停止的程序上，造成处理失败。热重启让发布过程与服务部署之间解耦合，有助于提升发布自动化，降低发布时产生的毛刺，提升发布效率。同一个程序部署在不同的服务器上，性能的差异可能是非线性的，这时需要仔细分析程序容量模型，有针对性地设计负载均衡策略。用于做负载均衡的组件有HAProxy，此外Kubernetes也提供服务发现与负载均衡功能。

3.7 监控与告警系统

监控与告警的实现，一般是在系统设计时在某些关键点加入监控信息，实时收集与监控这些关键信息，并通过算法与时间序列分析，在某些故障即将发生或者已经发生时发出告警，通过人工方式来处理。监控与告警是长期运维一个可靠服务不可或缺的部分。监控首先要埋点，通常有个监控函数库，提供若干种监控汇总的方式，包括字符型监控、曲线监控等。埋点之后是数据采集。数据采集有推送(push)和拉取(pull)两种方式，推送是客户端将数据推送到中心的监控服务器，拉取是监控服务器向运行的服务进程拉取埋点信息。监控埋点所产生的信息是大量的时间序列数据，信息量随着系统规模的增大而线性增加。

监控与告警是一个比较典型的时序数据处理场景，Google 针对这种场景研发了 Borgmon 这个组件。Borgmon 提供一种规则性的编程语言，使用时间序列作为输入，计算出另一个时间序列，计算完所有结果，如果为真则产生一条报警。

开源软件 Prometheus 是与 Borgmon 类似的工具，经常与 Kubernetes 搭配使用，支持以拉取的方式拉取数据，也支持以推送的方式将数据推送到网关存下来，再从网关拉取数据。这种推送方式主要用于处理定时任务这种短周期的指标采集。Prometheus 支持丰富的多维数据模型，支持查询语言 PromQL，有多种可视化的图形界面。如图 3-11 所示，Prometheus 架构主要包括 Prometheus 服务器、Exporter、Pushgateway、PromQL、Alertmanager 等模块，其中 Prometheus 服务器定期从配置好的 Job 或者 Exporter 中拉取 metric，接收 Pushgateway 发过来的 metric，或者从其他的 Prometheus 服务器中拉取 metric。Prometheus 服务器在本地存储收集到的 metric，并运行配置的告警规则，向 Alertmanager 服务器推送告警。Alertmanager 服务器根据配置文件对接收到的警报进行处理，发出告警。

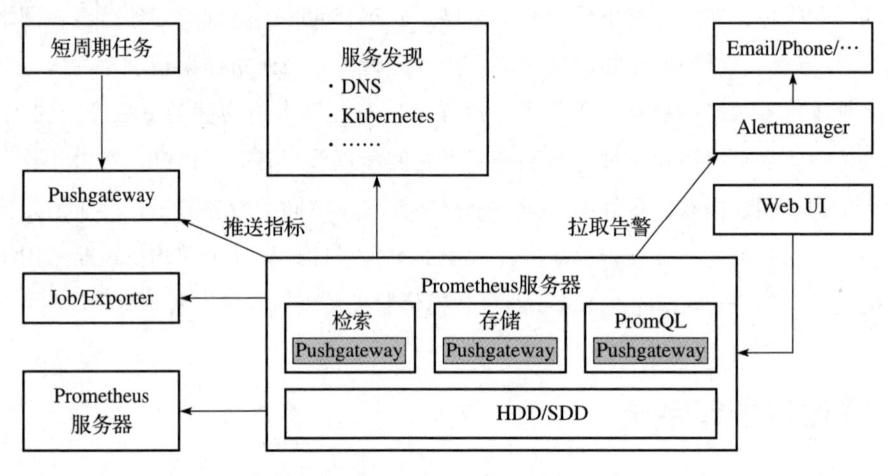

图 3-11 Prometheus 架构

与 Prometheus 类似的开源组件有 Riemann、Heka、Bosun 等。

3.8 网络服务接口规范

现代复杂系统往往由多种语言编写，这时设定一个统一的、与具体编程语言无关的网络服务接口规范，可以大幅降低不同服务之间交互的复杂度，提升开发效率与稳定性，提高运维的效率。

常用的网络服务接口规范有 RESTful、GraphQL 与 RPC，下面分别介绍。

3.8.1　RESTful 介绍

REST 代表一种软件架构风格，是 REpresentational State Transfer 的缩写。Roy Thomas Fielding 于 2000 年在他的博士论文中提出 REST，目的是希望在复杂分布式系统设计与软件网络协议之间找到一个较好的切入点，通过定义复杂分布式系统的交互规范来影响架构设计。传统软件有相当成熟的设计方法论，但将这些设计方法论应用于复杂的云架构软件生态时往往存在很大的问题，而 RESTful 设计方法论是应对这种场景的一个不错的尝试。

资源（Resource）是 RESTful 设计方法论的核心思想。每个资源可以与一个 URL 对应，可以通过发送 HTTP GET 命令来获取资源，获得 JSON 格式的响应。REST 通过重用以下 4 个 HTTP 命令来操作这些资源。

- POST：添加一个资源。
- GET：获取一个资源。
- PUT：修改一个资源。
- DELETE：删除一个资源。

这 4 个 HTTP 命令对应于 CRUD（创建、读取、更新、删除）。

一个良好的 RESTful API 通常有以下特点：

- 以资源为中心，数据与服务在 RESTful 的设计里都是资源。
- 无状态，一次调用返回结果，多次之间的结果不相互耦合。
- URL 命名规范、语义清晰、明确，通常不出现动词，只有名词，例如 /get_user? id = 1000 这种 URL，在 RESTful API 的设计中一般为 GET/user/3，其中 GET 是 HTTP 命令。
- 使用 HTTP 的 POST、GET、DELETE、PUT 来表示对资源的 CRUD 操作。
- 一般推荐使用 JSON，不使用 XML。

3.8.2　GraphQL 介绍

GraphQL 由 Facebook 于 2012 年左右开发、2015 年开源，是一种用于 API 的查询语言和服务端运行时。GitHub 将其新版本 API 迁移到了 GraphQL。与 RESTful 相比，GraphQL 提供了一种更严格、可扩展的数据查询方式。GraphQL 由前端指定需要的字段，节省了流量。

GraphQL 通过 type 关键字来定义数据类型。一个类型由若干个字段组成，每个字段分别指向某个类型。GraphQL 的类型可以简单分为标量类型与对象类型。标量是 GraphQL 类型系统中的最小颗粒，内建的标量有 String、Int、Float、Boolean、Enum 等，可以通过 Scalar 声明一个新的标量。可以通过 type 来声明一个对象，示例代码如下：

```
type Character {
  name: String!
  appearsIn: [Episode!]!
}
```

Character 是一个 GraphQL 的对象类型，GraphQL schema 中的大多数类型是对象类型。

name 和 appearsIn 是 Character 类型上的字段，String! 表示这个字段是非空的。GraphQL 服务保证查询这个字段后总是会返回一个值，我们用！表示非空这一特性。

[Episode!]! 表示一个数组，它也是非空的。当查询 appearsIn 这个字段的时候，总能得到一个数组，数组中有零个或多个元素。由于 Episode! 也是非空的，可以预期数组中的每个元素都是一个 Episode 对象。

GraphQL 对象类型上的每个字段可能有零个或多个参数，如下：

```
type Starship {
  id: ID!
  name: String!
  length(unit: LengthUnit = METER): Float
}
```

这里 length 字段定义个了一个参数 unit。参数可以是必选或可选的。当一个参数是可选的时，我们可以定义一个默认值，如果 unit 参数没有传递，那么它会被默认设置为 METER。

以上简要介绍一些 GraphQL 的类型系统，更多详细信息可以参考 https://graphql.cn/。

GraphQL 解决了在大规模网络系统中应用 RESTful 设计方法论存在的一些问题。在 RESTful 设计方法论中，资源返回的结构与返回数量由服务端决定，随着业务演进，同一个接口可能返回的数据越来越多。在 GraphQL 中服务端负责定义哪些资源可用，客户端按需获取资源，这种模式在 iOS、Android 和 Web 多个前端共用一个后端的系统中能带来比较大的好处。

3.8.3 RPC 介绍

RPC 是指远程过程调用。如图 3-12 所示，有两个程序，程序 A 与程序 B，分别部署在客户端和服务端，当程序 A 想要调用程序 B 提供的函数时，由于它们不在同一个内存空间，所以不能直接调用，而需要通过网络来表达调用的语义和传达调用的数据。

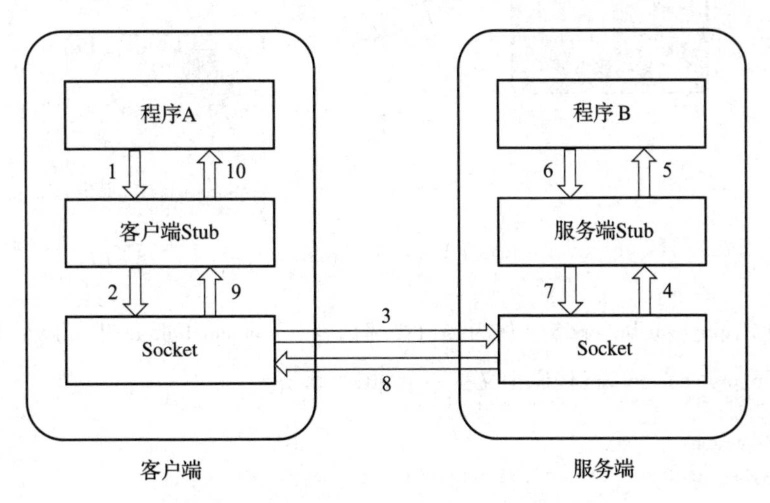

图 3-12 RPC 流程

当程序 A 发起 RPC 时，方法的参数首先序列化成二进制的形式，然后通过底层网络协议（如 TCP、UDP）传输到服务端；服务端收到请求后，对参数进行反序列化，恢复为内存中的表达方式，然后找到对应的方法，进行本地调用，得到返回值。返回值还要重新序列化，返回给客户端。客户端收到后，再重新反序列化，恢复为内存中的表达方式，交给程序 A。

RPC 有很多协议，如最早期的 CORBA、Java RMI 等。Google 的服务器之间使用一个叫 Stubby 的 RPC 协议进行通信。Google 开源了 Stubby 的实现——gRPC。如图 3-13 所示，gRPC 采用请求、响应的处理模式，同时通过 protocol buffers 编译器生成客户端/服务端的桩代码，简化使用接口。gRPC 使用 HTTP/2 来传输消息，HTTP/2 提供连接多路复用、双向流、服务器推送、请求优先级、首部压缩等机制，可以节省带宽，减少 TCP 连接次数，节省 CPU。gRPC 支持多种语言，包括 C、C++、Python、PHP、JavaScript（Node.js）、C#、Objective-C、Go、Java 等。

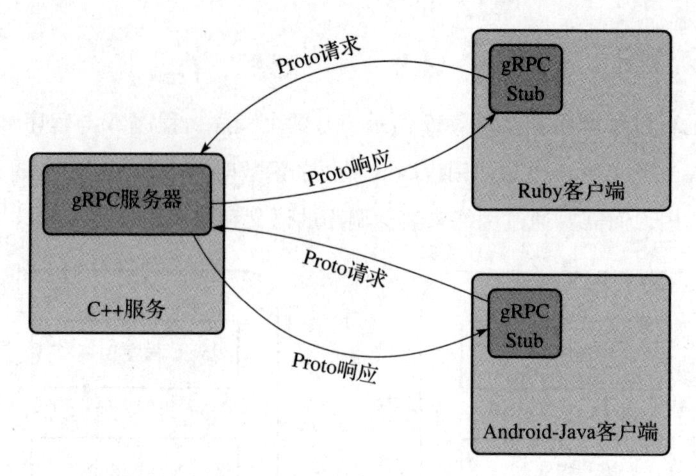

图 3-13　gRPC 示意图

gRPC 使用 protocol buffers 3.0 作为接口描述语言，protocol buffers 是 Google 开源的序列化组件。以下 protocol buffers 代码定义了一个 gRPC 服务。

```
service Greeter {
  rpc SayHello(HelloRequest) returns (HelloReply) {}
}

message HelloRequest {
  string name = 1;
}

message HelloReply {
  string message = 1;
}
```

gRPC 可以在 4 种模式下工作，简单介绍如下。

1）简单模式：客户端使用 Stub 将请求发送到服务器并等待响应返回，类似同步的函数调用，代码如下：

```
rpc SayHello(HelloRequest) returns (HelloResponse) {
}
```

2）服务端流模式：客户端将请求发送到服务器，拿到一个流去读取返回的消息，客户端一直读取流直到没有更多的消息。gRPC 在这个单独的 RPC 中确保消息的顺序，代码如下：

```
rpc LotsOfReplies(HelloRequest) returns (stream HelloResponse) {
}
```

3）客户端流模式：客户端向服务器发送一系列消息，客户端写入完成后，等待服务器读取消息，并返回响应。gRPC在这个调用过程中确保消息的顺序正确，代码如下：

```
rpc LotsOfGreetings(stream HelloRequest) returns (HelloRespose) {
}
```

4）客户端-服务端双向流模式：双方都用一个可读写的流发送一系列消息，客户端、服务端独立工作，每条流分别确保顺序，例如服务端可以等待收到客户端所有消息之后再发送所有响应，也可以收到一条客户端消息就发送一个响应，代码如下：

```
rpc BidiHello(stream HelloRequest) returns (stream HelloResponse) {
}
```

有了这个proto定义之后，gRPC通过一个protocol buffers的编译器产生客户端与服务端的桩代码，gRPC的使用者通常通过调用客户端API来实现对应的服务端API。

Thrift是Facebook于2007年开发的跨语言RPC服务框架，支持C、C++、C#、Java、JavaScript、PHP、Python、Ruby等多种语言。Thrift架构可以分为传输层、协议层、框架层、服务实现层这4层，如图3-14所示。

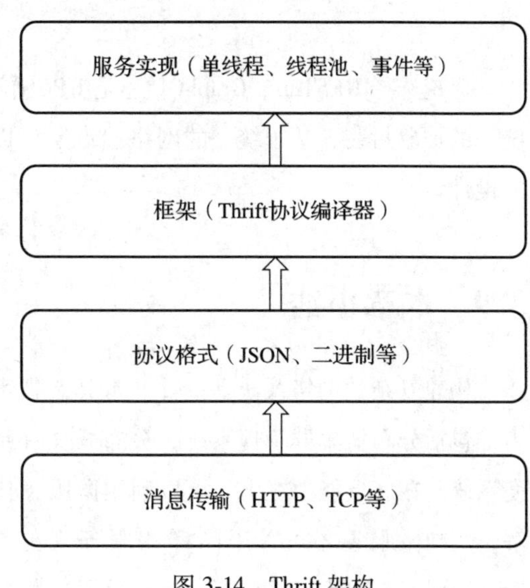

图3-14　Thrift架构

传输层提供对网络读写的一个简单抽象，使Thrift能将底层传输与其他系统模块解耦合。

协议层将内存结构映射为二进制结构，供传输层使用。协议层负责序列化与反序列化，支持的协议格式有JSON、XML、文本格式、二进制格式等。框架层从输入流中读取数据，写到输出流中，输入与输出流定义为Protocol对象，协议编译器会生成RPC服务对应的桩实现，用户实现对应的处理函数，Processor对象读取数据，传递到用户对应的处理函数进行处理，并将结果写到输出流中。

服务实现层将这些特性组合在一起，创建传输层对应的输入/输出Protocol对象，基于输入/输出对象创建 Processor 对象，监听连接，在事件发生时调用对应的 Processor。该流程如图 3-15 所示。

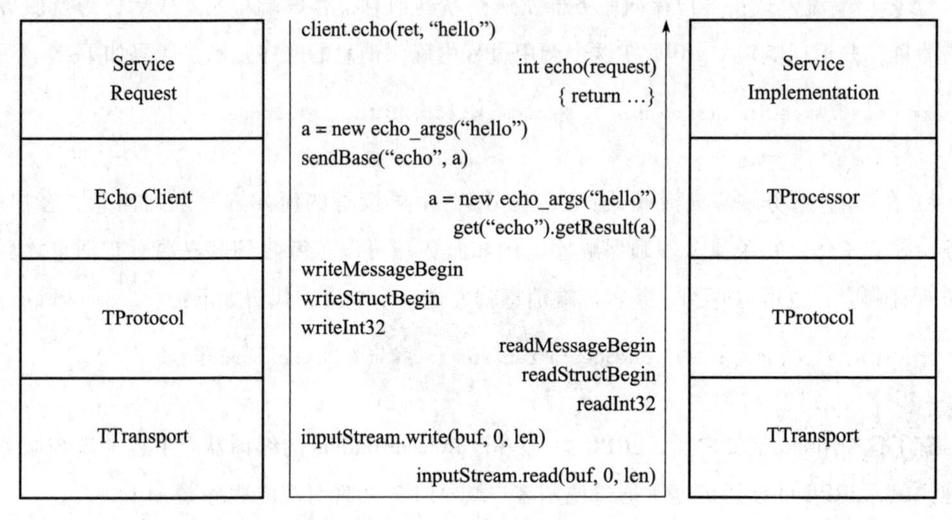

图 3-15 Facebook Thrift RPC 请求流程

无论选择 RESTful、GraphQL 还是 RPC 作为网络程序接口，都建议将网络接口部分进行统一的抽象封装，基于统一的网络接口层可以更好地进行命名服务、监控服务及发布系统的设计。

3.9 本章小结

构建复杂的网络系统是一件非常具有技术挑战的事情，本章将这一任务分解为底层能力，包括分布式集群管理系统、分布式文件系统、分布式存储、分布式共识服务、负载均衡系统。在底层能力之上，可以利用微服务技术指导业务团队进行技术架构与组织架构分解，不同微服务之间采用同样的服务规范。此外，本章还介绍了不同的服务规范，如 RESTful、GraphQL、RPC 等。组合运用这些技术可以帮助各个业务模块独立迭代与优化，同时组合在一起完成复杂的业务目标。

第4章 Chapter 4

广告播放系统架构设计

人们在上网购物、搜索关键词或者浏览新闻时，都会触发系统后台的广告播放行为。互联网广告系统需要在限定的时间内响应广告拉取请求。例如在移动 App 场景下，限定时间通常少于 100ms，在这不到 100ms 的时间内广告系统需要完成用户画像、检索、粗排、精排、点击率与转化率预测等复杂的逻辑。同时广告系统又是对稳定性要求非常高的系统，短时间的系统故障就可能带来数百万元的收入损失。本章介绍如何设计一套可扩展、鲁棒性好的高可用广告播放系统。

4.1 广告播放系统架构

广告主创建广告，将广告创意图片或创意视频上传到广告系统之后，广告系统需要将广告展示给相应的用户。这首先要找出系统中的活跃广告。最简单直接的方法是查询数据库，根据广告状态字段过滤出当前活跃的广告。然而查询数据库通常耗时较长，无法满足广告系统对低延迟的要求。

广告系统的 QPS(Query Per Second)可达几十万，即系统每秒钟要处理几十万条广告请求，这么大的并发量超出了数据库系统的极限。解决这个问题的方法是设计一套专用的检索系统，在限定的时间内完成广告与用户之间的匹配计算。检索系统是指加载一个只读的检索文件，并以高性能的方式对外提供检索查询服务的系统。而将数据从数据库抽取，转换成检索文件，并分发到检索服务器的，则是负责数据分发的数据流系统。如图 4-1 所示，数据 ETL 模块与检索系统是广告播放系统架构的主要部分，其余重要模块有数据库数据组装模块、元数据组装模块、索引文件生成模块、广告中继模块、广告接入网关等。

- 数据库数据组装模块(Data ETL)：主要从数据库按需抽取数据，组装成检索系统需要的格式。
- 元数据组装模块(Aggregate MetaData)：主要从数据库数据中抽取元数据，满足下游需要。
- 索引文件生成模块(Index Builder)：主要从广告数据中生成索引文件。
- 广告中继模块(AD Mixer)：主要负责分发多路网络请求，生成检索需要的查询数据格式。
- 广告接入网关(AD Gateway)：主要负责解析接入协议，推送广告响应。

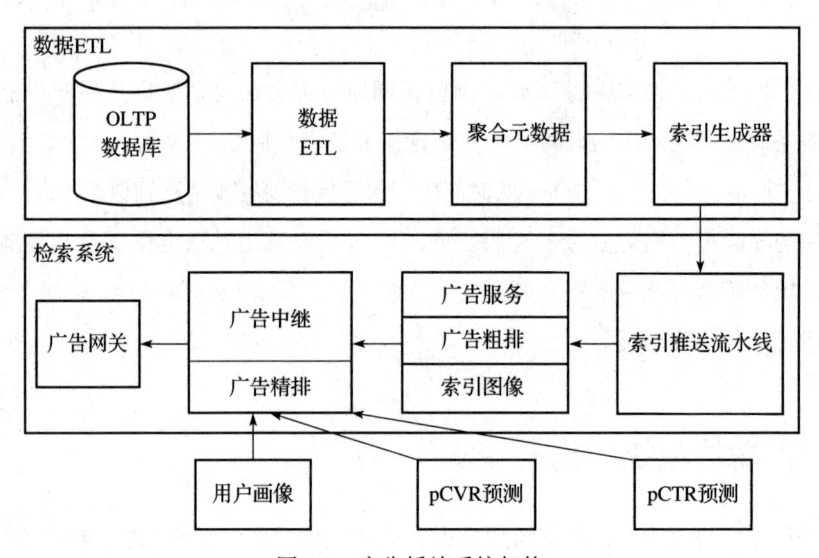

图 4-1 广告播放系统架构

本章主要讲述数据 ETL 模块与检索系统。

4.2 数据 ETL 模块

数据 ETL 是指将数据从一个或多个生产系统中提取出来(Extract)，进行一系列转换(Transform)，最后加载(Load)用于查询分析的过程。这里需要关注的是，ETL 模块承担的应该是数据管道的角色。例如在其中的T(转换)环节应该对数据进行等价转换或删减，不应该引入额外的信息。

4.2.1 数据提取

数据提取是指将数据从一个或多个数据源提取出来，用于后续数据处理的这一过程。例如在广告系统中，广告元数据由广告主创建，一般存放于关系型数据库中，这一数据库确保广告主与广告系统之间数据交互的完整性。数据提取则在不影响广告数据库对外做出响应的情况下，将数据从数据库提取出来，这个提取过程也是广告数据流的第一步。设计与实现一个与数据库表结构解耦合并能用最少的资源正确、稳定运行的数据提取模块，是一个非常耗时的过程。这里的资源主要是指对源数据的访问。数据提取的设计目标包括与数据库表结构解耦合、实时性、数据完整性、最小数据访问原则，而实时性与数据完整性都可以通过增加冗余的数据访问增强。

数据提取可以根据提取逻辑分为全量提取与增量提取。全量提取是指对于某个时间点提取源数据的全部数据，相当于在某个时间点对源数据做一个快照，快照中包括全部信息。因此数据提取模块无须保持多个提取结果之间的更新。全量提取一般也无须对源数据 schema 进行修改，增加时间戳、event no 之类的版本信息。全量提取一般耗时比较长，而且会占用源数据库大量的带宽、内存与 CPU 资源，因此通常会在特定的时间点，如晚上集群负载较低的时候执行，频率可能是每周一次或者每月一次。实际工作中，通常将全量提取与增量提取配合使用，全量提取用于对增量提取的数据集进行校准，或者为增量提取提供一个全新的基线版本。

增量提取一般需要在数据中标记出事件，事件有先后顺序，连续的事件形成时序。例如广告主在投放端页面操作创建广告，然后调价，每一个原子操作是一个事件，创建广告与调价是两个事件，调价这个事件必定在创建广告之后。在数据增量提取时，只有上次提取事件之后的数据才会被提取。

事件标记在增量提取中非常重要，通常需要对数据源 schema 进行修改。例如增加一列，这列标记出事件对应的时间，这可以通过增加数据库触发器来实现，从而避免改动业务系统写入数据库的逻辑。也可以增加一个对应的修改记录流水表，追加记录对应的修改操作，这种方式需要对业务系统数据库写入逻辑进行修改。采用时间戳的方式时各台服务器的时间之间不可能完全同步，如果数据库部署是多台物理服务器组成的集群，则无法形成严格一致的时序。这时候可以使用一个全局的序列号生成器来生成事件。由于修改记录流水表与业务表是两个表，可能分布于不同的物理服务器上，因此即使生成了全局一致的序列号，也有可能因写入不同步造成时序不一致。可以采用图 4-2 中的请求步骤确保在绝大部分情况下修改记录流水表与修改记录能保持一致。

第 1、2 步，对于每一次原子的数据库写入，首先请求全局序列号生成器，作为请求的响应结果，生成全局唯一递增的序列号。

第 3、4 步，将业务数据写入数据库，若写入失败则返回业务端，业务端发起重试，或者处理失败。若写入成功则到第 3 步。

第 5、6 步，生成修改记录，通过数据库代理写入数据库修改记录流水表。若写入失败，则返回业务端，业务端按照写入失败流程处理；若写入成功，则该条写操作成功。

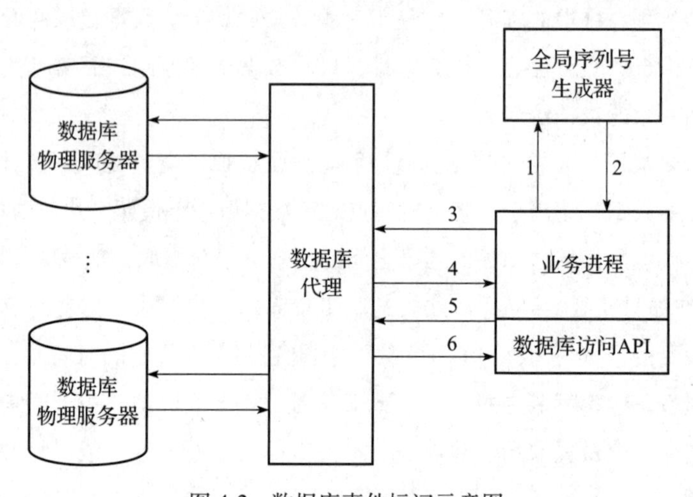

图 4-2　数据库事件标记示意图

按照这种特定的写入流程，先写数据，再写流水，可以确保在流水存在的情况下，数据一定会存在，从而通过流水可以查找到对应的数据变更。在图 4-2 中第 3 步写入流水失败的情况下，可能会存在空流水的情况，这时候可以在重试多次后跳过流水。如果数据库能生成全局一致的流水记录，也可以采用同步数据库 Binlog 的方式来生成流水。

在这种设计方案中，全局序列号生成器需要严格顺序递增，而且对可靠性要求非常高，如果全局序列号发生器停机，则整个广告投放都不能工作。生成全局递增的序列号发生器的方法有很多，例如可以通过 DB 的自增列或者 HBase 的 Increment 操作，这里介绍一种利用分布式共识服务 ZooKeeper 来生成全局递增序列号的算法。分布式共识服务利用 Paxos 协议在多台服务器之间达成严格一致，只要有超过半数的服务器能正常工作，服务集群就能对外提供正确的服务。例如利用 5 台服务器构建的集群，能承受 2 台服务器失效，只要至少有 3 台服务器能正常工作，就能对外提供正确的服务。共识服务在部署的时候要注意避免部署在同一个机架或者同一个路由器之下，从而避免由于机架断电或者路由器失效带来全局影响。

利用 ZooKeeper 实现全局递增序列号算法的方法可以参考代码清单 4-1 和代码清单 4-2。

代码清单 4-1　ZooKeeper 保存的元数据 Protobuffer 定义

```
message MetaData {
  uint64 init_value = 1;
  uint64 step = 2;
  uint64 current = 3;
}
```

代码清单 4-2　ZooKeeper 实现全局唯一递增序列号算法

```
int retry_count = 0;
Stat stat;
char buffer[256] = { 0 };
while (retry_count++ < kMaxRetryCount) {
  int buffer_len = sizeof(buffer);
  zoo_get(zh_, name.c_str(), 0, buffer, &buffer_len, &stat);
  buffer[buffer_len] = '\0';
  MetaData metadata;
  metadata.ParseFromString(buffer);
  int32_t version = stat.version;
  uint64_t old_value, new_value;
  old_value = metadata.current_value();
  new_value = old_value + number * metadata.step();
  metadata.set_current_value(new_value);
  std::string metadata_as_string;
  metdata.AppendToString(&metadata_as_string);
  rc = zoo_set2(zh_, name.c_str(),
      metadata_as_string.c_str(),
      metadata_as_string.size(),
      version, &stat);
  if (rc == ZBADVERSION) {
    // 版本不匹配，重试
    continue;
  }
  break;
}
```

算法原理如下：

1）利用 zoo_get 读取对应的 ZooKeeper 节点信息，将存储的值反序列化；

2）按照节点元信息执行递增操作，然后将新值序列化成字符串；

3）利用 ZooKeeper 提供的 zoo_set2 API 将新值写入同一个节点，该 API 有一个 version 参数，传入第 1 步获得的 version 版本号，当节点的 version 值与传入的 version 参数不一致时，zoo_set2 会返回失败。

通过这种方式可以保证写入的新值是严格按照步长递增的。

形成事件标记之后，可以通过事件标记来查询对应的数据行记录，从而实现增量提取的功能。事件标记可以参考以下代码段：

```
message EventMetaData {
  message Event {
    string table_name = 1;
    repeated string columns = 2;
  }
  repeated Event events;
}
```

一个事件标记标志出发生变更的表与表中对应的列，这里的表可能是逻辑意义上的表，也可能是物理意义上的表。例如对于基于 MySQL 的数据库部署，需要对大表进行分库分表，这时候对应一组物理意义上的表，由数据库代理对外部屏蔽数据库部署分库分表的逻辑。

根据事件标记，可以设计一个订阅模块（见图 4-3），将特定的表变更增量提取。

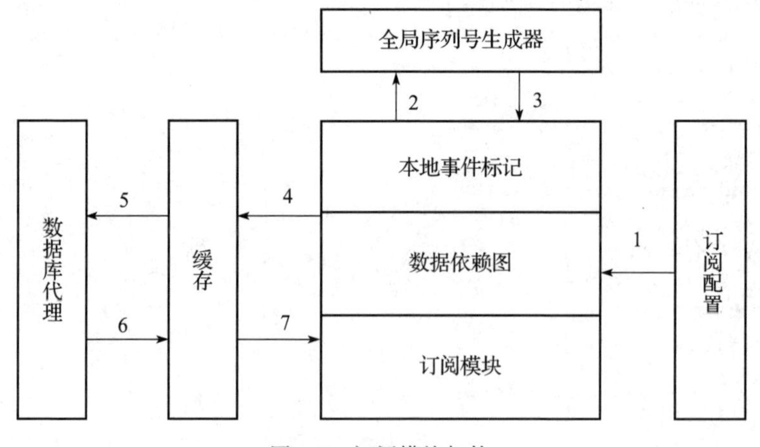

图 4-3　订阅模块架构

表变更提取的步骤如下。

1）订阅模块加载一个配置文件，或者从数据库网关中获取数据库表结构，获得逻辑表之间的外键依赖，形成全局依赖图。生成本地序列号，例如从 0 开始或者加载存储于本地磁盘的上次处理的序列号，设为 m。

2）查询序列号生成器，获得当前系统中最新的序列号 n 并将其与本地序列号 m 进行比较：如 n == m，则睡眠一段时间；如 n > m，则进入第 3 步。系统正常运行时不应出现 n < m 的情况。

3）用序列号 m 与 n 之间的每一个序列号依次查询数据库，对于事件流水中的每一条流水，遍历第 1 步获得的全局依赖图，生成查询语句，查询数据库。将查询的结果对齐并落地成文件 f，这里实际上完成了一个较简单的数据库 join 操作，主要考虑点是对于 MySQL 构成的数据库集群，分库分表之后并不支持 join 操作。落地的文件 f 就是数据提取的结果。

这个提取步骤可能会产生非常多的冗余数据库访问，可以在数据库代理中做缓存；如果数据库代理对外提供 HTTP 接口，也可以使用开源的 HTTP cache server 来做 HTTP 缓存，以减少对数据库的并发访问。

4.2.2 数据转换

如图 4-4 所示，数据提取模块将每次数据变更对应的行落地，可能会根据订阅配置形成的依赖图将一行变更扩展到多行，例如广告主数据的变更可能导致该广告主创建的每条广告发生变更。这些数据变更落地成数据文件，落地的路径可能是本地磁盘，也可能是分布式文件系统（如 HDFS）。如果落地到本地磁盘，下游应用可以通过 rsync、FTP 等工具拉取；如果落地到分布式文件系统，下游可以通过分布式文件系统 API 读取。一般在落地数据的同时，需要更新落地的文件列表元数据。将数据落地成文件可以较好地将数据分发到多地的数据中心。

这些落地的文件是增量数据对应的片段文件。对于下游的大多数使用方，不仅需要增量片段，也需要一个时间周期内的全局信息（全局文件），这时可以部署一个模块将指定时间周期内的文件合并成全量文件。这些全量文件可以作为系统数据的快照，方便对数据进行监测，也可以在出现脏数据时快速恢复。某些下游可能需要对应的时间周期之内的增量，这时可以通过部署模块加载增量片段，并向下游提供查询服务。一般并行部署多路数据提取模块，同时转换模块交叉拉取上游的多路数据，这样即使一路数据流发生故障，系统也能提供正确的服务，从而提高了系统的容灾能力。

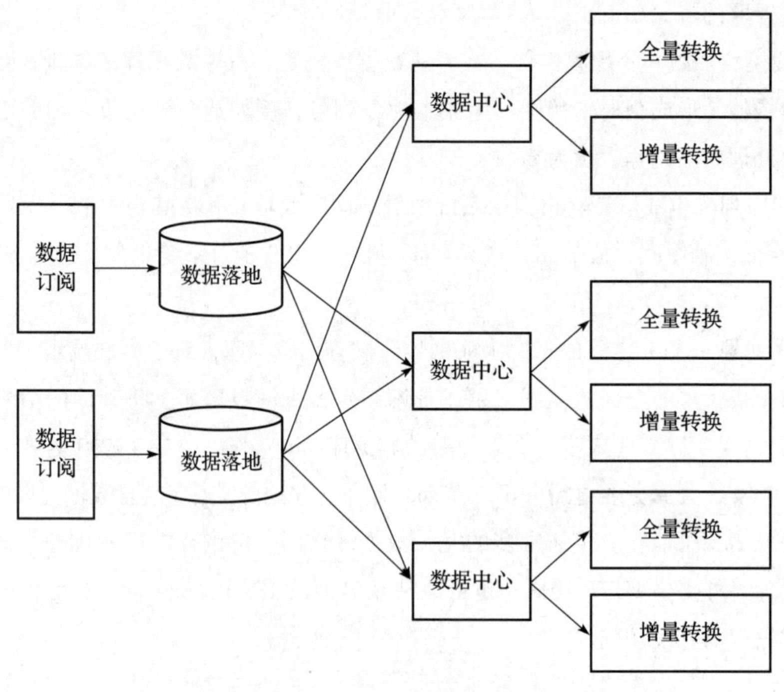

图 4-4 数据转换架构

4.2.3 数据加载

数据经过转换之后，增量数据存储为二进制的 RecordIO 格式文件，全量数据存储为 Google 开源的 SSTable 格式文件，如图 4-5 所示。这种格式中 key、value 都是二进制字符串，并提供 C++、Java、Python 等语言的 API。RecordIO 与 SSTable 格式都支持自动的写入时压缩、读取时解压，以提升存储效率。在 SSTable 格式中，一般以空字符串为 key 来存储数据的元信息。数据使用方通过元信息可以解析数据文件，不需要额外的 schema 信息，这样可以减少对外部配置环境的依赖。由于 ETL 的数据流(pipeline)可能会经过许多步骤，流程非常长，在数据流中引入对外部配置的依赖会导致上下游配置不一致的问题。在实践中确保 ETL 生成的数据自描述能较好地提高系统的稳定性与可运维性。

SSTable 是 Sorted String Table 的简写，是 Bigtable 底层的数据存储格式。SSTable 文件包括多个 DataBlock、多个 MetaBlock、1 个 MetaBlockIndex、1 个 DataBlockIndex 和 1 个 Footer，如图 4-6 所示。Footer 固定为 48 字节大小，位于 SSTable 文件底部，MetaBlockIndex 和 DataBlock-Index 的 offset、size 组成 BlockHandle 类型，用于确定 MetaBlockIndex 与 DataBlockIndex 的块

所在的位置。offset、size 采用 varint 变长以节省空间，最少占用 1 字节，最多占用 9 字节，因此 MetaBlockIndex 和 DataBlockIndex 的 offset 与 size 最多占用 36 字节，通过填充(padding)补齐。比如 DataBlockIndex offset 为 64 字节，size 为 216 字节，表示 DataBlockIndex 位于 SSTable 文件的第 64~280 字节。

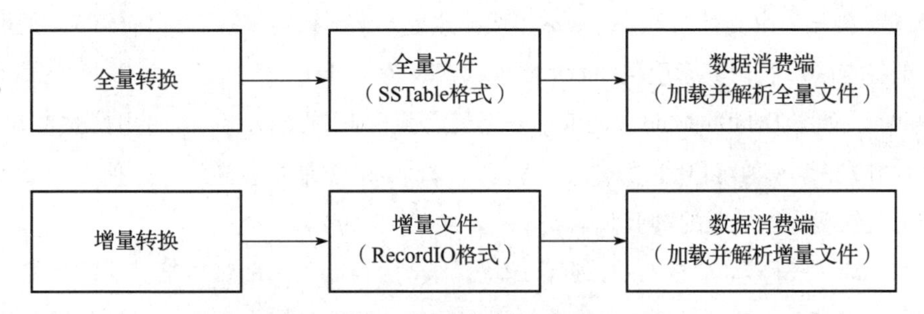

图 4-5　全量与增量文件的加载和解析

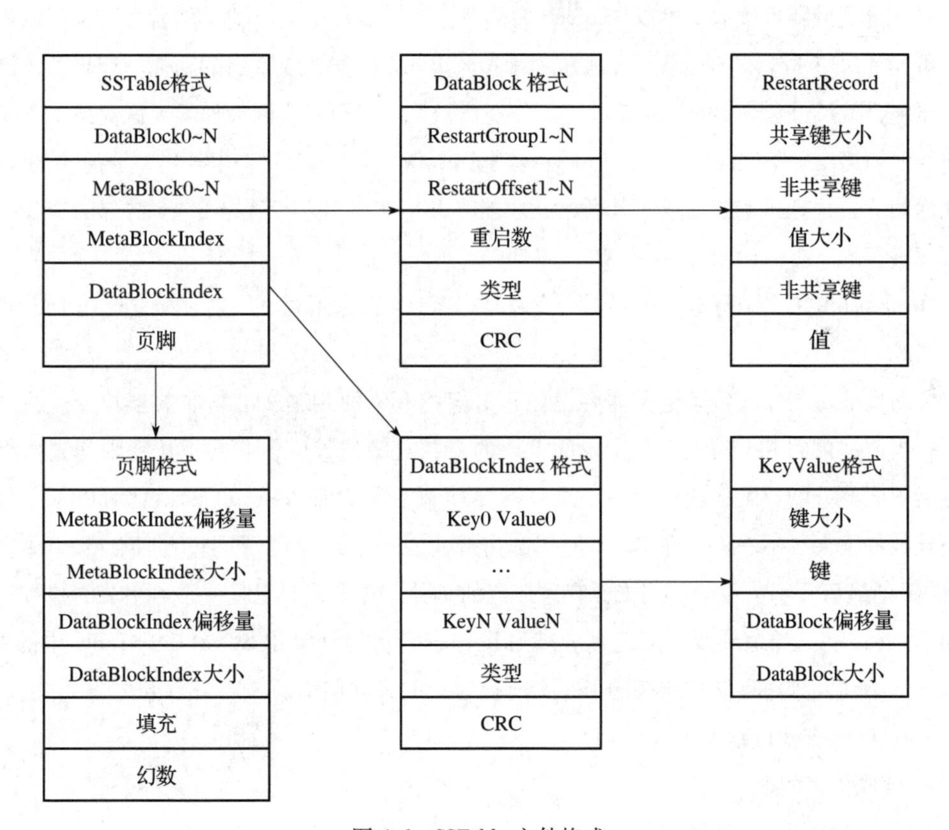

图 4-6　SSTable 文件格式

DataBlockIndex 包含 DataBlock 索引信息，用于快速定位到包含特定 Key 的 DataBlock。DataBlockIndex 首先是一个 Block，包含三部分：KeyValue、Type 和 CRC。其中 Type 固定为 1 字节，标识该部分数据是否采用压缩算法，CRC 是 Key+Value+Type 的校验码，Key 的取值是大于或等于其索引 Block 的最大 Key，并且小于下一个 Block 的最小 Key；Value 也是 BlockHandle 类型，由变长的 offset、size 组成。这里 Key 不采用其索引的 DataBlock 的最大值是为了节省空间。假设其索引的 Block 的最大 Key 为“abcdefg”，下一个 Block 的最小 Key 为“efghijk”，如果 DataBlockIndex 的 Key 采用其索引 Block 的最大 Key，占用长度为 7，而采用后一种方式，Key 值可以为“ac”，长度仅为 2，索引效果是一样的。这种方式要求在索引构建的时候搜索出最短的索引 Key。

DataBlock 是 KeyValue 格式的数据存储块，Key 的存储采用前缀压缩。前缀压缩设置了很多区段，同一个区段内部进行一次前缀压缩，每个区段是一个重启点。设置很多区段是为了更好地支持随机读取。可以在 Block 内部对重启点进行二分查找，然后在单个区段内遍历即可找到对应 Key 值的记录。分段压缩承担了 Block 内部二级索引的功能。如果整体进行前缀压缩，就没办法在 Block 内部进行二分查找，只能遍历了。因为如果要恢复第 I+1 条记录，需要知道第 I 条记录的 Key；如果要恢复第 I-1 条记录，需要知道第 I-1 条记录的 Key。如此递归下去，意味着要从第 1 条开始，才能将 Key 恢复出来，这样 Block 内部的查找必须是顺序进行的。

MetaBlock 的作用在于快速确定是否存在某个 Key。如果不存在，就没必要遍历 DataBlock 查找该 Key 了。

前缀压缩机制导致每条记录需要记住它对应的 Key 的共享长度与非共享长度。共享长度是指当前记录的 Key 与上一条记录的 Key 的公共前缀的长度，非共享长度则是去掉相同部分后不同部分的长度，这样当前记录只需要存储不同的那部分 Key 的值就可以了。分段压缩导致各段大小不一样，在 Block 的尾部需要用一个数组来记录这些重启点的 offset，同时 Block 的最后 4 字节被固定用来保存重启点的个数。每个重启点是一个 4 字节的整数，这样知道 Block 的起始地址及长度之后，就可以比较容易地计算出 restarts。SSTable 中的 Key 按顺序从小到大排序存储，相邻的 Key 会有比较长的公共前缀。

SSTable 的查找过程如下：

1）读取特定的 Key；

2）读取 SSTable 文件尾 48 字节；

3）检查 Magic，如果 Magic 不匹配即检查失败，则返回失败；

4）读取 DataBlockIndex 的 offset 与 size；

5）将 DataBlockIndex 的内容加载进内存；

6）二分查找指定 Key 的 DataBlock 的 offset 与 size；

7）将 DataBlock 加载进内存；

8）对 DataBlock 的 CRC 进行校验，如校验失败则返回失败；

9）二分查找 DataBlock 中特定 Key 所在的重启点，遍历该重启点下的 Key，找到对应的 Value。

如果说 Protocol Buffer 在 Google 内部承担了类似通用语言的作用，那么 SSTable 就是 Google 内部最常用的一种文件格式。SSTable 在开源项目和其他公司中也被大量使用。

SSTable 用于存储 Key/Value 类型的数据，对于序列类型的数据，如日志数据，Google 内部用另一种数据格式文件——RecordIO 来处理。RecordIO 的存储单元是 Record，一般是一个序列化之后的 Protocol Buffer。一个 Record 由 4 部分组成：

- MagicNumber，32bit；
- 未压缩的数据大小，64bit；
- 压缩的数据大小，64bit；
- 数据块。

记录未压缩数据大小主要是为了方便读取的时候预先分配相应的内存。通过查找 MagicNumber，RecordIO 能跳过损坏的数据块，从而容许一定限度的数据损坏。

4.3　检索模块

数据提取模块持续输出数据文件。对于广告系统来说，这些数据文件描述了广告数据的元信息，如广告出价、广告计费类型等；对于搜索广告，可能还包括广告主关注的关键词包；对于精准定向广告，包括广告主关心的人群属性等。对于大规模的广告系统，广告库可能达到千万甚至上亿条数据，广告系统需要在很严格的延迟要求例如毫秒级别下，根据特定的用户信息构建查询，从海量的信息集合中提取数据。延迟对广告在媒体上的展示非常重要，而根据特定用户信息构建查询对广告主通过广告展示获取用户非常重要。从海量数据中高效提取信息是信息检索技术的主要研究方向。如图 4-7 所示，构建完整的信息检索系统包含许多流程，通常需要构建一个索引文件，将信息组织成能快速查询的格式。这里介绍常用的检索构建技术及其在广告系统中的应用。

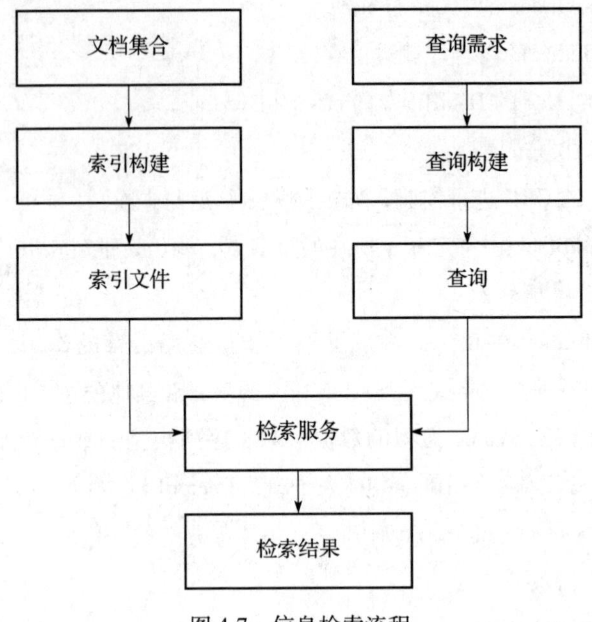

图 4-7 信息检索流程

根据检索的文档类型，检索技术可以分为文本检索、布尔检索、近邻检索。文本检索主要检索的是文本类型，如网页、论文；布尔检索主要检索的是布尔表达式，如广告定向、信息流订阅组合等；近邻检索检索的是高维向量，如机器学习模型预测的 Embedding 向量。在实际的系统中，这些检索技术通常被结合起来使用，在一次检索中同时检索文本、布尔表达式和高维向量。

4.3.1 文本检索技术

文本检索是出现最早也最为成熟的检索技术，是搜索引擎与搜索广告的核心技术之一。用户在 Google、百度中搜索关键词，或者在 Amazon、淘宝中搜索感兴趣的商品时，便会触发对应的文本检索，这时对应的搜索 Query 是用户输入的查询，对应的检索文档是网页或商品详情。

如图 4-8 所示，文本检索的流程主要有以下 4 步。

1）根据文档的类型确定文档的哪些部分要进入检索。有效的检索通常都离不开对文档内容的结构化理解，例如 Google 在早期通过创造性地将指向网页的锚文本作为网页的检索内容之一，大幅提升了检索的质量。又如一个商品检索系统可能会将商品的名称、描述等作为检索内容，但可能会忽略用户对商品的评论，仅将评论作为检索之后的排序因子，因为评论可能与商品的实际描述相差甚远，将评论引入检索反而会降低检索召回的精准度。

2）将检索内容规范化。检索的内容通常来源于不同的数据源，涉及各种数据格式，例如 Web 检索的内容来源于网络爬虫，网络爬虫定时探测某个 URL 下的数据更新，将 URL 对应的内容下载下来并存储到内容库。对应的内容可能是 HTML、PDF、XML 或 Word 等格式的。这时需要将这些不同的文件格式都转换为一个通用的存储格式，供后续流程使用。通常使用 Protocol Buffer 定义这一中间格式。

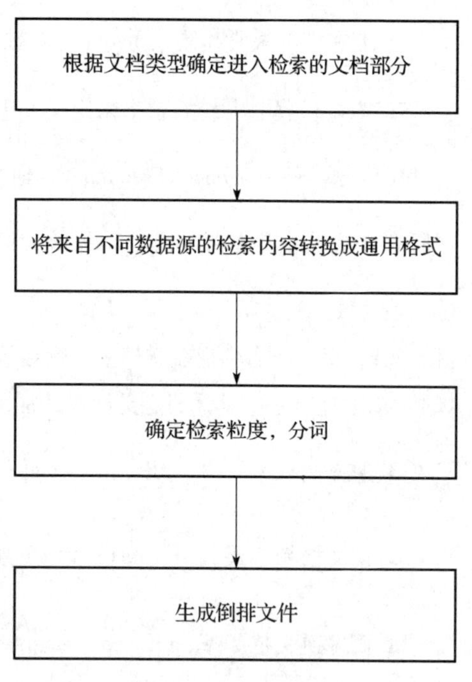

图 4-8　文本检索流程

3）确定检索的字符粒度。英文等用空格分隔的文字，文本包含分隔符（如空格）；中文、日文、韩文、越南文等文字，文本是连续的，不含分隔符，这时需要先对文本进行分词预处理。

4）生成检索原子单元（Token），例如将单词转换成 ID，去除一些语义无关的符号，去掉停用词（stop word）等。停用词是指这样一些词语，它们的出现频率非常高，但是对语义表达几乎没有影响，如果不去掉，会给基于频率的排序打分技术带来干扰。去除停用词是检索构建中非常重要的一步。英文中的停用词有 a、an、the 等冠词，in、at、of 等介词，以及一些人称代词、时态的助动词；中文里也有大量停用词，如“在”“里面”“也”“的”“它”“为”等。

文本相关性可以定义为用户搜索查询的意图与召回文档内容的相关程度，常用 TF-IDF 来衡量。TF（Term Frequency，词频）是 token 在文档中出现的频率。设 token t 在文档 d 中出现的总次数为 $f_{t,d}$，则 TF 的定义有以下形式。

- 布尔“频率”，$\mathrm{tf}(t,d)=\begin{cases}1，\text{如果 token } t \text{ 在文档 } d \text{ 中出现}\\0，\text{其他}\end{cases}$。
- 按文档长度来调整定义，$\mathrm{tf}(t,d)=\dfrac{f_{t,d}}{d\text{ 中 token 总数}}$。

- 对数频率，$\mathrm{tf}(t,d)=\log(1+f_{t,d})$。
- 调整频率，$\mathrm{tf}(t,d)=0.5+0.5\times\frac{f_{t,d}}{\max f_{t',d}:t'\in d}$，防止偏向更长的文档，用原始总数除上文档中最常出现的 token 的总数。
- 按在总数中出现的频率来定义，$\mathrm{tf}(t,d)=\frac{f_{t,d}}{\sum_{t'\in d}f_{t',d}}$。

IDF(Inverse Document Frequency，逆文档频率)是对 token t 提供的信息量的度量，即它在所有文档 D 中是常见的还是罕见的，通常定义为 $\mathrm{idf}(t,D)=\log\frac{N}{|\{d\in D:t\in d\}|}$，其中 N 是文档总数，$N=|D|$，$|\{d\in D:t\in d\}|$ 是包含 token 的文档数目，即 $\mathrm{tf}(t,d)\neq 0$ 的文档数目。如果 token 没有出现在文档中，会导致除零的异常，因此通常使用 $1+|\{d\in D:t\in d\}|$ 来规避。IDF 还有一些其他的定义形式，常用定义如下(设定 $n_t=|\{d\in D:t\in d\}|$，$N=|D|$)：

- 逆文档频率平滑，$\mathrm{idf}(t,d)=\log\left(\frac{N}{1+n_t}\right)$；
- 逆文档频率最大值，$\mathrm{idf}(t,d)=\log\left(\frac{\max_{\{t'\in d\}}n_{t'}}{1+n_t}\right)$；
- 概率逆文档频率，$\mathrm{idf}(t,d)=\log\left(\frac{N-n_t}{n_t}\right)$。

TF-IDF 定义为 $\mathrm{tfidf}(t,d,D)=\mathrm{tf}(t,d)\times\mathrm{idf}(t,D)$。TF-IDF 的值越大，表明在给定文档中 token 的出现频率越高；如果 token 在整个文档中出现次数少，则这个值越小，token 越可能为常用词。由于 IDF 的 log 函数内的比值始终大于或等于 1，因此 IDF(和 TF-IDF)的值大于或等于 0。当一个 token 出现在许多文档中时，log 函数内的比值接近 1，使 IDF 和 TF-IDF 更接近 0。

假如有 2 个文档的集合，如表 4-1 所示。

表 4-1　TF-IDF 计算样例

文档 1		文档 2	
Token	Token 出现次数	Token	Token 出现次数
this	1	this	1
is	1	is	1
a	2	another	2
sample	1	example	3

对于 token“this”的 TF-IDF 计算如下：

$\mathrm{tf}(\mathrm{this},d_1)=\frac{1}{5}=0.2$，$\mathrm{tf}(\mathrm{this},d_2)=\frac{1}{7}\approx 0.143$

$\mathrm{idf}(\mathrm{this},D)=\log\left(\frac{2}{2}\right)=0$

$\mathrm{tfidf}(\mathrm{this},d_1,D)=0.2\times 0=0$，$\mathrm{tfidf}(\mathrm{this},d_2,D)=0.143\times 0=0$

“this”在每个文档中都出现，TF-IDF 分为 0，表明这个 token 不具备太多信息量。

对于 token“example”的 TF-IDF 计算如下：

$\mathrm{tf}(\mathrm{example},d_1)=\frac{0}{5}=0$，$\mathrm{tf}(\mathrm{example},d_2)=\frac{3}{7}\approx 0.429$

$\mathrm{idf}(\mathrm{example},D)=\log\left(\frac{2}{1}\right)=0.301$

$\mathrm{tfidf}(\mathrm{example},d_1,D)=0\times 0.301=0$，$\mathrm{tfidf}(\mathrm{example},d_2,D)=0.429\times 0.301=0.129$

“example”的 TF-IDF 分大于 0，表明它在相关性计算中会贡献比“this”更大的权重。

在文本检索中，对于每篇文档我们用一个 TF-IDF 的向量来指定，向量的每一个维度是对应 token 在该文档中的 TF-IDF 分数。文档集合与文档查询请求即向量空间的点集，我们可以用余弦相似度(Cosine Similarity)来衡量查询与文档的相关性，找出最相关的文档的过程也就是文本检索的过程。余弦相似度的定义为

$$\cos(d_1,d_2)=\frac{d_1\cdot d_2}{\|d_1\|\times\|d_2\|}$$

当两个向量相似时，它们在向量空间中相近，两个向量之间的夹角较小，余弦值较大(趋向 1)；如果不相似则夹角较大，余弦值较小(趋向-1)。如对向量进行归一化操作，余弦相似度与两个向量的点积相等。这里介绍一个向量空间转换与归一化的框架，使用这一框架我们可以将 n 维空间的余弦相似度转换为 $n+1$ 维空间的最近邻问题。

定义　一个搜索问题 $S(\Gamma,Q,s)$ 由一个包含 n 条数据的数据集合 $I=\{i_1,i_2,\cdots,i_n\}\in\Gamma$、一个查询请求 $q\in Q$ 和一个搜索函数 $s:\Gamma\times Q\rightarrow 1,2,\cdots,n$ 组成。

搜索函数 s 从数据集合 I 中计算出与给定查询请求匹配的数据的下标。通过数据预处理，$g:\Gamma\rightarrow\Gamma'$，可以让计算过程更高效。这通常涉及对原始数据进行变换，变换后搜索问题

成为在新数据形式上的运算，因此有如下定义。

定义 一个搜索问题 $S_1(\Gamma,Q,s)$ 转换到搜索问题 $S_2(\Gamma',Q',s)$，如果存在函数 $g:\Gamma\to\Gamma'$ 和 $h:Q\to Q'$ 使得 $j=s_1(I,q)$，当且仅当 $j=s_2(g(I),h(q))$，则这个问题转换记为 $S_1\leqslant S_2$。

函数 g 发生在数据预处理阶段，函数 h 发生在查询阶段，因此 h 有 $O(1)$ 的运行时间，我们有如下定义。

定义 如果 $S_1\leqslant S_2$ 并且 g 的运行时间为 $O(f(n))$，h 的运行时间为 $O(1)$，则定义 $S_1\leqslant_{O(f(n))}S_2$。

对于 d 维空间的查询向量 $q\in\mathbb{R}^d$，有3种类型的查询问题：

1）$\mathrm{MIP}_{n,d}$，求 q 与数据集合（n 个 d 维向量）中内积最大的向量；

2）$\mathrm{NN}_{n,d}$，求 q 与数据集合（n 个 d 维向量）中的最近邻；

3）$\mathrm{MCS}_{n,d}$，求 q 与数据集合（n 个 d 维向量）中最大的余弦相似度。

形式化的定义如下：

数据集：
设定 n 维向量组成的矩阵 $\boldsymbol{Y}=[y_1,y_2,\cdots,y_n]$，其中 $y_i\in\mathbb{R}^d$，$\boldsymbol{\Gamma}\in\mathbb{R}^{d\times n}$
查询请求：$x\in\mathbb{R}^d$，$Q\in\mathbb{R}^d$
搜索目标：根据以下函数返回索引下标
$s(\boldsymbol{Y},x)=\mathrm{argmax}_i(x\cdot y_i)$，$\mathrm{MIP}_{n,d}$问题
$s(\boldsymbol{Y},x)=\mathrm{argmin}_i(\|x-y_i\|)$，$\mathrm{NN}_{n,d}$问题
$s(\boldsymbol{Y},x)=\mathrm{argmax}_i\left(\dfrac{x\cdot y_i}{\|x\|*\|y_i\|}\right)$，$\mathrm{MCS}_{n,d}$问题

下面证明。

证明 4-1 $\mathrm{MIP}_{n,d}\leqslant_{O(n)}\mathrm{NN}_{n,d+1}$。

对于一个 n 维向量空间 $\mathbb{R}^n$，$\boldsymbol{Y}=[y_1,y_2,\cdots,y_n]$ 是 n 维向量空间中的矩阵，设 $\theta=\max_i\|y_i\|$，对数据集进行预处理。令 $\tilde{y}_i=g(y_i)=\left(\sqrt{\theta^2-\|y_i\|},\ y_i^{\mathrm{T}}\right)^{\mathrm{T}}$，对查询进行变换，令 $\tilde{x}=h(x)=(0,x^{\mathrm{T}})^{\mathrm{T}}$，我们有

$$\|\tilde{x}\|^2=\|x\|^2$$

$$\|\tilde{y}_i\|^2=\theta^2-\|y_i\|^2+\|y_i\|^2=\theta^2$$

$$\tilde{x} \cdot \tilde{y}_i = \sqrt{\theta^2 - \|y_i\|} \cdot 0 + x \cdot y_i = x \cdot y_i$$

$$\|\tilde{x} - \tilde{y}_i\|^2 = \|\tilde{x}\|^2 + \|\tilde{y}_i\|^2 - 2\tilde{x} \cdot \tilde{y}_i = \|x\|^2 + \theta^2 - 2x \cdot y_i$$

x、θ 与查询请求和文档无关，也即 $j = \mathrm{argmin}_i(\|\tilde{x} - \tilde{y}_i\|^2) = \mathrm{argmax}_i(x \cdot y_i)$。

证明 4-2　$\mathrm{NN}_{n,d} \leqslant_{O(n)} \mathrm{MIP}_{n,d+1}$。

令预处理 $\tilde{y}_i = g(y_i) = (\|\tilde{y}_i\|^2, y_i^{\mathrm{T}})^{\mathrm{T}}$，查询 $\tilde{x} = h(x) = (1, -2x^{\mathrm{T}})^{\mathrm{T}}$，有 $\tilde{x} \cdot \tilde{y}_i = \|y_i\|^2 - 2x \cdot y_i$，因此 $j = \mathrm{argmax}_i(\tilde{x} \cdot \tilde{y}_i) = \mathrm{argmin}_i(\|x\|^2 + \|y_i\|^2 - 2x \cdot y_i) = \mathrm{argmin}_i(\|x - y_i\|)$。

证明 4-3　$\mathrm{MIP}_{n,d} \leqslant_{O(n)} \mathrm{MCS}_{n,d+1}$。

按照证明 4-1 对输入预处理，$\cos(\tilde{x}, \tilde{y}_i) = \dfrac{\tilde{x} \cdot \tilde{y}_i}{\|\tilde{x}\| * \|\tilde{y}_i\|} = \dfrac{x \cdot y_i}{\|x\| * \|\theta\|}$，我们有 $j = \mathrm{argmax}_i(\cos(\tilde{x}, \tilde{y}_i) = \mathrm{argmax}_i(x \cdot y_i)$。

证明 4-4　$\mathrm{MCS}_{n,d} \leqslant_{O(n)} \mathrm{MIP}_{n,d}$。

对数据进行预处理，令 $\tilde{y}_i = g(y_i) = \dfrac{y_i}{\|y_i\|}$，令 $\tilde{x} = h(x) = x$，我们有 $j = \mathrm{argmax}_i(\tilde{x} \cdot \tilde{y}_i) = \mathrm{argmax}_i \dfrac{x \cdot y_i}{\|x\| * \|y_i\|}$。

利用这套框架，可以在点积、余弦相似度、最近邻之间进行转换。

对于大规模的文本相关性计算，可以利用倒排索引进行优化，这里介绍一下 WAND (Weak AND)算法。WAND 算法通过计算每个 token 的贡献上限(Upper Bound，UB)来估计文档相关性的上限，并与一个预设的阈值进行比较，从而跳过相关性较低的文档。首先要估计每个 token 对于相关性贡献的上限。一个文档 d 与一个请求 q 的相关性打分可以定义为

$$\mathrm{Score}(d, q) = \sum_{t \in q \cap d} \alpha_t w(t, d)$$

对于 TF-IDF 相关性模型，α_t 是一个与 token 在查询中出现次数、频率以及 IDF 相关的函数，$w(t, d)$ 是 TF 与文档长度的函数。我们设定每个 token 对打分的贡献有一个上限：

$$\mathrm{UB}_t \geqslant \alpha_t \max\left(w(t, d_1), w(t, d_2), \cdots, w(t, d_n)\right)$$

query 中每个 token 的上限分之和一定大于原始分

$$\mathrm{UB}(d, q) = \sum_{t \in q \cap d} \mathrm{UB}_t \geqslant \mathrm{Score}(d, q)$$

WAND 算法的核心是一个新的布尔谓词模型，弱和或者加权和。WAND 算法的参数有一组布尔变量 $X_1, X_2, \cdots, X_n$、一组正的权重 $w_1, w_2, \cdots, w_n$ 和一个阈值 θ。定义如下：

$$\text{WAND}(X_1, w_1, \cdots, X_n, w_n, \theta) = \begin{cases} \text{true}, & \sum\limits_{1 \leqslant i \leqslant n} x_i w_i \geqslant \theta \\ \text{false}, & \text{其他} \end{cases}$$

$$x_i = \begin{cases} 1, & X_i \text{ 为 true} \\ 0, & \text{其他} \end{cases}$$

WAND 可以与 AND 等价，$\text{AND}(X_1, \cdots, X_n) = \text{WAND}(X_1, 1, \cdots, X_n, 1, n)$；也可以与 OR 等价，$\text{OR}(X_1, \cdots, X_n) = \text{WAND}(X_1, 1, \cdots, X_n, 1, 1)$。在我们的相关性检索模型中，我们用 $\text{WAND}(X_1, \text{UB}_1, \cdots, X_n, \text{UB}_n, \theta)$ 来对文档进行粗略过滤（粗排）。其中 X_i 表示查询请求中的 token 在文档中是否出现（倒排索引项），θ 由算法根据在前 N 个查询结果中的最小分数来设定。算法步骤如下：

1）建立倒排索引，记录每个单词所在的所有文档的 ID（DID），ID 从小到大排序；

2）初始化 posting 数组，使 posting[token]为 token 倒排索引的第一个文档的 index；

3）初始化 curDoc=0（DID 从 0 开始）。

然后执行如下程序段：

```
function next(θ)
  repeat
    // 将 token 按照 DID 升序排列
    sort(tokens, posting)
    // 找到 UB 之和大于 θ 的第一个 token
    pToken←findPivotToken(tokens,θ)
    if pToken == nullptr return NoMoreDocs
    pivot = posting[pToken].DID
    if pivot == lastID return NoMoreDocs
    if pivot <= curDoc
      // pivot 已经处理过了,处理下一个
      aToken←pickToken(tokens[0…pToken])
      posting[aToken]←aToken.iterator.next(curDoc+1)
  else
    if posting[0].DID == pivot
      // pToken 之前所有的 token 都在 pivot 中出现
      curDoc←pivot
      return (curDoc, posting)
    else
      // pivot 不满足匹配条件,往下迭代
      aToken←pickToken(tokens[0…pToken])
      posting[aToken]←aToken.iterator.next(pivot)
  end repeat
```

其中 sort（tokens，posting）根据 posting 数组指向的当前文档 ID，对所有 tokens 从小到大排序。

findPivotToken 按照之前排序，从第一个 token 开始累加各个 token 的相关性贡献的上限，直到累加和大于或等于阈值 θ，返回当前 token。

pickToken 在 0 到 pToken（不含 pToken）中选择一个 token，选择策略应该是跳过最多的文档，例如选择 IDF 最大的 token。

aToken. iterator. next(n)返回 aToken 对应的倒排索引中的文档 ID(DID)，返回的 DID>=n。posting[aToken]←aToken. iterator. next(n)实际更新了 aToken 在 posting 数组中的当前文档，从而跳过一些不必要的计算。

分支 if (pToken == nullptr) return NoMoreDocs 表示如果当前所有 token 的上限之和达不到阈值，则结束算法。

分支 if (pivot == lastID) return NoMoreDocs 表示如果当前已经没有满足相关性大于阈值的文档，则结束算法。

分支 if (pivot <= curDoc) 表示当前 pivot 对应的 DID 已经计算过相关性，需要跳过，这部分代码会在循环再开始时被调用。

分支 if (posting[0]. DID == pivot)表示当前 pivot 对应的文档相关性可能大于阈值，返回这篇文档用于精确计算，posting[0]. DID == pivot 表示从第一个 token 到当前 token 所指向的文档都是同一个文档。

分支 if (posting[0]. DID == pivot)对应的 else 语句，表示前面遍历过的那些 token 对应的 DID 都不可能满足大于阈值的条件，需要跳过。正是这个分支大大减少了需要计算相关性的文档数量。

4.3.2　布尔检索

文本检索能够较好地解决 Web 文档的检索问题，但对于广告系统的检索需求而言，文档是一个逻辑表达式，基于倒排链的检索算法需要进行大量交集与并集运算，检索性能会急剧下降。布尔检索算法用于对大量布尔表达式执行快速检索，找出其中结果为真的表达式。

1. 布尔检索逻辑范式

布尔检索算法检索的文档可以为析取范式(Disjunctive Normal Form，DNF)或者合取范式(Conjunctive Normal Form，CNF)。复杂的析取范式或者合取范式可读性比较差，因此如代码清单 4-3 所示，我们引入一种递归的表达式描述方式，然后引入一种算法将递归的形式转换为析取范式。

代码清单 4-3 布尔检索文档定义

```
message Document {
  enum LogicalOperator {
    LOGICAL_OR = 0;
    LOGICAL_AND = 1;
  };
  message Repository {
    message Token {
      message Range {
        uint64 start = 1;
        uint64 end = 2;
      }
      oneof content {
        uint64 id = 2;
        Range range = 3;
        bytes text = 7;
      }
    };
    repeated Token token = 1;
  };
  message Lambda {
    bool not_operator = 1;
    LogicalOperator logical_operator = 2;
    Repository repository = 3;
    repeated Lambda lambda = 5;
  };
  Lambda lambda = 4;
};
```

该结构为一个递归的表达式树，在树的每一层可以定一个 Not 运算与一个逻辑运算，逻辑运算为 And 或者 Or。例如图 4-9 所示的逻辑表达式树，用递归的形式可以表达如下。

```
T0 = T1.1 And T1.2
T1.1 = T1.1.1 Or T1.1.2
T1.1.1 = Not(T1.1.1.1 Or T1.1.1.2)
T1.1.2 = T1.1.2.1 And T1.1.2.2
T1.1.1.1 = a1 Or a2
T1.1.1.2 = b1 Or b2
…
```

在图 4-9 所示的逻辑树中，叶子节点可以是区间、ID 或者文本的集合，对应于代码中的 Repository/Token，同一个 Repository 下的 Token 是 Or 的逻辑。例如广告主可能用一系列 GeoHash ID 来对应一系列地点，这些地点的并集(Or 运算)对应于广告主要投放的地域。最底层的 Or 集合可以通过倒排运算规约到一个 ID，对应到一个 Repository，这样即使广告主定义数百万个地点，也不会对检索性能造成大的影响。在将递归定义的逻辑表达式树转换成 DNF 的过程中，会让叶子节点保持不变，可能会将非叶子节点进行拆分或者联合，同时会将非叶子节点上的 Not 运算逐层下降。最终转换的结果是一个 4 层的 DNF，为 OR-AND-Repository 的形式，其中 Repository 可能存在 Not 运算。

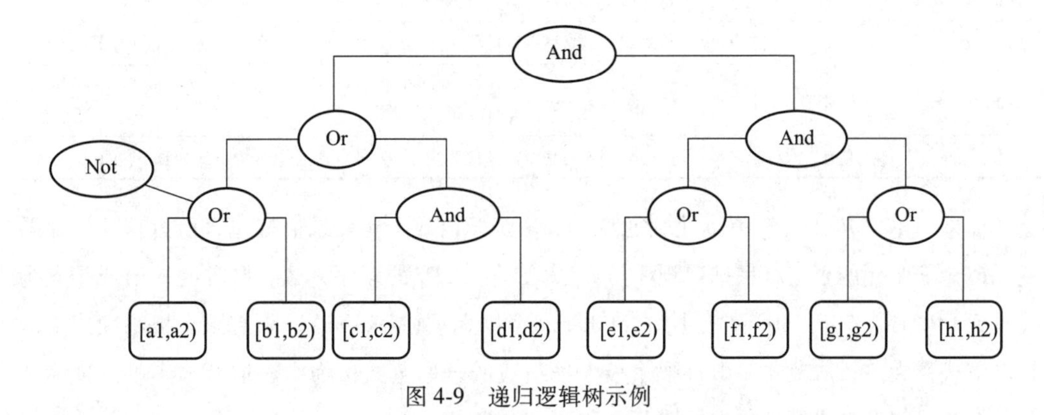

图 4-9　递归逻辑树示例

析取是常用的逻辑联结词，表示“或”的意思，其运算方法为：如果两个变量中有一个真值为真，其结果为真；如果两个变量同时为假，其结果为假。合取也是一个常用的联结词，表示“与”的意思，其运算方法为：如果两个变量中的真值同时为真，其结果为真；只要两个变量中有一个真值为假，结果为假。析取范式的定义如下。

1）命题及其否定称为文字。仅由有限个文字构成的析取称为简单析取式，仅由有限个文字构成的合取称为简单合取式。

2）由有限个简单合取式构成的析取式称为析取范式。

3）由有限个简单析取式构成的合取式称为合取范式。

4）析取范式与合取范式统称为范式。

任一命题公式都存在与之等值的析取范式与合取范式，证明如下：

1）表 4-2 列出了基本命题联结词，由其中的蕴涵等值式和等价等值式可知，$A \to B \Leftrightarrow \neg A \vee B$，$A \leftrightarrow B \Leftrightarrow (\neg A \vee B) \wedge (A \vee \neg B)$，从而在等值的条件下，可以消去任何公式中的基本联结词→和↔；

2）利用双重否定律和德摩根律可得，$\neg\neg A \Leftrightarrow A$，$\neg(A \wedge B) \Leftrightarrow \neg A \vee \neg B$，$\neg(A \vee B) \Leftrightarrow \neg A \wedge \neg B$；

3）利用分配律可得，$A \wedge (B \vee C) \Leftrightarrow (A \wedge B) \vee (A \wedge C)$，$A \vee (B \wedge C) \Leftrightarrow (A \vee B) \wedge (A \vee C)$。

得证。

表 4-2 基本命题联结词

联结词	记号	复合命题	读法	记法	真值结果
否定	$\neg$	非 P	P 的否定	$\neg P$	当且仅当 P 为假时 $\neg P$ 为真
合取	$\wedge$	P 并且 Q	P 与 Q 的合取	$P \wedge Q$	当且仅当 P 和 Q 同为真时 $P \wedge Q$ 为真
析取	$\vee$	P 或者 Q	P 与 Q 的析取	$P \vee Q$	当且仅当 P 和 Q 中至少有一个为真时 $P \vee Q$ 为真
蕴涵	$\rightarrow$	若 P，则 Q	P 蕴涵 Q	$P \rightarrow Q$	当且仅当 P 为真、Q 为假时 $P \rightarrow Q$ 为假，其余条件均为真
等价	$\leftrightarrow$	P 当且仅当 Q	P 等价于 Q	$P \leftrightarrow Q$	当且仅当 P 和 Q 同为真或假时 $P \leftrightarrow Q$ 为真

如果 $P_1, P_2, P_3, \cdots, P_n$ 是 n 个命题变元，一个短语或子句如果恰好包含所有这 n 个命题变元或命题变元的否定，且排列顺序与 $P_1, P_2, P_3, \cdots, P_n$ 的顺序一致，则称此短语或子句为关于 $P_1, P_2, P_3, \cdots, P_n$ 的一个极小项（Minterm）或极大项（Maxterm）。由有限个极小项组成的析取范式称为主析取范式，由有限个极大项组成的合取范式称为主合取范式。可以证明任何一个公式都有与之等价的主析取范式和主合取范式。

主析取范式或主合取范式的子句比较多，对应的逻辑树很“宽”，生成布尔索引时，对于每一个子句都需要生成对应的检索单元。使用主析取范式来生成索引会带来比较大的冗余倒排索引空间，我们可以使用代码清单 4-4 中的简单算法来将递归的逻辑表达式转换成析取范式。该算法的主要步骤是将 Not 命题下沉，并逐层转换，如本层是 And 就执行集合的笛卡儿积操作，如是 Or 就执行集合相加操作。

代码清单 4-4 将递归的逻辑表达式转换为析取范式

```
void ConvertLambda(const Lambda * lambda, bool not) {
  bool local_not_operator = not ? ! lambda->not_operator() : lambda->not_operator();
  LogicalOperator logical_operator = lambda->logical_operator();
  if (local_not_operator) {
    if (logical_operator == LOGICAL_OPERATOR_AND) {
      logical_operator = LOGICAL_OPERATOR_OR;
    } else if (logical_operator == LOGICAL_OPERATOR_OR) {
      logical_operator = LOGICAL_OPERATOR_AND;
    }
  }
```

```
  Set result_set;
  add lambda repository to result_set
  if (logical_operator == LOGICAL_OPERATOR_AND) {
    for (int i = 0; i < lambda->lambda_size(); ++i) {
      sub_result_set = ConvertLambda(&lambda->lambda(i),local_not_operator);
      SetCartesiaonProduct(result_set, sub_result_set);
    }
  } else {
    for (int i = 0; i < lambda->lambda_size(); ++i) {
      sub_result_set = ConvertLambda(&lambda->lambda(i), local_not_operator);
      SetAdd(result_set, sub_result_set);
    }
  }
}

void ConvertDocument(const Document *document) {
  ConvertLambda(document->lambda(), false);
}
```

通过这一算法，图 4-9 中的逻辑树可以转换成 DNF 格式的逻辑树，如图 4-10 所示。在广告系统中，每一个广告的定向描述都会转换成类似的 DNF 结构，用于构建广告索引。

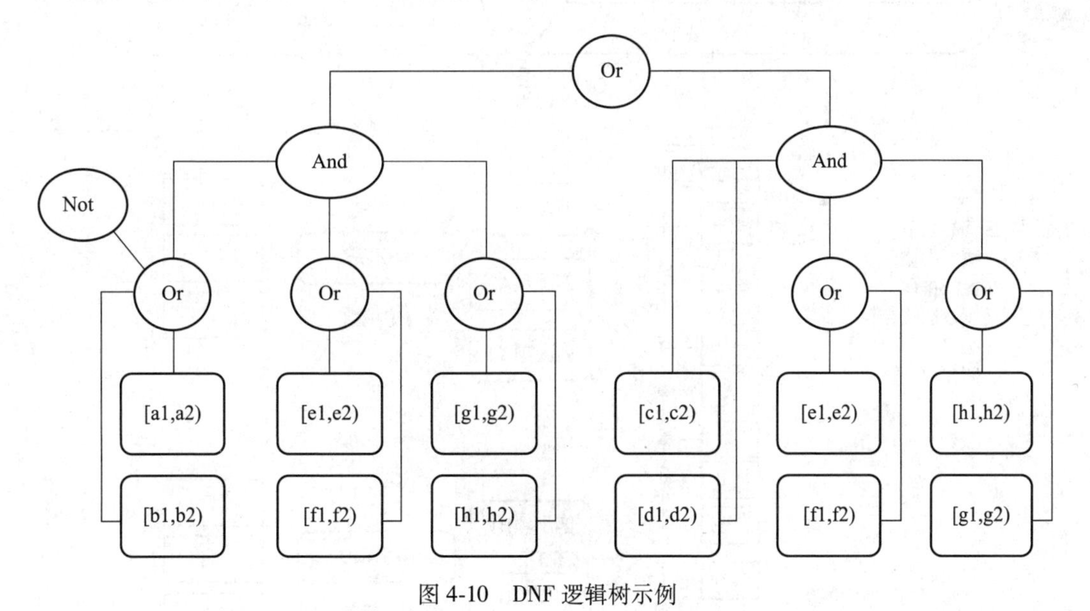

图 4-10　DNF 逻辑树示例

2. 基于多级索引的布尔检索算法

布尔检索的目标是在大量逻辑表达式中找出为真的表达式。对于析取范式来说，只要任意一个子句为真，表达式的结果就为真，所以可以对析取范式的子句单独建索引求解。这里介绍一个子句检索算法，具体如下。

1）对于区间、ID、字典等类型的 Token，统一通过字典编码的方式转换为内部连续的 ID，称为 LocalIndex。每个 LocalIndex 对应一个 Repository。Repository 可能是多个 Token 的 Or 集合，只要命中任意 Token，即命中该 Repository 对应的 LocalIndex。对于每个子句，记录其包含的命中数，例如某个广告定向到 3 个维度，则子句命中数为 3。这一结构如图 4-11 所示。

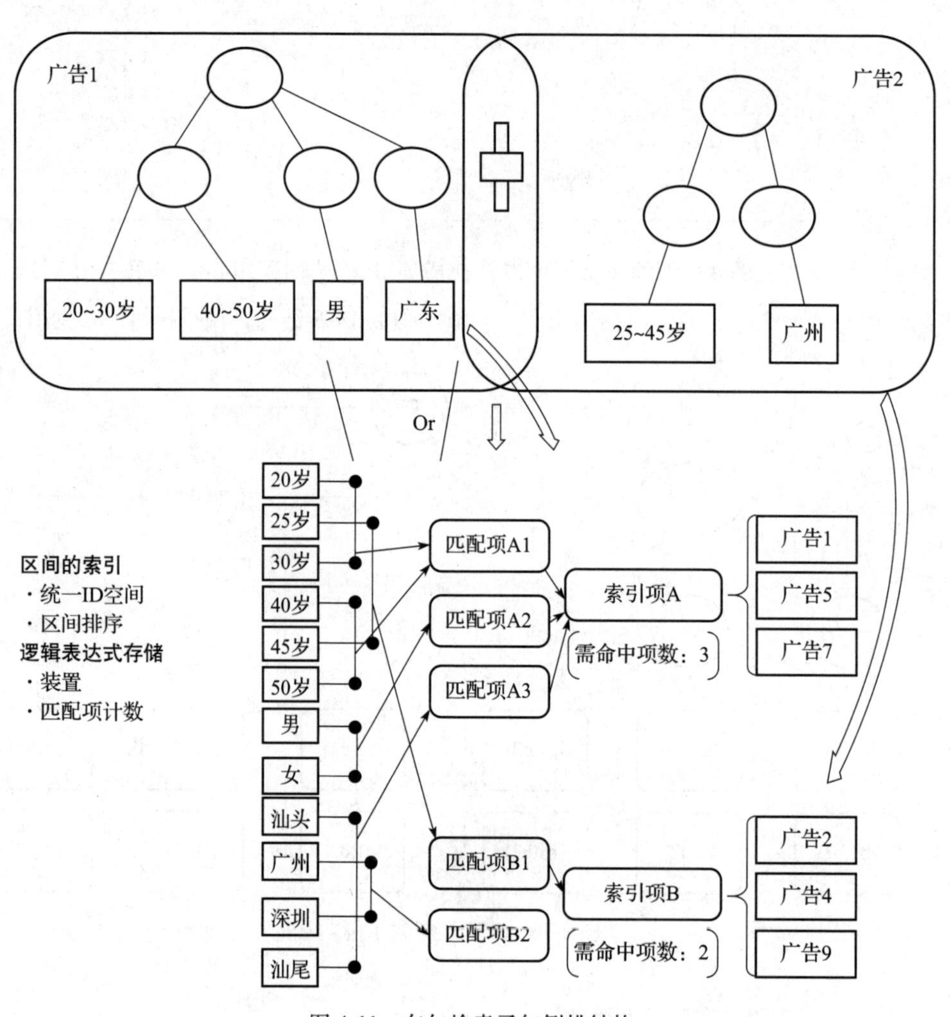

图 4-11　布尔检索子句倒排结构

2）在线匹配过程中，对于请求中的每个 Token，若命中某个 Repository，则将对应的子句命中计数加 1，若累加的结果与子句命中计数相等，则该子句命中。这一匹配过程如图 4-12 所示。

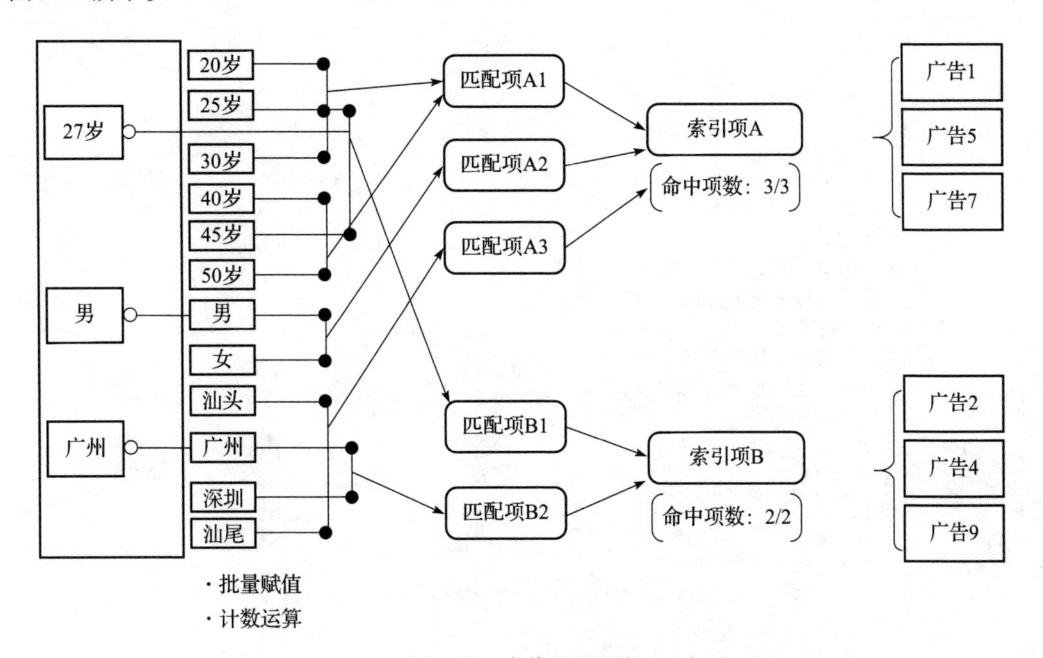

图 4-12　在线匹配过程

3）这一算法通过将离线构建索引与在线查找结合，利用查找与计数来解决逻辑表达式匹配的问题，能在 3ms 之内对数百万个逻辑表达式进行求真值的运算。

3. BE-Tree 布尔检索算法

对大量逻辑表达式求真值还可以用 BE-Tree（Boolean Expression Tree）匹配算法。与上面介绍的基于计数的索引方法不同，BE-Tree 能动态地索引大量高维布尔表达式。索引高维布尔表达式的主要挑战是维度爆炸，BE-Tree 通过两阶段的空间分割技术显著降低算法的复杂性与不确定性。第一阶段是空间划分，在全局范围内确定 attr_i，即第 i 维的划分；第二阶段是空间聚类，用于确定表达式范围的最佳分组 attr_i 的值。

BE-Tree 是一种 n-tree 结构，其中叶子节点包含一组表达式，内部节点包含谓词信息，例如属性、其后代叶子节点的表达式的值范围。我们区分以下 3 类节点。

- 分区节点（p 节点）：维护一个空间划分的元信息（attr）。
- 集群节点（c 节点）：维护空间聚类的信息（一系列值的集合）。

❑ 叶子节点(l节点)：存储该空间聚类对应的信息。

p节点与c节点被组织在一个特殊的分区中，目的是加速空间压缩剪枝算法。因此一组p节点组织在p目录(p-directory)中，一组c节点被组织在c目录(c-directory)中。这一结构如图4-13所示。

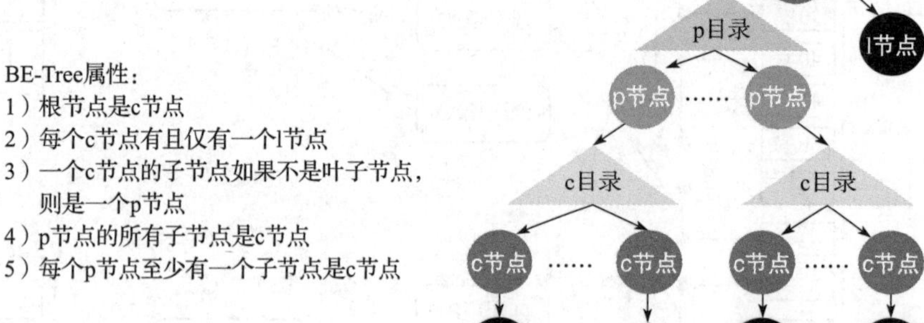
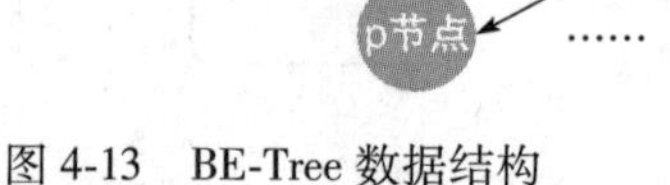

图 4-13　BE-Tree 数据结构

例如，最开始BE-Tree由一个空的c节点组成，并且只指向一个l节点，新的表达式在插入的时候，首先插入根节点指向的l节点，当该l节点的大小超过系统配置的叶子节点大小时，触发空间划分，这时会选择一个$attr_i$用于划分该l节点。新的$attr_i$会导致创建一个新的p节点。新$attr_i$的选择依据是溢出的l节点的一些离线统计信息，这些统计信息也会被用于空间聚类阶段。在空间聚类阶段，这些$attr_i$会被分割成一系列区间，每个区间会分配一个c节点，每一个在溢出的l节点上的$attr_i$上有对应谓词的表达式，都根据c节点上区间的值被分配到新创建的c节点上。简而言之，BE-Tree递归执行空间划分和空间聚类的操作，通过这两个操作递归识别和细化密集子空间，保持每个l节点的大小低于阈值。严格来说，在BE-Tree中，每个p节点被分配一个$attr_i$，使得其派生的后代l节点中的表达式一定有一个定义于$attr_i$的谓词。同样，每个c节点也与一个谓词$P_i^{attr,opt,val}(x)$(如一个合法的值区间)对应，所有其派生的后代l节点上的表达式一定有一个$P_j^{attr,opt,val}(x)$谓词，使得

$$(P_i^{attr} = P_j^{attr}) \wedge (\forall x \in \mathrm{Dom}(P_j^{attr}),\ P_j(x) \rightarrow P_i(x))$$

这样每个c节点都被一个谓词$P_j(x)$指定，因此我们可以为每个l节点分配一个key，记为

key_j，将其定义为从根节点到第 j 个 l 节点的路径上所有 c 节点的谓词的连接。在下面的描述中，为了唯一表示一个节点，我们为每个节点分配一个 ID。例如：用 l_j 节点指代第 j 个 l 节点；用 max_{cap} 指代叶子节点大小的上限，超过该大小则触发划分操作；用 min_{size} 指代最小的分区大小，新生成的分区必须大于 min_{size}；用 max^j_{cap} 指代 l_j 节点的容量上限。

（1）空间划分

在 BE-Tree 中空间划分是一种全局调整机制，也是空间剪枝的第一步。当 l 节点大小溢出之后触发空间划分，并使用一个评分函数对每个 $attr_i$ 打分，以找到用于划分的最佳属性。排名最高并且至少出现在 min_{size} 个表达式中的 $attr_i$ 具有足够好的识别能力，可以用于空间划分。本质上，空间划分仅仅标示下一个最高排名的维度，根据这些维度排名，将大量表达式分割为更小的组，这样可以在搜索的时候更高效地剪枝来应对维度爆炸。选出 $attr_i$ 进行空间划分后，为 $attr_i$ 设置一个新的 p 节点，并添加到 l_j 节点的父节点，同时 l_j 节点包含的表达式集合会根据是否有定义于 $attr_i$ 的谓词进行划分。重复这一过程对 l_j 节点进行划分，确保 l_j 节点的容量小于 max^j_{cap}。

空间划分的另一个微妙之处是如何选择划分属性来达到以下两个目的：

1）确保后续 BE-Tree 较低层级上的空间划分不会在单个 $attr_i$ 上无效循环；

2）确保动态插入与删除不会导致性能恶化。

为了达到这两个目的，必须确保从根节点到叶子节点的任何路径上，每个 $attr_i$ 最多被使用一次，因为当 $attr_i$ 被选择之后，在后续较低的层级上再重新选择没有任何好处，反而会带来额外的计算开销。

同时，每个 c 节点分区数量与空间的维度有关。由于每条从 c 节点到 p 节点的边与一个 $attr_i$ 一一对应，我们可以使用一个 Hash 表记录 c 节点的出边，以支持成千上万的空间维度。这一 p 目录的内部结构如图 4-14 左图所示。

最后，对超过大小的 l 节点进行合并，与之对应的是，对容量低于下限的 l 节点进行合并。合并有两种方式：一种是合并到上层的 l 节点，另一种是重新插入 BE-Tree。通常采用重新插入的方式，因为这种方式可以避免 BE-Tree 的退化。当一个 l 节点为空，并且与之对应的 c 节点没有其他子节点时，这个 l 节点被移除，并且上传追溯，一直移除到没有出边的节点。

（2）空间聚类

空间划分算法将高维空间的检索问题转化为一维空间的区间检索问题，而区间检索可

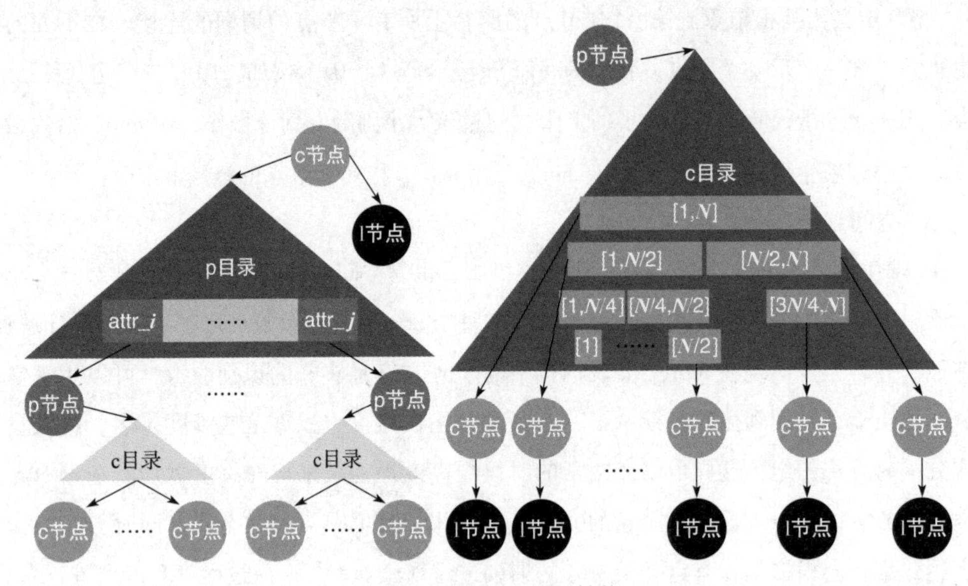

图 4-14　BE-Tree 目录结构

以通过空间聚类的方式来进行优化和加速。空间聚类是一种静态的策略，并且独立于表达式插入序列，为此 BE-Tree 使用一种基于网格的数据结构 c 目录，如图 4-14 右图所示。我们将与属性 $attr_i$ 对应的区间定义为桶(bucket)，如果表达式基于 $attr_i$ 的谓词，在桶上对应的值为真，则这个表达式与这个桶关联。简单起见，如果表达式被该桶包围，我们就将表达式分配给桶。同时一个桶如果最紧凑地包围了它所有的表达式，我们说一个桶有最小区间。一个桶有且仅有一个 c 节点与其关联，该 c 节点负责存储与维护与该桶对应的表达式信息。有以下 4 种类型的桶。

- **开放桶**(open bucket)：如果一个桶对应的 c 节点没有被执行空间划分，则称其为开放桶。
- **叶子桶**(leaf bucket)：如果一个桶没有执行拆分(split)操作，没有对应的子桶，则称其为叶子桶。
- **原子桶**(atomic bucket)：如果一个桶是单值，不能被进一步拆分，则称其为原子桶。
- **家目录桶**(home bucket)：包围一个表达式的最小可能桶称为家目录桶。

一个原子桶是一个叶子桶，反之不一定成立。

基于以下规则来构建 c 目录，可以避免级联拆分和确保 BE-Tree 的确定性属性。

1）表达式始终插入包围它的最小桶中(插入规则)。

2）一个非原子桶在它对应的 c 节点被执行空间划分前，总是被执行拆分操作（强制拆分规则）。

3）一个下溢（容量小于最小容量）的叶子桶只有在它对应的父节点是一个开放桶时，才会被合并到父节点（合并规则）。

首先，由于强制拆分规则，一个桶总是在执行空间划分之前被拆分，避免了级联拆分问题；其次，由于插入与合并规则，当前和未来插入的表达式都被插入包围它的最小桶中，一个划分之后的 c 节点总是保留包围它对应的所有表达式的家目录桶，因此没有进一步拆分家目录桶的需要和收益。通过严格定义的拆分策略实现了家目录桶的这一特性，独立于插入序列，使每一个表达式都可以独立关联到一个家目录桶。

简而言之，BE-Tree 的确定性与规避级联拆分通过执行以下规则来获得：

每个表达式都处于一个包围它的最小桶中，同时每个非原子桶的叶子桶对应一个 c 节点，都不会被拆分。

4. *K*-index 布尔检索算法

K-index 布尔检索算法是一种利用倒排表数据结构来检索布尔表达式的检索技术，其突出的优点之一是可以计算 top-*N* 匹配的布尔表达式。这一 top-*N* 匹配可以应用于广泛的场景，例如：应用于排行榜的发布/订阅系统，仅返回满足布尔表达式的前几名；也可以应用于在线广告系统，用于从百万级别广告中挑出满足广告主定向表达式，且按分排序之后的前 *N* 个。*K*-index 技术为每个表达式附加一个分数，例如一个跑步爱好者会对跑步鞋更感兴趣，而不是对花更感兴趣，则跑步鞋的分数比花的分数更高。一个表达式分数定义为

$$\mathrm{Score}_{\mathrm{conj}}(E,S)=\sum_{(A,v)\in \mathrm{IN}(E)\cap S} W_E(A,v)\times W_S(A,v)$$

其中，$\mathrm{IN}(E)$是所有属性名称和键值对的集合 E 的 $\in$ 谓词，$W_E(A,v)$是(A,v)对在 E 集合中的权重，类似地，$W_S(A,v)$ 是(A,v)对在 S 集合中的权重。例如布尔表达式 $\mathrm{age}\in\{1,2\}\wedge \mathrm{city}\in\{\mathrm{Guangzhou}\}$定向给年轻人，同时给予(age,1）一个很高的权重 10，给予(age,2）一个较低的权重 5，给予(city，Guangzhou)权重 3，那么对于值集$\{\mathrm{age}=1,\mathrm{city}=\mathrm{Guangzhou}\}$，第一部分权重为 1，而第二部分权重为 2，这个布尔表达式的打分为 $10\times1+3\times2=16$。通过这种方式，我们可以将对于布尔表达式 DNF 的打分转换为一个 IR（信息检索）系统中向量空间的打分。

为了做 top-*N* 的剪枝检索，我们还需要对于属性名称和键值对的集合(A,v) 生成一个上

界 UB(A,v)。这个 UB(A,v)定义为

$$\mathrm{UB}(A,v) \geqslant \mathrm{Max}(W_{E_1}(A,v),\ W_{E_2}(A,v),\cdots)$$

例如，如果 UB(age,1) = 10，则对于任何布尔表达式，(age,1)最多只能贡献 10 的权重。

一个 DNF 表达式 E 的权重定义为 E 包含的简单合取式的权重中最大值，$\mathrm{Score}_{\mathrm{dnf}}(E,S)=\max_{i=1,\cdots,|E|}\mathrm{Score}_{\mathrm{conj}}(E_i,S)$。当然 E 的分数也可以用其他方式，例如 E_i 的分数之和来定义，但是对于 DNF 来说，取 E_i 的最大值来代表整个 BE 是相当直观的一种做法。

在介绍 DNF *K*-index 算法之前，重要的是先弄清楚为什么在 IR 系统中常用的倒排表技术在布尔检索中不能返回正确的结果。以两组 BE，$E_1:A\in\{a\}$ 和 $E_2:A\in\{a\}\wedge B\in\{b\}\wedge C\in\{c\}$为例，我们创建一个倒排表，其中倒排项 a 包含 E_1 和 E_2，倒排项 b 和倒排项 c 仅包含 E_2。现在有个表达式匹配 $A=a\wedge B=b$，如果对倒排项 a 和 b 做交集运算，会得到一个空集合，实际上 E_1 是正确的结果。如果对倒排项 a 和 b 做并集运算，会得到 E_1 和 E_2，实际上 E_2 并不是正确的结果。

为了解决这个问题，得到正确的结果，我们首先将 DNF 表达式拆解为简单合取范式的连接。一个简单合取范式定义为一个连词(conjunction)。例如，表达式(age $\in\{3\}\wedge$ state $\notin$ {Guangzhou}) $\vee$ (age $\in\{3\}\wedge$ gender $\in$ {F})可以拆解成 2 个连词，c_1 = age $\in\{3\}\wedge$ state $\notin$ {Guangzhou} 和 c_2 = age $\in\{3\}\wedge$ gender $\in$ {F}，我们将连词大小定义为 $\in$ 谓词的数量(忽略 $\notin$ 谓词)。在上面的例子中，c_1 的大小是 1，c_2 的大小是 2。对于每个连词我们都保存 DNF ID 的一一映射。

我们可以基于连词构建倒排索引，首先按照连词大小对所有连词进行分区。我们称大小为 K 的连词对应的分区为 *K*-index，每个 *K*-index 的所有连词中的属性名称和属性值称为键值对(A,v)。对于键值对(A,v)创建倒排链：倒排链头部包含键值对的元信息，可用于 top-*N* 的求解；倒排链中的每个条目都代表一个连词，连词 ID 的大小代表了连词的大小，在倒排链中按照连词 ID 升序排列。在每个 *K*-index 中，倒排链本身按照链中的第一个条目升序排列。由于一个键值对在一个连词中只会出现一次，同一个倒排链中不会出现 2 个有相同连词 ID 的条目。

考虑边界情况。大小为 0 的连词(如 state $\notin$ {Guangzhou} 是一个大小为 0 的连词，因为计算连词大小的时候只计算 $\in$ 谓词的数目)，会放置在一个单独的倒排链 Z，同时 Z 中的条目也认为至少包括一个 $\in$ 空集合的 $\in$ 谓词，这样 *K*-index 算法也适用于大小为 0 的连词。

倒排链中条目的总数复杂度为 $O(|C|\times P_{\mathrm{avg}})$，其中 $|C|$ 是连词的数目，P_{avg} 是每个连

词的平均谓词数目。鉴于每个倒排链条目只有几字节大，即使有数百万个表达式，整个索引也可以很容易地放入内存中。

举个例子，表 4-3 给出了 6 个连词，其中第 3 列（称为 K）表示连词的大小，C_1、C_2、C_3、C_4 大小为 2，C_5 大小为 1，C_6 大小为 0。这些连词首先根据它们的大小进行分区，对于 K=0,1,2 的分区，我们构建对应的倒排表，如表 4-4 所示。例如键值对（age,4）在分区 1 有一个倒排表，该倒排表包含一个条目 C_5，包含谓词 $\notin$ 的打分为 0，因为我们在打分时不考虑谓词 $\notin$。

表 4-3　表达式连词示例

ID	表达式	K
C_1	age ∈ {3} ∧ city ∈ {Guangzhou}	2
C_2	age ∈ {3} ∧ gender ∈ {F}	2
C_3	age ∈ {3} ∧ gender ∈ {M} ∧ city ∉ Shenzhen	2
C_4	city ∈ Shenzhen ∧ gender ∈ {M}	2
C_5	age ∈ {3,4}	1
C_6	city ∉ Guangzhou，Shenzhen	0

表 4-4　表达式连词示例对应的倒排链

K	Key&UB	倒排链
0	（行政区划,广州）,2.0 （行政区划,深圳）,5.0 Z,0	(6, ∉ ,0) (6, ∉ ,0) (6, ∈ ,0)
1	(age,3),1.0 (age,4),3.0	(5, ∈ ,0.1) (5, ∈ ,0.5)
2	（行政区划,深圳）,5.0 (age,3),1.0 (gender,F),2.0 (state,CA),2.0 (gender,M),1.0	(1, ∈ ,4.0) (1, ∈ ,0.1),(2, ∈ ,0.1),(3, ∈ ,0.2) (2, ∈ ,0.3) (3, ∉ ,0),(4, ∈ ,1.5) (3, ∉ ,0.5),(4, ∈ ,0.9)

现在我们开始定义返回所有满足赋值的连词的匹配算法，以下两个规则可以帮助我们高效地找到与包含 t 个键值对的赋值集合 S 匹配的连词 c。

1）对于一个 K-index（$K \leqslant t$），当且仅当存在 K 个倒排链，其中每个倒排链都有一个 S 中的键值对（A,v），且倒排链中的连词 c 是谓词 $\in$ 时，连词 c（包括 K 个子项）匹配 S。

2）如果 S 中的任何键值对（A,v），其对应的倒排链中连词 c 是谓词 $\notin$，则不匹配。

例如，对于连词 age ∈ {3} ∧ city ∈ {Guangzhou}，匹配属性赋值 S = {age = 3, city = Guangzhou, gender = M}，因为存在 2 条倒排链(age = 3)与 (city = Guangzhou)包含连词 ID。反之，对于连词 age ∈ {3} ∧ city ∈ {Guangzhou} ∧ gender ∉ M，虽然存在 2 条倒排链(age = 3)与(city = Guangzhou)，但是存在 gender ∉ M 排除掉了属性赋值 S = {age = 3, city = Guangzhou, gender = M}，所以该属性集合 S 无法命中。

如代码清单 4-5 所示，连词匹配算法遍历倒排链 *K*-index，将满足匹配条件的连词 ID 添加到 O 中。在这个过程中无须关注 K > t 的 *K*-index。在这些 *K*-index 中，连词的条件比 S 的属性要多，所以连词不可能被满足。对于每个连词大小 K，GetPostingLists(S,K)这个方法返回命中属性 A 的倒排链(PLists 是一个倒排链的链表)；对于特殊情况 K = 0，GetPostingLists(S,K)返回特殊的倒排链 Z。每个倒排链有个指针"当前入口"(current entry)(用 CurrEntry 指代)，CurrEntry 初始化为倒排链的第一个入口(如代码清单第 7 行)。如果 K = 0，则将把 K 设置为 1，这样可以复用同样的代码逻辑。第 11 行快速过滤掉匹配的倒排链数目小于 K 的情况，因为这时候不可能存在连词命中。从第 13 行开始，代码跳过不满足匹配条件的倒排链，这个快速跳过的算法是 WAND 算法的一个扩展(WAND 算法是信息检索中用于匹配 top-N 的常用算法)。SortByCurrentEntries(PLists)方法把倒排链按照其对应的当前入口排序。这时对于每一条倒排链的第一个元素，连词 c 与属性赋值 S 匹配的唯一可能是从 PLists[0]到 PLists[K-1]，连词 c 都是第一个入口。因为这些链表是按照当前入口排序的，所以我们只需要检查 PLists[K-1]是否匹配。如果条件不满足，如 PLists[K-1].CurrEntry.ID 是 d(d>c)，则不需要重新检查 c,c+1,⋯,d-1，因此我们可以快速跳转，去处理连词 d。

代码清单 4-5　连词匹配算法

```
1.input:倒排链 idx 和属性集合 S
2.output:S 名字的连词 id 集合 O
3.将 O 赋值为空集合
4.for K = min(idx.MaxConjunctionSize, |S|)… 0 do
5.    // 列出属性集合 S 中属性命中的大小为 K 的倒排链
6.    PList←idx.GetPostingLists(S,K)
7.    InitializeCurrentEntries(PLists)
8.    // 处理 K=0 和 K=1 的逻辑是类似的
9.    if K = 0 then K = 1
10.   // 如果倒排链数目小于 K 则满足匹配条件
11.   if PLists.size() < K then
12.     跳到下次 for 循环
```

```
13.  while PLists[K - 1].CurrEntry ! = EOL do
14.    SortByCurrentEntries(PLists);
15.    // 检查第一个与第 K 个倒排链是否具有相同的连词 ID
16.    if PLists[0].CurrEntry.ID == PLists[K - 1].CurrEntry.ID then
17.      // 如果存在∉则匹配不成功
18.      if PLists[0].CurrEntry.AnnotatedBy(∉) then
19.        RejectId = pLists[0].CurrEntry.ID
20.        for L = K…(PLists.size() - 1) do
21.          if PLists[L].CurrEntry.ID = RejectID then
22.            // 跳到大于 RejectID 的最小 ID
23.            PLists[L].SkipTo(RejectID + 1)
24.          else
25.            跳出 for 循环
26.        跳到下次 while 循环
27.      else // 连词满足匹配条件
28.        O←O∪PLists[K-1].CurrEntry.ID
29.      // NextID 是当前 ID 之后最有可能满足匹配条件的 ID
30.      NextID←PLists[K-1].CurrEntry.ID+1
31.    else
32.      // 跳过开始的 K-1 条倒排链
33.      NextID←PLists[K-1].CurrEntry.ID
34.    for L = 0…K-1 do
35.      // 跳到 NextID 或者大于 NextID 的最小 ID
36.      PLists[L].SkipTo(NextID)
37.return O
```

在代码清单 4-5 所示的连词匹配算法中，可以通过维护一个 top-N 的连词队列，并约定该队列中的连词对应的 DNF ID 是唯一的来实现连词匹配。因为 DNF BE 的分数是其连词中最大的，所以对于一个 DNF 我们仅仅需要保留最大的分数。

我们可以在倒排链表中使用权重来对表达式进行排序。在表 4-4 中，每个倒排链键值对(A,v) 对应的分数是键值对(A,v)的权重的上限 UB(A,v)。在每个倒排链表的条目中，第三个值对应连词 c 上该键值对(A,v)的具体权重 $w_c(A,v)$。例如，键值对(age,4)在表 4-4 中有个大小为 $K=1$ 的倒排链，在该倒排链中对应的权重为 $w_{c_5}(\text{age},4)=0.5$，该倒排链的上限分数 UB(age,4)= 3.0。考虑特殊的情况，Z 倒排链的上限分数为 0，同时 Z 倒排链中每个条目对应的权重分数也为 0。

可以通过以下两个措施扩展代码清单 4-5 来支持 top-N 的匹配。

1）在对倒排链进行排序后（第 14 行），PLists[L].CurrentEntry.ID ≤ PLists[K-1].CurrentEntry.ID 的每条倒排链的 UB$(A,v)\times w_s(A,v)$ 和，可以作为连词 PLists[K-1].CurrentEntry.ID 的分数上限，如果这个上限比第 N 个连词对应的分数要小，我们可以跳过

所有 ID 小于或等于 PLists[K-1]. CurrentEntry. ID 的倒排链，跳到第 13 行对应的代码循环。

2）在第 7 行开始初始化 PLists 之前，PLists 中的所有倒排链的 $UB(A,v)\times w_s(A,v)$ 的 top-K 是所有大小为 K 的连词匹配项的上限，如果该上限小于第 N 个连词对应的分数，可以跳过当前处理 K-index 的代码，跳转到第 4 行对应的代码执行。

例如：对应匹配属性集 S，即{age=3, city=Guangzhou, gender=F}，对于表 4-4 中 $K=2$ 大小的倒排链的匹配项如表 4-5 所示。第一列是属性权重，有 w_s(age,3)=0.8，w_s(city, Shenzhen)=1.0，w_s(gender,F)=0.9，设 $N=1$（取 Top1，仅保留权重最高的连词）。连词 c_1 是在代码清单 4-5 第 28 行第一个被匹配到的连词，因为前 2 个倒排链表的当前入口都是 c_1，c_1 的分数是 w_1(city,Shenzhen)×w_s(city,Shenzhen)+w_1(age,3)×w_s(age,3)=4.0×1.0+0.1×0.8=4.08，这时第 N 个连词的最高分是 4.08。

表 4-5 对于属性集 S，K=2 的倒排链

w_s	Key&UB	倒排链
1.0	(city,Shenzhen), 5.0	(1, ∈, 4.0)
0.8	(age,3), 1.0	(1, ∈, 0.1), (2, ∈, 0.1), (3, ∈, 0.2)
0.9	(gender,F), 2.0	(2, ∈, 0.3)

匹配算法可以应用剪枝方法来优化。第一种剪枝方法的应用如表 4-6 所示，该表列出了匹配到 c_1 之后对倒排链表的排序。在开始检查第一、二个倒排链表的当前入口对应相同的连词之前，先计算 c_2 的上限分数，UB(age,3)×w_s(age,3)+UB(gender,F)×w_s(gender,F)=1.0×0.8+2.0×0.9=2.6。由于 2.6 小于第 N 个连词的分数 4.08，我们可以跳过这两条倒排链到第 3 个连词。最终完成对 $K=2$ 的倒排链的处理，转而处理 $K=1$ 的倒排链。

表 4-6 匹配 c_1 之后对倒排链表的排序

w_s	Key&UB	倒排链
0.8	(age,3), 1.0	(1, ∈, 0.1), (2, ∈, 0.1), (3, ∈, 0.2)
0.9	(gender,F), 2.0	(2, ∈, 0.3)
1.0	(city,Shenzhen), 5.0	(1, ∈, 4.0), EOL

第二种剪枝方法的应用如表 4-7 所示，该表列出了 $K=1$ 对应的倒排链。在开始处理倒排链之前，先算出所有 K-index 的分数上界，UB(age,3)×w_s(age,3)=1.0×0.8=0.8。由于 0.8 小于当前的最高分 4.08，我们可以快速跳过 $K=1$ 的倒排链的处理。同样我们可以快速跳过 $K=0$ 的倒排链的处理，最终我们返回 c_1 对应的最高分 4.08。

表 4-7　对于属性集 S，K=1 的倒排链

w_s	Key&UB	倒排链
0.8	(age,3),1.0	(5, ∈ ,0.1)

4.3.3　最近邻搜索

当检索数据是高维数据时，需要用到最近邻搜索(Nearest Neighbor Search，NNS)技术。最近邻搜索作为邻近搜索的形式，是在给定集合中找到与给定点最接近(或最相似)的点的优化问题。两个点的接近度通常用不相似度函数表示：对象越不相似，函数值越大。最近邻搜索问题可以形式化地定义如下：

给定空间 M 中的点集合 S 和查询点 $q \in M$，找到 S 中与 q 最接近的点。

《计算机程序设计艺术(第 3 卷)》将这个问题称为邮局问题，指的是将住户与最近的邮局一一对应。最近邻搜索的泛化问题是 k-NN 搜索，即找到 k 个最近点。

最常见的是空间 M 为度量空间，使用该空间上的距离函数作为差异函数。度量空间是一个有序对，如(M,d)，这里 M 是集合而 d 是在 M 上的度量，即 d 为函数 $d:M \times M \rightarrow \mathbb{R}$，使得对于任何在 M 内的 x,y,z，下列条件均成立：

1) $d(x,y) \geqslant 0$(非负性)；

2) $d(x,y)=0$，当且仅当 $x=y$ (不可区分者的同一性)；

3) $d(x,y)=d(y,x)$(对称性)；

4) $d(x,y) \leqslant d(x,y)+d(y,z)$(三角不等式)。

按照度量空间的定义，距离函数满足对称性与三角不等式。通常 M 被认为是 d 维向量空间，在其上使用欧几里得距离、曼哈顿距离或其他距离函数来测量差异度。

最近邻搜索问题有许多应用领域，如模式识别、统计分类、计算机视觉、推荐系统、广告系统等。随着机器学习技术的发展，目前大量使用实数向量来代表内容本身，如一张图片、一个单词、一句话等，我们把这个向量叫作对应内容的 embedding。深度神经网络(Deep Neural Network，DNN)可以使用这些 embedding 作为输入，完成分类、推荐、打分等任务，也可以从数据集学习到这些特征。通常可以把 DNN 中某些层的输出作为对应内容的 embedding。

1. 维度灾难问题

在某些场景下，往往需要在大量的数据集中进行向量的相似度检索。例如拍照搜索，

即拍到某件商品的照片后在电商平台上找对应的商品，输入是一张图，需要检索的数据集是图片数以千万计的图片库，这时候就需要使用高维数据检索技术。高维向量检索带来两个主要挑战，第一个挑战是相似性比较。当数据维度较高，如数百维时，常用的距离函数（如欧氏距离或者余弦距离）比较都需要数百次浮点运算，消耗计算资源且十分耗时。第二个挑战是维度灾难（Curse Of Dimensionality）问题。我们通过一个例子来讲述什么是维度灾难。

维度灾难通常在分类问题中，会导致分类器过拟合。假设我们有一组图片，每张图片描述了一只猫或者一条狗，我们的目标是创建一个能够自动区分狗和猫的分类器。为此我们首先需要定义用于区别描述分类对象的特征（例如为一个实数）。分类器实际上是一个数学公式，将前面得到的实数代入公式进行运算，得到的结果可以用于区别分类对象。例如，我们通过观察发现，猫和狗的颜色不同，可以使用颜色来区分对象。通常彩色图案有3个通道——R、G、B，我们以图片的红色通道平均值（avg_red）、绿色通道平均值（avg_green）、蓝色通道平均值（avg_blue）为特征。一个简单的线性分类器可以定义如下：

```
if 0.5 * avg_red + 0.3 * avg_green + 0.2 * avg_blue > 0.6 return cat;
else return dog;
```

我们发现利用这3个特征能做一些区分但并不能得到完美的分类，所以倾向于增加特征。例如可以以图片沿经 x、y 轴方向的梯度密度为特征，这时我们有了5个特征。为了得到更好的分类效果，我们可以继续增加特征，如颜色、纹理分布、统计信息等。不过开始阶段增加特征可以提升分类效果，但当特征数目达到一定值时，分类效果会开始下降。

我们使用一个实数特征来训练，实数值区间是0到1，设定该特征对于每张图片是唯一的。如果我们希望训练数据能覆盖20%的特征空间，则总的训练数据需要有样本总数的20%；而如果使用二维特征，覆盖20%的特征空间需要样本总数的 $\sqrt{0.2}=0.45$；如果使用三维特征，需要样本总数的 $\sqrt[3]{0.2}=0.58$。这个模型也可以换一种角度来描述，1个单位超立方体的体积为 $1^d=1$，而半径为0.5的超球体的体积计算公式为 $V(d)=\frac{\pi^{d/2}}{\Gamma\left(\frac{d}{2}+1\right)}0.5^d$，随着维度 d 的增加，超球体的体积趋向于0。随着维度越来越大，超立方体的体积保持不变，而超球体的体积趋向于0，这个违反直觉的发现部分解释了维度灾难，在高维空间中，大部分训练数据分布在定义为特征空间的超立方体的角落，而角落里的样本比超球体内部的样本更难正确分类。

2. 近邻检索方法

传统倒排检索的方法可以理解为对数据共性进行收集然后预处理，从而减少计算量，但维度灾难却显示在高维空间中，数据分布会越来越稀疏，共性会越来越少。所以高维检索需要新的方法。主要的方法可以分为3个方向：基于空间分割的方法、近似查找的方法与基于图论的方法。这些算法的质量与有用性取决于查询的时间复杂度与需要维护的索引空间复杂度，维度灾难是所有这些算法面对的问题。通常在高维欧氏空间中，不存在多项式时间复杂度的通用精确算法。

（1）基于空间分割的方法

第一类近邻检索方法是基于空间分割的方法，其中K-D树（K-Dimensional tree）是较早期也较简单的算法。K-D树是一个二叉树结构，它的每个节点记载了特征坐标分轴、左指针与右指针。其中特征坐标是线性空间$\mathbb{R}^n$中的点$(x_1,x_2,\cdots,x_n)$，切分轴由整数$r(1\leqslant r\leqslant n)$指定，表示我们在$n$维空间中沿$r$维进行第一次切割。节点左枝和右枝都是K-D树，并且：如果y是左枝的一个特征坐标，则有$y_r\leqslant x_r$，如果z是右枝的一个特征坐标，则有$z_r\geqslant x_r$。给定一个数据集$S\subseteq\mathbb{R}^n$，由以下递归算法构建一个基于这个数据集的K-D树。

1）若$|S|=1$，记录S中唯一的点为当前节点的特征数据，左右枝都为空。

2）若$|S|>1$，则将S中的所有点按照第r个坐标的大小进行排序，选出该排序之后的中位元素，作为当前节点的特征坐标，并记录切分轴r。将S_L设为在S中所有排列在中位元素之前的元素，将S_R设为在S中所有排列在中位元素之后的元素。将当前节点的左枝设为以S_L为数据集、以r为切分轴制作的K-D树，将当前节点的右枝设为以S_R为数据集、以r为切分轴制作的K-D树，设定$r\leftarrow(r+1)\bmod n$。

构造出K-D树之后可以通过以下算法来寻找距离某点p最近的k个样本。

1）设L为有k个空位的数组，用于保存已搜寻到的最近点。

2）根据p的坐标值和每个节点的切分向下搜索，如果节点按照$x_r=a$来切分，且p的r坐标小于a，则向左枝进行搜索，反之则向右枝进行搜索。

3）当到达底部节点时，将其标记为访问过。如果L中不足k个点，则将当前节点的特征坐标加入L；如果L不为空且当前节点的特征与p的距离小于L中最长的距离，则用当前特征替换L中离p最远的点。

4）如果当前节点已经是整棵树的最顶端的节点，则输出L，算法完成，否则向上一个节点。如果当前节点未被访问过，将其标记为被访问，然后执行第2步、第3步；如果当前节点被访问过，再次向上一个节点。如果此时 L 中不足 k 个点，则将节点特征加入 L；如果 L 中已有 k 个点，且当前节点与 p 的距离小于 L 中最长的距离，则用节点特征替换掉 L 中离 p 最远的点。同时计算 p 和当前节点切分线的距离，如果该距离大于或等于 L 中距离 p 最远的距离且 L 中已有 k 个点，则在切分线的另一边不会有更近的点，重复执行当前步骤(第4步)。如果该距离小于 L 中最远的距离或者 L 中不足 k 个点，则切分线另一边可能有更近的点，因此从当前节点的另一枝从第2步开始执行。

K-D 树的构造非常快，因为只能沿着数据轴执行分区，无须计算 D 维距离，完成构建后查询点的最近邻距离计算复杂度仅为 $O(\log(N))$。K-D 树在低维度时近邻检索非常快，到 D 增长到很大时，效率变低，这是维度灾难的一种体现。为了解决 K-D 树在高维上性能下降的问题，出现了 Ball 树数据结构。不同于 K-D 树沿着笛卡儿坐标轴分割数据，Ball 树沿着一系列超球体分割数据，通过这种方法，在构造阶段更耗时，但在高维查询时比较有效。

给定一个数据样本集 $S\subseteq\mathbb{R}^n$，Ball 树也是一个二叉树，每个节点包括 S 的子集，这些子集属于一个 D 维空间的超球体，其中的每个非叶子节点将其所属的超球体划分为两部分，分属左右子树。对于两个 D 维空间的超球体，这两个球体可能相交，但每个点根据距离球体中心的距离归属到其中一个超球体。以下代码通过分析数据集构建树。

```
1. construct_ball_tree
2. input: D, an array of data points
3. output:B, Ball Tree 的根节点
4. 如果 D 中剩余一个点，则创建一个包含该点的叶子节点 B，返回 B
5. 确定最大跨度的维度 c
6. 在确定 c 维度下计算出对应超球体的质心 p
7. 沿着维度 c 将点集合分为左右 2 个集合 L 和 R
8. 创建一个包含左右两棵子树的节点 B，设定
9.    B.pivot = p
10.   B.child1 = construct_balltree(L)
11.   B.child2 = construct_balltree(R)
12. return B
```

在构建好的 Ball 树中查询节点 t 到超球体 B 中任意点的距离，大于或等于 t 到球体 B 的距离，有如下公式：

$$D^B(t)=\begin{cases}\max(|t-B.\text{pivot}|-B.\text{radius},D^{B.\text{parent}}), & B\neq \text{Root}\\ \max(|t-B.\text{pivot}|-B.\text{radius},0), & B=\text{Root}\end{cases}$$

$D^B(t)$ 是 t 到 B 中任意一点距离的下界，Ball 树的查询从根节点开始对整棵树进行深度

优先遍历，查询过程中算法维护一个最近 k 个点形成的最大优先级队列 Q。在遍历每个节点时执行以下 3 步，然后返回更新的最大优先级队列。

1）如果从查询点 t 到当前节点 B 的距离大于 Q 中最远的点，忽略节点 B 并返回。

2）如果 B 是叶子节点，则扫描 B 中的每个点并更新最大优先级队列，返回更新后的队列。

3）如果 B 是一个内部节点，则在 B 的两个子节点上递归调用该算法，首先搜索质心更接近 t 的子节点，然后搜索另一个子节点（按这一顺序搜索增加了在搜索过程中完全剪枝掉后一个子节点的可能性）。

这一过程对应的代码见代码清单 4-6。

代码清单 4-6　Ball 树搜索算法

```
knn_search
input:
  t: 查询节点
  k: 需要查询的近邻节点数目
  Q: 包含最近 k 个点的最大优先队列
  B: Ball 树的节点
output:
  Q: B 包含节点中的 k 个最近邻
if distance(t,B.pivot)-B.radius≥distance(t,Q.first),则 B 中不可能包含 k 近邻,返回 Q
else if B 是一个叶子节点
  对于 B 中的每一个点 p,如果 distance(t, p) < distance(t, Q.first),则将 p 加入 Q,如果 Q 满了,
    则淘汰最远的那个点
else
  knn_search(t,k,q,离 t 较近的子节点)
  knn_search(t,k,q,离 t 较远的子节点)
```

（2）近似查找的方法

第二类方法是近似查找的方法，主要根据概率找到近似最近的点，如果距离函数选择合理，那么近似法能找到差距不大的近似点。其中 LSH（Locality Sensitive Hashing，局部敏感哈希）通过仔细选择 Hash 函数，将高维空间中相邻的点经过 Hash 函数映射投影转化到低维空间，距离相近的点落入同一个 Hash 桶中的概率较大，而距离较远的点落入不同桶中的概率较大。LSH 常用的方法有最小 Hash（min-wise independent permuations）和随机投影等方法，这里主要介绍最小 Hash 方法。

最小 Hash 方法最初被 AltaVista 搜索引擎用于在搜索结果中检测和消除重复页面，现在也用于近邻检索。构造最小 Hash 要用到雅可比相似度的概念。两个集合 A、B 的雅可比相

似度系数定义如下：

$$J(A,B)=\frac{|A\cap B|}{|A\cup B|}$$

雅可比相似度是一个0~1之间的数值，值为0表示两个集合不相交，值为1表示两个集合相等，值在0和1之间表示其他情况。雅可比相似度广泛用于两个集合之间的相似性判断：雅可比系数越趋向于1，两个集合越相似；反之，雅可比系数越趋向于0，两个集合越不相似。

假定 h 是一个将 A 和 B 中的元素映射到一些不相交整数的 Hash 函数，对于集合 S，定义 h_{min} 为 S 集合中具有最小 $h(x)$ 函数值的元素 x。只有当最小 Hash 值的并集 $A\cup B$ 依赖于交集 $A\cap B$ 时，有 $h_{min}(A)=h_{min}(B)$，因此有 $\Pr[h_{min}(A)=h_{min}(B)]=J(A,B)$。也可以说，如果 r 是一个当 $h_{min}(A)=h_{min}(B)$ 时值为1，其他情况下值为0的随机变量，可以认为 r 是 $J(A,B)$ 的无偏估计。单独使用 r 来估计 $J(A,B)$ 方差过高，通常会平均使用同一种方式构造的多个随机变量来减少方差。

最简单的方式是使用 k 个不同的 Hash 函数，其中 k 是固定的整数参数，使用这 k 个函数所对应的 k 个 $h_{min}(S)$ 值来描述每个集合 S。使用这种最简单版本判断 $J(A,B)$，假定 y 是使得 $h_{min}(A)=h_{min}(B)$ 的 Hash 函数的个数，使用 y/k 作为估计，则此估计是 k 个不同的0、1随机变量的平均值，其中每个随机变量当 $h_{min}(A)=h_{min}(B)$ 时值为1，反之为0，并且是 $J(A,B)$ 的无偏估计。因此该平均值同样是一个无偏估计，且通过0-1随机变量之和的标准切诺夫上界可知，其期望误差是 $O\left(\frac{1}{\sqrt{k}}\right)$，所以针对任意给定的常数 $\varepsilon>0$，存在另外一个常数 $k=O(1/\varepsilon^2)$，其误差不超过 ε。例如使用400个 Hash 函数值来估计 $J(A,B)$，其误差小于或等于0.05。

计算多个 Hash 函数的性能开销比较大，另一种最小 Hash 的实现方法是：对于每个集合，使用单一的 Hash 函数选出其中的多个值，而不是每个 Hash 函数选一个值。假定 h 是一个 Hash 函数，k 是一个固定整数，如果 S 是 h 域上 k 个或者更多个元素的集合，则定义 $h_{(k)}(S)$ 为 S 中具有最小 h 值的 k 个元素所组成的子集。该子集可以作为集合 S 的一个签名，任意两个集合的相似度可以通过比较它们的签名来计算。假定 A、B 为任意两个集合，$X=h_{(k)}(h_{(k)}(A)\cup h_{(k)}(B)=h_{(k)}(A\cup B))$ 是 $A\cup B$ 的 k 个元素的集合，h 是随机变量且 k 个元素的任意子集等可能地被选择。也就是说，X 是 $A\cup B$ 的简单随机样本。$Y=X\cap h_{(k)}(A)\cap h_{(k)}(B)$ 是集合 X 中属于 $A\cap B$ 的元素。因此 $|Y|/k$ 是 $J(A,B)$ 的无偏估计。通过不重复取样的标准

切诺夫上界，该估计的期望误差为 $O\left(\frac{1}{\sqrt{k}}\right)$，其性能与多个 Hash 函数方法相匹配。

例子：设有 2 个用户，使用 $\boldsymbol{A}$、$\boldsymbol{B}$ 来维护用户的购买物品记录，其长度为 n(n 也是物品总数)，$\boldsymbol{A}$、$\boldsymbol{B}$ 向量中非零值个数分别为 a 和 b。$\boldsymbol{A}$、$\boldsymbol{B}$ 向量中共同的非零值个数为 c，则雅可比相似度可以定义为

$$J(\boldsymbol{A},\boldsymbol{B}) = \frac{c}{a+b}$$

当 a、b 值较大时，计算雅可比相似度的复杂度是线性增长的，如何减少这个计算复杂度是最小 Hash 要解决的问题。简单来说，最小 Hash 所做的事情就是将向量 $\boldsymbol{A}$、$\boldsymbol{B}$ 映射到一个低维空间，并近似保持 $\boldsymbol{A}$、$\boldsymbol{B}$ 的相似度。设 $\boldsymbol{A}$、$\boldsymbol{B}$ 购买物品的向量形式如表 4-8 所示。

表 4-8　最小 Hash 计算示例

物品	A	B
i_1	1	0
i_2	0	0
i_3	1	1
…	…	…
i_{n-1}	0	1
i_n	0	0

其中 i_1 到 i_n 表示 n 个物品。这个场景下 MinHash 可以设计如下：

1) 对 $i_1, i_2, \cdots, i_n$ 做一个排列，对向量 $\boldsymbol{A}$、$\boldsymbol{B}$ 的每一个维度取值做同样的操作；

2) 向量的 MinHash 值对应于执行排列操作后，取值为非零的第一行的行号(row index)。

这一算法满足如下约束：

$$\Pr[h_{\min}(\boldsymbol{A}) = h_{\min}(\boldsymbol{B})] = J(\boldsymbol{A},\boldsymbol{B})$$

可以简单证明这个结论。考虑向量 $\boldsymbol{A}$、$\boldsymbol{B}$ 每行的取值分为 3 类：

1) $\boldsymbol{A}$、$\boldsymbol{B}$ 在这行的取值均为 1；

2) $\boldsymbol{A}$、$\boldsymbol{B}$ 在这行的取值一个为 1，一个为 0；

3) $\boldsymbol{A}$、$\boldsymbol{B}$ 在这行的取值均为 0。

第 3 类情况对等式的两边都没有影响，假设第 1 类和第 2 类情况的数量分别为 x、y，

容易得到等式右边 $J(\boldsymbol{A},\boldsymbol{B})=\frac{x}{x+y}$，对于等式的左边，由于是随机排列，向量 $\boldsymbol{A}$、$\boldsymbol{B}$ 从上往下找，遇到的第一个非 0 行情况属于第 1 类的概率为$\frac{x}{x+y}$，从而等式成立。

假设对向量 $\boldsymbol{A}$、$\boldsymbol{B}$ 做 m 次随机排列（m 一般为几百或者更小，远小于原向量长度 n），每次排列得到 MinHash 值映射为 $h_1, h_2, \cdots, h_m$，那么向量 $\boldsymbol{A}$、$\boldsymbol{B}$ 被转换为 2 个签名（signature）向量

$$\mathrm{sig}(\boldsymbol{A})=[h_1(\boldsymbol{A}),h_2(\boldsymbol{A}),\cdots,h_m(\boldsymbol{A})]$$
$$\mathrm{sig}(\boldsymbol{B})=[h_1(\boldsymbol{B}),h_2(\boldsymbol{B}),\cdots,h_m(\boldsymbol{B})]$$

计算出这两个签名向量 MinHash 值相等的比例，就可以估算向量 $\boldsymbol{A}$、$\boldsymbol{B}$ 的雅可比相似度。

当向量维度 n 很大时，做 m 次排列非常耗时，通常可以使用一个针对行号的 Hash 函数来达到排列的效果，虽然这时会发生 Hash 碰撞，但只要碰撞的概率不大，对于估计的结果没有大的影响。可以设计以下算法。

1）取 m 个对行号的 Hash 函数 $h_1,h_2,\cdots,h_m$，由 $0,1,\cdots,n-1$ 打乱随机生成一个 $0,1,\cdots,n-1$ 的排列。

2）记 $\mathrm{Sig}(i, v)$ 为 v 列向量在第 i 个 Hash 函数下的 MinHash 值，初始化为∞。

3）对于每一行 r：计算 $h_1(r),h_2(r),\cdots,h_m(r)$；对于每一个列向量 v，如果 v 在 r 行取值为 0 则忽略，如果 v 在 r 行取值为 1，则对于 $i=1,2,\cdots,m$，设置 $\mathrm{Sig}(i,v)\leftarrow\min(\mathrm{Sig}(i,v),h_i(r))$。

最小 Hash 方法降低了比较两个高维向量相似度的计算复杂度，但当向量数目非常多时，两两之间计算相似度需要计算 C_N^2次，这一计算量太大。LSH 算法在 MinHash 计算得到的签名向量基础上将每个向量分成几段，每段称为 band。如果两个向量的一个或者多个 band 相同，那么这两个向量可能相似，相同的 band 越多相似度就越高。LSH 算法将各个用户向量的签名向量在每个 band 上进行分桶，分到同一个桶内的向量互为相似向量，这样只需要计算同一个桶内的相似度就可以找到查询向量的相似向量。

LSH 算法能较好地支持二元向量，对于浮点型向量，应用最小 Hash 计算需要先转换成二元向量。

（3）基于图论的方法

第三类近邻检索方法是基于图论的方法。在这种方法中，点是图中的顶点，边为两点

之间的距离，采用各种启发式策略来找出最近的邻居。其中 HNSW(Hierarchical Navigable Small World)算法在 Ann-benchmarks 评测中表现非常优秀。HNSW 构建多层可导航小世界图，利用链的长度对链接进行分割，从而限制所有层中每个元素的平均长度。HNSW 的地面(0 层)包含所有的数据点，更高层包含更少的点，通过逐点递增地插入数据点构造而成。如代码清单 4-7 所示，对于每个数据点，随机选择最大层 l 层，将新点添加到从 l 层开始直到 0 层的所有层中。插入过程可以分为两步：第一步从顶层开始到 $l+1$ 层，利用贪心策略遍历图，找到该层中最近的邻居，该邻居用作下一层中继续搜索的入口点；第二步从 l 层开始直到 0 层，找到 m 个最近邻居，并与新点建立链接。

代码清单 4-7　HNSW 的插入算法

```
Insert(hnsw,q,M,Mmax,efConstruction,mL)
input:
hnsw，多层可导航小世界图
q，插入的数据点
M，已建立的链接
Mmax，每个点最大可建立的链接数
efConstruction：搜索候选点列表
mL：生成插入层数时的调节系数
output：插入 q 之后的多层可导航小世界图 hnsw
W←Ø                              // 查找到的最近邻居链表
ep←get enter point for hnsw
L←level of ep                     // hnsw 的顶层
l←⌊-ln(uniform(0…1)) * ml⌋        // 新插入点的层数
for lc←L…l+1
  W←SerchLayer(q,ep,ef=1,lc)
  ep←get the nearest element from W to q
for lc←min(L,l)…0
  W←SerchLayer(q,ep,efConstruction,lc)
neighbors←SelectNeighbors(q,W,M,lc)
add bidirectional connections from neighbors to q at layer lc
  for each e ∈ neighbors          // 如果满足条件则缩减链接
      eConn←neighbourhood(e) at layer lc
    if |eConn| >Mmax              // 缩减链接
    eNewConn←SelectNeighbors(e,eConn,Mmax,lc)
    将 lc 层的 e 点的邻居设置为 eNewConn
  ep←W
如果 l 比 L(hnsw 的顶层)大，则将 hnsw 的入口设置为 q
```

代码清单 4-7 中的 SearchLayer 函数、SelectNeighbors 函数分别如代码清单 4-8、代码清单 4-9 所示。

代码清单 4-8　hnsw 算法中搜索层算法

```
SearchLayer(q, ep, ef, l_c)
input:
q: 查询的点
ep: 入口点
ef: 查找 q 的最近邻居数目
l_c: 层数
output: ef 个 q 点的最近邻居
v←ep                                    // 已经访问的点的集合
C←ep                                    // 最近邻候选的点集合
W←ep                                    // 找到的最近邻点的列表
while |C| >0
  c←C 中与 q 最近的点
  f←W 中距离 q 最远的点
if distance(c, q) > distance(f, q)
  break                                 // W 中所有的点都不符合条件
for each e∈ neighbourhood(c) at layer l_c    // 更新 C 和 W 集合
  if e∉v
    v←v∪e
  f←W 中距离 q 最远的点
  if distance(e, q) < distance(f, q) 或者 |W| < ef
    C←C∪e
    W←W∪e
    if |W| > ef
      从 W 中移除离 q 最远的点
返回 W
```

代码清单 4-9　hnsw 算法中选择 *M* 个最近邻算法

```
Select-Neighbours
input:
q: 查询点
C: 邻居候选点集合
M: 返回的邻居数目
output: M 个 q 的最近邻居
从 C 中取出 q 的 M 个最近邻居返回
```

选择 *M* 个最近邻也可以采用启发式算法，大家可以参考相关论文“Efficient and robust approximate nearest neighbor search using Hierarchical Navigable Small World graphs”。从构建好的 hnsw 中查询 k 近邻的算法如代码清单 4-10 所示。

代码清单 4-10　hnsw 的查询算法

```
kNNSearch
input:
hnsw: 多层可导航小世界图
q: 查询点
K: 查询的近邻的数目
ef: 候选点列表的大小
output: q 的 K 个最近邻
W←Ø                // 查找到的当前最近邻
ep←get enter point for hnsw
L←level of ep      // hnsw 的顶层
for l_c←L…1
  W←SearchLayer(q,ep,ef=1,l_c)
  ep←W 中与 q 最近的点
W←SearchLayer(q,ep,ef=1,l_c=0)
从 W 中选出 q 的 K 个最近邻返回
```

ef 参数可以控制修选点列表大小，m_l 参数控制返回邻居个数，hnsw 可以通过调节 ef 参数与 m_l 参数在查找性能和查找精度之间进行平衡。

本节介绍了高维数据检索(近邻检索)。近邻检索算法在文档去重、推荐系统、图片检索等各个领域都有大量应用。由于维度灾难的存在，近邻检索算法不存在一个通用的强力算法，大家在使用时需根据数据集和具体算法测试性能表现以选择适用的算法。

4.4　本章小结

本章首先介绍广告播放的数据流，然后按照数据流图的顺序介绍各个模块(包括数据 ETL、检索模块)以及常用的检索技术(包括文本检索、WAND 算法、布尔检索、最近邻检索)。这些技术架构与算法原理在真实的广告或推荐系统中都有涉及，例如文本检索可能用于匹配广告标题，布尔检索可能用于匹配广告定向，最近邻检索可能用于向用户推荐感兴趣的图片。综合运用这些架构与算法工具，读者可以自行设计和实现广告系统播放架构，从而打造更好的产品。

Chapter 5 第5章

广告系统数据架构设计

广告系统是数据驱动效率提升的闭环系统，数据是广告系统这一收入引擎的“燃料”。广告系统中的数据主要分为以下几类：

- 广告元数据，如广告计划、广告主素材等；
- 广告日志数据，如广告请求日志、广告曝光日志、广告点击日志、广告转化日志、广告扣费日志等；
- 用户画像数据，如用户人口学画像、用户地域等；
- 广告上下文数据，如广告请求发生时间、用户手机操作系统、广告展示的页面上下文等；
- 广告主私有用户数据，如广告主的再营销与重定向数据等。

所有这些数据被用于预算与消耗控制、竞价、预测模型训练、广告主报表生成等场景。本章介绍各类数据类型的收集与应用以及支撑数据应用的产品与架构设计，包括数据管理平台(DMP)、特征工程平台。

5.1 广告系统数据架构

广告主通过广告系统投放广告，广告媒体请求广告系统，广告系统将请求扩展成用户画像数据与上下文数据，通过一系列精排、粗排等方式选出优胜广告，展示在媒体上，在这个过程中将日志落地。

如图 5-1 所示，上下文数据从流量接入平台进入系统，首先进入广告中继服务(Mixer)。广告中继服务请求用户画像服务，将流量中的用户 ID 扩展成用户属性，附加其他信息(如实验系统 A/B 测试的信息、LBS 的信息等)，然后请求广告检索服务。广告检索服务进行逻辑运算，从千万量级的广告中挑选出几千个广告。这几千个广告进入广告粗排，估算点击率并计算 eCPM(每千次广告展示可获得收入)，然后通过 eCPM 排序，取前 100 个，这 100 个广告返回广告中继服务。广告中继服务请求点击率预测服务，预测广告点击率，然后根据广告点击率与广告出价的乘积进行排序。排第一个的就是本次应该接入的广告，该广告也是流量接入平台的返回。日志数据通过数据回流平台落地到系统；用户画像数据由数据挖掘科学家挖掘后落地到用户画像服务，在广告请求时关联，从而落地到系统；广告主在数据管理平台上传广告主私有的用户数据，如广告主再营销列表，这些数据在广告请求时补充到用户画像。日志与报表处理平台将所有这些数据按照 key 关联在一起，用于生成广告主报表或者供点击率、转化率预测模型训练。

5.2　广告系统数据类型

广告系统的各种类型的数据来自不同的数据源，有不同的生成和更新周期，本节梳理广告系统各种类型数据的产生过程。

5.2.1　广告元数据

广告主会在广告投放网站设定广告计划、推广目标、竞价等元数据，这些元数据沉淀到广告业务数据库中，通过关系型数据库呈现层级结构。按照架构设计中“轻重分离”的原则，报表与模型训练等模块不能直接访问广告业务数据库，因此要对广告元数据进行处理需要首先将其同步到数据处理平台。数据处理平台将广告元数据的层级结构展开成宽表，存入 OLAP 系统或 NoSQL(如 HBase 等)系统，供关联使用。

数据同步要满足实时与一致性的原则，如果基于 MySQL binlog 同步，可以选用开源组件 canal。canal 是阿里巴巴旗下的一款开源项目，它使用 Java 语言开发，基于数据库增量日志解析，提供增量数据订阅与消费，目前主要支持 MySQL。

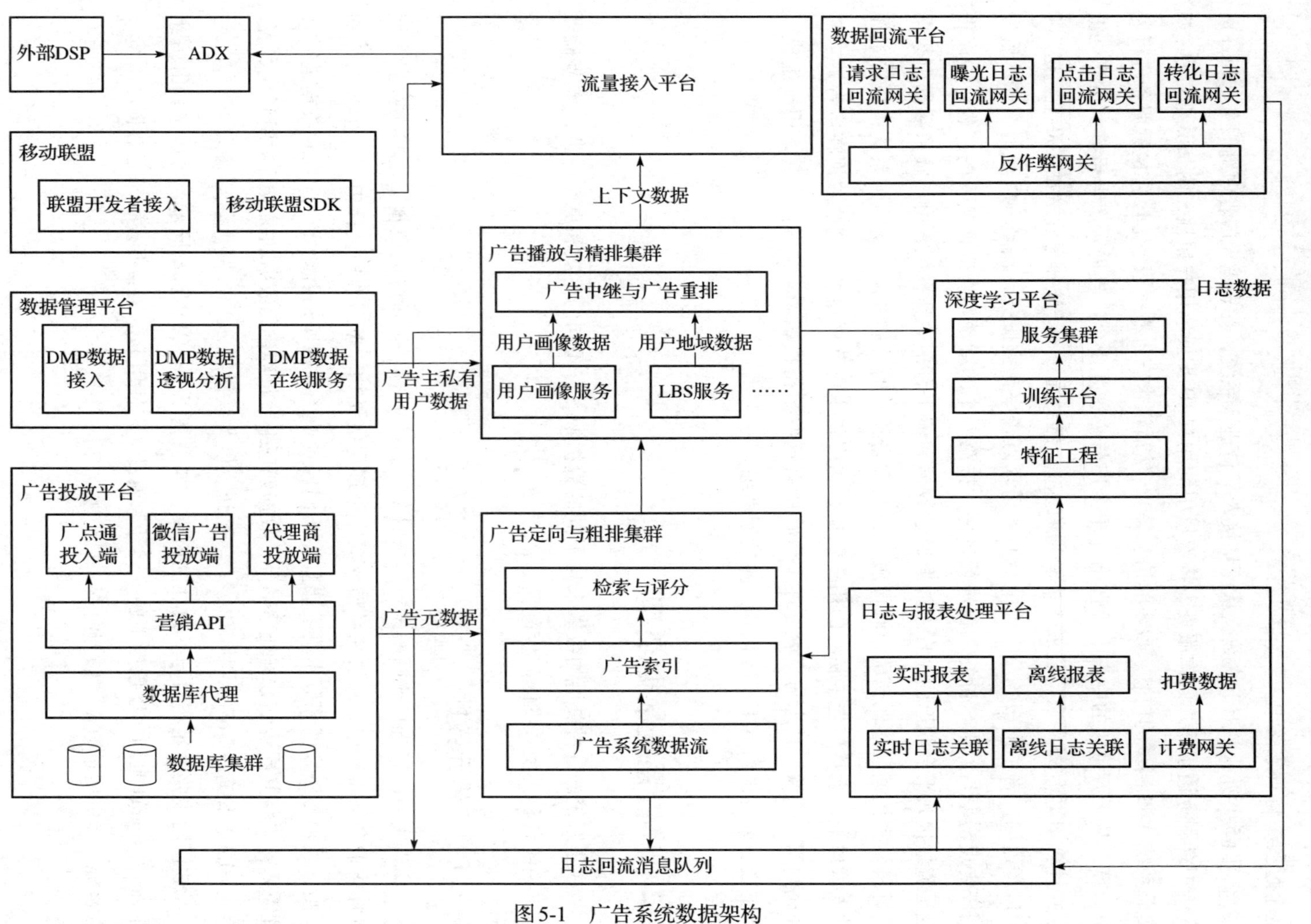

图5-1 广告系统数据架构

canal 的工作原理是把自己伪装成 MySQL slave，模拟 MySQL slave 的交互协议向 MySQL master 发送 dump 协议，MySQL master 收到 canal 发送过来的 dump 请求，开始将 binary log 推送给 canal，然后 canal 解析 binary log，再发送到存储目的地。

如果基于流水数据同步，如图 5-2 所示，首先流水需要程序生成，这可以通过将对数据库的访问封装成 API 来实现。这时同步组件通过读取变更流水可以感知数据的变更，进而执行相应的处理逻辑。

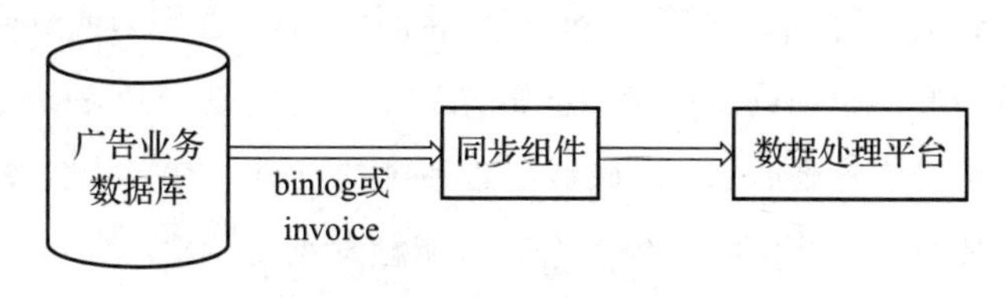

图 5-2　广告元数据同步

同步过程需要首先确保写入的正确性，因为广告元数据存在流水时序，数据要先于流水落地，这样通过流水访问数据时数据一定会存在，如时序错乱可能导致错误的结果。保持时序有两种方式：一是利用分布式锁如 ZooKeeper 来实现；二是通过将数据与流水分片(sharding)到同一台物理服务器，在使用 HBase 存储的情况下，通过 coprocessor 来保证数据与流水写入同一个数据分片。

5.2.2　广告日志数据

广告日志数据主要为广告平台自身产生的数据，包括以下类型：

- 广告请求日志；
- 曝光日志；
- 点击日志；
- 转化日志。

当用户访问媒体例如打开 App 时，App 向广告系统请求广告展示，请求中携带 IMEI 信息或者 IDFA 等标示。如果用户处于登录状态，则 App 可能携带登录 ID 以及上下文信息，如手机操作系统、网络状态(是 5G 还是 Wi-Fi 等)，广告系统利用广告请求关联实验系统 A/B 测试信息、用户画像等信息、广告主再营销/重定向等数据。广告系统将这些信息汇总并落地为广告请求日志(见图 5-3)。

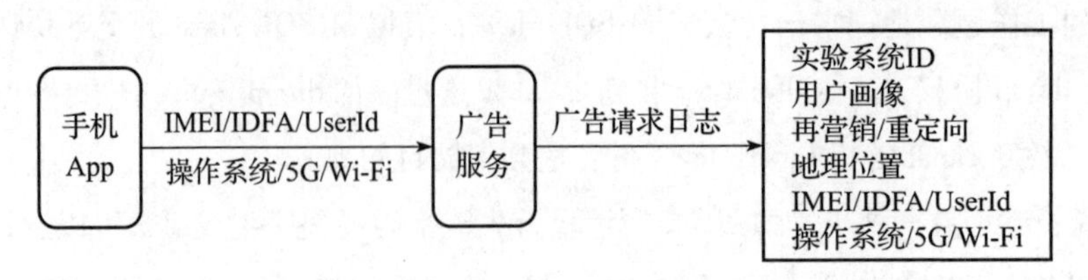

图 5-3 广告请求日志

广告系统将广告返回给 App 之后，App 将广告展示给用户，接着 App 回调广告系统提供的 URL，广告系统收到该回调后记录一次曝光展示，对于按曝光计费的广告，这时可能触发计费。当用户点击广告之后，App 回调广告系统的点击 URL，广告系统收到回调后记录一次点击，对于按照点击计费的广告，这时可能触发点击计费。用户点击广告后跳转到广告主网站，如在广告主网站发生了如下单、购买等转化行为，并有广告跟踪 SDK 的埋点，则触发广告主网站向广告系统上报转化事件，这时广告系统记录一次转化。

广告日志数据是广告平台自有的核心数据，具有数据量大、数据结构复杂等特点，如何采集和传输海量的广告日志数据成为广告数据处理平台首先需要面对的挑战，这挑战主要体现在以下方面：

- 数据总量大，峰值压力高；
- 数据对可靠性、实时性要求极高；
- 业务数据种类繁多，且业务变化快。

一个良好的广告日志数据采集传输系统需要具备下述特性：

- 高可靠性和高可扩展性，完善的容错和负载均衡机制，可水平扩展的处理能力；
- 支持离线分析系统和实时计算系统；
- 能够灵活、快速响应业务需求，实现数据字段新增、修改。

5.2.3 用户画像数据

用户画像(User Profile)是指根据用户人口学特征、网络浏览点击行为、消费行为等信息抽象出的标签化用户模型，本质上是对人的多维度描述，通常用嵌套的结构(如 Protocol buffer)来存储。广告系统中用户画像一般是有商业价值的用户属性，如性别、年龄、教育背景等。例如，Facebook 的用户画像包括以下维度。

- 人口学属性：性别、最小可能年龄、最大可能年龄等。
- 地域：国家、省(州、地区)、城市、邮编、商圈，自定义地点，地域类型(当前所在地、常驻地、旅行目的地)。

- 国家组合:如所有非洲国家、支持 Android 付费 AppStore 的国家、APEC(亚太经合组织)。
- 用户兴趣:Facebook 从用户的时间线、点赞或者关联页面的关键词等信息中挖掘出用户的兴趣信息,如“喜欢足球”“喜欢电影”“喜欢厨艺”等。
- 用户行为:根据用户的操作或者之前的购买行为来挖掘用户的行为特征,如“频繁出差”“使用 Android 手机”等。
- 移动设备:如手机操作系统(Android、iOS、Android_ver_4.2_and_above、iOS_ver_8.0_to_9.0 等)、用户设备类型、排除用户设备类型、Wi-Fi。
- Facebook 联系人:App 安装状态、Facebook 连接、排除 Facebook 连接、Facebook 连接的好友。
- 高级人口统计信息:包括感情状态、行业、收入、家庭状态。
- 教育程度:包括学校(如哈佛大学)、学历状态(如高中、本科、硕士、博士等)、毕业时间、专业、就职公司(如 Microsoft)、工作职位。
- 支持广告主导入与使用自定义类别。

用户标签的类型可以分为统计型、规则型和算法型,其中统计型标签可以直接由数据仓库中各种主题表建模加工而成,规则型需要深入业务场景分析,算法型则利用机器学习的方法来构建。常用的机器学习构建算法有支持向量机、朴素贝叶斯、Winnow 算法、最近邻、混合朴素贝叶斯决策树、梯度提升决策树、神经网络、随机森林、熵模型、逻辑回归等。下面结合具体的例子来分析这几种算法。

1. Winnow 算法

首先介绍一种用 Winnow 算法的变种——改进的平衡 Winnow 神经网络(Modified Balanced Winnow Neural Network)从 Twitter 数据中挖掘性别的方法。

使用 Twitter Streaming API 抽取出 Twitter 文本。由于 Twitter 用户资料中缺乏性别信息,因此需要先对这些文本进行人工分类,去掉一些不含性别信息的数据,如商业组织、广告主等。之后需要对文本进行预处理,抽取出 3 个类型大约 9170 种特征。

- 第一类特征是包括 95 个字母的 unigram 特征。
- 第二类特征是字母的 bigram 的组合,总计 9025 种,这些 bigram 特征可以表达字母之间的序的关系。

- 第三类特征也是最后50种特征，是Twitter对应的“昵称”“姓名”“描述”“正文”这4种数据对应的词的n-gram(n从1到5)，然后统计频率最高的前50种。

Winnow算法是一种在线学习算法，基本设定如下。

输入：训练样本序列(x_1,y_1)，(x_2,y_2)，…，其中$x_i \in \mathbb{R}^n$，$y_i \in \{-1,1\}$。

1. 初始化：$w_0=1 \in \mathbb{R}^n$，$\theta=n$。
2. 对于每一个训练样本(x_i, y_i)
   a. 使用w_0，θ进行预测，$\dot{y}=\text{sgn}(w_t^{\mathrm{T}}x_i-\theta)$；
   b. 如果$y_i=+1$，$\dot{y}=-1$，则对w_t中所有x_i不为零的权重进行更新，$w_t=2w_t$；
   c. 如果$y_i=-1$，$\dot{y}=+1$，则对w_t中所有x_i不为零的权重进行更新，$w_t=w_t/2$。
3. 返回最终的权重。

Winnow算法每次更新时只更新部分权重，提高有正影响的权重，降低有负影响的权重，因此对于维度(n)很大但真正有影响力的维度(k)很小$(k \ll n)$的问题，Winnow算法是一个不错的选择。Winnow算法的Mistake Bound是$k(1+\log n)$，下面我们推导证明该Mistake Bound。

假设对于任意训练数据(x_i,y_i)，$x_i \in \{0,1\}^n$，$y_i \in \{0,1\}$，我们从以下两方面计算Mistake Bound：

- Winnow在正例上犯错次数的界，也即假阴性的界，用α来表示；
- Winnow在负例上犯错次数的界，也即假阳性的界，用β来表示。

整体的Mistake Bound就是$\alpha+\beta$。

根据Winnow的更新法则，对于每个假阴性判定，相应的权重会提高2倍，而预测标准准则是$\text{sgn}(w_t^{\mathrm{T}}x_i-\theta)$，且$x_i \in \{0,1\}^n$，因此对于任意有影响力的特征维度最多提高$1+\log n$。某个有影响力的特征维度被提高$1+\log n$之后，权重大于$\theta$，判定就为正了，因此不会犯错。因为总共有$k$个有影响力的特征维度，可得$\alpha=k(1+\log n)$。

如果在负例上犯错，也即假阳性，计算稍显复杂。令s_t为在t步时所有权重之和，也即$s_t=\sum_i^n w_{ti}$。如在t步时，Winnow在正例上犯错，可以很容易地得到$s_{t+1}<s_t+n$，此时s的整体增量小于$n\alpha$；如在t步时，Winnow在负例上犯错，可以得到$s_{t+1}<s_t-n/2$，因此s的整体减量小于$n\beta/2$，由于$s_0=n$，则最终我们能得到$0<s_t<n+n\alpha-n\beta/2 \Rightarrow \beta<2(1+\alpha)$，因此整体犯错的次数就是$\alpha+\beta<2(1+\alpha)+\alpha=3\alpha+2<3k(1+\log n)+2$，也就是说Winnow算法的Mistake

Bound 是 $O(k\log n)$。

Winnow 算法是错误驱动的在线学习算法中的一种，这类算法在分类出错时动态更新模型。这类算法的伪代码如下：

1. 初始化模型 w_0，定义函数 $f(w_i, x_t)$。
2. 对于 $t=1,2,3,\cdots,T$：
   a. 抽取新样本 x_t；
   b. 预测 $\overline{y_t}=f(w_i, x_t)$，将其与实际标注数据 y_t 进行比较；
   c. 如果 $\overline{y_t}\neq y_t$，则更新模型 $w_i \rightarrow w_{i+1}$，否则输出预测正确。

平衡 Winnow 神经网络使用 2 个模型 u_i 和 v_i 进行预测，需要 2 个参数来控制更新。第一个参数是 $\alpha(\alpha>0)$，它是一个提升参数，当模型使用 α 来更新时，其影响会加强；第二个参数是 $\beta(0<\beta<1)$，当模型使用 β 来更新时，其影响会降低。还有一个 bias 参数 θ_{th} 作为分类器的阈值。平衡 Winnow 算法基于 score 函数 $f=\text{sign}(\langle x_t, u_i\rangle-\langle x_t, v_i\rangle-\theta_{\text{th}})$，其中 $\text{sign}(x)$ 是符号函数，$\langle x_t, u_i\rangle$ 和 $\langle x_t, v_i\rangle$ 是点积。如果标注数据与预测数据不符，则更新函数会被调用，更新规则为：若对于所有的 j，满足 $x_t^j>0$，则 $u_{i+1}^j=\begin{cases}u_i^j\cdot\alpha, & y_t>0\\ u_i^j\cdot\beta, & y_t<0\end{cases}$ 并且 $v_{i+1}^j=\begin{cases}v_i^j\cdot\beta, & y_t>0\\ v_i^j\cdot\alpha, & y_t<0\end{cases}$。

修改的平衡 Winnow 神经网络可以在平衡 Winnow 算法的基础上引入 2 个措施来优化。第一个措施是引入参数 M，M 定义了一个判定错误的阈值，仅当 score 函数与 y_t 的乘积小于 M 的时候，才会判定错误；第二个措施是在更新参数时引入输入样本。该算法的伪代码如下：

初始化 $i=0$，模型初始化为 u_0，v_0
对于 $t=1,2,\cdots,T$
　提取一个新样本 x_t，加上 bias 特征
　将 x_t 初始化为 1
　计算 $\text{score}=\langle x_t, u_i\rangle-\langle x_t, v_i\rangle-\theta_{\text{th}}$
　提取标注 y_t
如果 $(\text{score}\cdot y_t)\leqslant M$，则更新模型。若对于所有的特征 j，满足 $x_t>0$，则

$u_{i+1}^j=\begin{cases}u_i^j\cdot\alpha\cdot(1+x_t^j), & y_t>0\\ u_i^j\cdot\beta\cdot(1-x_t^j), & y_t<0\end{cases}$ 并且 $v_{i+1}^j=\begin{cases}v_i^j\cdot\beta\cdot(1-x_t^j), & y_t>0\\ v_i^j\cdot\alpha\cdot(1+x_t^j), & y_t<0\end{cases}$，同时使 $i=i+1$。

Winnow 算法虽然比较简单，但是在 Twitter 性别预测这个场景中性能十分优秀。它也适用于其他的 NLP 场景。

2. 朴素贝叶斯算法

贝叶斯分类是一类分类算法的总称，这类算法都以贝叶斯定理为基础，因而得名。朴素贝叶斯分类是一系列在假设特征之间强（朴素）独立的前提条件下运用贝叶斯定理的简单概率分类器。

理论上，概率分类器是一个条件概率模型 $p(C \mid F_1,\cdots,F_n)$，独立的类别变量 C 有若干条件，条件依赖于若干特征变量 $F_1,F_2,\cdots,F_n$。但问题在于如果特征数量 n 较大或者每个特征能取大量值时，基于概率模型列出概率表变得不现实，所以我们利用贝叶斯定理进行改写，即 $p(C \mid F_1,\cdots,F_n)=\dfrac{p(C)p(F_1,\cdots,F_n \mid C)}{p(F_1,\cdots,F_n)}$，用朴素的语言可以表达为：后验概率 $=\dfrac{\text{先验概率}\times\text{可能性}}{\text{样本概率}}$。其中分母不依赖于 C 且特征 F_i 的值是给定的，所以分母可以认为是一个常数，分子等价于联合分布模型 $p(C,F_1,\cdots,F_n)$。重复使用链式法则，可以将该式写成条件概率的形式：

$$
\begin{aligned}
p(C,F_1,\cdots,F_n) &\propto p(C)p(F_1,\cdots,F_n \mid C) \\
&\propto p(C)p(F_1 \mid C)p(F_2,\cdots,F_n \mid C,F_1) \\
&\propto p(C)p(F_1 \mid C)p(F_2 \mid C,F_1)p(F_3,\cdots,F_n \mid C,F_1,F_2) \\
&\propto p(C)p(F_1 \mid C)p(F_2 \mid C,F_1)p(F_1 \mid C)p(F_3 \mid C,F_1,F_2)p(F_4,\cdots,F_n \mid C,F_1,F_2,F_3) \\
&\propto p(C)p(F_1 \mid C)p(F_2 \mid C,F_1)p(F_1 \mid C)p(F_3 \mid C,F_1,F_2)\cdots p(F_n \mid C,F_1,F_2,F_3,\cdots,F_{n-1})
\end{aligned}
$$

基于“朴素”的条件独立假设，每个特征 F_i 对其他特征 $F_j(j\neq i)$ 是条件独立的，也即 $p(F_i \mid C,F_j)=p(F_i \mid C)$，对于 $i\neq j$，联合分布模型可以表达为

$$
p(C \mid F_1,\cdots,F_n) \propto p(C,F_1,\cdots,F_n) \propto p(C)p(F_1 \mid C)p(F_2 \mid C)p(F_3 \mid C)\cdots \propto p(C)\prod_{i=1}^{n}p(F_i \mid C)
$$

这意味着在上述假设下，类别变量 C 的条件分布可以表达为 $p(C \mid F_1,\cdots,F_n)=\dfrac{1}{Z}p(C)\cdot\prod_{i=1}^{n}p(F_i \mid C)$，其中 Z（证据因子）是一个只依赖于 $F_1,\cdots,F_n$ 的缩放因子，在特征变量的值已知时是一个常数。由于分解成类先验概率 $p(C)$ 和独立概率分布 $p(F_i \mid C)$，上述概率模型的可掌控性得到提升。

至此我们导出了独立分布特征模型，也就是朴素贝叶斯概率模型。朴素贝叶斯分类器包括这种模型和相应的决策规则。一个普通的规则是选出最有可能的那个，也就是大家熟知的最大后验概率（MAP）决策准则。相应的分类器对应如下公式：

$$\hat{y}=\underset{k\in\{1\cdots K\}}{\operatorname{argmax}}\,p(C_k)\prod_{i=1}^{n}p(F_i\mid C_k)$$

所有的模型参数都可以通过训练集的相关频率来估计，常用的概率计算方法有最大似然估计。类的先验概率可以通过各类等概率来计算（先验概率=1/类的数量），或者通过训练集的各类样本出现的次数来估计（A 类先验概率=A 类样本的数量/样本总数）。为了估计特征的分布参数，要先假设训练集数据满足某种分布或者非参数模型，该假设称为朴素贝叶斯分类器的事件模型。文档分类和垃圾邮件检测中常用到离散特征，因此较常用到多项式分布与伯努利分布。

对于多项式分布事件模型的朴素贝叶斯分类器，样本（特征向量）表征了多项式分布 $(p_1,p_2,\cdots,p_n)$ 产生特定事件的概率，其中 $p_i(i=1,2,\cdots,n)$ 是事件 i 发生的概率。特征向量 $\boldsymbol{x}=(x_1,\cdots,x_n)$ 是一个直方图（histogram），其中 $x_i(i=1,2,\cdots,n)$ 是一个特定样本中事件 i 发生的次数，对于文档分类模型，对应于一个文档中某个单词出现的次数。观测到直方图 x 的似然度（likelihood）对应于一个多项式分布：

$$p(x\mid C_k)=\frac{\left(\sum_i x_i\right)!}{\prod_i x_i!}\prod_i p_{ki}^{x_i}$$

可以结合多项式定理来理解该公式。给定 n 为正整数，我们有 $(x_1+x_2+\cdots+x_k)^n=\sum\frac{n!}{r_1!\ r_2!\ \cdots r_k!}x_1^{r_1}x_2^{r_2}\cdots x_k^{r_k}$，其中 $\sum_{i=1}^{k}r_k=n$，$r_i\geqslant 0$，因此可以把问题看成在 n 个式子里先选取 r_1 个 x_1，后选取 r_2 个 x_2，依次类推，最后选取 r_k 个 x_k，之后求有多少种方法，这也就类似于求把 n 个球放到 k 个不同的盒子中有多少种方法，即 $C_n^{r_1r_2\cdots r_k}=C_n^{r_1}C_{n-r_1}^{r_2}\cdots C_{n-r_1-r_{k-1}}^{r_k}=\frac{n!}{r_1!\ r_2!\ \cdots r_k!}$，所以对应 $x_1^{r_1}x_2^{r_2}\cdots x_k^{r_k}$ 的系数为 $C_n^{r_1r_2\cdots r_k}$。对于多项分布的概率公式，$X_1,X_2,\cdots,X_k$ 发生的概率为 $p_1,p_2,\cdots,p_k$，又由于事件之间相互独立，因此 $\sum_{i=1}^{k}p_i=1$。将该式左边看成一次抽样各种事件发生的概率之和，则 $(\sum_{i=1}^{k}p_i)^n=1$ 是进行了 n 次抽样所有事件组合对应的概率之和。把多项式展开，每一项都对应一个特殊事件的出现概率，把展开的通项作为 X_1 出现了 x_1 次的概率，作为 X_2 出现了 x_2 次的概率，作为 X_k 出现了 x_k 次的概率，这样就得到了多项式分布的概率公式。

对概率公式的两边取对数则朴素贝叶斯分类器转化为一个对数空间的线性分类器，具体如下。

$$\log\left(p(x \mid C_k)\right) = \log\left(\frac{\left(\sum_i x_i\right)!}{\prod_i x_i!}\prod_i p_{ki}^{x_i}\right) = \log p(C_k) + \sum_{i=1}^{n} x_i \cdot \log p_{ki}$$

$$= b + w_k^{\mathrm{T}} x \text{，其中 } b = \log p(C_k)\text{，} w_{ki} = \log p_{ki}$$

如果对应的特征在训练数据集中从未出现过，则基于出现频率的概率估计可能为0，从而在连乘时出现问题，因此对未出现概率设置一个较小值，称之为伪计数(pseudocount)。对于这种对朴素贝叶斯正则化的方法，如果伪计数为1，通常称之为拉普拉斯平滑(Laplace smoothing)，如果为其他值，通常称之为利德斯通平滑(Lidstone smoothing)。在文本分类的场景中，也可以使用TF-IDF权重来代替词频作为特征。

对于伯努利分布的事件模型，其特征是相互独立的布尔变量，也常用于文本分类的场景，此时以单词是否出现作为特征。如设 x_i 是一个布尔值，表示字典中的第 i 个单词是否出现，则给定分类 C_k，一个文档出现的概率为 $p(x \mid C_k) = \prod_{i=1}^{n} p_{ki}^{x_i}(1-p_{ki})^{1-x_i}$，其中 p_{ki} 是分类 C_k 包含词 x_i 的概率。该模型在短文本分类场景中使用较多。

处理连续数据时，通常假定连续数据服从正态分布。例如设训练数据包含一个连续的属性 x，我们首先将数据按标注类分割，然后计算 x 在每个类中的均值与方差。设 u_k 为 x 在分类 C_k 对应的均值，σ_k^2 为 x 在分类 C_k 对应的样本方差。观测值 v 对于分类 C_k 的条件概率为 $p(x=v \mid C_k) = \frac{1}{\sqrt{2\pi\sigma_k^2}} \mathrm{e}^{-\frac{(v-u_k)^2}{2\sigma_k^2}}$。对于连续数据也可以使用binning技术将数据离散化，形成一个伯努利分布。有时数据的分布与正态分布相去甚远，这时候可以使用核密度估计来估计各个类别的边际密度。

下面应用朴素贝叶斯算法来预测Twitter用户的性别。沿用5.2.3节第1小节中的训练数据与特征，设一条样本为 $T=(F_1,F_2,\cdots,F_n)$，其中 F_i 为特征 i，给定样本 T，我们需要预测对应的性别 $G \in \{\text{male}, \text{female}\}$。根据贝叶斯定理，$P(G \mid T) = \frac{P(G)P(T \mid G)}{P(T)} = \frac{P(G)P(F_1,F_2,\cdots,F_n \mid G)}{P(T)}$。根据贝叶斯假设，各特征独立，因此有 $P(F_1,F_2,\cdots,F_n \mid G) = P(F_1 \mid G)P(F_2 \mid G)\cdots P(F_n \mid G)$，因此有 $P(G \mid T) = \frac{P(G)P(F_1 \mid G)P(F_2 \mid G)\cdots P(F_n \mid G)}{P(T)}$。可以计算后验概率 $\frac{P(G=\text{male} \mid T)}{P(G=\text{female} \mid T)}$，如大于1则为男性，小于1则为女性。设男性为 g^0，

女性为 g^1，因此有$\frac{P(G=g^0 \mid T)}{P(G=g^1 \mid T)}=\frac{P(G=g^0)\prod_{i=1}^{n}P(F_i \mid G=g^0)}{P(G=g^1)\prod_{i=1}^{n}P(F_i \mid G=g^1)}$，因此只需从训练样本中估计出先验概率 $P(G)$ 与条件概率 $P(C_i \mid G)$，即可得到结果。设训练数据包括 m 条标注样本(性别已知)，$M=\{T_1,T_2,\cdots,T_m\}$，则可以估计 $P(G)$ 与条件概率 $P(C_i \mid G)$ 如下：

$$P(G=g^0)=\frac{|\{T_j \mid g(T_j)=g^0\}|}{m}$$

$$P(F_i \mid G=g^0)=\frac{|\{T_j \mid g(T_j)=g^0,h(T_j,F_i)=1\}|+1}{|\{T_j \mid g(T_j)=g^0\}|+|\mathrm{Val}(F_i)|}$$

$$P(G=g^1)=\frac{|\{T_j \mid g(T_j)=g^1\}|}{m}$$

$$P(F_i \mid G=g^1)=\frac{|\{T_j \mid g(T_j)=g^1,h(T_j,F_i)=1\}|+1}{|\{T_j \mid g(T_j)=g^1\}|+|\mathrm{Val}(F_i)|}$$

其中 g:{Twitter 文档}→$\{g^0,g^1\}$，将一个 Twitter 文档映射到其作者性别，h:{Twitter 文档}×{特征}→{0,1}，满足 $h\{T,F_i\}=\begin{cases}1, & \text{Twitter 文档 } T \text{ 包含特征 } F_i \\ 0, & \text{其他}\end{cases}$，$\mathrm{Val}(F_i)$ 指特征 F_i 可能的取值集合。在计算 $P(F_i \mid G)$ 时，使用拉普拉斯平滑来避免训练集合中没有出现的特征带来 0 概率问题。最后判定$\frac{P(G=g^0 \mid T)}{P(G=g^1 \mid T)}$的值，大于 1 则用户为 male，否则为 female。

3. 梯度提升决策树

提升(Boosting)是最有效的机器学习方法之一，最初是为分类问题而设计的，也可以扩展到回归问题。提升的出发点是将许多弱分类器组合在一起，产生一个强分类器。存在许多提升算法，我们从最常用的 AdaBoost. M1 开始介绍。

设一个两分类问题，输入数据为向量 $\boldsymbol{X}$，输出数据为 $Y\in\{-1,1\}$，对应的分类器为 $G(\boldsymbol{X})$，则对于训练样本，对应的错误率为

$$\overline{\mathrm{err}}=\frac{1}{N}\sum_{i=1}^{N}I(y_i \neq G(x_i))$$

其中 I 为指示函数，对应的预测错误率的期望为 $E_{XY}I(Y\neq G(\boldsymbol{X}))$。如果一个分类器的错误率仅略好于随机结果，则称之为弱分类器。提升的目的是逐步修改训练数据，并应用于弱分类器的训练，从而生成一系列弱分类器 $G_m(x)$，$m=1,2,\cdots,M$。这些弱分类器的预测结果组合在一起生成最终预测结果 $G(x)=\mathrm{sign}(\sum_{m=1}^{M}\alpha_m G_m(x))$，其中 $\alpha_1,\alpha_2,\cdots,\alpha_m$ 是提升算法

的计算输出。图 5-4 给出了 AdaBoost 算法的计算流程。在提升过程中的第 i 步，将权重 w_i 应用到训练数据(x_i, y_i)，其中 $i=1,2,\cdots,N$。在初始阶段，对于所有的 i 设定 $w_i=1/N$，因此训练的第一步相当于以通常的方式来训练数据。对于后续每一步 $m=2,3,\cdots,M$，对于训练数据集合中的每一个样本：如果 $G_{m-1}(x)$的预测正确，则对应样本的权重降低；如果预测错误，则对应样本的权重提高。因此随着训练过程的进展，难以分类正确的样本影响会不断提升，后续迭代的分类器会更着重于被之前分类器分类错误的样本。

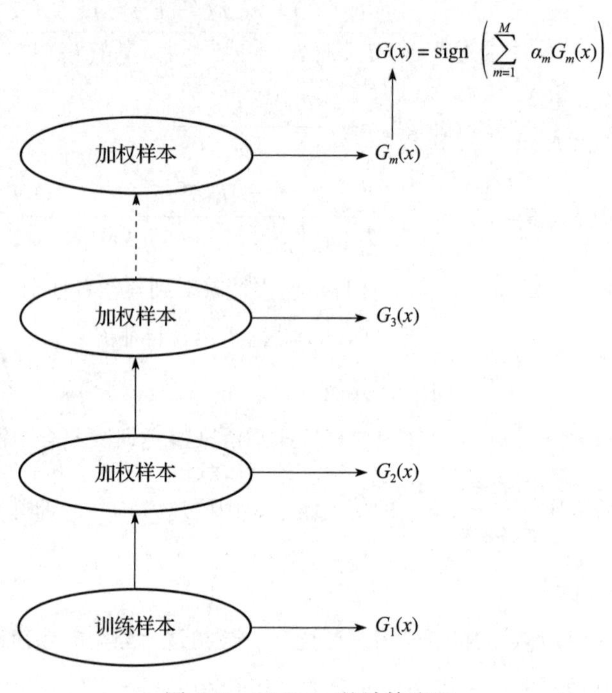

图 5-4　AdaBoost 的计算流程

在代码清单 5-1 中，第 2a 行使用带权重 w_i 的训练数据训练当前步骤的分类器 $G_m(x)$，第 2b 行计算当前步骤的错误率，第 2c 行计算参数 α_m，第 2d 行更新训练数据权重 w_i。对于分类错误的数据，其权重 w_i 放大一个因子 $\exp(\alpha_m)$，因而提升了其在下一轮分类器 $G_{m+1}(x)$ 中的权重。

代码清单 5-1　AdaBoost. M1 代码列表

1. 初始化样本权重 $w_i=\frac{1}{N}, i=1,2,\cdots,N$
2. 对于 $m=1,2,\cdots,M$ 执行如下操作：

a. 使用训练数据与权重 w_i 来训练分类器 $G_m(x)$

b. 计算 $\text{err}_m=\frac{\sum_{i=1}^{N}w_iI(y_i\neq G_m(x_i))}{\sum_{i=1}^{N}w_i}$

c. 计算 $\alpha_m=\log\left(\frac{1-\text{err}_m}{\text{err}_m}\right)$

d. 设置 $w_i\leftarrow w_i\cdot\exp(\alpha_m)\cdot I(y_i\neq G_m(x_i)),i=1,2,\cdots,N$

3. 输出 $G(x)=\text{sign}[\sum_{m=1}^{M}\alpha_m\cdot G_m(x)]$

AdaBoost.M1 算法由于基础分类器 $G_m(x)$ 输出一个离散结果，被称为“离散 AdaBoost”；如果基础分类器输出连续值，例如映射到区间[-1, 1]的概率，则称其为“实数 AdaBoost”。即使基于一个较差的基础分类器，AdaBoost 算法也能在多轮迭代提升后大幅提升效率。

如图 5-4 所示，提升算法的成功来源于公式 $G(x)=\text{sign}(\sum_{m=1}^{M}\alpha_mG_m(x))$，该公式决定了提升过程是以一种线性叠加的方式来拟合一系列基函数。这里的基础公式是每次的分类器 $G_m(x)\in\{-1,1\}$，基函数扩展通常采用形式为 $f(x)=\sum_{m=1}^{M}\beta_mb(x;r_m)$，其中 β_m 是扩展系数，$b(x;r_m)$ 是 x 的多元函数，通过参数集合 γ 来参数化。线性扩展可以用于分析多种算法，如单隐层的神经网络、多元自适应回归或者决策树。在决策树中，参数集合 γ 包括中间节点的分割变量和分割点以及叶子节点的预测函数。AdaBoost 模型通常通过最小化损失函数 $\min\limits_{\{\beta_m,r_m\}_1^M}\sum_{i=1}^{N}L(y_i,\sum_{m=1}^{M}\beta_mb(x_i;r_m))$ 来训练，M 比较大时计算复杂度很高，因此通常采用渐进的方式，以较小的代价解决子问题 $\min\limits_{\beta,\gamma}\sum_{i=1}^{N}L(y_i,\beta b(x_i;\gamma))$。

前向分步加法模型从前向后，每步只学习一个基函数及其系数，逐步逼近目标函数，从而简化优化的复杂度。对于平方误差(squared-error)损失函数 $L(y,f(x))=(y-f(x))^2$，对应有 $L(y_i,f_{m-1}(x_i)+\beta b(x_i;\gamma))=(y_i-f_{m-1}(x_i)-\beta b(x_i;\gamma))^2=(r_{im}-\beta b(x_i;\gamma))^2$，其中 $r_{im}=y_i-f_{m-1}(x_i)$ 为当前模型在第 i 条样本的残差，在每一步迭代 $\beta b(x_i;\gamma)$ 过程中，最小化拟合残差叠加到模型。

如使用指数损失函数 $L(y,f(x))=\exp(-yf(x))$，则可以证明前向分步加法模型与 AdaBoost.M1 是等价的。

使用指数损失函数，在迭代第 m 步需求解 $(\beta_m,G_m)=\mathop{\text{argmin}}\limits_{\beta,G}\sum_{i=1}^{N}\exp(-y_i(f_{m-1}(x_i)+\beta G(x_i)))$，其中 $G_m\in\{-1,1\}$。设定 $w_i^{(m)}=\exp(-y_if_{m-1}(x_i))$，则 $(\beta_m,G_m)=\mathop{\text{argmin}}\limits_{\beta,G}\sum_{i=1}^{N}w_i^{(m)}\exp(-\beta y_iG(x_i))$。由于 $w_i^{(m)}$ 既不依赖于 β，也不依赖于 $G(x)$，因此可以将它看作对于训练样本 i 的权重，该权重在每轮迭代中变更。$(\beta_m,G_m)=\mathop{\text{argmin}}\limits_{\beta,G}\sum_{i=1}^{N}w_i^{(m)}\exp(-\beta y_iG(x_i))$，对于 $\beta>0$，对于 $G_m(x)$ 的解有 $G_m=$

$\underset{G}{\operatorname{argmin}} \sum_{i=1}^{N} w_i^{(m)} I(y_i \neq G(x_i))$，同时有如下推导：

$$\begin{aligned}
G_m &= \underset{\beta, G}{\operatorname{argmin}} \sum_{i=1}^{N} w_i^{(m)} \exp(-\beta y_i G(x_i)) \\
&= \mathrm{e}^{-\beta} \cdot \sum_{y_i = G(x_i)} w_i^{(m)} + \mathrm{e}^{\beta} \cdot \sum_{y_i \neq G(x_i)} w_i^{(m)} \\
&= (\mathrm{e}^{\beta} - \mathrm{e}^{-\beta}) \cdot \sum_{i=1}^{N} w_i^{(m)} I(y_i \neq G(x_i)) + \mathrm{e}^{-\beta} \cdot \sum w_i^{(m)} \\
\frac{\partial G_m}{\partial \beta} &= (\mathrm{e}^{\beta} + \mathrm{e}^{-\beta}) \cdot \sum_{i=1}^{N} w_i^{(m)} I(y_i \neq G(x_i)) - \mathrm{e}^{-\beta} \cdot \sum w_i^{(m)} = 0
\end{aligned}$$

按照定义 $\mathrm{err}_m = \frac{\sum_{i=1}^{N} w_i I(y_i \neq G_m(x_i))}{\sum_{i=1}^{N} w_i}$，因此有 $(\mathrm{e}^{\beta} + \mathrm{e}^{-\beta}) \cdot \mathrm{err}_m - \mathrm{e}^{-\beta} = 0$，可得到 $\beta_m = \frac{1}{2}\log \frac{1-\mathrm{err}_m}{\mathrm{err}_m}$。

更新公式为 $f_m(x) = f_{m-1}(x) + \beta_m G_m(x)$，使得下一轮迭代的权重为 $w_i^{(m+1)} = \exp(-y_i f_m(x_i)) = \exp(-y_i(f_{m-1}(x) + \beta_m G_m(x))) = w_i^{(m)} \cdot \mathrm{e}^{-\beta_m y_i G_m(x)}$，而 $-y_i G_m(x) = 2 \cdot I(y_i \neq G(x_i)) - 1$，因此 $w_i^{(m+1)} = w_i^{(m)} \cdot \mathrm{e}^{-\beta_m} \cdot \mathrm{e}^{\alpha_m \cdot I(y_i \neq G_m(x_i))}$，其中 $\alpha_m = 2\beta_m$，对应了代码清单 5-1 第 2c 行定义的系数，因子 $\mathrm{e}^{-\beta_m}$ 与具体的样本无关，因此可以忽略，所有该更新权重对应了代码清单 5-1 第 2d 行的定义。

因此可以推导出 AdaBoost. M1 算法与使用 log 损失函数的前向分步加法模型等价。

回归和分类树将联合预测变量的所有值分割到以树的叶子节点表征的不相交的区间 R_j，$j = 1, 2, \cdots, J$，每个叶子节点区间对应一个常数 γ_j，预测的规则是 $x \in R_j \Rightarrow f(x) = \gamma_j$，因此一棵树又可以定义为 $T(x, \Theta) = \sum_{j=1}^{J} \gamma_j I(x \in R_j)$，其中 $\Theta = \{R_j, \gamma_j\}_1^J$，$J$ 是一个预先设定的参数（超参数）。该参数通过如下公式优化：$\widehat{\Theta} = \underset{\Theta}{\operatorname{argmin}} \sum_{j=1}^{J} \sum_{x_i \in R_j} L(y_i, \gamma_j)$。该公式最小化经验风险，这是一个计算复杂度非常高的组合优化问题，通常使用近似次优方法来求解。可以将该问题分为两部分：

1）搜索 R_j，这是计算量较大的部分，通常使用近似算法，$\widetilde{\Theta} = \underset{\Theta}{\operatorname{argmin}} \sum_{i=1}^{N} \widetilde{L}(y_i, T(x_i, \Theta))$，该算法给出 $\hat{R}_j = \widetilde{R}_j$；

2）在设定 R_j 的情况下搜索 γ_j，这时估计 γ_j 计算复杂度不高，通常有 $\hat{\gamma}_J = \overline{\gamma_J}$，对应落在区间 R_j 的 y_i 的平均值。

设训练数据有 p 个维度，对于 N 条样本，即 (x_i, y_i)，$i \in \{1, N\}$，其中 $x_i = (x_{i1}, x_{i2}, \cdots, x_{ip})$，回归树的分裂算法需要能自动找到分割变量和分割点。设初始分割为 M 个区间 $R_1, R_2, \cdots, R_M$，设

定预测函数为$f(x)=\sum_{m=1}^{M}c_m I(x\in R_m)$，设定优化目标为最小化$\sum(y_i-f(x_i))^2$，则易知最优的$\widehat{c_m}=\mathrm{ave}(y_i \mid x_i\in R_m)$，而在最小平方和约束下找到最佳二进制分区在计算上不可行，因此需要使用近似算法。对于全量训练数据，设定分割变量j和分割点s，定义分割平面为$R_1(j,s)=\{X \mid X_j\leqslant s\}$及$R_2(j,s)=\{X \mid X_j>s\}$，这时我们需要求解公式$\min\limits_{j,s}[\min\limits_{c_1}\sum_{x_i\in R_1(j,s)}(y_i-c_1)^2+\min\limits_{c_2}\sum_{x_i\in R_2(j,s)}(y_i-c_2)^2]$，对于任意$j$和$s$，括号内的解为$\widehat{c_1}=\mathrm{ave}(y_i \mid x_i\in R_1(j,s))$，$\widehat{c_2}=\mathrm{ave}(y_i \mid x_i\in R_2(j,s))$。分割点$s$可以通过扫描输入数据来确定，从而确定最佳的$\langle j,s\rangle$组合。找到最佳分割后，需将数据分割成两部分，然后在其中每一部分递归执行该分割过程。显而易见：如果树的规模过大，可能会造成过拟合；如果树的规模过小，可能存在欠拟合。树的大小是一个控制模型复杂度的超参数。

对于分类树，输出为$1,2,\cdots,K$，在树节点m中，对于有N_m个样本的区间R_m，设定$\hat{p}_{mk}=\frac{1}{N_m}\sum_{x_i\in R_m}I(y_i=k)$为第$k$个输出在节点$m$中占的区间比例。此时将节点$m$分类为$k(m)=\operatorname{argmax}\limits_{k}\hat{p}_{mk}$，这时对节点可以定义不同的优化目标：

$$\text{误分类错误：}\frac{1}{N_m}\sum_{x_i\in R_m}I(y_i\neq k)=1-\hat{p}_{mk}$$

$$\text{基尼指数：}\sum_{k\neq k'}\hat{p}_{mk}\hat{p}_{mk'}=\sum_{k=1}^{K}\hat{p}_{mk}(1-\hat{p}_{mk})$$

$$\text{交叉熵：}-\sum_{k=1}^{K}\hat{p}_{mk}\log(\hat{p}_{mk})$$

提升树以基尼指数为优化目标，定义为$f_M(x)=\sum_{m=1}^{M}T(x;\Theta_m)$。对该公式应用前向分步加法，每一步需要求解$\widehat{\Theta}_m=\operatorname{argmin}\limits_{\Theta_m}\sum_{i=1}^{N}L(y_i, f_{m-1}(x_i)+T(x_i;\Theta_m))$，其中$f_{m-1}(x_i)$是当前模型，而$\Theta_m=\{R_{jm},\gamma_{jm}\}_1^{J_m}$是更新之后树对应的区间与参数。对于给定$R_{jm}$找到$\gamma_{jm}$对应的优化，可以利用公式$\hat{\gamma}_{jm}=\operatorname{argmin}\limits_{\gamma_{jm}}\sum_{x_i\in R_{jm}}L(y_i,f_{m-1}(x_i)+\gamma_{jm})$。找到$R_{jm}$的优化比较困难，在梯度提升算法中，可以通过拟合残差项$y-f_M$来学习。当使用均方差损失函数时，可以使用公式$\widetilde{\Theta}_m=\operatorname{argmin}\limits_{\Theta}\sum_{i=1}^{N}(-g_{im}-T(x_i;\Theta))^2$。各类损失函数与对应的梯度如表 5-1 所示。

用于回归场景的梯度提升树算法如代码清单 5-2 所示，不同的损失函数$L(y, f(x))$对应不同的算法实现。算法第 1 行对参数进行初始化，第 2a 行计算伪残差r，其中常用损失函数对应的梯度如表 5-1 所示。用于分类场景的算法类似，第 2a～2d 行在每个迭代中被重复K次，第 3 行是K个不同的树$f_{kM}(x)$，$k=1$，2，…，K。两个基本的超参数为迭代次数M

和树的大小 J_m，$m=1,2,\cdots,M$。

表 5-1 常用损失函数的梯度

类型	损失函数	梯度 $\left(-\dfrac{\partial L(y_i,f(x_i))}{\partial f(x_i)}\right)$
回归	$\frac{1}{2}[y_i-f(x_i)]^2$	$y_i-f(x_i)$
回归	$\lvert y_i-f(x_i)\rvert$	$\text{sign}(y_i-f(x_i))$
回归	Huber Loss	$\begin{cases}y_i-f(x_i), & \lvert y_i-f(x_i)\rvert\leqslant\delta_m\\ \delta_m\,\text{sign}[y_i-f(x_i)], & \lvert y_i-f(x_i)\rvert>\delta_m\\ \text{其中 }\delta_m=\text{第 }\alpha\text{ 个分量-quantile}\{\lvert y_i-f(x_i)\rvert\}\end{cases}$
分类	Deviance Loss	第 k 个分量：$I(y_i=\mathcal{G}_k)-p_k(x_i)$

代码清单 5-2 梯度提升树算法

```
1. 初始化 f_0(x) = argmin_γ Σ_{i=1}^{N} L(y_i, γ)
2. 对于 m=1 to M 执行如下操作：
   a. 对于 i = 1,2,…,N，计算 r_im = -[∂L(y_i, f(x_i)) / ∂f(x_i)]_{f=f_{m-1}}
   b. 在给定结束区域 R_jm, j=1,2,…,J_m 的前提条件下，将回归树拟合到训练目标 r_jm
   c. 对于 j = 1,2,…,J_m，计算 r_jm = argmin_γ Σ_{x_i∈R_jm} L(y_i, f_{m-1}(x_i)+γ)
   d. 更新 f_m(x) = f_{m-1}(x) + Σ_{j=1}^{J_m} r_jm I(x∈R_jm)
3. 输出 f̂(x) = f_M(x)
```

GBDT 具有良好的泛化性能，例如 Facebook 在广告 CTR 预测中使用 GBDT 来自动发现有效的特征。

4. 用户画像体系构建过程与系统架构

用户画像的构建是一个长期、持续的过程，涉及机器学习、数据挖掘、自然语言处理、图像处理等技术。一个粗略的用户画像体系流程框架如图 5-5 所示。

其中数据清洗包括异常数据清洗，过滤掉乱码等无效信息，对无意义的数据进行过滤，将不同的字符集转换成统一的编码，将同一类数据源转换成统一的格式。数据统计是指对行为类数据进行统计，同时对中文、日文、韩文这类不带分割符的语言进行分词。关键词提取包括提取词语对应的 IDF，提出词语的 topic 分布熵等，嵌入特征包括词向量、词的 n-gram。图像预处理包括训练图像分类模型，识别并清洗脏数据图像，包括图像解析、图像裁剪、像素归一化、向量化等。目标检测指根据不同的图像数据源大小与待分类结果准确率等，选择不同的目标检测模型。例如：基于传统手工特征的算法，HOG 检测器和 DPM 模型这类模型简单、速度快，但精度相对较低；基于区域提名模型，如 SPP-net、Faster RCNN 等模型，准确率和精度更高，但速度相对较慢；端到端的卷积模型(如 YOLO、SSD 等)检测速度快，精度中等。社交网络、知识图谱等通过实体与实体之间的关系构建出复杂网络，可以利用图计算算法，从网络结构中提取信息。例如可以计算节点拓扑结构等特征，可以基于随机游走的算法计算传播模型，可以通过算法来挖掘用户社区，也可以通过网络嵌入算法(如 GCN 等)来计算网络向量。挖掘模型包括线性模型(如 LR)、树模型(如 GBDT、XGBoost 等)，也包括深度学习模型 DNN。

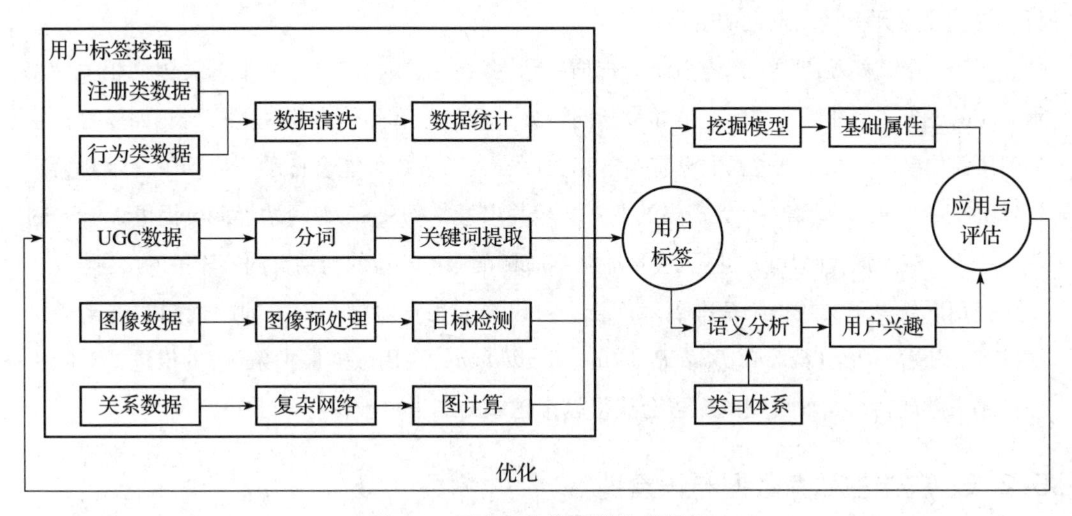

图 5-5　用户画像体系的流程框架

用户画像的评估主要指针对年龄、性别、学历、婚恋、职业等这类有明确答案的事实标签进行评估。评估之前需要获取一定量的事实数据，获取方式可以是购买或者人工标注。为了防止评估样本有偏，可以在多个维度对评测集分层抽样。

用户画像被广泛用于精准营销、用户洞察研究、互联网金融风控等场景。

5.2.4　广告上下文数据

广告上下文数据包括广告请求时间和地点、广告展示手机的操作系统等，这些数据可以用于广告主精准定向投放广告，例如对于某些 App 只能运行于较新版本的手机操作系统的情况，广告主可以选择展示的目标操作系统来过滤掉无效的广告请求。

LBS(Location Based Service，基于位置的服务)对应的数据用于地理位置相关的广告展示，称为LBA(Location Based Advertising，基于位置的广告)。LBA是结合移动设备与LBS的一种广告形式。有两种类型的LBA：推送的形式和拉取的形式。推送的形式更通用，分为两种类型，一种类型是不经过用户确认即推送(opt-out)的方式，这种方式下广告主可以将用户定位为目标，直到用户明确表示不希望接收广告推送。另一种类型是用户选择接收广告(opt-in)的方式，用户可以确定或者定制从广告主接收的广告类型或素材，广告主必须遵守法规和尊重用户的选择。这种方式下用户的移动设备需安装广告平台对应的程序，某些推送消息的中间件也可能会触发该类型广告。与推送的形式对应的是拉取的形式，在LBA拉取的形式下，用户可以通过输入某些关键字直接搜索信息，例如访问广州的旅行者可以在大众点评上搜索最近的餐厅。

对于上下文相关广告，广告系统会扫描展示网站，提取关键词，并根据关键词相关性展示对应的广告。例如用户浏览一个体育新闻网站，可能会看到体育相关的广告，如体育比赛的门票；如果用户在浏览过程中没有点击相关广告，则系统可能会自动切换到下一个相关广告。Google AdSense是第一个大规模的上下文相关广告，AdSense为网站管理员提供JavaScript代码片段，嵌入该代码片段的网页会自动从Google的服务器拉取与网页内容相关的广告。

使用广告上下文数据来精准展示广告，可以降低用户对隐私保护的担忧同时提高广告精准度。随着*GDPR*(*General Data Protection Regulation*，通用数据保护条例)的推进，对隐私保护越来越严格，这种类型的广告会获得越来越多的广告主预算。

5.2.5 广告主私有数据与再营销

广告主私有数据的主要部分是用于再营销(Remarketing)的广告主数据。再营销是一种与之前和广告主网站或移动应用进行过互动的用户重新建立联系的方式。如图5-6所示，再营销可以在用户浏览广告平台对应的媒体、使用对应的App时，将广告主的广告精准展示在这些受众面前，从而帮助广告主提升品牌知名度或者提醒这些受众再次购买。

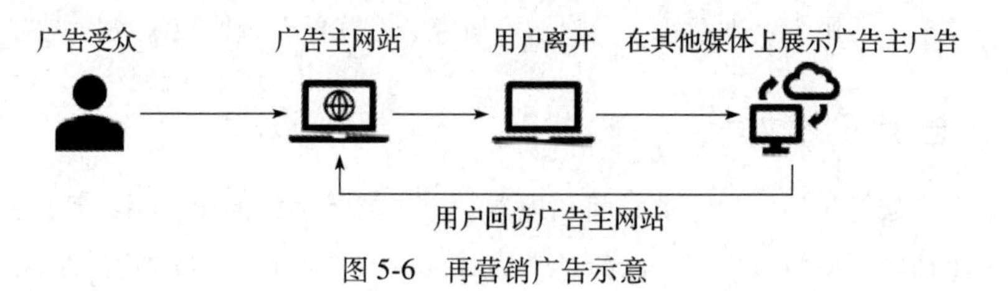

图5-6 再营销广告示意

再营销，有时也叫重定向(Retargeting)，能够大幅增加广告主的转化率和ROI。在旨在促进销售、提高品牌知名度等的各种推广活动中，再营销都是非常有用的广告策略，它可以为广告主带来以下收益。

- 提升品牌忠诚度，促进复购。广告主可以向之前与其有过业务互动的用户展示广告，以促进他们在其他媒体上浏览信息时发生购买行为。例如广告主向之前的用户定向展示广告，可以使用户在电商网站上购物的更倾向于购买自己的产品。
- 重点投递广告。广告主可以创建再营销列表以针对特定情况重点投放广告。例如广告主可以创建一个针对那些向购物车中添加了商品但没有完成交易的用户的再营销列表，并针对这些用户来投递广告。
- 大规模覆盖。通过广告平台，广告主可以跨设备覆盖目标用户。例如，Google AdSense网络可以覆盖超过200万个网站和移动应用。
- 高效定价。广告主可以通过广告平台的自动出价工具来制作高效的再营销广告系列，详细的再营销数据可以使广告系统获得额外的信息，从而帮助广告主以更低的出价获得更多的曝光。

Google广告平台建议广告主在开始第一个再营销广告时，首先定位查看过广告主网站首页的所有用户。由于广告被定位到更多人，这将增加用于再营销的广告预算，且无法进行有针对性的定位。在定位到所有人并收集到用户回访数据后，可以进行更精确的定位来提升广告的相关性并降低每次点击的费用。最终，可以为超级定位的再营销广告创建不同的再营销列表，例如可以为已经购买的用户显示第二次购买享受30%优惠的广告，为没有发生过购买行为的用户显示首次购买优惠的广告。

要进行再营销广告投放，广告主网站或App需要向广告平台回传再营销事件数据，以Google广告平台为例，需要完成以下步骤。

1）作为再营销广告投放的前置条件，广告主为自己的网站或App设定一个标签，同时在网站中嵌入广告平台的代码片段，如果是移动App，则可以使用SDK设置再营销。

2）使用事件命令，向Google广告平台回传再营销与转化跟踪的数据。使用事件命令可以捕获用于创建再营销列表的事件，也可以为对应的事件关联上数据。例如，可以使用事件命令创建已注册用户列表。

3）创建再营销列表，广告主可以为不同类目的浏览用户创建不同的列表。例如，可以为浏览热销商品的用户创建一个再营销列表并命名为“热销类目列表”，再营销SDK向Google广告平台回传访问该类目的用户Cookie ID，Google广告平台接收并存储Cookie ID。

4）当广告主首次设定再营销广告计划时，Google 广告平台创建默认的再营销列表，从而使广告主可以快速开始广告计划。默认的再营销列表包括以下内容。

- 所有访问用户列表：包括所有访问广告主网站或 App 的用户。
- 所有转化用户列表：包括所有在广告主网站或 App 发生转化的用户，如果广告主没有启用转化跟踪的功能，该列表为空。
- Google 优化广告列表：该列表是一个组合列表，它将可用受众来源中的多个受众组成一个单一的列表。创建该列表需要广告主指定至少一个受众来源。

5）使用规则为网站或 App 的不同部分定义列表。例如要为出售高跟鞋的网页定义列表，可以使用规则“URL 包含高跟鞋”，这时产品页面的网址（www. example. com/stilettos）中必须包含“stilettos”。使用规则可以创建任意数量的列表，且无须在网站或 App 中添加更多的标签。

5.3 数据管理平台

5.3.1 数据管理平台简介

DMP（Data Management Platform，数据管理平台）是指用于收集、管理数据的软件系统，企业通过 DMP 可以识别细分受众人群，进而通过在线广告系统精准定位目标用户。在线广告技术生态包含自有流量广告平台（如 Google、Facebook、腾讯等）与第三方广告技术公司，DMP 对于两者分别有不同的意义。

广告网络（如 Google、Facebook）批量运营媒体广告位资源，以竞价的方式决定流量的分配，其结算以 CPC 为主，同时围绕 CPC 开发了以转化计费的生态（如 oCPM）。广告网络的核心竞价逻辑是封闭的，不能满足需求方越来越明确的利益需求，于是市场上出现了聚合各个媒体剩余流量并采用实时竞价方式为媒体变现的产品形态：广告交易平台（AD eXchange，ADX）。在 ADX 上通过实时竞价的方式，按照定制化人群标签购买广告，这样的产品就是需求方平台（Demand Side Platform，DSP），对应的管理媒体广告位的产品是供给方平台（Supply Side Platform，SSP）。DSP 会向 DMP 寻求数据支持，以实现更精准的投放。如图 5-7 所示，DMP 在广告网络与在线广告生态中都发挥重要作用。

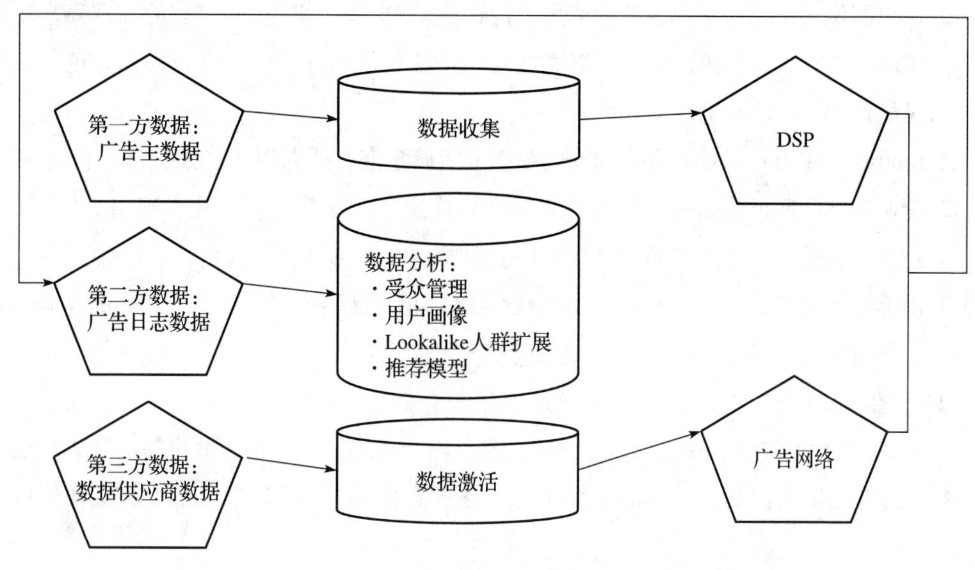

图 5-7　DMP 与在线广告生态

所有可以获取的数据，按照数据的归属方可以分为 3 种类型。

- 第一方数据：广告主自己收集的数据，如访问广告主网站的数据、使用广告主移动 App 的数据、企业 CRM 系统的数据。
- 第二方数据：在广告主与广告平台的广告投放过程中产生的，与广告主相关的数据，例如浏览或者点击过广告的用户。
- 第三方数据：数据供应商提供的数据，可以通过数据市场购买。

DMP 收集、加工的数据可以按照数据产生的形式分为 3 种类型。

- 观测数据：如互联网用户搜索历史记录、网络浏览日志、浏览器类型等。
- 推断数据：基于用户互联网行为，通过数据挖掘、机器学习等算法推断出的用户数据。
- 声明数据：用户主动声明与提交的数据，如在线表单与应用程序注册的数据。

DMP 收集到数据之后启动数据处理流程，对数据进行清洗、整理和集成，同时使用一系列数据挖掘、机器学习算法进行数据挖掘、数据扩展。通过收集与处理这些数据，DMP 在许多数据相关的领域发挥重要作用，比如以下领域。

- 广告定向：圈定目标受众，将广告定向到特定的人群，例如向对汽车感兴趣的用户投放汽车广告。

- 用户画像：使用与用户相关的信息和统计量(如需求、兴趣、行为)的数据集来对真实用户进行刻画。用户画像可以通过人工对各种信息进行组合分析得到，也可以通过机器学习算法自动生成。
- Lookalike 建模：通过对现有受众的挖掘分析确定潜在感兴趣的广告受众。
- 商业洞察：通过数据分析发现受众对产品或服务的潜在需求，作为新增数据(如用户属性、用户与在线产品的互动)补充到现有的客户管理系统中。
- 内容与产品建议：使用 DMP 的分析建议来优化产品，为用户提供个性化的体验。
- 数据货币化：通过出售 DMP 数据来增加收入。
- 受众需求丰富完善：通过 DMP 分析来深入了解受众需求。
- 扩大客户群：通过 DMP 分析发现新的客户群，提高广告主的知名度与品牌忠诚度。

对于自有流量广告平台，DMP 主要作为广告系统整体产品设计的一部分，服务于以下目标。

- 更好地满足广告主利用私有数据(广告主第一方数据)进行广告投放优化的需求。
- 在封闭的竞价逻辑与数据闭环下引入第三方数据供应商，在数据供应商与广告主之间建立桥梁，满足数据供应商变现数据的需求以及广告主利用自身对数据的洞察提升广告投放效率的需求。
- 在封闭的数据闭环前提下，尽可能使广告主通过 DMP 最大限度地利用广告平台的数据，满足广告主对自身客户人群洞察分析与品牌定向推广，此时 DMP 一般与广告平台投放系统对接。

如图 5-8 所示，自有流量广告平台的 DMP 主要包括数据接入、目标人群管理、洞察分析、广告投放、投放效果分析与优化这 5 个过程，主要的产品目标是帮助广告主优化广告投放。

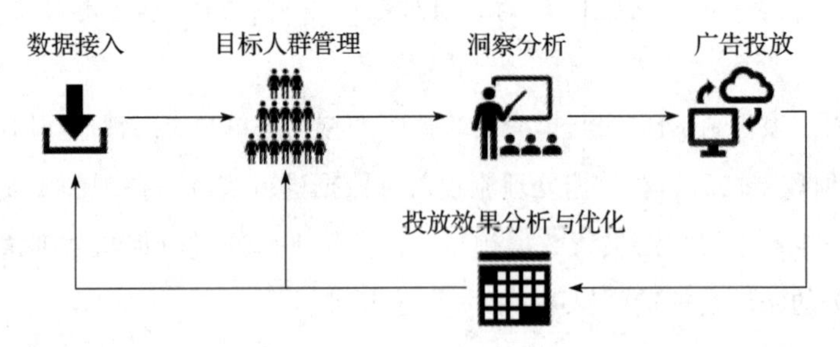

图 5-8　自有流量广告平台的 DMP

数据接入部分，广告主既可通过 SDK 接入网站的用户行为数据，如浏览商品类目、加购物车数据等，也可以文件上传方式接入广告主离线数据。目标人群管理功能可以根据广告主的广告推广需求，利用广告主上传的数据与广告平台数据，生成特定的目标人群用于广告投放。数据来源如下：

- 从客户上传文件中提取的人群，如电话号码；
- 广告主在网站上利用广告平台 SDK 上传用户行为数据，从行为数据中提取的人群；
- 从广告日志数据中提取的人群，如浏览过或者点击过广告的客户；
- 根据广告上下文数据提取的人群信息，如地理位置信息；
- 通过录入关键词创建的人群；
- 通过客户上次的种子人群包进行扩展(Lookalike)，生成的人群信息。

DMP 提供的洞察分析功能可以帮助广告主从广告平台用户画像的各个维度来了解与分析目标人群的属性、兴趣分类、地域特点等信息，进而将其用于优化广告创意、指导营销策略，为下一步投放提供参考。DMP 也与广告平台的投放系统打通，将生成的目标人群用于广告投放，通过广告平台提供的广告效果分析工具，可以对目标人群的精准度进行分析与优化，进一步优化目标人群与数据接入。DMP 比较强地依赖于 cookie 这类用户数据追踪技术来标志与跟踪用户行为。随着 GDPR 的实施，iOS 和 Android 平台对用户数据跟踪有较强的限制，DMP 在数据获取阶段面临挑战。

5.3.2　相似受众扩展

Lookalike 技术(相似受众扩展)是 DMP 的一个重要功能。相似受众通常指由某种算法组成的社交网络成员组，在某种程度上类似于另一组成员。在数字广告生态中，Lookalike 是一种新型的针对数字营销的定位工具，可以帮助吸引可能与现有客户分享类似兴趣和行为的潜在在线客户。该工具最初由 Facebook 于 2013 年发起并推广使用，之后 Google Ads、LinkedIn Ads 等其他广告平台纷纷推出类似产品。

Lookalike 技术剖析现有客户及其用户画像，从中找到现有客户的共性。通过这一过程可以找到采用其他方法难以识别与吸引的高素质客户。为了使扩展过程有效，现有种子受众必须是同质的。通常通过相同的行为模式来圈定种子。相似种子的同质性比样本组的大小对扩展后的受众精准度影响更大。例如在 Facebook，最小的种子组为来自同一个国家或地区的 100 名用户。Facebook 通常要求种子组包括 1000~5000 名同质用户。常用的种子源如下。

- 来自企业或广告主 CRM 系统的客户群：从过去与企业发生过互动的客户留下的电子

邮件、电话号码中生成的种子组。还可以细分，例如具有最高生命周期价值的客户或者过去对特定产品产生过购买行为的客户。

- 来自发生过转化行为的客户群：这类客户在企业或广告主的网站或者 App 中执行了购买行为，或者提交了销售线索表单。
- 基于参与度生成的客户群：基于参与度对客户进行细分，例如，基于浏览过的页面、在网站上花费的时间、视频观看的次数等维度的数据生成对应的种子组。

实现 Lookalike 算法时(见图 5-9)，广告主首先提交一批客户名单作为种子源(C)和机器学习的正样本，并从非种子用户(U)或者平台积累的历史数据中取一些相似样本作为负样本，这时该问题转化为一个二分类模型，正负样本组成学习的样本。训练模型之后，利用模型结构对活跃客户进行打分，最后得到广告主需要的目标人群。

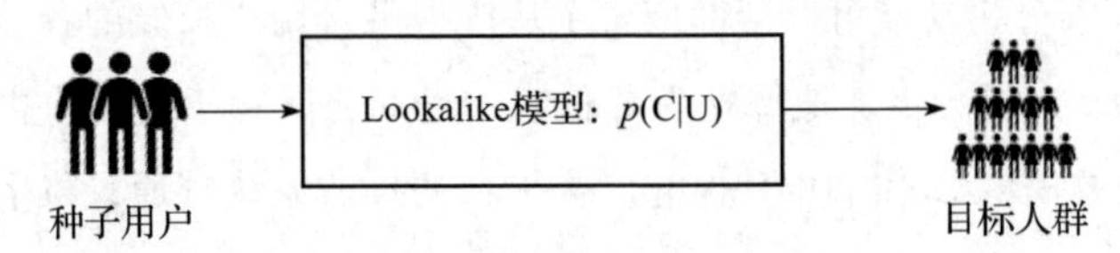

图 5-9 Lookalike 建模过程

从历史数据中选取负样本时比较常用的算法是 Word2Vec 中用到的负采样(Negative Sampling)。下面以 Word2Vec 的场景来讲述负采样算法，该算法也可以应用在 Lookalike 场景。

图 5-10 显示了一些训练示例，从句子“The quick brown fox jumps over the lazy dog.”中，可以获得训练的单词对，设定窗口长度为 2，以灰色突出显示的单词是输入单词。

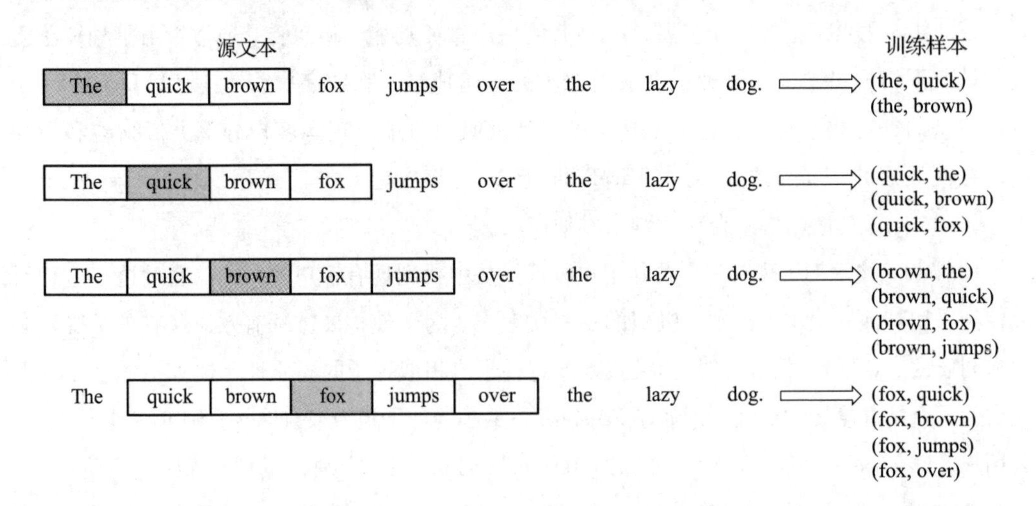

图 5-10 Word2Vec 的训练样本生成过程

这里的停用词 the 带来了两个问题：

1）在查看单词对时，（“fox”，“the”）并不能告诉我们 fox 的含义，the 出现在几乎每个单词的上下文中；

2）样本中有太多类似（“the”，…）的样本，超过了训练一个 the 对应的向量所需的数目。

Word2Vec 中实现了二次抽样（subsampling）来解决这个问题。对于在训练样本中遇到的每个单词，存在一个概率可以将该单词从文本中删除，删除的概率与单词出现的频率相关。如果设定窗口为 10，同时我们将停用词 the 从文本中移除，这样便解决了上面的两个问题：

1）在余下的单词中进行训练时，the 不会出现在上下文窗口中；

2）以 the 为输入词的训练样本数目少于 10 个。

Word2Vec 使用一个公式来计算单词保留在字典中的概率。设单词为 w_i，$z(w_i)$ 是该单词在所有单词中出现的频率。例如，如果“花生”在含有 10 亿个单词的文档中出现了 1000 次，则 $z(\text{花生})=1\times10^{-6}$。同时有个参数 sample 控制了二次采样的频率，默认值是 0.001，较小的 sample 值意味着单词更倾向于被删除，$P(w_i)$ 定义为保留一个单词的概率，$P(w_i)=\min\left(1.0,\left(\sqrt{\frac{z(w_i)}{0.001}}+1\right)\cdot\frac{0.001}{z(w_i)}\right)$。该函数对应的曲线如图 5-11 所示。

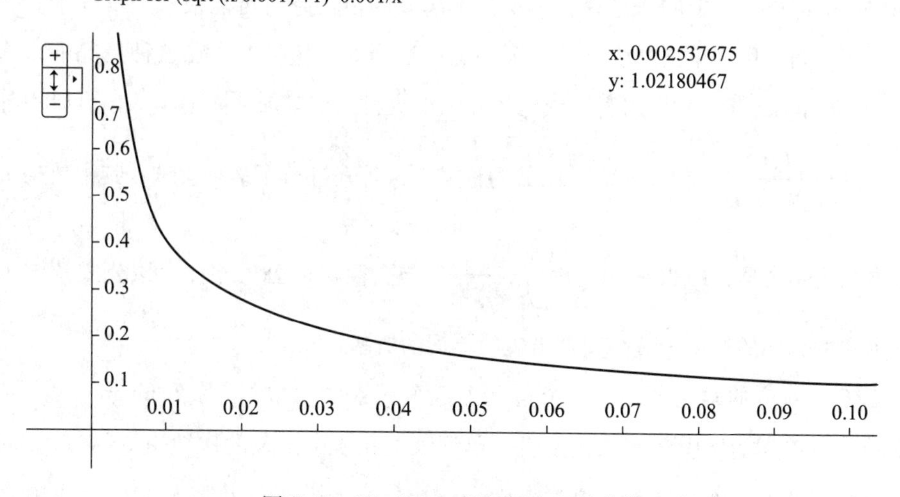

图 5-11　Word2Vec 保留概率函数曲线

通过这种方式，任何一个单词都不应该占语料库的很大一部分，因此在 x 轴上的分布都很小，该函数有以下特性(设定默认采样率为0.001)。

- 当 $z(w_i) \leqslant 0.0026$ 时，$P(w_i)=1.0$，单词被保留的机会为100%，这意味着仅对代表总单词的0.26%以上的单词进行二次采样。
- 当 $z(w_i)=0.00746$ 时，$P(w_i)=0.5$，单词被保留的机会为50%。
- 当 $z(w_i)=1.0$ 时，$P(w_i)=0.033$，也就是说当语料库都是 w_i 时，被保留的机会为3.3%，当然这种语料库是没有意义的。

在训练神经网络时，以训练样本为输入，对所有神经元权重进行调整，以使其更准确地预测训练样本。也就是说，每个训练样本都将调整神经网络中的所有权重。Word2Vec中，单词字典越大，意味着skip-gram对应的网络有越大的权重，而数十亿训练样本中的每一个都会对这些权重进行微调。负采样使每个训练样本仅修改一小部分权重而不是全部权重来解决这一问题。

例如在样本单词对(“fox”,“quick”)上训练网络时，网络的输出是一个one-hot编码的向量，也就是说，对于与“quick”对应的输出神经元输出1，对于其他所有数千个输出神经元输出0。在使用负采样的情况下，改为随机选择少量(如5个)“负”单词来更新权重。在这种场景中，“负”单词是我们希望网络中输出为0的单词。同时还将继续更新“正”单词的权重，在当前示例中为“quick”。这些负样本(5个输出为0的单词)通过使用一元模型分布(unigram distribution)来选择，出现频率越高的单词越有可能被选为负样本。假设使用整个训练语料库作为单词列表，从列表中随机选择5个负样本，在这种情况下，选择单词couch的概率等于couch在语料库中的次数除以语料库中单词词库的总数，可以用等式表示为 $P(w_i)=\frac{f(w_i)}{\sum_{j=0}^{n} f(w_j)}$。Word2Vec相关的论文对该等式进行了多种尝试，其中效果最好的是对字数取3/4次幂，即 $P(w_i)=\frac{f(w_i)^{3/4}}{\sum_{j=0}^{n} f(w_j)^{3/4}}$。与更简单的公式相比，该公式倾向于增加不经常出现的单词的概率，减少频繁出现的单词的概率。

在C/C++对应的实现中，有一个包含1亿个元素的大数组(称为unigram表)，用词汇表中的每个单词的索引多次填充该表，单词索引在表中出现的次数由 $P(w_i)\times$table_size给出。要实际选择一个负样本，只需生成一个 $0\sim10^8$ 之间的随机整数，然后使用表中该索引处的单词即可。具有较高可能性的单词在表格中出现的次数较多，因此更有可能被选择。

5.4　特征工程平台

广告系统的 5 类数据——广告元数据、广告日志数据、用户画像数据、广告上下文数据、广告主私有数据是广告系统机器学习的主要数据源，这些数据形成一个数据闭环。特征工程在这一闭环中主要承担特征生产、特征仓库、在线特征服务、特征质量检测等功能。通过特征工程平台(见图 5-12)，数据转化为模型训练与模型 Serving 所需的特征，影响广告系统的竞价、预估等各个环节。

5.4.1　特征生产

广告系统特征工程平台的特征生产包括用户语义特征、广告素材特征、前文统计特征这三大类，其中用户语义特征由用户画像模块产出并注册到特征工程平台。

广告素材特征是指广告分类信息(从标题描述中提取)、核心关键词(从落地页提取)、美感特征(从图片素材上提取)等。广告素材特征生产的主要功能是将广告素材从广告库同步到特征库。广告数据按层级组织，为 Advertiser→Campaign→AdGroup→Ad→AdCreative 这几层。AdGroup 层级里存储有扣费类型、计费类型、优化目标类型、广告定向等数据。AdCreative 层级有广告标题、描述、落地页、图片素材等数据。

前文统计特征是指通过对用户的历史行为数据进行统计加工得到的特征。前文统计特征生产框架包括以下功能。

- 将一段时间窗(Window)内的数据按维度聚合，并周期性地更新。
- 从不同的前文特征使用场景可以抽象出加和、排序列表、按子维度加和这三种算子。
- 支持按分钟、小时、天生成和更新前文特征。
- 使用者只需要配置参数，例如输入数据源的 HDFS 路径、周期(Interval)和时间窗的配置信息、聚合逻辑、统计数据输出的 HDFS 路径。

前文统计特征生产涉及大量的数据打乱(shuffle)与聚合，在数据量较大的情况下，存在数据重复计算、资源浪费的弊端，而且常用的批处理作业调度系统比较难实现分钟级别的特征聚合。如图 5-13 所示，这时可以基于 HBase 进行系统优化，利用 HBase 缓存聚合结果，每种时间粒度对应一张 HBase 表，如分钟级别的表、小时级别的表、天级别的表，表中的一列存放一个周期的缓存结果，列名为时间戳。由一个 Spark 任务 SeedJob 从 HDFS 读取原始数据，将聚合结果写入最细粒度的表。小时级别的 Spark 任务 IntervalJob 读取分钟

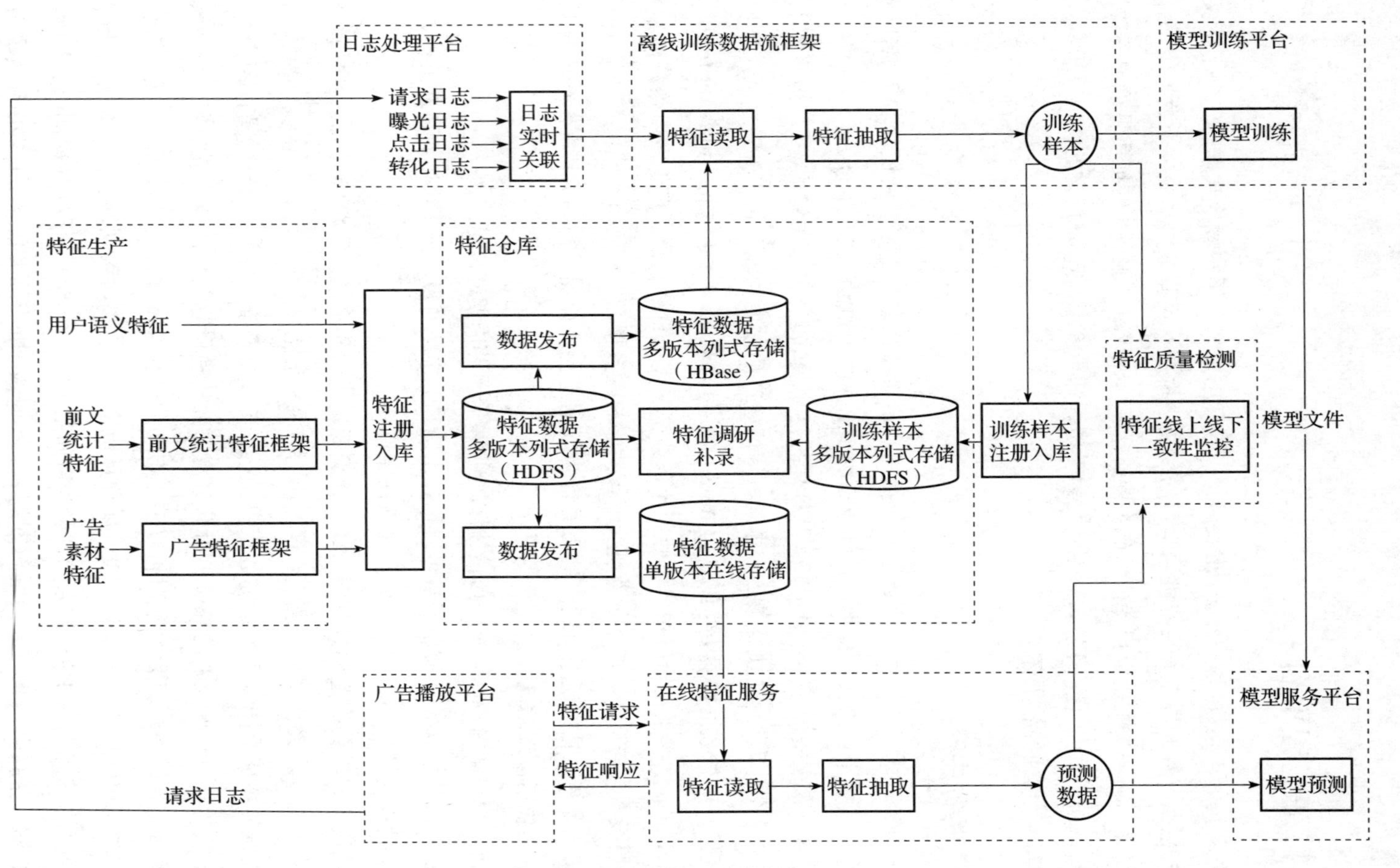

图 5-12 特征工程平台架构

级别的表对应的 60 列，写入小时级别的表。天级别的 IntervalJob 读取小时级别的表，写入天级别的表。一个 Spark 任务 WindowJob 扫描 IntervalTable 中的若干列，聚合并将结果输出到 HDFS。例如有一份代表 1 分钟的曝光点击日志，按照用户 ID 聚合获得点击过的广告 ID 列表，IntervalTable 中每个 Cell 存放该用户在这一分钟内点击的广告 ID 列表，由一个 Spark 任务负责读取数据，聚合并写入 HDFS。通过这种方式不用计算没有变更的部分，将计算切分到细粒度，削峰填谷，输出的只是增量。在 IntervalTable 中，需要感知哪些 Key 需要聚合，这时需要整表扫描。可以引入 Flag 标记位，其中 Data 和 Flag 是两个 ColumnFamily，在不同的 HFile，扫描 Flag 标记位而不是 Data，从而减少扫描的数据量。当特征大小增加时，基于 Flag 的方式优势更加明显。

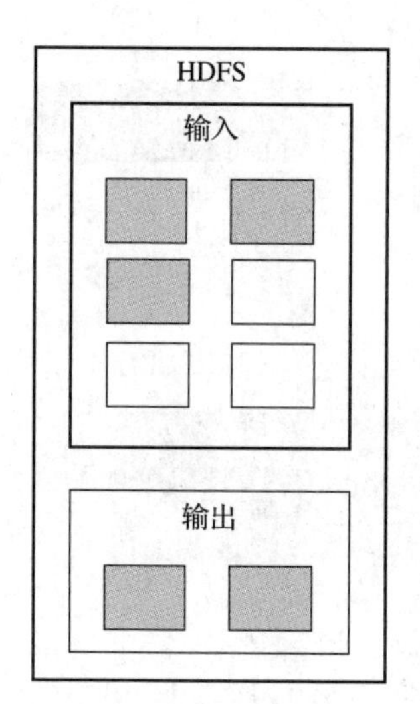

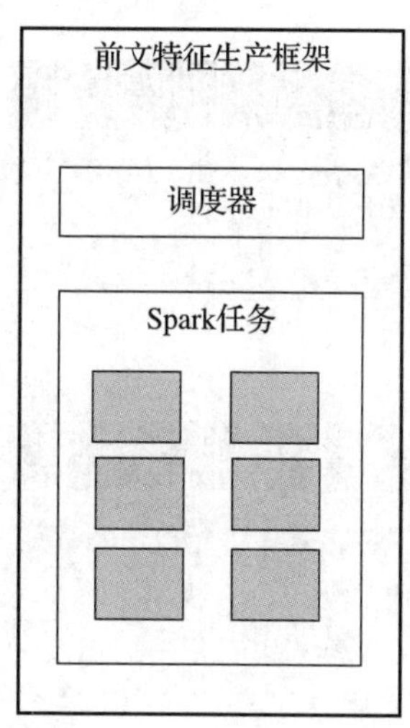

HBase

Minute Interval Table

Key	Data			Flag		
	0	…	60	0	…	60
K1						

Hour Interval Table

Key	Data			Flag		
	0	…	24	0	…	24
K1						

Day Interval Table

Key	Data			Flag		
	0	…	15	0	…	15
K1						

Job Meta Table

Job	Status
SeedJob_Min_0	
IntervalJob_Hour_0	
IntervalJob_Day_0	
WindowJob_Day_14	
WindowJob_Day_15	

图 5-13 前文特征生产架构

5.4.2 特征补录与训练样本数据流

特征补录是特征调研的基础，是指在新加一个特征集的情况下，验证模型加入这个新特征的效果。在每个生产环境中运行的模型都会存储之前的训练样本集，特征补录要求将之前的训练样本集和新的特征集合并，生成新的训练样本集，并且需要保证不出现时间泄露的问题。特征调研需要频繁进行补录。每一次补录都会触发生成一个新的全量样本集，带来较大的存储成本；而且训练数据与特征数据都被多次打乱，带来较大的计算成本；同时较长的计算周期也会导致补录调研时间周期长。

如图 5-14 所示，这时可以为每行训练数据分配一个 uuid，数据按 uuid 分片与排序。补录数据通过打乱分配到对应的 uuid，抽取到对应的特征并落地存储。在读取时动态合并训练数据和补录特征文件，这会带来一些读取与合并开销。通过这种方式，训练数据只需要打乱一次，从而优化计算资源。对于多次补录，同一份训练数据可以复用，对于每次补录只需要存储补录的特征，从而节约存储资源。

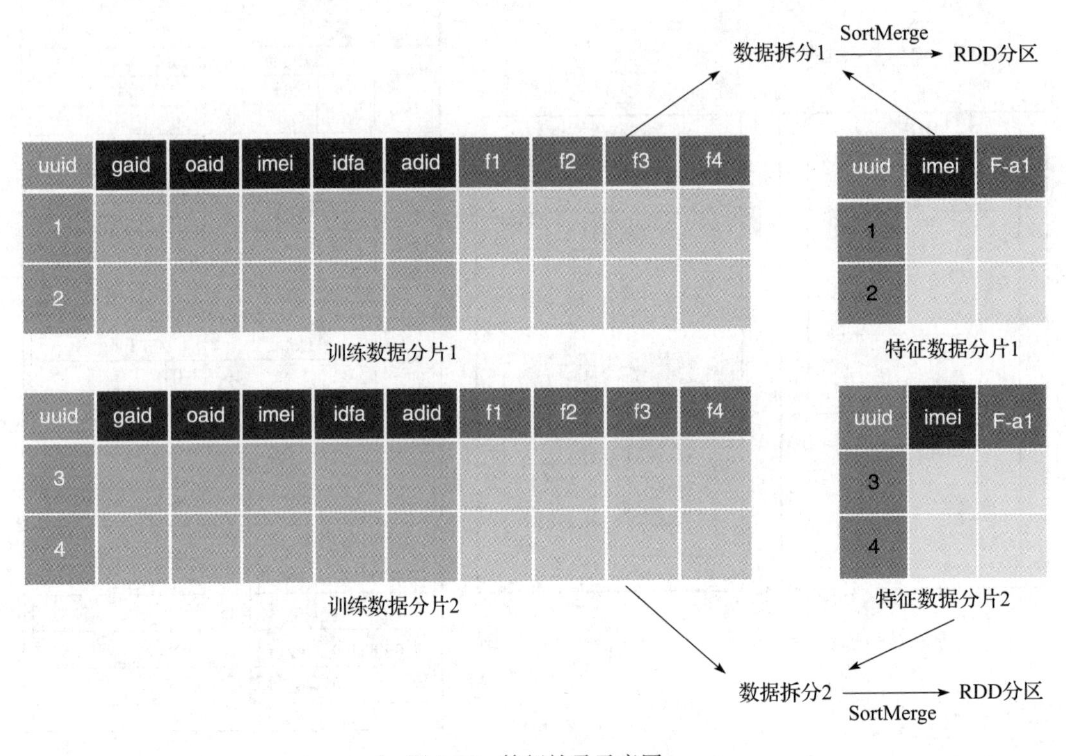

图 5-14 特征补录示意图

生成训练样本是特征工程的最后环节，由于广告系统涉及的数据类型比较固定，可以通过将这个环节组件化，将数据流抽象为一个 DAG 拓扑结构，进而基于 DAG 开发与业务无关的工具来提升开发效率与开发质量，分析存储热点，优化存储空间。如图 5-15 所示，曝光日志、点击日志可以同时用于 CTR 训练数据集、CVR 训练数据集。

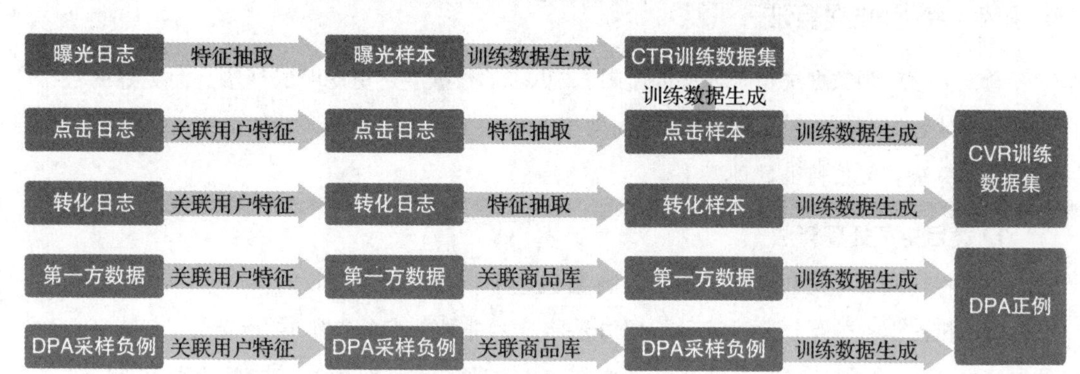

图 5-15　数据流复用

5.4.3　特征存储

特征存储分为特征离线存储与特征在线存储两种。特征离线存储一般为列式存储，例如谷歌内部的列式存储格式为 Dremel 格式，对应的开源格式为 Parquet 格式。这种格式的好处是在特征抽取时，通常只抽取若干特征而不是全部特征，这时使用列存储效率较高。而特征在线存储需要提供稳定的低延迟，通常利用 cache+NoSQL 的方式来存储与优化访问。

在特征存储时需要特别关注训练服务偏差(Training-Serving Skew)问题。训练服务偏差问题是指 Training 阶段指标与 Serving 阶段指标差异巨大，例如离线调研的时候 AUC 提升明显，而在线点击率反而下降。导致 Training-Serving Skew 的原因有很多，比如数据不同源，Training 和 Serving 阶段的数据处理逻辑(如特征抽取逻辑)不同，Training、Serving 存在时间差异且在该段时间内数据发生了变化。而避免 Trainig-Serving Skew 问题的方式有使数据同源，统一通过数据仓库来存储，使 Training、Serving 阶段的数据处理逻辑保持一致。例如，Serving 阶段的编程语言通常是 C++，而 Training 阶段的编程语言一般是 Java/Scala，这时可以统一使用 C++实现特征算子，通过 JNI 等方式供 Java 调用，这样可以保证 Training 和 Serving 阶段调用同样的算子。

此外，还应当避免数据泄露与数据穿越。

数据泄露是指本来不应该出现在训练样本 X 中的与训练目标 Y 相关的数据，出现在了 X 中。而数据穿越是指在训练过程中使用了某些特征，而这些特征是在实际中用模型去预测时获取不到的未来的信息，例如在周三的训练样本中出现了周五的数据。

5.4.4 特征处理算法

通常大家认为数据决定了算法的上限：“更多的数据胜过更聪明的算法，而更好的数据胜过更多的数据。”特征处理算法只是对数据进行加工的方法，按照特征类型可以分为类目特征处理算法和数值特征处理算法。

1. 类目特征处理算法

类目特征通常不是数值型，例如眼睛颜色这个特征可能为 black、blue 或 brown，不能直接用于机器学习，需要通过某种编码方法将这些非数值型的特征转化为数值型特征。如果类目的基数比较高，可能导致生成非常稀疏的数据，而且对于没有出现的类目难以估算对应编码的特征值。

One-Hot 编码(独热编码)使用一组位(bit)，每位代表一种可能的类目。如果一个变量不能属于多个类目，则每次仅有一位可以开启，因此它被称为“独热”。一个有 k 种可能值的类目特征对应于一个长度为 k 位的向量。表 5-2 所示为对应一个长度为 3 位的城市特征变量的独热编码。

表 5-2 独热编码示例

	e_1	e_2	e_3
San Francisco	1	0	0
New York	0	1	0
Seattle	0	0	1

独热编码比较易于理解与使用，但是使用的位数比实际需要的位数多了一位，如果某个 k 位编码前 $k-1$ 位为 0，由于该变量必须采用 k 个值之一，则最后一位一定为 1，用公式表示为 $\sum_{i=1}^{k} e_i = 1$，也即这些特征线性相关。线性相关的特征在训练线性模型时，会导致不同的特征组合有相同的模型预测结果，这会给理解模型带来困难。出现该问题的原因是独热编码允许的维度为 k，但实际上只需要 $k-1$ 个维度就可以表达编码。常用的做法是删除其中一个维度，如表 5-3 所示。

表 5-3 独热编码删除一个维度

	e_1	e_2	e_3
San Francisco	1	0	0
New York	0	1	0
Seattle	0	0	0

独热编码使用位来表示编码对内存较为友好，但与大多数类目特征处理算法类似，它不能处理好训练数据中没有出现过的特征变量。

Hash 编码将类目值映射到一个有限的整数集合$[1,m]$，通常输入域远大于输出域，因此多个数字可能会映射到同一个输出，也即发生碰撞。Hash 碰撞通常会降低模型训练的效果。Hash 编码避免了产生稀疏的数据，能较好地处理没有出现过的特征变量。如图 5-16 所示，通常可以用不同的 Hash 函数将 Hash 结果进行 Concat 组合来降低碰撞，提升准确率。

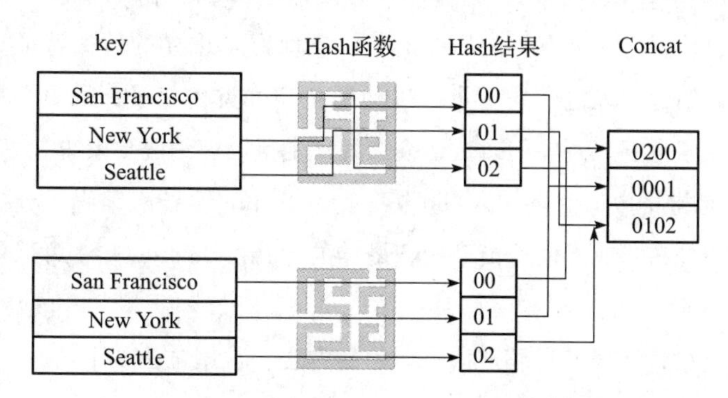

图 5-16　利用 Concat 组合多个 Hash 结果来降低冲突

标签编码是指给每个分类变量一个唯一的数值，这种编码不增加特征维度，但在特征字典动态变化时需要重新编码。在进行 mini-batch（小批量）训练时，需要充分考虑预留多大的编码空间：如果预留足够大的编码空间，可能会造成训练 GPU 的显存浪费；而预留紧凑的编码空间，则可能会遇到编码空间溢出的问题。

计数编码是指在类目变量中用其在训练数据集合中的计数代替变量，它对于线性与非线性方法都适用，可以增加对数变换，从而较好地处理大数。对于训练数据集中没有出现过的变量可以设置计数位 1。存在冲突时，不同的变量可能计数相同，从而对应相同的编码。由于要先对训练数据集进行计数，所以计数编码不适用于增量 mini-batch 训练。

标签计数编码是指在训练数据集中对特征变量按照计数排名并进行顺序编码，它结合了标签编码与计数编码的长处，不会对不同的特征变量生成相同的编码，不仅对于线性与非线性算法均适用，而且对异常值不敏感，可以恰当地处理没有遇到过的特征变量（设计数为 1）。与计数编码一样，标签计数编码也不适用于增量 mini-batch 训练。

箱计数（Bin Counting）编码是指不使用类目的值作为特征，而使用类目在该值下的条件概率作为特征，也就是说，不使用类目对应的类目值（例如眼睛为黑色，对应的类目值是“黑色”），而是计算该值与类目的关联统计信息，用统计信息作为特征。该编码方式需要从历史数据中统计出类目-值的条件概率，统计时需要平滑处理，以避免编码概率为 0，同时可以增加随机噪声以应对过拟合。箱计数编码将分类变量转换为有关该值的统计信息，不同于稀疏的类目编码方式，它可以生成密集的实数的表示形式。

2. 数值特征处理算法

数值特征比较容易用于机器学习，也比较容易估算训练数据中没有出现过的特征值。常用的方法有 Rounding（四舍五入）、Binning（分档）、Scaling（缩放）等。

Rounding 可以认为是一种有损的压缩形式，它保留了重要的数据特征。有时更高的精度只会增加噪声。四舍五入之后的变量可以认为是一种类目变量，采用类目变量编码方法来处理。也可以在四舍五入之前用对数变换来处理变量，使编码更紧凑。

Binning 方法是指将数值变量放入 Bin 箱，并使用 Bin 编号来编码。分档的方式可以是使用分位数、均匀分布，或者使用模型找到最佳的分档。Binning 方法可以较好地处理训练数据中未出现过的值。

Scaling 编码是指将数值变量缩放为一定值的方法，常用方法如下。

- 标准缩放：按公式 $z=\frac{x-\bar{x}}{S}$ 对数值变量进行缩放，其中 $S\neq0$，$\bar{x}$ 是样本平均值，S 是样本标准差。
- Min-Max 缩放：按公式 $\dot{x}=\frac{x-\min(x)}{\max(x)-\min(x)}$ 来将数据缩放到 [0,1] 区间的实数。
- 对数缩放：计算特征值的 log 值，从而将较宽的值范围压缩到较紧凑的范围。当特征的少数几个值有很多点，而其他大多数值有很少点时，对数缩放很有用。这种类型的数据分布称为幂律分布。电影的评分数据就是一个这样的例子，大多数电影的评分很低（尾部的数据），少数电影的评分很高（头部数据），采用对数缩放可以改变分布，有助于提高线性模型的性能。

3. 时间特征的处理

时间相关的特征（如日期）具有较好的局部性，通过特定的特征处理方法可以带来较大的效果提升。常用的处理技巧如下。

- 将时间变量映射到一个圆上，例如将 day_of_week 映射到圆上的两个坐标，使得 max 和 min 之间的距离与 min、min+1 之间的距离相等。同理可以处理 day_of_month、hour_of_day 等。
- 使用趋势类型的变量，例如对于“总消耗”，可以编码为“上周总消耗”“上个月总消耗”“去年总消耗”这些趋势。这样可以使算法抓取趋势特性：两个“总消耗”相等的客户，可能会有截然不同的消费行为，一个客户可能开始花更多的钱，逐渐增加消耗，而另一个客户可能开始减少消耗。

- 以重要的时间点为中心来编码，例如用 date_3_days_before_holidayes:1 来表达节假日之前 3 天这个时间特征。可以尝试的特征有“法定节假日”“主要的体育赛事日期”“周末”“每个月的第一个周六”等。这些重要的时间点对于客户消费行为有重要的影响。

5.4.5　建设统一特征工程平台的必要性

特征处理与生产是机器学习系统的前置阶段，特征工程与所有现代软件工程一样，在进入生产环境时需要处理好可扩展性、一致性、模块性、可测试性、安全性、生命周期维护等一系列问题。建设一个统一的特征工程平台，可以对下游的机器学习模块屏蔽掉这些软件工程的细节，提升系统的稳定性，从而提升效率，同时也可以促进特征的共享，优化特性调研、特征使用效率。建设一个统一的特征工程平台被证明是行之有效的工程实践。

5.5　本章小结

本章首先介绍了广告系统的主要数据类型，即广告元数据、广告日志数据、用户画像数据、上下文数据以及广告主私有数据，然后介绍了 DMP 这个数据产品，接着介绍了如何围绕这些数据构建数据闭环以及其中重要的特征工程模块，最后介绍了基本的特征处理方法。

Chapter 6 第6章

A/B测试与互联网广告

无法衡量就无法优化。对于互联网广告系统而言，必然要建立一套衡量标准来把控整个系统更新迭代的优化方向。而A/B测试系统就是很好的进行变量控制和优化方向选取的工具，它通过衡量—发现—迭代—验证这一循环过程，不断进行精细化迭代。精细化迭代是一种建立在数据基础上的思维方式，可以用较低的成本获得较好的效果。

6.1 A/B测试介绍

A/B测试有很长的历史，最早可以追溯到1908年，William Sealy Gosset提出通过T检验来降低监测啤酒质量的成本。Google工程师在2000年进行了首次A/B测试来确定在搜索引擎结果页上显示的最佳结果数，到2015年Google每天执行的A/B测试超过1000次。在这一过程中A/B测试方式持续迭代与优化，并被各大互联网公司广泛用于包括UI优化、算法优化、策略优化在内的方方面面，但基础原理通常保持一致。

A/B测试也称为分桶测试或分段测试，通过比较只有单个变量的两个版本来发现更有效的版本。版本A可能是当前使用的版本，也叫控制实验；版本B是修改后的版本，也叫对照实验。例如一个电商网站的购买漏斗是一个典型的A/B测试集合，即使是跳失率的微小增加，也可以带来销售收入的大幅度提升。修改购买路径上的文本、排版、图片和颜色，可以带来转化漏斗跳失率的显著变化，可能是提升，也可能是降低，这时需要通过 A/B 测试来做出检验。

在广告系统中有大量广告策略的变更或者点击率预估模型发生变化，这时也需要通过 A/B 测试来验证对收入的影响是否正向。

可以按照如图 6-1 所示的框架执行 A/B 测试，包括以下 6 个步骤。

1）收集数据：A/B 测试的第一步是确定数据的产生点，通过这一触点来收集数据。例如，广告系统、推荐系统中常用的方式是将广告展示给用户来收集展示数据或者用户的点击数据。从高流量区域开始通常有助于更有效地收集数据。

2）确定目标：确定一个衡量测试版本是否比原始版本更优的指标。这个指标可以覆盖任何可量化的东西，从单击按钮或链接到产品购买和电子邮件注册，从广告点击率、转化率到游戏的付费概率。

3）产生假设：确定目标后，就可以开始生成 A/B 测试想法和假设，以了解为什么它们会比当前版本更好。

4）创建变体：对假设所涉及的元素进行变更，例如更改按钮的颜色，交换页面上元素的顺序，创建新的策略模型，引入新的排序算法等。

5）进行实验：创建变体后应该发布实验并等待访问者参与，这时访问者将被随机分配给原始版本或者变更版本，在两种版本下相关的参数都会被记录下来。

6）分析结果：实验完成后须对结果进行分析，A/B 测试系统将显示来自实验的数据，并显示两个版本的执行方式之间的差异以及统计上是否存在显著差异。

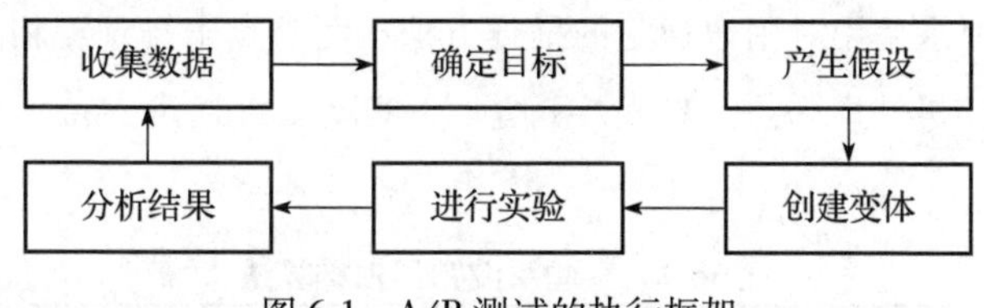

图 6-1 A/B 测试的执行框架

本章主要介绍收集数据和分析结果这两个模块。

6.2 收集实验数据

A/B 测试的第一步往往是确定 A/B 测试的数据收集点，例如在线点击率的 A/B 测试，可以通过向用户展示广告，收集用户的曝光、点击记录来收集实验数据。通常将给用户的曝光展示机会定义为流量。对于一个特定的产品，流量的总数是有限的，而同时可能进行许多实验，这时候需要通过流量管理和流量分层来最大化同时进行的独立实验数。

6.2.1 流量管理

不同媒体展示的广告的效果往往有较大差别，例如信息流广告的点击率往往高于 Banner 广告。在广告系统中一个广告展示位对应一个广告位，同一种类型的广告位归集到广告位集合。如图 6-2 所示，产品经理或研发人员可以在实验系统通过广告位或广告位集合来圈定实验流量的范围，实验系统记录下对应的广告位或广告位集合，在线广告请求如果与该广告位匹配，就被纳入流量抽样。

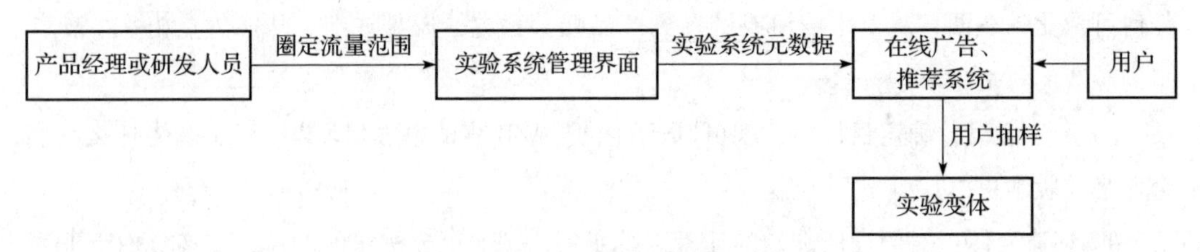

图 6-2 实验系统流量管理示意图

流量抽样算法分为用户稳定和用户不稳定两种类型。如果同一个用户产生了多次请求，这些请求或者都被抽中，或者都不被抽中，那么这个抽样方法对用户是稳定的；反之，如果同一个用户的多次请求，有些被抽中，有些不被抽中，那么这个抽样方法对用户是不稳定的。不同的实验对抽样算法的稳定性有不同的要求：与用户强相关的实验，例如对用户画像的优化实验，要求使用对用户稳定的抽样方法；而与点击率预测相关的实验，则可以使用用户不稳定的随机抽样算法。如表 6-1 所示，实验系统通常支持不同的抽样算法来满足不同的实验需求。

表 6-1 实验系统常用抽样算法

抽样方法	方法说明
随机抽样	对每次请求生成一个随机数作为特征值进行采样。优点是实现简单，采样随机性较好；缺点是对用户不稳定
根据 cookie 进行抽样	使用 cookie 计算出特征值进行采样。优点是对用户稳定，采样随机性较好；缺点是需要在客户端植入 cookie
imei 抽样	使用手机 imei 号计算出特征值进行采样。优点是对设备稳定，采样结果基本无偏；缺点是仅适用于 Android 平台

（续）

抽样方法	方法说明
用户 ID 抽样	使用用户 ID 计算出特征值进行采样。优点是对用户稳定，采样结果无偏；缺点是要求流量有用户 ID。某些流量（如搜索引擎）可能不需要用户登录，因而无法使用
用户抽样	综合用户 ID、imei、idfa 等采样方式，按照用户 ID、cookie、imei/idfa 的顺序确定特征值进行采样。优点是规避了任意一种采样方式覆盖率的问题，适合各种平台对用户稳定的抽样实验

通常广告系统使用广告位圈定流量并指定抽样算法，即可以抽取一部分流量进行实验。某些情况下实验变体可能需要指定特殊的条件。例如，某个客户端有众多版本，而要测试的某种按钮形态只有其中一个客户端版本才有，如果采用广告位圈定的方式，则圈定的流量中只有一小部分流量才是真正想要的实验流量，这会导致统计效果被稀释，看不到满意的实验效果。针对这类需求，实验系统可以提供条件机制，用户创建实验的时候指定符合条件的流量才是实验流量，在线系统收到广告请求之后，通过匹配条件来判断流量是否符合实验要求，符合要求的才被纳入抽样。如果一个流量满足了抽样算法（例如通过 cookie 采样），但是没有满足抽样条件（例如实验条件是语言为日本语，但 cookie 对应的语言是英语），这一流量并不能被用于其他的抽样条件，否则会带来偏差（bias）。简而言之，条件抽样是在抽样算法圈定用户的基础上再次圈定。

实践中使用条件机制来触发抽样往往存在无法满足的需求。例如对于与性别相关的实验，由于将流量匹配到用户画像的模块位置在实验系统位置之后，在线系统在匹配请求时通常无法知道请求对应用户的性别，这时候无法使用条件机制来处理。实验系统提供一种标签机制，允许实验变体按照自己的逻辑为流量打上标签，并在实验数据处理部分直接统计出标签对应的效果。

综合运用广告位、广告位集合来圈定流量，用条件抽样来根据请求上的属性圈定流量，或者由实验变体给流量打标签，可以满足绝大部分场景下的流量管理需求。但流量的总数有上限，为了能同时进行多组实验，需要引入流量分层技术。

6.2.2　流量分层

最简单的流量分层模型是单层模型，如图 6-3 所示。每个实验独占一份流量，可配置任意参数，且只处于一个实验中。基于 cookie 的抽样实验先分配流量，然后分配随机流量。接近前端的模块先分配流量，如果接近前端的模块运行了足够多的实验，后端模块可能没有足够的流量来运行实验。单层模型足够简单，容易使用，但伸缩性不够好，不能支持同时运行足够多的实验。为解决这一问题，需要引入多层模型。

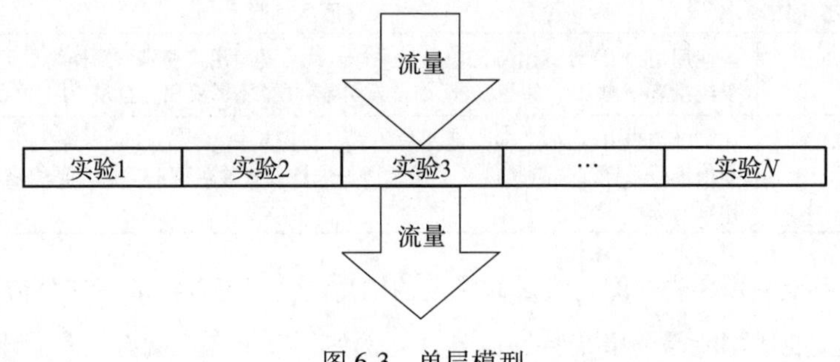

图 6-3　单层模型

如图 6-4 所示，多层模型中将实验参数进行归类，为每类参数指定一个层（layer）。例如：将广告系统里控制文案展示的参数归为一类，归到一个指定的层，在这个层里可以测试字体、前景色、轮播方法等参数；将 CTR 预测模型相关的参数归为一类，可以测试学习率、批大小等与模型训练相关的参数。层和层之间的流量通过 Hash 保持正交，如果第 1 层有个实验抽取了 1%的流量，那么其他所有层里每个实验都有 1%的流量受到实验 A 的影响，可以认为第 1 层的实验不会对其他层的实验结果造成影响。

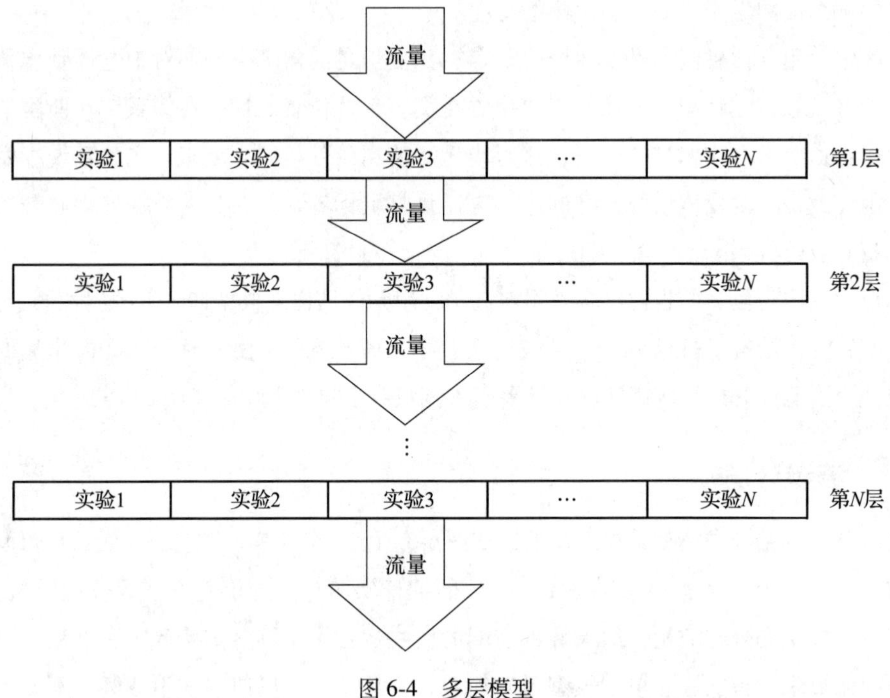

图 6-4　多层模型

多层模型解决了大部分需求，但仍然满足不了某些特定场景的需求，例如一个可以指定轮播的时长、广告个数等的轮播实验。轮播的时长控制参数在前台的一个层里，而控制返回的广告个数参数在后台的一个层里，这样无法在任意一个层中完成这个实验配置。

另外流量饥渴的问题仍然存在，如果一个层内部某个实验放量到 90%，这个层就只剩 10%流量可供其他层的策略实验了。为此引入域(domain)的概念。如图 6-5 所示，域是层的容器，一个域可能包括多个层。同时域支持嵌套，一个域可能包括多个子域。同一个域下的不同子域各自独占部分该域的流量，同一个域下的层共享该域的所有流量，一个层下的实验独占该层的部分流量。以上轮播的需求可以通过配置一个多模块域(multi module domain)来满足，而对于放量导致的流量饥渴需求，可以在实验进入放量阶段时，在顶层域里自动创建发布层来承载放量实验。

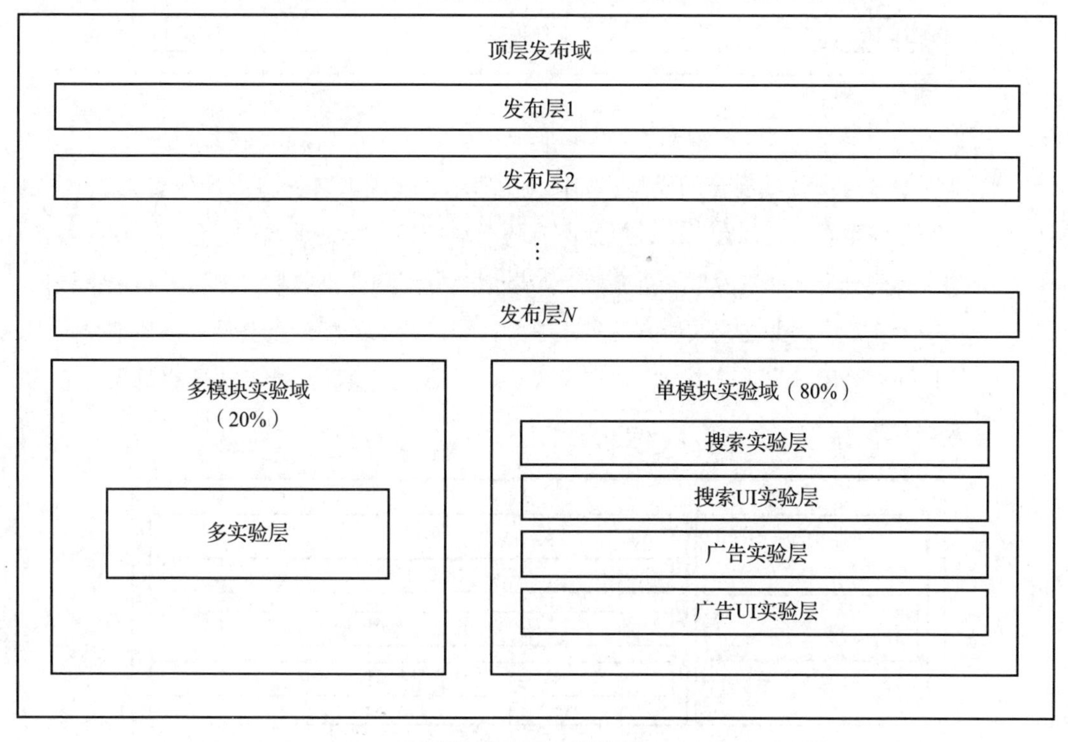

图 6-5　域—层模型

域—层—实验(domain-layer-experiment)的概念总结如下。

- 域：一个域是对流量的一个划分。
- 层：一个层是一组实验的参数。

- 实验：一个实验是对一股流量上的一组参数分配不同的值，从而触发不一样的处理逻辑。

这三个概念组合在一起可以对流量与参数集进行灵活的组合、分割。我们可以配置一个包含100%的流量和参数的默认域，在这个默认域下我们可以根据业务需求进行各种配置。以下是一些配置的例子。

- 简单三层模型。如图 6-6 所示，该模型将参数分为 3 层，每个请求最多可以同时在 3 个实验中，每个实验在不同的层。实验逻辑只可以修改当前层的实验参数。

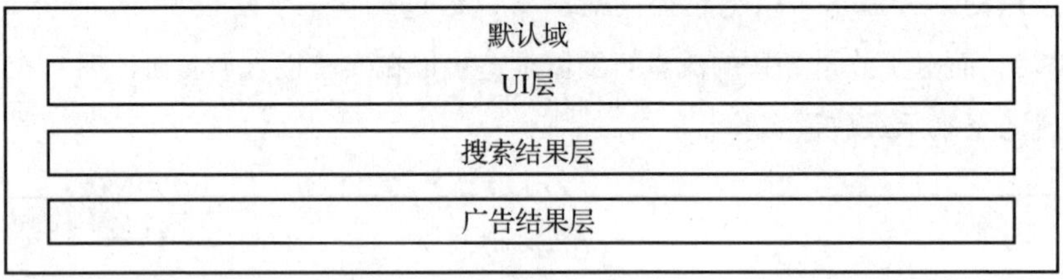

默认域
UI层
搜索结果层
广告结果层

图 6-6 简单三层模型

- 非重叠域与重叠域混合的模型。如图 6-7 所示，该模型首先将流量分割为 2 个域：一个是非重叠域，仅有 1 层，包括所有的模块；另一个是重叠域，包括 3 层。每个请求首先分配到非重叠域或重叠域。如果请求分配到非重叠域，则请求将最多同时在一个实验中，并能修改所有的实验参数；如果请求分配到重叠域，则该请求最多可以同时处于 3 个实验中，每个实验属于一个层，该实验只能修改所在的层对应的实验参数。

默认域
非重叠域
全参数层
重叠域
UI层
搜索结果层
广告结果层

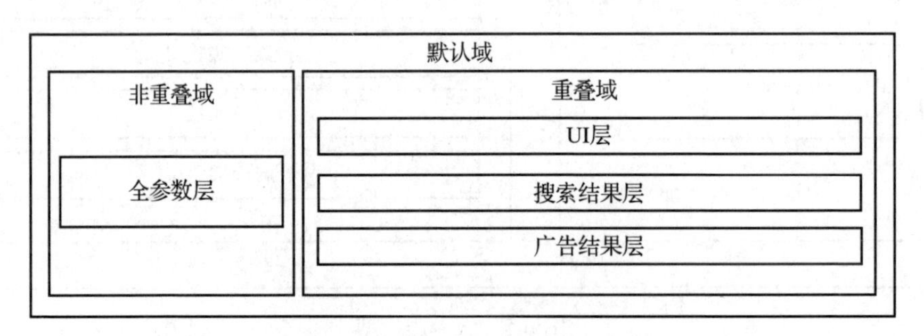

图 6-7 配置非重叠域与重叠域

- 发布层与非重叠域、重叠域混合的模型。如图 6-8 所示，在该模型中，流量先进入发布层，然后再划分为 2 个域，分别进入各自的层。

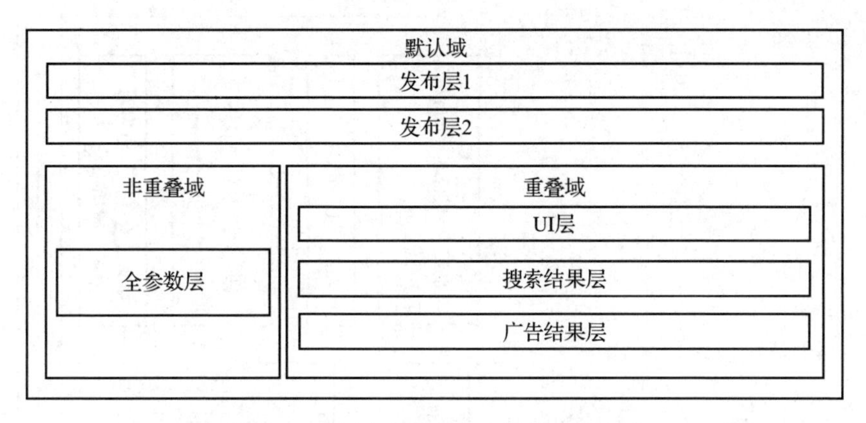

图 6-8 配置发布层与非重叠域、重叠域

- 域和层的复杂配置组合。域—层—实验模型允许对流量进行灵活的分割与组合。如图 6-9 所示，流量首先进入发布层，然后触发进入重叠域 1 和重叠域 2，重叠域 2 又划分为重叠域 3 和重叠域 4，每一个重叠域将参数空间进一步划分为不同的层。

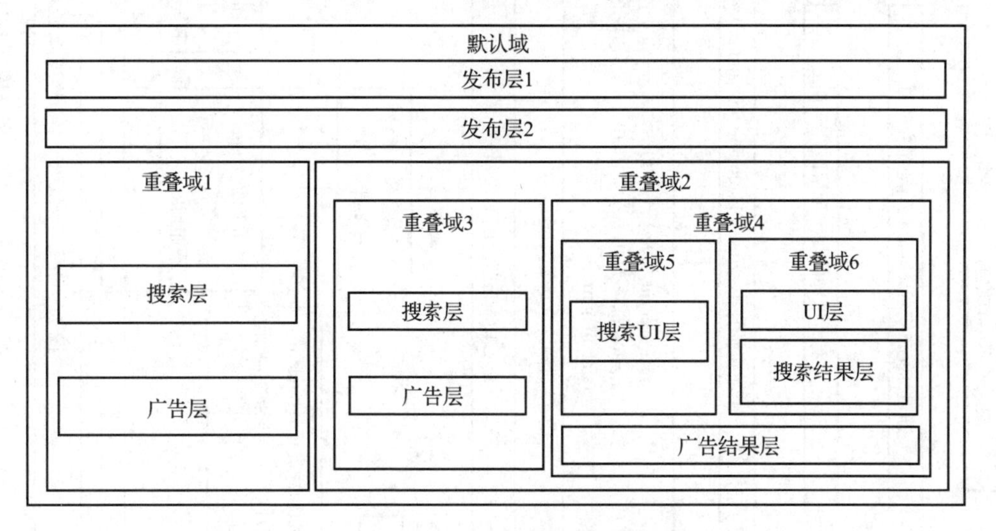

图 6-9 配置复杂域和层组合

域—层—实验模型非常灵活。我们可以有一个非重叠域，它包括实验参数全集合，在这个域里可以运行一些需要修改大范围的参数的实验。同时通过配置不同的流量划分策略，我们可以充分利用流量。经检测确保参数相互独立之后，可以将某个层没有使用的参数移动到另外的层。同时为了确保 UserId 相关的实验被相互独立地划分，需要使用 Hash 函数 mod = f(UserId, layer) % 1000 作为流量抽样的函数。域—层—实验模型的分发流程如图 6-10 所示。

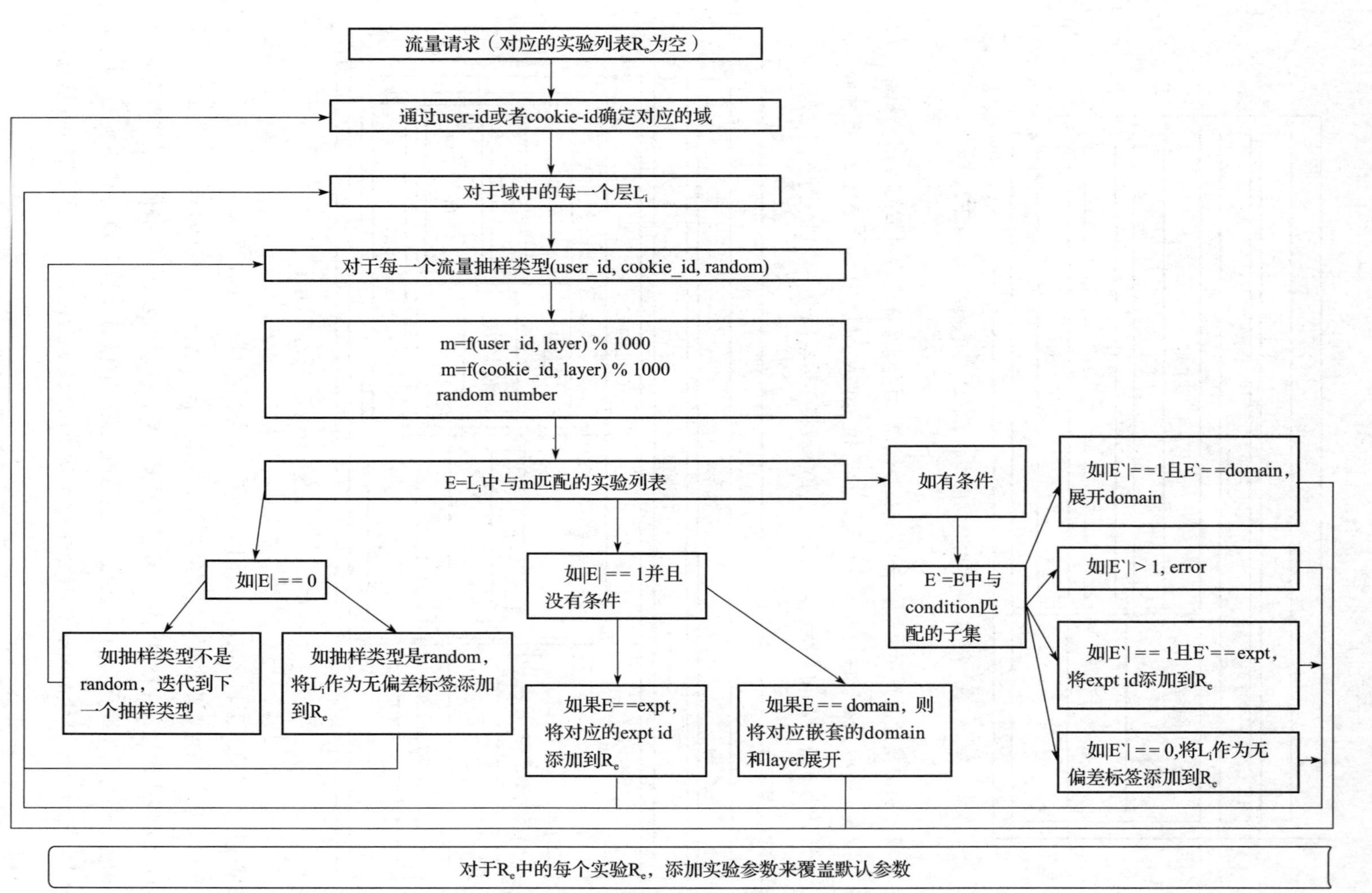

图 6-10 域—层—实验模型的分发流程

这里介绍另一个概念：发布层。发布层和实验层的不同点在于以下几点。

- 发布层总是配置在默认域中，包括 100%流量。
- 发布层是对参数空间的一个独立划分，一个实验参数能同时出现在最多一个发布层和最多一个实验层中。
- 同一个实验参数可能会同时出现在发布层和实验层中，为了处理这种实验参数重叠的情况，发布层实验对于每一个参数都提供一个默认值。如果普通的实验层中有实验覆盖了某个参数，则发布层使用覆盖后的参数，否则使用该参数的默认值。

引入发布层的概念可以让我们将变更逐步扩展到所有用户。在变更的过程中与当前进行的实验保持独立，一般在放量开始时自动创建对应的发布层，并在全量之后将对应的实验逻辑沉淀到代码，自动删除发布层。由于发布层实验通常都比较大，发布层可以用来检测特征之间的独立性，从而检测域与层之间划分的合理性。普通实验也可以用于检测特征的独立性，不过流量比较小的情况下特征之间的交集可能不显著。

对于相关性问题可以通过一个虚构的例子来说明。某公司有 20 000 人，其中男性 15 000 人，女性 5000 人。在过去一年中，男性有 2000 人升职，女性有 500 人升职。用 S 表示升职，那么平均升职概率为 $P(S)=(2000+500)/20\,000=0.125$，男性的升职概率为 $P(S \mid \text{Male})=2000/15\,000 \approx 0.133$，女性的升职概率为 $P(S \mid \text{Female})=500/5000=0.10$。由上可知，$P(S \mid \text{Male})>P(S)>P(S \mid \text{Female})$，不同性别获得升职的概率存在显著差异。在样本量足够大的情况下，由大数定律可知升职的概率与性别存在相关性。如果女性升职为 630 人，男性升职为 1870 人，则 $P(S)=(630+1870)/20\,000=0.125$，$P(S \mid \text{Male})=1870/15\,000 \approx 0.125$，$P(S \mid \text{Female})=630/5000 \approx 0.126$，不同性别升职概率基本相同，可以认为升职概率与性别相互独立。

在分层流量模型中，以层与层相互独立为前置条件，一次请求会经过每一层的实验抽样。以两层为例，假设第 1 层中有实验 X，第 2 层中有实验 A 和 B 构成的 A/B 测试，如图 6-11 所示，实验 A 和 B 的流量都等概率地经过实验 X 的处理，考虑实验点击率：如果 $P(A) \approx P(A \mid C)$ 且 $P(B) \approx P(B \mid C)$，则可以说第 2 层的两个实验 A、B 与第 1 层的实验 C 是独立事件；否则可以推断 A、B 与 C 存在相关性，可能原因是第 1 层与第 2 层的参数划分存在相关性。

在域—层—实验模型中，发布一个新的特性可以按照以下流程推进。

1）实现对应的业务逻辑代码改动，并发布到生产环节。

2）创建一个小流量（如 1%流量）实验来确认程序能正常工作。

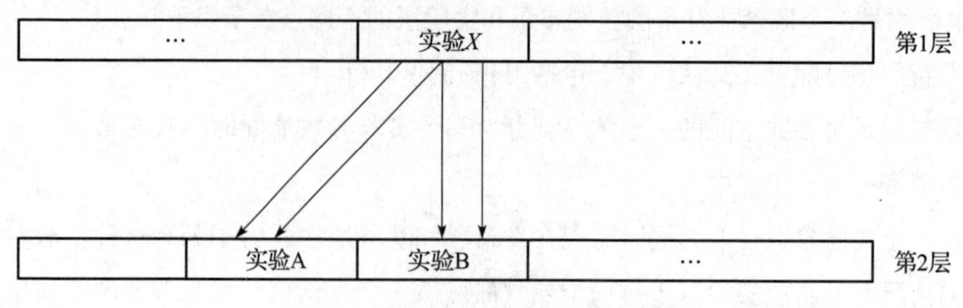

图 6-11　两层的实验流量抽样示意图

3）创建一组实验来评估新的特性，创建时须指定流量抽样类型以及可能影响的系统参数。

4）通过实验系统的透视界面来评估对应的实验组，根据相应的指标变动，可能需要对实验对应的业务逻辑代码进行更多的迭代。

5）如实验对应的指标提升显著，则进入放量流程逐步放量，待全量后将对应的实验代码沉淀为业务逻辑代码，删除实验代码和对应的放量实验。

本节介绍了如何通过流量抽样和流量分层模型在有限的流量上运行尽可能多的实验。对于每一个运行的实验，系统都会收集实验对应的数据，利用数据进行统计检验来检测变更带来的效果是否显著。

6.3　实验数据分析

策略上线前需要在线上抽取小部分流量进行 A/B 测试，然后根据 A/B 测试产生的样本数据统计出指标，并由该指标确定当前策略是否可以进一步放量。以广告系统中最常用的指标点击率(点击量/曝光量)分析为例，将线上原有策略统计到的点击率用 ctr 表示，线上实验新策略统计到的点击率用 $\overline{\text{ctr}}$ 表示，即便观测到的统计结果为 $\overline{\text{ctr}}>\text{ctr}$，也并不能直接得出新策略优于原有策略的结论，因为这可能只是偶然的误差。根据大数定律，观测的样本数越大，样本数据特征就越接近真实数据的特征。那么需要积累多少新策略的曝光点击数据才能得出新策略优于原有策略的结论？针对这个问题，本节就来介绍实验数据分析所需要的统计技术。

6.3.1　大数定律与中心极限定理

实验数据分析主要用到的统计理论是大数定律与中心极限定理。按照大数定律，样本数量越大，其算术平均值就有越高的概率接近期望值。中心极限定理则说明大量独立随机变量的均值经标准化之后收敛于正态分布。

大数定律有弱大数定律和强大数定律两种表现形式。我们定义样本均值为

$$\overline{X}_n = \frac{1}{n}\sum_{i=1}^{n} X_i$$

两种定律都表明样本均值收敛于真值$\lim\limits_{n\to\infty}\overline{X}_n \to \mu$，其中 X_i 是独立同分布随机变量。在统计理论中，通常假设对于样本的观测值是独立同分布随机变量，从而有相同的分布形状与分布参数，对离散型随机变量有相同的分布律，对连续型随机变量有相同的概率密度函数，有相同的分布函数、相同的期望与方差。

X_i 是随机变量，则 $\overline{X}$ 也是随机变量，因此期望

$$E(\overline{X}) = \frac{EX_1 + EX_2 + \cdots + EX_n}{n} \text{（由于期望的线性特性）}$$

$$= \frac{nEX}{n} \text{（由于 } X_i \text{ 独立同分布，} EX_i = EX \text{）}$$

$$= EX$$

方差

$$\mathrm{Var}(\overline{X}) = \frac{\mathrm{Var}(X_1 + X_2 + \cdots + X_n)}{n^2} \text{（由于 } \mathrm{Var}(aX) = a^2\mathrm{Var}(X) \text{）}$$

$$= \frac{\mathrm{Var}(X_1) + \mathrm{Var}(X_2) + \cdots + \mathrm{Var}(X_n)}{n^2} \text{（由于 } X_i \text{ 独立）}$$

$$= \frac{n\mathrm{Var}(X)}{n^2} \text{（由于 } X_i \text{ 同分布，} \mathrm{Var}(X_i) = \mathrm{Var}(X) \text{）}$$

$$= \frac{\mathrm{Var}(X)}{n}$$

弱大数定律描述如下：

如 $X_1, X_2, \cdots, X_n$ 是独立同分布随机变量，期望存在且有限 $EX_i = u < \infty$，则

$$\forall \varepsilon > 0,\ \lim_{n\to\infty} P(|\overline{X} - u| \geqslant \varepsilon) = 0$$

证明弱大数定律需要用到切比雪夫不等式。切比雪夫不等式可以表示为

$$\forall b > 0,\ P(|X - E(X)| \geqslant b) \leqslant \frac{\mathrm{Var}(X)}{b^2}$$

切比雪夫不等式显示了随机变量的几乎所有值都会接近平均值。

根据切比雪夫不等式，如$\mathrm{Var}(X_i)$ 存在且有限，则

$$\forall \varepsilon > 0,\ P(\ |\bar{X}-\mu|\ \geqslant \varepsilon) \leqslant \frac{\mathrm{Var}\left(\bar{X}\right)}{\varepsilon^2} = \frac{\mathrm{Var}(X)}{n\varepsilon^2}$$

当$n \to 0$ 时，不等式右边趋向于 0，从而弱大数定律得证。

证明切比雪夫不等式需要先证明马尔可夫不等式。马尔可夫不等式是指如 X 为非负随机变量，则有 $P(X \geqslant a) \leqslant \frac{E(X)}{a}$。证明如下：

$$\begin{aligned} E(X) &= \int_{-\infty}^{\infty} xf(x)\,\mathrm{d}x \\ &= \int_{0}^{\infty} xf(x)\,\mathrm{d}x \\ &\geqslant \int_{a}^{\infty} xf(x)\,\mathrm{d}x \\ &\geqslant a\int_{a}^{\infty} f(x)\,\mathrm{d}x \\ &= aP(X \geqslant a) \end{aligned}$$

方差的定义为 $\mathrm{Var}(X)=E[(X-E(X))^2]$，以马尔可夫不等式为基础，切比雪夫不等式可以视为对随机变量$(X-E(X))^2$应用马尔可夫不等式 $P((X-E(X))^2 \geqslant a^2) \leqslant \frac{E[(X-E(X))^2]}{a^2} = \frac{\mathrm{Var}(X)}{a^2}$，从而得证切比雪夫不等式 $P(\ |X-E(X)|\ \geqslant a) \leqslant \frac{\mathrm{Var}(X)}{a^2}$。

在 A/B 测试系统中，利用中心极限定理可以推断大量实验结果服从正态分布。中心极限定理说明在适当的条件下，大量独立随机变量的均值经适当标准化之后依分布收敛于正态分布。这个定理是数理统计学和误差分析的理论基础，指出大量随机变量之和近似服从正态分布的条件。

棣莫佛-拉普拉斯定理是中心极限定理的最初版本。该定理指出，如 $\eta_n(n=1,2,\cdots)$ 服从参数为 (n,p) $(0<p<11)$ 的二项分布，则对于任意 x，有 $\lim\limits_{n\to\infty} P\left\{\frac{\eta_n - np}{\sqrt{np(1-p)}} \leqslant x\right\} = \int_{-\infty}^{x} \frac{1}{\sqrt{2\pi}} \mathrm{e}^{-t^2/2} \mathrm{d}t = \phi(x)$。该定理表明，当 n 充分大时，服从 $B(n, p)$的随机变量 Y_n 的标准化随机变量$\frac{Y_n-np}{\sqrt{np(1-p)}}$近似服从标准正态分布 $N(0,1)$，或者说 Y_n 近似服从 $N(np, np(1-p))$。

$N(np,np(1-p))$是指参数为 n、p 的二项分布以 np 为均值、$np(1-p)$为方差的正态分布为极限。

林德伯格-列维定理是棣莫佛-拉普拉斯定理的扩展，该定理指出独立同分布且数学期望和方差有限的随机变量序列的标准化和以标准正态分布为极限，描述如下。

设随机变量 $X_1,X_2,\cdots,X_n$ 独立同分布，且具有有限的数学期望和方差 $E(X_i)=\mu$，$D(X_i)=\sigma^2\neq 0(i=1,2,\cdots,n)$。记 $\overline{X}=\frac{\sum_{i=1}^{n}X_i}{n}$，$\zeta_n=\frac{\overline{X}-\mu}{\sigma/\sqrt{n}}$，则$\lim\limits_{n\to\infty}P(\zeta_n\leqslant z)=\phi(z)$，其中 $\phi(z)$ 是标准正态分布的分布函数。证明如下。

定义随机变量 $Z_n=\frac{X_1+X_2+\cdots+X_n-n\mu}{\sqrt{n\sigma^2}}=\sum_{i=1}^{n}\frac{X_i-\mu}{\sqrt{n\sigma^2}}=\sum_{i=1}^{n}\frac{1}{\sqrt{n}}Y_i$，这里定义新的随机变量 $Y_i=\frac{X_i-\mu}{\sigma}$，$Y_i$具有 0 均值和方差 $\mathrm{Var}(Y)=1$，Z_n的特征函数为

$$\varphi_{Z_n}(t)=\varphi_{\sum\limits_{i=1}^{n}\frac{1}{\sqrt{n}}Y_i}(t)=\varphi_{Y_1}\left(\frac{t}{\sqrt{n}}\right)\varphi_{Y_2}\left(\frac{t}{\sqrt{n}}\right)\cdots\varphi_{Y_n}\left(\frac{t}{\sqrt{n}}\right)=\left[\varphi_{Y_1}\left(\frac{t}{\sqrt{n}}\right)\right]^n$$

由于 Y_i 是独立同分布变量，所以 $\varphi_{Y_1}=\varphi_{Y_2}=\cdots=\varphi_{Y_n}$，$Y_i$具有 0 均值和方差 $\mathrm{Var}(Y)=1$，因此 $\varphi'(0)=0$，$\varphi'(0)=-1$，于是有 $\varphi_{Y_1}\left(\frac{t}{\sqrt{n}}\right)=1-\frac{t^2}{2n}+o\left(\frac{t^2}{n}\right)$。根据指数函数的极限 $\mathrm{e}^x=\lim\limits_{n\to\infty}\left(1+\frac{x}{n}\right)^n$，有

$$\lim_{n\to\infty}\varphi_{Z_n}(t)=\mathrm{e}^{-\frac{t^2}{2}}$$

上式右边部分是标准正态分布，因此得证，随着 $n\to\infty$，Z_n 收敛于正态分布。根据正态分布的性质，$X_1+X_2+\cdots+X_n$收敛于正态分布 $N(n\mu,n\sigma^2)$，而 $S_n=\frac{X_1+X_2+\cdots+X_n}{n}$收敛于正态分布 $N(\mu,\sigma^2/n)$，即中心极限定理。

6.3.2 A/B 测试中的样本量估计

通过实验数据我们统计出新策略的一个点估计量 ctr′，重复做实验，可以得到很多新策略点估计量 ctr′。假定新策略与原有策略一样，没有改变 ctr，根据中心极限定律可知，这些点估计 ctr′的概率分布服从均值为 ctr、标准差为$\frac{\sigma}{\sqrt{n}}$的正态分布：$X\sim N\left(\mathrm{ctr},\frac{\sigma}{\sqrt{n}}\right)$。其中 σ

为真实分布的标准差，即原策略 ctr 的标准差，n 为得出点估计量 ctr′的样本量，即实验中统计的曝光次数。由正态分布的特征我们可以得到 ctr 的置信区间为 $\text{ctr}\pm z\dfrac{\sigma}{\sqrt{n}}$。其中 z 为正态分布标准分，σ 未知。因为点击率服从伯努利分布，而伯努利分布的方差公式为 $p(1-p)$，代入上式得到 ctr 的置信区间 $\text{ctr}\pm z\sqrt{\dfrac{\text{ctr}(1-\text{ctr})}{n}}$。假定边界情况 $z\sqrt{\dfrac{\text{ctr}(1-\text{ctr})}{n}}=\text{ctr}-\text{ctr}'$，得到最小样本量 n 的计算公式 $n=\dfrac{z^2\text{ctr}(1-\text{ctr})}{(\text{ctr}-\text{ctr}')^2}$，$n$ 与标准分 z 的平方成正比，与 ctr 变化值成反比。

实际上受在线广告库及流量抽取策略的影响，旧策略的 ctr 也在时刻变化，所以我们并不知道旧策略的真实 ctr。通常我们通过在线实验系统抽取两股同质、大小相同的流量进行 A/B 测试，一股流量指定使用新策略，一股流量指定使用旧策略，分别统计这两股流量的效果，我们可以得到新策略的点估计 $\overline{\text{ctr}_1}$ 和旧策略的点估计 $\overline{\text{ctr}_2}$。

如果随机变量 $X_1\sim N(u_1,\sigma_1^2)$，$X_2\sim N(u_2,\sigma_2^2)$，则

$X_2-X_1\sim N(u_2-u_1,\sigma_2^2+\sigma_1^2)$，因此 $\text{ctr}_1-\text{ctr}_2$ 的差值抽样分布服从正态分布

$$N\left(\text{ctr}_1-\text{ctr}_2,\ \frac{\text{ctr}_1(1-\text{ctr}_1)}{n_1}+\frac{\text{ctr}_2(1-\text{ctr}_2)}{n_2}\right)$$

其置信区间为

$$\overline{\text{ctr}_1}-\overline{\text{ctr}_2}\pm z\sqrt{\frac{\overline{\text{ctr}_1}(1-\overline{\text{ctr}_1})}{n_1}+\frac{\overline{\text{ctr}_2}(1-\overline{\text{ctr}_2})}{n_2}}$$

最小样本量可以由边界情况计算得出：

$$\overline{\text{ctr}_1}-\overline{\text{ctr}_2}=z\sqrt{\frac{\overline{\text{ctr}_1}(1-\overline{\text{ctr}_1})}{n_1}+\frac{\overline{\text{ctr}_2}(1-\overline{\text{ctr}_2})}{n_2}}$$

进行线上 A/B 测试时新旧策略的样本量是一样的，$n_1=n_2$，令为 n，有

$$n=\frac{z^2(\overline{\text{ctr}_1}(1-\overline{\text{ctr}_1})+\overline{\text{ctr}_2}(1-\overline{\text{ctr}_2}))}{(\overline{\text{ctr}_1}-\overline{\text{ctr}_2})^2}$$

这是基于基础的假设检验的推导、方差与置信区间进行的计算，由于实验组(treatment)与对照组(control)都是随机变量，通常我们对数据进行分桶，然后对分桶数据使用 Jackknife 采样计算方差与置信区间。

6.3.3 辛普森悖论

辛普森悖论(Simpson Paradox)是广告系统中的常见现象，指在分组比较中占优势的一方，在总评中有时候反而是占比较低的一方。出现辛普森悖论有两个前提：一个是分组之间的概率相差较大，另一个是有潜在因素影响概率分布。测量的指标并非影响概率分布的唯一指标。

图6-12所示为一个医学研究的例子：比较两种肾结石的治疗成功率，其中A方案是开放式外科手术，B方案是微创手术，括号中的数字表示成功案例的数量占该组总人数的比例。这里的矛盾点是A方案在分开比较小结石和大结石时都更有效，而从汇总结果看，B方案却更有效。这里的潜在因素是对于严重程度不同的病例，医生倾向于使用的方案不同，这导致样本组的大小不平衡。医生对于重病例、大结石倾向于使用A方案，而对于小结石倾向于使用B方案，导致第3组和第2组占主导。

治疗方案 / 结石大小	A方案	B方案
小结石	第1组 93%(81/87)	第2组 87%(234/270)
大结石	第3组 73%(192/263)	第4组 69%(55/80)
整体	78%(273/350)	83%(289/350)

· 辛普森悖论：每个局部的效果都是正向的，但整体效果却是负向的。具体到广告系统就是，策略使每个广告主都受到了伤害，但平台整体是收益的

· 这里B方案在两种情形下都比A方案差，但是整体却比A方案好

图6-12　辛普森悖论示例

这一悖论可以用二维向量表示，治疗成功率$\frac{p}{q}$可以表示为一个向量$\boldsymbol{A}=(q,p)$，向量的斜率为$\frac{p}{q}$。向量的斜率越大或者说向量越陡峭，表示治疗成功率越高。两组方案$\frac{p_1}{q_1}$与$\frac{p_2}{q_2}$的组合可以表示为两组向量$\boldsymbol{A}(q_1,p_1)$和$\boldsymbol{B}(q_2,p_2)$的组合，根据向量的加法，即(q_1+q_2,p_1+p_2)，对应的斜率是$\frac{p_1+p_2}{q_1+q_2}$。如图6-13所示，辛普森悖论说明，即使向量$\boldsymbol{L}_1$的斜率小于$\boldsymbol{B}_1$且向量$\boldsymbol{L}_2$的斜率小于$\boldsymbol{B}_2$，向量之和$\boldsymbol{L}_1+\boldsymbol{L}_2$也有可能大于$\boldsymbol{B}_1+\boldsymbol{B}_2$。发生这种情况的条件通常是$L$组中某个向量的斜率大于$B$组中某个向量，且在长度上也占优势，从而在整体求和中占主导。图6-13中对应的是$\boldsymbol{L}_2$和$\boldsymbol{B}_1$。

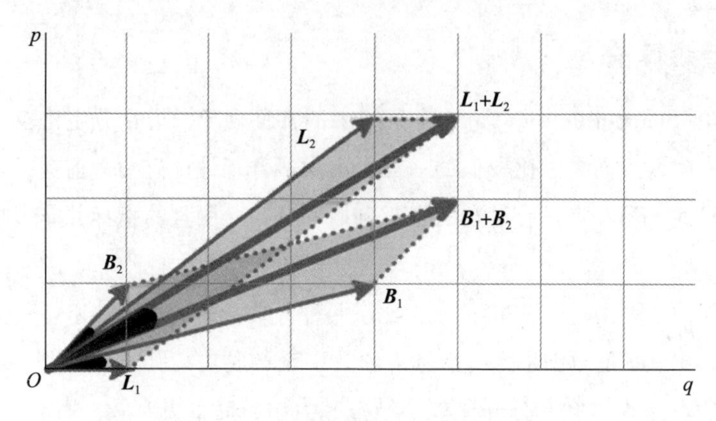

图 6-13　辛普森悖论的向量示意图

在 A/B 测试统计结果中，有各种原因可能导致辛普森悖论，例如针对广告 CTR 指标，不同时间段内的 CTR 值不一样，人的行为、广告库的变化、广告策略的发布都可能导致对 CTR 点击倾向的变化，流量的调整导致不同时间段内流量在总流量中占比不一致，也可能导致辛普森悖论，因此需要对辛普森悖论有个直观的监测。通常我们使用 Mantel-Haenszel 指标来监测辛普森悖论。

6.3.4 Mantel-Haenszel 指标

Mantel-Haenszel 指标（MH 指标）可用于在存在隐含变量时检验两个变量之间的条件关联。以表 6-2 所示的 CTR A/B 测试场景为例，以 $\mathrm{RR}_{\mathrm{ctr}}$ 表示 CTR 的变化，有

$$\mathrm{RR}_{\mathrm{ctr}}=\frac{\mathrm{CTR}_1}{\mathrm{CTR}_2}=\frac{A/(A+B)}{C/(C+D)}=\frac{A(C+D)}{C(A+B)}=\frac{A\cdot m_2}{C\cdot m_1}$$

推广到 K 个场景时计算公式为

$$\mathrm{RR}_{\mathrm{ctr}}=\frac{\sum_{i=1}^{K}A_i\Big/\sum_{i=1}^{K}m_1^i}{\sum_{i=1}^{K}C_i\Big/\sum_{i=1}^{K}m_2^i}$$

$$\mathrm{MH}_{\mathrm{ctr}}=\frac{\sum_{i=1}^{K}\dfrac{A_i\cdot m_2^i}{n_i}}{\sum_{i=1}^{K}\dfrac{C_i\cdot m_1^i}{n_i}}$$

表 6-2　CTR A/B 测试示例

	点击数	未点击数	求和	CTR
Control	A	B	$m_1=A+B$	$\text{CTR}_1=A/m_1$
Treatment	C	D	$m_2=C+D$	$\text{CTR}_2=C/m_2$
求和	$n_1=A+C$	$n_2=B+D$	$n=m_1+m_2$	

下面以表 6-3 中的 CTR 数据为例，累加 3 天的 CTR 数据得到表 6-4，累积数据显示 CTR 提升明显。计算 MH 指标得到 $\text{MH}_{\text{ctr}}=1.0013$，这个值接近 1，表明这两个实验 3 天的 CTR 整体差别不明显。MH_{ctr} 的计算过程如下：

$$A_1=360\ 314$$

$$C_1=323\ 783$$

$$n_1=360\ 314+131\ 618\ 226+323\ 783+118\ 456\ 403=250\ 758\ 726$$

$$m_1^1=360\ 314+131\ 618\ 226=131\ 978\ 540$$

$$m_2^1=323\ 783+118\ 456\ 403=118\ 780\ 186$$

$$A_2=356\ 871$$

$$C_2=392\ 058$$

$$n_2=356\ 871+79\ 883\ 825+392\ 058+87\ 872\ 208=168\ 504\ 962$$

$$m_1^2=356\ 871+79\ 883\ 825=80\ 240\ 696$$

$$m_2^2=392\ 058+87\ 872\ 208=88\ 264\ 266$$

$$A_3=343\ 990$$

$$C_3=429\ 488$$

$$n_3=343\ 990+75\ 115\ 448+429\ 488+93\ 894\ 310=169\ 783\ 236$$

$$m_1^3=343\ 990+75\ 115\ 448=75\ 459\ 438$$

$$m_2^3=429\ 488+93\ 894\ 310=94\ 323\ 798$$

计算得 $\text{MH}_{\text{ctr}}=1.0013$。

表 6-3　CTR 实验数据

实验时间	实验名称	点击数	未点击数	CTR	ΔCTR
20150807	Control	360 314	131 618 226	0.27%	−0.15% ↓
	Treatment	323 783	118 456 403	0.27%	

（续）

实验时间	实验名称	点击数	未点击数	CTR	ΔCTR
20150808	Control	356 871	79 883 825	0. 44%	-0. 13%↓
	Treatment	392 058	87 872 208	0. 44%	
20150809	Control	343 990	75 115 448	0. 46%	-0. 12%↓
	Treatment	429 488	93 894 310	0. 46%	

表 6-4 CTR 计算表

实验名称	点击数	未点击数	CTR	ΔCTR
Control	1 061 175	286 617 499	0. 37%	3. 03%↑
Treatment	1 145 329	300 222 921	0. 38%	

对 MH_{ctr} 公式进行变换如下：

$$MH_{ctr}=\frac{\sum_{i=1}^{K}\frac{A_i\cdot m_2^i}{n_i}}{\sum_{i=1}^{K}\frac{C_i\cdot m_1^i}{n_i}}=\frac{\sum_{i=1}^{K}\frac{A_i/m_1^i\cdot m_1^i\cdot m_2^i}{n_i}}{\sum_{i=1}^{K}\frac{C_i/m_2^i\cdot m_2^i\cdot m_1^i}{n_i}}=\frac{\sum_{i=1}^{K}CTR_1^i\frac{m_1^i\cdot m_2^i}{m_1^i+m_{2i}^i}}{\sum_{i=1}^{K}CTR_2^i\frac{m_1^i\cdot m_2^i}{m_1^i+m_{2i}^i}}$$

其中 m_1^i和 m_2^i分别是实验 1 和实验 2 对应的曝光数，记 $W_i=\frac{m_1^i\cdot m_2^i}{m_1^i+m_{2i}^i}$，则分子、分母分别是对应的加权平均，记 $MH_{ctr}=\frac{\sum_{i=1}^{K}CTR_1^iW_i}{\sum_{i=1}^{K}CTR_2^iW_i}$，用消耗的 $Cost_1$ 和 $Cost_2$ 代替 m_1 和 m_2 可以得到推广的 MH 指标

$$MH_{ctr\_cost}=\frac{\sum_{i=1}^{K}CTR_1^i\frac{Cost_1^i\cdot Cost_2^i}{Cost_1^i+Cost_{2i}^i}}{\sum_{i=1}^{K}CTR_2^i\frac{Cost_1^i\cdot Cost_2^i}{Cost_1^i+Cost_{2i}^i}}$$

可以引入更多的 MH 指标，如引入转化率和 ROI 的比值：

$$CVR\_Ratio_i=\frac{CVR_i}{\sum_{i=1}^{k}CVR_i},ROI\_Ratio_i=\frac{ROI_i}{\sum_{i=1}^{K}ROI_i}$$

则可以定义 MH 指标如下：

$$\mathrm{MH}_{\mathrm{cvr}}=\frac{\sum_{i=1}^{K}\mathrm{CVR}_1^i\left(\frac{\mathrm{Click}_1^i\cdot\mathrm{Click}_2^i}{\mathrm{Click}_1^i+\mathrm{Click}_2^i}\right)}{\sum_{i=1}^{K}\mathrm{CVR}_2^i\left(\frac{\mathrm{Click}_1^i\cdot\mathrm{Click}_2^i}{\mathrm{Click}_1^i+\mathrm{Click}_2^i}\right)}$$

$$\mathrm{MH}_{\mathrm{cvr\_c}}=\frac{\sum_{i=1}^{K}\mathrm{CVR}_1^i\left(\frac{\mathrm{Cost}_1^i\cdot\mathrm{Cost}_2^i}{\mathrm{Cost}_1^i+\mathrm{Cost}_2^i}\right)}{\sum_{i=1}^{K}\mathrm{CVR}_2^i\left(\frac{\mathrm{Cost}_1^i\cdot\mathrm{Cost}_2^i}{\mathrm{Cost}_1^i+\mathrm{Cost}_2^i}\right)}$$

$$\mathrm{MH}_{\mathrm{cvr\_rc}}=\frac{\sum_{i=1}^{K}\mathrm{CVR\_Ratio}_1^i\left(\frac{\mathrm{Cost}_1^i\cdot\mathrm{Cost}_2^i}{\mathrm{Cost}_1^i+\mathrm{Cost}_2^i}\right)}{\sum_{i=1}^{K}\mathrm{CVR\_Ratio}_2^i\left(\frac{\mathrm{Cost}_1^i\cdot\mathrm{Cost}_2^i}{\mathrm{Cost}_1^i+\mathrm{Cost}_2^i}\right)}$$

同时考虑消耗数和转化数的影响，可以进一步推广 MH 指标

$$\mathrm{MH}_{\mathrm{cvr\_rcc}}=\frac{\sum_{i=1}^{K}\mathrm{CVR\_Ratio}_1^i\left(\frac{\mathrm{Cost}_1^i\cdot\mathrm{Cost}_2^i}{\mathrm{Cost}_1^i+\mathrm{Cost}_2^i}\right)^p\left(\frac{\mathrm{Conversion}_1^i\cdot\mathrm{Conversion}_2^i}{\mathrm{Conversion}_1^i+\mathrm{Conversion}_2^i}\right)^q}{\sum_{i=1}^{K}\mathrm{CVR\_Ratio}_2^i\left(\frac{\mathrm{Cost}_1^i\cdot\mathrm{Cost}_2^i}{\mathrm{Cost}_1^i+\mathrm{Cost}_2^i}\right)^p\left(\frac{\mathrm{Conversion}_1^i\cdot\mathrm{Conversion}_2^i}{\mathrm{Conversion}_1^i+\mathrm{Conversion}_2^i}\right)^q}$$

其中 $p+q=1$，p、$q>0$。同理，对点击率 MH 指标推广可以得到

$$\mathrm{MH}_{\mathrm{ctr\_rcc}}=\frac{\sum_{i=1}^{K}\mathrm{CTR\_Ratio}_1^i\left(\frac{\mathrm{Cost}_1^i\cdot\mathrm{Cost}_2^i}{\mathrm{Cost}_1^i+\mathrm{Cost}_2^i}\right)^p\left(\frac{\mathrm{Conversion}_1^i\cdot\mathrm{Conversion}_2^i}{\mathrm{Conversion}_1^i+\mathrm{Conversion}_2^i}\right)^q}{\sum_{i=1}^{K}\mathrm{CTR\_Ratio}_2^i\left(\frac{\mathrm{Cost}_1^i\cdot\mathrm{Cost}_2^i}{\mathrm{Cost}_1^i+\mathrm{Cost}_2^i}\right)^p\left(\frac{\mathrm{Conversion}_1^i\cdot\mathrm{Conversion}_2^i}{\mathrm{Conversion}_1^i+\mathrm{Conversion}_2^i}\right)^q}$$

对于 ROI 也可以定义一系列指标：

$$\mathrm{MH}_{\mathrm{roi\_rr}}=\frac{\sum_{i=1}^{K}\mathrm{ROI\_Ratio}_1^i\left(\frac{\mathrm{Revenue}_1^i\cdot\mathrm{Revenue}_2^i}{\mathrm{Revenue}_1^i+\mathrm{Revenue}_2^i}\right)}{\sum_{i=1}^{K}\mathrm{ROI\_Ratio}_2^i\left(\frac{\mathrm{Revenue}_1^i\cdot\mathrm{Revenue}_2^i}{\mathrm{Revenue}_1^i+\mathrm{Revenue}_2^i}\right)}$$

$$\mathrm{MH}_{\mathrm{roi\_rc}}=\frac{\sum_{i=1}^{K}\mathrm{ROI\_Ratio}_1^i\left(\frac{\mathrm{Cost}_1^i\cdot\mathrm{Cost}_2^i}{\mathrm{Cost}_1^i+\mathrm{Cost}_2^i}\right)}{\sum_{i=1}^{K}\mathrm{ROI\_Ratio}_2^i\left(\frac{\mathrm{Cost}_1^i\cdot\mathrm{Cost}_2^i}{\mathrm{Cost}_1^i+\mathrm{Cost}_2^i}\right)}$$

$$\mathrm{MH}_{\mathrm{roi\_rrc}}=\frac{\sum_{i=1}^{K}\mathrm{ROI\_Ratio}_1^i\left(\frac{\mathrm{Cost}_1^i\cdot\mathrm{Cost}_2^i}{\mathrm{Cost}_1^i+\mathrm{Cost}_2^i}\right)^p\left(\frac{\mathrm{Revenue}_1^i\cdot\mathrm{Revenue}_2^i}{\mathrm{Revenue}_1^i+\mathrm{Revenue}_2^i}\right)^q}{\sum_{i=1}^{K}\mathrm{ROI\_Ratio}_2^i\left(\frac{\mathrm{Cost}_1^i\cdot\mathrm{Cost}_2^i}{\mathrm{Cost}_1^i+\mathrm{Cost}_2^i}\right)^p\left(\frac{\mathrm{Revenue}_1^i\cdot\mathrm{Revenue}_2^i}{\mathrm{Revenue}_1^i+\mathrm{Revenue}_2^i}\right)^q}$$

MH 值计算需要对数据分组进行加权平均，对于广告实验系统，可以按广告、广告主或广告计划来对统计指标进行加权平均。

6.3.5 分桶与 Jackknife 重采样

数据分桶(Bucketing，也叫 Data binning 或 Discrete binning)，是一种数据预处理技术，通常将数据分为多个桶，使用每个桶上的统计量替代原始数据。对数据进行分桶不仅可以减小观测误差，而且可以对每个桶的数据进行并行计算。即使数据分布未知，当桶的数目足够多时，每个桶的统计量也会基于中心极限定理服从正态分布。这时可以对每个桶的观测量采用 Jackknife 重采样计算方差与置信区间。

例如，将对 CTR 提升的估计定义为$\mathrm{CTR}_{\mathrm{lift}}=\frac{\mathrm{CTR}_{\mathrm{treatment}}}{\mathrm{CTR}_{\mathrm{control}}}-1$，我们将统计数据分为 N 组，定义每组的 CTR 提升为$\mathrm{CTR}_{\mathrm{lift}}^i=\frac{\mathrm{CTR}_{\mathrm{treatment}}^i}{\mathrm{CTR}_{\mathrm{control}}^i}-1$，通过这种方式我们收集到 N 个样本$\mathrm{CTR}_{\mathrm{lift}}^1$，$\mathrm{CTR}_{\mathrm{lift}}^2$，…，$\mathrm{CTR}_{\mathrm{lift}}^n$。当 N 足够大时，$\mathrm{CTR}_{\mathrm{lift}}$ 基于中心极限定理服从正态分布，对这 N 个样本应用 Jackknife 重采样，可以计算$\mathrm{CTR}_{\mathrm{lift}}$ 对应的方差与置信区间。

Jackknife 技术有良好的通用性和覆盖率，也可以有效检测异常值并减少样本估计的偏差。设定 $\phi_n(X)=\phi_n(X_1,X_2,\cdots,X_n)$ 是对于样本 $X=(X_1,X_2,\cdots,X_n)$ 的估计量，$\phi_n(X)$ 的第 i 个伪值(pseudovalue)定义为$\mathrm{ps}_i(X)=n\phi_n(X_1,X_2,\cdots,X_n)-(n-1)\phi_{n-1}((X_1,X_2,\cdots,X_n)_{[i]})$，其中$(X_1,X_2,\cdots,X_n)_{[i]}$指从样本 $X=(X_1,X_2,\cdots,X_n)$ 中删除第 i 个伪值后生成的新的样本集合。通过简单变化可得

$$\mathrm{ps}_i(X)=\phi_n(X)+(n-1)(\phi_n(X)-\phi_{n-1}(X_{[i]}))$$

因此$\mathrm{ps}_i(X)$ 也可以看作 $\phi_n(X)$的偏差修正版本，通过从 $\phi_{n-1}(X_{[i]})$ 到 $\phi_n(X)$ 的趋势来估计修正 $\phi_n(X)$。Jackknife 假定$\mathrm{ps}_i(X)$ 是独立同分布随机变量，其均值为 θ，基于中心极限定理服从正态分布，从而可以计算置信区间，进行统计检验。定义样本均值为 $\mathrm{ps}(X)=\frac{1}{n}\sum_{i=1}^{n}\mathrm{ps}_i(X)$，定义样本方差为 $V_{\mathrm{ps}}(X)=\frac{1}{n-1}\sum_{i=1}^{n}(\mathrm{ps}_i(X)-\mathrm{ps}(X))^2$，样本均值 $\mathrm{ps}(X)$ 是 $\phi_n(X)$的无偏估

计。可以定义Jackknife 95%的置信区间为

$$\left(\mathrm{ps}(X)-1.960\sqrt{\frac{V_{\mathrm{ps}}(X)}{n}},\ \mathrm{ps}(X)+1.960\sqrt{\frac{V_{\mathrm{ps}}(X)}{n}}\right)$$

ϕ_n 可以是多种不同的统计量。例如对于样本均值，$\phi_n(X)=\frac{1}{n}\sum_{j=1}^{n}X_j=\overline{X}$ 时，$\mathrm{ps}_i(X)=n\overline{X}-(n-1)\overline{X_{[i]}}=X_i$ 和原始样本一致，因此 $\mathrm{ps}(X)=\frac{1}{n}\sum_{i=1}^{n}\mathrm{ps}_i(X)=\overline{X}$，$V_{\mathrm{ps}}(X)=\frac{1}{n-1}(X_i-\overline{X})^2$ 是原样本的均值和样本方差。

当 ϕ_n 为样本方差时，$\phi_n(X)=\frac{1}{n-1}\sum_{j=1}^{n}(X_j-\overline{X})^2$，则

$$\begin{aligned}
\mathrm{ps}_i(X)=&\ n\phi_n(X)-(n-1)\phi_{n-1}(X_{[i]})\\
=&\ \frac{n}{n-1}\sum_{j=1}^{n}(X_j-\overline{X})^2-\frac{n-1}{n-2}\sum_{j=1}^{n-1}(X_{[i]}^j-\overline{X_{[i]}})^2\\
=&\ \frac{n}{n-2}(X_i-\overline{X})^2-\frac{n}{n-2}(X_i-\overline{X})^2+\frac{n}{n-1}\sum_{j=1}^{n}(X_j-\overline{X})^2-\frac{n-1}{n-2}\sum_{j=1}^{n-1}(X_{[i]}^j-\overline{X_{[i]}})^2\\
=&\ \frac{n}{n-2}(X_i-\overline{X})^2-\frac{1}{(n-1)(n-2)}\Bigg(n\cdot(n-1)(X_i-\overline{X})^2-n\cdot(n-2)\sum_{j=1}^{n}(X_j-\overline{X})^2+\\
&\ (n-1)\cdot(n-1)\sum_{j=1}^{n-1}(X_{[i]}^j-\overline{X_{[i]}})^2\Bigg)\\
=&\ \frac{n}{n-2}(X_i-\overline{X})^2-\frac{1}{(n-1)(n-2)}\sum_{j=1}^{n}(X_j-\overline{X})^2+\frac{1}{(n-1)(n-2)}\Bigg(n\cdot(n-1)(X_i-\overline{X})^2-\\
&\ (n-1)\cdot(n-1)\sum_{j=1}^{n}(X_j-\overline{X})^2+(n-1)\cdot(n-1)\sum_{j=1}^{n-1}(X_{[i]}^j-\overline{X_{[i]}})^2\Bigg)
\end{aligned}$$

而

$$\begin{aligned}
&n\cdot(n-1)(X_i-\overline{X})^2-(n-1)\cdot(n-1)\sum_{j=1}^{n}(X_j-\overline{X})^2+(n-1)\cdot(n-1)\sum_{j=1}^{n-1}(X_{[i]}^j-\overline{X_{[i]}})^2\\
&\quad=(n-1)\cdot(n-1)\left\{\frac{n}{n-1}(X_i-\overline{X})^2-\sum_{j=1}^{n}(X_j-\overline{X})^2+\sum_{j=1}^{n-1}(X_{[i]}^j-\overline{X_{[i]}})^2\right\}
\end{aligned}$$

$$\begin{aligned}
\sum_{j=1}^{n-1}(X_{[i]}^j-\overline{X_{[i]}})^2&=\sum_{j=1}^{n-1}\left(X_{[i]}^j-\frac{n\overline{X}-X_i}{n-1}\right)^2\\
&=\sum_{j=1}^{n}\left(X_j-\frac{n\overline{X}-X_i}{n-1}\right)^2-\left(X_i-\frac{n\overline{X}-X_i}{n-1}\right)^2
\end{aligned}$$

$$= \frac{1}{(n-1)^2}\left\{ \sum_{j=1}^{n} \left((n-1)(X_j - \overline{X}) + (X_i - \overline{X}) \right)^2 - (n \cdot (X_i - \overline{X}))^2 \right\}$$

$$= \frac{1}{(n-1)^2}\left\{ \sum_{j=1}^{n} \left((n-1)^2 \cdot (X_j - \overline{X})^2 + 2(n-1)(X_j - \overline{X})(X_i - \overline{X}) + \right.\right.$$

$$\left.\left. (X_i - \overline{X})^2 \right) - n^2 \cdot (X_i - \overline{X})^2 \right\}$$

$$= \sum_{j=1}^{n} (X_j - \overline{X})^2 - \frac{n}{n-1} \cdot (X_i - \overline{X})^2$$

也就是 $\mathrm{ps}_i(X) = \frac{n}{n-2}(X_i - \overline{X})^2 - \frac{1}{(n-1)(n-2)} \sum_{j=1}^{n} (X_j - \overline{X})^2$。

样本均值

$$\begin{aligned} \mathrm{ps}(X) &= \frac{1}{n} \sum_{i=1}^{n} \mathrm{ps}_i(X) \\ &= \frac{1}{n} \sum_{i=1}^{n} \left(\frac{n}{n-2}(X_i - \overline{X})^2 - \frac{1}{(n-1)(n-2)} \sum_{j=1}^{n} (X_j - \overline{X})^2 \right) \\ &= \frac{1}{n-2} \sum_{i=1}^{n} (X_i - \overline{X})^2 - \frac{1}{(n-1)(n-2)} \sum_{j=1}^{n} (X_j - \overline{X})^2 \\ &= \frac{1}{n-1} \sum_{i=1}^{n} (X_i - \overline{X})^2 \end{aligned}$$

$\mathrm{ps}(X)$ 是原数据样本方差的无偏估计。

对于原样本的方差 $\mathrm{Var}(X)$ 可以利用 $\widehat{\mathrm{Var}}(X) = \frac{n-1}{n} \sum_{i=1}^{n} (\mathrm{ps}_i(x) - \mathrm{ps}(x))^2$ 来估计，证明过程参考论文“The Jackknife Estimate of Variance”。

对于较大规模的系统，无论在用户粒度上的 Jackknife 重采样的方差计算，还是在推广计划纬度 MH 指标的重采样方差计算，计算规模都大到无法在单机上完成秒级计算，可以借助分布式计算引擎，通过多节点分隔计算任务，实现秒级计算耗时。按照这一思路，可以将统计公式拆解为粒度逐级递减（逐渐缩小数据规模）的计算过程。

对应 $\mathrm{CTR}_{\mathrm{lift}}$ 的例子，相应的代码参考代码清单 6-1。

代码清单 6-1 利用 Jackknife 计算 $\mathrm{CTR}_{\mathrm{lift}}$ 方差

```
// CTR 方差计算
// 分桶
bucket[0~99]={0,1,2,…,99}
```

```
// 计算每个实验,指定日期、指定维度、指定分桶下的曝光与点击
bucket_map = map[expid, date, dimension, bucket[i]] =>(imp_sum, click_sum)
// 计算每个实验,指定日期、指定维度下的曝光与点击
overall_map = map[expid, date, dimension] => (imp_sum, click_sum)
// 计算每个实验,指定日期、指定维度下的 CTR
overall_ctr_map = map[expid, date, dimension] =>
  overall_map[expid, date, dimension].click_sum / overall_map[expid, date,
    dimension].imp_sum
// 计算每个实验,指定日期、指定维度、指定分桶下的重采样(jackknife)的曝光与点击
jackknife_map = map[expid, date, dimension, bucket[i]] => (
  jackknife_imp = overall_map[expid, date, dimension].imp_sum -
bucket_map[expid, date, dimension, bucket[i]].imp_sum
  jackknife_click = overall_map[expid, date, dimension].click_sum -
bucket_map[expid, date, dimension, bucket[i]].click_sum
)
jackknife_ctr_map = map[expid, date, dimension, bucket[i]] =>
  jackknife_map[expid, date, dimension, bucket[i]].click_sum /
  jackknife_map[expid, date, dimension, bucket[i]].imp_sum

// 计算每个策略实验与其对照实验在指定日期、指定维度、指定分桶与总体(无分桶)下 CTR 的提升
for treatment_expid in treatment_expid_set
  jackknife_lift_map[treatment_expid, date, dimension, bucket[i]]  = (
    jackknife_ctr_map[treatment_expid, date, dimension, bucket[i]] /
    jackknife_ctr_map[control_expid, date, dimension, bucket[i]] - 1
// 计算每个策略实验在指定日期、指定维度、指定分桶下的 CTR 方差
for treatment_expid in treatment_expid_set
  jackknife_std_map[treatment_expid, date, dimension] = (
  bucket_lift_std = funciton(jackknife_lift_map, treatment_expid, date, dimension)
  overall_lift_std = overall_ctr_map[treatment_expid, date, dimension] /
    overall_ctr_map[control_expid, date, dimension] - 1

// function 对传入的 jack_map 按照后面指定的维度参数,迭代每个桶完成一个计算,
   返回一个数值(计算标准差)
double function(jackknife_lift_map, treatment_expid, date, dimension)
  s0 = 0
  s1 = 0
  for I from 0 to 99
    s0 += power(jackknife_lift_map[treatment_expid, date, dimension, i], 2)
    s1 += jackknife_map[treatment_expid, date, dimension, i]
  return (s0 - power(s1, 2)) * (bucket.size - 1) / bucket.size
```

在应用于广告系统的 A/B 测试方案中，通常按推广计划分层来计算 MH 指标。对应广告推广计划粒度下的 MH 指标计算公式，代码如代码清单 6-2 所示。

代码清单 6-2 推广计划维度 MH 指标计算

```
// 广告推广计划列表
adgroup[0~n] = {adgroup_id_1, adgroup_id_2,…, adgroup_id_n}
// A 部分
// 计算每个实验，指定日期、指定维度、指定广告推广计划下的曝光与点击
adgroup_map = map[expid, date, dimension, adgroup[i]] => (imp, click)
// B 部分
// 计算每个策略实验与其对照实验在指定日期、指定维度、指定广告推广计划下的 MH 计算因子
for treatment_expid in treatment_expid_set
  x = adgroup_map[treatment_expid, date, dimension, adgroup[i]]
  y = adgroup_map[control_expid, date, dimension, adgroup[i]]
  mh_factor_map[treatment_expid, date, dimension, adgroup[i]] = (
    mh_ctr_num = x.click * y.imp / (x.imp + y.imp),
    mh_ctr_den = y.click * x.imp / (x.imp + y.imp))
// C 部分
// 计算每个策略实验在指定日期、指定维度下的 MH 计算因子的求和
// 计算每个策略实验在指定日期、指定维度下的 MH-CTR
for treatment_expid in treatment_expid_set
  mh_ctr_num_sum = sum(
    [mh_factor_map[treatment_expid, date, dimension, adgroup[i]].mh_ctr_num for I
      from 0 to n])
  mh_ctr_den_sum = sum(
    [mh_factor_map[treatment_expid, date, dimension, adgroup[i]].mh_ctr_den for I
      from 0 to n])
  mh_map[treatment_expid, date, dimension] = mh_ctr_num_sum / mh_ctr_den_sum
```

通常利用 Jackknife 重采样技术对推广计划分桶来估算方差，步骤如下：

1）分桶处理，将实验数据按推广计划聚合并分为 N 个桶，称为原始桶；

2）重采样处理，从 N 个原始桶中依次抽取 $N-1$ 个桶数据作为一个新桶，如此循环可以生存 N 个全新桶；

3）重采样样本计算 MH，对 N 个全新桶各自利用 MH 算法进行采样，计算一个对应的 MH 指标（如 MH-CVR、MH-CPF 等）；

4）方差计算，将 N 个桶内计算得到的 MH 指标值作为样本值，将总体计算的 MH 指标值作为平均值，根据方差公式计算方差；

5）置信区间计算，当 N 足够大（如 $N=100$）时，这 N 个样本根据中心极限定理服从正态分布，采样 95%的置信区间计算出置信区间。

本节介绍了实验系统数据分析技术，包括统计基础、样本量估计、辛普森悖论、MH 指标，MH 指标的推广等，同时介绍了利用 Jackknife 重采样技术来预估方差，以及分段进行分布式计算的伪代码。

6.4 实验信息管理

实验信息管理系统面向研发工程师、产品经理等人员，提供一个 Web 界面供创建实验。创建后的实验存储在数据库中，之后通过数据发布系统同步到在线服务集群，在线服务集群加载实验元数据，触发实验逻辑，生成实验数据。

实验信息管理系统的人机交互流程，就是围绕一个个实验进行 CREATE、READ、UPDATE、DELETE 操作，每个实验都会归属到一个实验组(包括对照组、对照实验的 AA 实验与若干实验)。在 RESTful 设计中，实验组和实验分别对应一个资源，另外需要对实验操作行为进行拆解，实验的操作流对应实验管理表，实验管理表对应一个 RESTful 资源。操作流可以描述为一个实验生命周期状态图，如图 6-14 所示。状态活动起始于实验创建或实验放量操作，通过实验创建操作，一个实验第一次出现在实验系统中，而实验放量操作可以直观理解为一个实验从小流量验证逐步进入全流量验证。

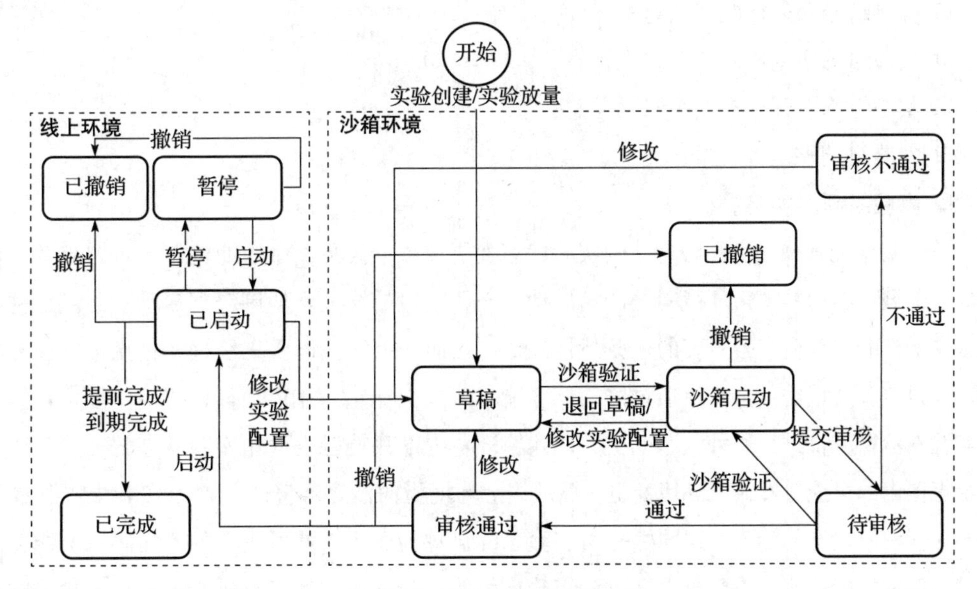

图 6-14 实验生命周期状态图

无论实验第一次出现还是实验进入全流量验证，一开始都进入草稿状态，即处于待修改调整阶段，这个阶段实验的任何修改调整既不会影响线上，也不会影响沙箱流量。当实验操作人员认为实验修改到位后，可以通过沙箱验证操作进入沙箱启动状态，此时实验开始影响沙箱流量。在这个阶段，可以再次回到草稿状态进行实验调整和更改。同时实验操作人员可以撤销实验，即放弃这次实验。如果实验在沙箱状态的效果正常，下一步需要使用线上流量以观察真实效果，可以通过提交审核进入待审核状态。这一步可以有一个类似实验评审委员会的组织，对实验进行事前把控，以防止低质量的实验进入线上系统。如果实验评审委员会通过分析认为实验可以放到线上，那么实验进入审核通过状态；否则实验可能会被打回沙箱状态，以通过进一步的沙箱流量验证实验效果，或者通知实验操作人员进行相应的调整和更改。

如果实验设计本身存在较大缺陷，实验评审委员会可以直接将实验打入审核不通过状态。从状态图可以看到，此时实验操作人员只能进行修改，实验进入草稿状态。当实验处于审核通过状态时，操作人员可以随时进行启动操作，进入已启动状态意味着实验开始影响线上流量。与已启动相关联的状态转变，除了修改实验配置操作外，都会触发外网实验状态变更，即变更同步到线上投放系统。其中，实验配置的具体内容包括：

- 实验组修改实验层信息；
- 实验组修改采样区间信息；
- 实验组修改采样配置信息；
- 实验组内实验修改实验参数信息；
- 实验组修改开始与结束时间信息；
- 实验组调整是否放量；
- 实验组新增实验。

修改实验配置操作不会触发外网实验状态变更。整个实验生命周期状态流转图被两个框分成两部分，右边的沙箱环境围绕沙箱启动状态，左边的线上环境围绕已启动状态。这种状态区块的分隔主要由实验系统的业务特性决定，任何一个实验都要先经过沙箱流量验证可行性，经过实验评审委员会审核通过之后，才能进入线上流量。在启动操作之前，沙箱环境表示实验在沙箱流量进行种种状态变更，即沙箱环境内部只能触发沙箱实验状态的变更，线上环境框图内部只能触发线上环境变更，而从线上环境指向沙箱环境的“修改实验配置”操作不会触发实验状态的变更，这同样是由实验系统自身的业务特性所决定的：任何一个线上已启动实验的配置修改，需要再次经过沙箱验证，然后经过实验评审委员会评审，才能再次被应用于线上流量。这一做法也是一种事前把控，以防止低质量的实验进入线上系统。

在实验的生命周期管理过程中，由于实验系统可以影响线上广告投放策略及机制，因此需要进行必要的操作行为检验与审核，即事前评审，同时需要相应的操作权限管理机制。在人机交互的全流程中，每个操作流都会进入操作人员请求 ID 权限检查的过程，以确保该操作行为符合授权。同时关键的实验操作，如实验启动、实验放量等，都会通过生命周期内状态控制机制在操作生效前将其放进审核状态，以待相应的专家评估其影响后决定是否进行相应的操作，从而避免不良实验对在线系统造成不良影响。

针对实验系统的操作流也是围绕 RESTful 资源进行 CRUD 操作。由于每个实验都有其生命周期，在生命周期中又有开始和结束，有上线启动、暂停、撤销等若干状态，这些状态从本质上看是实验是否应用到在线投放中去。考虑到工程实现，如果某个实验进行了更改和调整，立刻将更改和调整同步到线上服务会大幅提高在线服务的设计复杂度，而定期扫描并分析实验状态来完成状态线上同步则相对容易实现。通过缩短发布的时间间隔可以达到类似实时响应的效果。同时，有些实验更改与调整并非操作人员直接触发，比如某个实验因到期而结束，这种由定时器触发的变更，需要借助外部程序轮询探测各个实验是否因到期而下线。综合来看，使用独立的数据发布模块将实验系统元数据从数据库定期发布到线上，从功能上具备必要性，在工程实现上也是较优的选择。通过数据库中间件也可以实现这一功能。

在日常实验操作中，大部分实验在生命周期内会进行若干次操作，对应若干次状态变更，这些变更的日志会持久化存储到数据库，敏感权限系统会对操作历史记录进行备案待查。在进行效果评估时，也可以根据操作日志对历史变更记录进行分析与对比，操作流水对应一个 RESTful 资源，具体操作如图 6-15 所示。在查询某个实验或实验组的变更历史时，

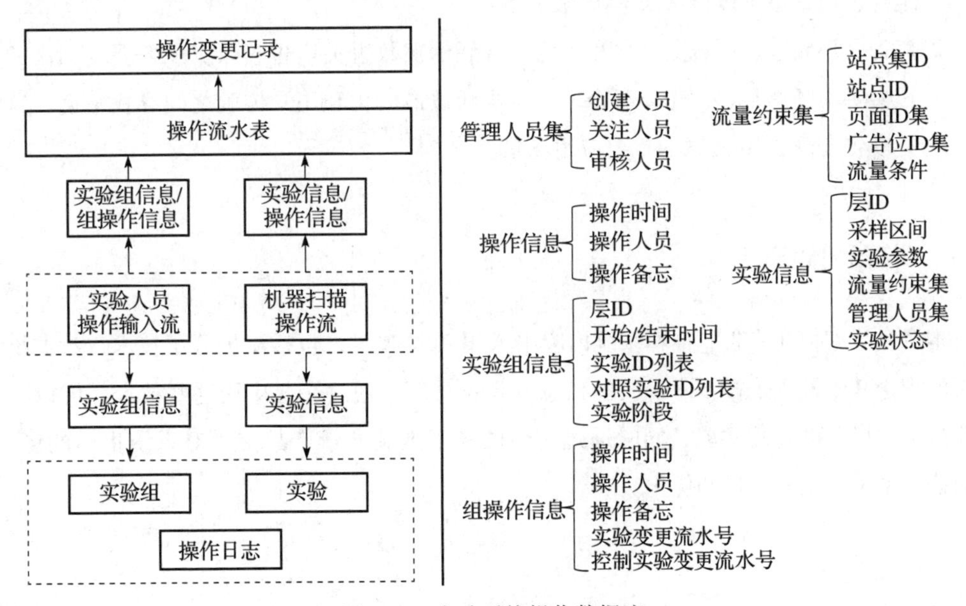

图 6-15　实验系统操作数据流

信息管理子系统实时对实验或实验组对应的操作流水进行相邻操作流水的差异分析，得到变更历史记录，并将其返回到 Web 前端呈现。

6.5 A/B 测试的广告应用场景

A/B 测试是广告产品运营中寻求更优策略的一种方式，其本质是一种准确归因。从广告展现形式来看，广告形式、广告素材(文案、图片、视频)、广告布局及广告展现频次的优化等场景都可以采用 A/B 测试。

- 广告形式。一个广告系统不可能只有一种广告形式，在每一个广告位下，静态图、动态图或视频形式对用户体验的影响不同，带来的商业收益也不一样。开发者可以圈定类似的用户群体，以不同的形式在相同的时间投放相同的广告内容，反复测试以确定哪一种形式最好。
- 广告素材。同一个广告位，同样的广告素材，广告内容的优化也可以借助 A/B 测试来实现。例如，静态图片中，文案是“立即进入”好还是“现在打开”好，如何选择画面色彩，素材优化方案不能达成一致，都可以依据 A/B 测试的数据来决策。
- 广告布局。广告内容中文案在左还是在右，同一个广告页面里不同的元素如何排列组合，通常也可以由 A/B 测试来决策。
- 广告展现频次。广告点击率和人均广告展示次数事关广告收入。广告展现频次的把握需要不断调整、优化、磨合，在商业利益最大化和用户体验之间寻找平衡，这也是广告变现 A/B 测试的重要应用场景。

6.6 本章小结

本章介绍如何在广告、推荐系统内应用 A/B 测试技术，包括流量分层技术、数据统计分析的理论基础及重采样技术，实验信息管理系统等。通过综合应用这些技术，可以在限定流量下做尽可能多的实验，同时通过有限的样本准确衡量产品交付对系统指标的影响，从而确保系统正确地迭代和优化。

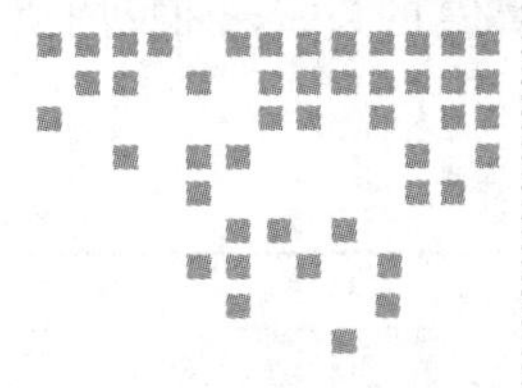

第7章 Chapter 7

广告系统策略

广告系统通过广告竞价策略挑选出广告并将其展示在流量媒体上，与传统的竞拍活动类似，感兴趣的出价者会表明其愿意出的最高价格，广告系统为每一个广告计算一个广告质量分，根据广告的最高价格与广告质量对广告客户进行排名，在广告平台收益、客户回报与流量媒体用户体验之间达到平衡。在广告系统发展的不同阶段，平台、客户与流量的需求可能都不一样，这时需要根据各方需求动态调节策略算法。

本章首先介绍竞价的博弈论基础，接着介绍机制设计理论，然后介绍 Google 的广义第二价格竞价、Facebook 的 VCG 竞价方式，最后结合腾讯广告系统介绍竞价实现中的粗排、精排以及竞价系统与检索系统的接口对接方式。

7.1 广告竞价

与竞价对应的英文单词为 auction，这个词源自拉丁文 auctum，是 increase（增加）的意思。在经济活动中，更常见的是讨价还价，竞价通常被用于拍卖活动。如表 7-1 所示，竞价的类型根据买家与卖家的数量分为前向竞价、反向竞价和双向竞价。前向竞价是较为常见的竞价模式，一个卖家提供一系列的商品供售卖，并期望获得最高的售价。反向竞价是与前向竞价相反的竞价模式，通常会使成交价格降低。前向竞价使得卖家在众多感兴趣的买家中找到出价最高的买家，而反向竞价通常使得买家在众多的商品卖家中找到出价最低的卖家。

表 7-1 竞价类型

	单一卖家	多个卖家
单一买家	交易	反向竞价
多个买家	前向竞价	双向竞价

举个例子：一个综合电商平台向平台商家出售广告位，这是前向竞价，买家是电商平台入驻商家，可能多达数百万；同时消费者登录电商平台购物消费，这是反向竞价。对于同一个商品，消费者会在许多平台商家之间比价，选择出价最低的商家。反向竞价也可能会设定价格递增的模式，例如反向荷兰式竞价，通过设定递增的价格来执行；而前向荷兰式竞价通过设定递减的价格来执行。双向竞价是两者的组合，买卖双方同时向一个中间机构报价，该中间机构选择一个价格 p，所有的卖家报价小于 p 的都卖出，所有的买家出价大于 p 的都以价格 p 买入。双向竞价通常用于股票交易。

竞价还可以根据价格变化的过程分为以下 3 个类型。

- 价格根据出价者的出价变化，例如英国式拍卖，买家一次次举牌，提高价格，直到无人出价，以最高价成交。
- 拍卖价格随时间变化，例如荷兰式拍卖，先出一个较高的报价，然后价格不断降低，直到有人接受价格或者达到低价。荷兰式拍卖能较快达成交易。
- 竞价过程中拍卖价格不发生变化，常见的有第一价格密封拍卖和第二价格密封拍卖。价格密封拍卖是指竞拍者将价格写在纸上，投入信封密封，各个竞拍者之间信息不公开，之后出价最高的竞拍者获得商品。对于第一价格密封拍卖，出价最高的竞拍者支付最高报价；对于第二价格密封拍卖，出价最高的竞拍者支付第二高出价。第二价格密封拍卖又叫维克里拍卖，广泛应用于各种自动化交易系统，例如实时拍卖或在线广告系统。在第二价格密封拍卖制度下，每一位出价者会让自己的出价等于自己对商品的预期估值，因为：如果出价正好为最高出价，那么他以第二高价格（低于其对商品的预期）获得商品，能够有所收益；如果出价不是最高出价，那么他也不会有损失。让自己的出价等于自己对商品的预期估值是出价者的占优决策。占优决策是博弈论中的概念，是指无论竞争对手如何反应，都是最佳选择的决策。

广告系统中常用的竞价类型有广义第二价格（Generalized Second Price，GSP）与 VCG 竞价机制。二者是博弈论中机制设计理论的具体应用。本节先简单介绍博弈论，然后介绍并证明纳什均衡，最后结合 GSP 与 VCG 进行具体分析。

7.1.1 博弈论基础

博弈论(Game Theory)是经济学的一个分支，1944 年冯·诺依曼与奥斯卡·摩根斯特恩合著的《博弈论与经济行为》一书的出版，标志着现代博弈论的初步形成，冯·诺依曼也因此被称为“博弈论之父”。博弈论被认为是 20 世纪经济学上最伟大的成果之一，在生物学、经济学、国际关系、计算机科学、政治学、军事战略等多个领域有广泛应用。博弈论主要研究公式化的激励结构间的相互作用，是研究斗争和竞争性质的数学理论与方法，也是运筹学的重要分支。从 1994 年至今，有 7 届诺贝尔经济学奖与博弈论的研究有关，具体如下。

- 1994 年，授予约翰·海萨尼(John Harsanyi)、约翰·纳什(John Nash)和莱因哈德·泽尔滕(Reinhard Selten)。三位数学家在非合作博弈的均衡分析理论方面做出开创性的贡献，对博弈论和经济学产生了重大影响。
- 1996 年，授予詹姆斯·莫理斯(James Mirrlees)和威廉·维克里(William Vickrey)。前者在信息经济学理论，尤其是不对称信息条件下的经济激励理论领域做出了重大贡献；后者在信息经济学、激励理论、博弈论等方面都做出了重大贡献。
- 2001 年，授予乔治·阿克尔洛夫(George Akerlof)、迈克尔·斯彭斯(Michael Spence)和约瑟夫·斯蒂格利茨(Joseph Stiglitz)。他们的研究为不对称信息市场的一般理论奠定了基石。
- 2005 年，授予托马斯·谢林(Thomas Schelling)和罗伯特·奥曼(Robert Aumann)。二人通过博弈论分析促进了对冲突与合作的理解。
- 2007 年，授予里奥尼德·赫维茨(Leonid Hurwicz)、埃里克·马斯金(Eric Maskin)及罗杰·迈尔森(Roger Myerson)。三人的研究为机制设计理论奠定了基础。
- 2012 年，授予阿尔文·罗斯(Alvin Roth)与劳埃德·沙普利(Lloyd Shapley)。他们创建了“稳定分配”的理论，并进行“市场设计”的实践。
- 2014 年，授予法国经济学家让·梯若尔(Jean Tirole)。他采用博弈论的思想对市场力量和监管进行了分析。

这也是博弈论不断发展与应用的过程。博弈可以分为合作博弈和非合作博弈。合作博弈是指参与者以形成联盟、互相合作的方式进行的博弈。当形成联盟的整体收益大于单个个体收益之和，且每个参与者都可以获得比不加入联盟更高的收益时，就形成了合作博弈。

如果参与者不可能达成具有约束力的协议，每个人的决策与其他人无关，追求自身的收益最大化，则形成了非合作博弈。如果博弈的收益只依赖于参与者所选择的策略，而不依赖于具体的参与者，则称为对称博弈，反之则称为非对称博弈。在非合作博弈中，如果博弈各方的收益之和为零或一个非零常数，则称之为零和博弈。如果博弈各方的收益之和为一个非零常数，通常可以通过增加一个角色并使其损失为其他参与者的收益之和来将收益之和转换成零。

如果博弈各方收益之和是一个不确定的变量，则称之为非零和博弈。在非零和博弈中，可能存在某些策略选择，使各方收益之和变大，同时又使得各方收益得到增加，从而出现参与者相互合作的局面，转化为合作博弈。如果博弈各方同时采取行动，或者尽管行动有先后，但后行动的人不知道先行动的人采取的是什么行动，则称之为静态博弈(static game)；如果参与者选择策略的时间有先后，后行动的参与者有前序参与者的信息，则称之为序列博弈(sequential game)。在序列博弈中，如果参与者了解之前所有参与者的行动，则称之为完全信息博弈，反之称之为非完全信息博弈。完全信息的序列博弈又可以称为组合博弈。

博弈在数学上的定义分为范式博弈(Normal Form Game)与扩展形式的博弈(Extensive Form Game)，两者可以相互转化。范式博弈的定义如下。

定义：范式博弈 一个有限参与者的范式博弈是一个元组$\langle N,A,O,\mu,u\rangle$。

- 有限数目的参与者，设有N个参与者，标注为$\{1,2,\cdots,n\}$。
- $A=(A_1,A_2,\cdots,A_n)$，其中A_i是与参与者i对应的行动的有限集合，$a=(a_1,a_2,\cdots,a_n)\in A$为一个行动组合。
- O是博弈结果的集合。
- μ:$A\rightarrow$是一个从行动组合到结果的函数。
- $u=(u_1,u_2,\cdots,u_n)$，其中u_i：$O\rightarrow\mathbb{R}$是参与者i对于博弈结果的实值效用函数(或称收益函数)。

扩展形式的博弈通过树来描述博弈，每个节点表示博弈进行中的一个可能的状态。博弈从唯一的初始节点开始，通过由参与者决定的路径到达终端节点，此时博弈结束，参与者得到相应的收益。每个非终端节点只属于一个参与者，参与者在该节点选择其可能的行动，每个可能的行动通过边从该节点到达另一个节点。有n个参与者的扩展形式的博弈包括以下元素。

- 一个有 n 名参与者的有限集合，标注为$\{1,2,\cdots,n\}$。
- 一棵博弈树，具备唯一根节点。
- 博弈树的每一个叶子节点有一个 n 元组，表示这一结束状态是每一个用户对应的收益。
- 对于非叶子节点，存在 $n+1$ 个子集合的划分，每一个子集合对应一个参与者，另外存在一个虚拟的参与者，称为机会节点。完全信息博弈对应的机会节点为空集。
- 每一个机会节点的出边形成一个概率分布。
- 每一个参与者对应的节点可以进一步分割为信息集，对于同一个信息集内的节点，参与者做出行动时无法进一步区分：
  - 同一个信息集对应的出边可以划分为若干个等价类，每一个等价类对应参与者在某个时刻可能采取的行动。
  - 每条从根节点到叶子节点的路径最多经过同一个信息集一次。
- 参与者已对扩展形式的博弈的定义形成共识。

扩展形式的博弈定义如下。

定义：扩展形式的博弈 一个扩展形式的博弈定义为 $\Gamma=\langle K,H,[(H_i)_{i\in\mathcal{L}}],\{A(H)\}_{H\in H},a,\rho,\mu\rangle$，其中：

$K=\langle V,v^0,T,p\rangle$是一棵有限的树，$V$是对应的顶点集合，$v^0$是唯一的初始顶点，$T$是对应的叶子节点集合($T\subset V$，使得$D=V\setminus T$为对应的决策节点的集合，$\setminus$为求差集符号)，$p$是决定后续节点的函数。

H是对D的一个划分，称为信息集划分。数学上，对集合X的划分是指把X分割到覆盖X的全部元素而又不重叠的子集合中，这些子集合对于X是既全无遗漏又互斥的。

$A(H)$是与信息集合H对应的行动的集合，$A(H)$形成对所有可能行动A集合的划分。

$a:V\setminus\{v^0\}\to A$是对于每个顶点v对应的行动集合$a(v)$的划分，$\forall H\in H$，$\forall v\in H$，满足约束$a_v:s(v)\to A(H)$是一个双射，$s(v)$与$A(H)$一一对应，其中$s(v)$是v的后续节点集合。

$\mathcal{L}=\{1,\cdots,I\}$是对应的参与者集合，定义0为机会参与者，$(H_i)_{i\in\mathcal{L}\cup\{0\}}$是对信息集合$H$的参与者划分。定义$l(v)=l(H)$为一个单独的参与者对于节点$v\in H$的一次决策。

$\rho=\{\rho_H:A(H)\to[0,1]\mid H\in H_0\}$是机会节点选择决策的概率分布。

$u=(u_i)_{i\in\mathcal{L}}:T\to\mathbb{R}^{\mathcal{L}}$是对于每个玩家，每个叶子节点对应的收益函数。

每个扩展形式的博弈都有一个唯一对应的范式博弈，通常我们使用范式博弈来对博弈进行分析。博弈中最重要的概念是纳什均衡。纳什均衡是指，在每个参与者都知道其他参与者的均衡策略的情况下，没有参与者可以通过改变自己的策略来使得自己受益。纳什均衡的经典例子是囚徒困境。其大意是甲、乙两个嫌疑犯被分开审讯，警官分别告诉两个嫌疑犯：如果他招供，而对方不招供，则他立刻被释放，而对方被判刑 10 年；如果两人都招供，将均被判刑 2 年；如果两人均不招供，将对他们最有利，只被判刑半年(见表 7-2)。于是两人同时陷入招供还是不招供的两难处境。两人无法沟通，于是从各自的利益出发，依据各自的理性选择了招供，这种情况称为纳什均衡点。这时个体的理性利益选择与整体的理性利益选择是不一致的。

表 7-2 囚徒处境

	乙招供	乙不招供
甲招供	各判 2 年	甲立即释放，乙判 10 年
甲不招供	甲判 10 年，乙立即释放	各判半年

约翰·纳什在其著名论文“Non-cooperative games”(《非合作博弈》)中证明，任何有限博弈都存在一个纳什均衡。

7.1.2 纳什均衡

本节基于范式博弈来证明纳什均衡的存在性。

通常我们不需要区分结果集合和行动集合，这时可以将范式博弈定义为$\langle N,A,u\rangle$ 。

我们定义了博弈中每个参与者可能的行动集合，但还没有定义他们的行动策略。一个简单的策略是选择一个单独的行动并执行，我们将这样的策略称为纯策略。我们让每个玩家选择一个纯策略作为一个纯策略组合。

参与者也有其他策略选择，例如在所有可能的行动集合中根据某种概率分布随机选择，这种策略称为混合策略。在行动选择中引入随机因素看起来不是非常直观，但在多个玩家参与的博弈中，基于概率的随机策略对于均衡是至关重要的。

对应范式博弈的混合策略定义如下。

定义：混合策略 对于范式博弈$\langle N,A,O,\mu,u\rangle$，同时对于任何集合 X，使得 $\Pi(X)$ 为 X 上所有概率分布的集合，则对于参与者 i 的混合策略集合为 $S_i=\Pi(A_i)$。

对应的混合策略组合的定义如下。

定义：混合策略组合 混合策略组合的集合定义为所有参与者混合策略集合的笛卡儿积 $S_1\times S_2\times\cdots\times S_n$。

我们用$s_i(a_i)$来表示在混合策略s_i下选择行动a_i的概率。混合策略 s_i 下概率大于0的所有行动的集合称为s_i的支持，定义如下。

定义：支持 满足条件$\{a_i \mid s_i(a_i)>0\}$的纯策略的集合为参与者i对应的混合策略s_i的支持。

一个纯策略同时也是一种特殊的混合策略，该混合策略的支持为单个行动。

收益矩阵基于的是某个特定的纯策略组合，我们需要将其拓展到混合策略。这里需要引入决策理论中的基本概念：预期效用。首先计算在给定的策略组合下达到每个决策结果的概率，定义为达到概率(reach probability)，然后对所有决策结果进行加权平均，权重为每个结果对应的达到概率，定义如下。

定义：混合策略的预期效用 对于范式博弈$\langle N,A,u\rangle$，参与者i在混合策略组合$s=(s_1,s_2,\cdots,s_n)$下的预期效用u_i为

$$u_i(s)=\sum_{a=(a_1,\ a_2,\ \cdots,\ a_n)\in A} u_i(a)\prod_{j=1}^{n} s_j(a_j)$$

现在从参与者的角度来分析和推导纳什均衡的概念。我们的第一个发现是，如果一个参与者知道其他参与者的策略组合，他会比较明确地倾向于选择效用最大化的行动。定义$s_{-i}=(s_1,\cdots,s_{i-1},s_{i+1},\cdots,s_n)$为从策略组合$s$中剔除参与者$i$的策略之后的策略组合，那么$s=(s_i,s_{-i})$。如果参与者$i$之外的参与者确定按照策略组合$s_{-i}$来行动，理性的参与者$i$会倾向于效用最大化。参与者$i$的最佳响应如下。

定义：最佳响应 参与者i针对策略组合s_{-i}的最佳响应是一个混合策略$s_i^* \in S_i$，使得$\forall s_i \in S_i, u_i(s_i^*,s_{-i}) \geqslant u_i(s_i,s_{-i})$。

最佳响应不一定是唯一的，实际上除了在某些特殊的场景存在唯一的最佳响应——纯策略，通常最佳响应的数目都有无限多个。当最佳响应策略集合s^*的支持包括两个以上的行动时，参与者必须无法区分这些行动，否则参与者倾向于将其中某个行动的概率降到0。不仅s^*中的行动的混合必须为最佳响应，所有这些行动的混合策略也必须为最佳响应。同样，如果两个纯策略分别是最佳响应，那么这两个纯策略的混合也必须是最佳响应。

通常参与者并不知道其他参与者的策略组合，因此最佳响应并不能用于策略求解，不能用于确定感兴趣的博弈结果，我们主要使用最佳响应来定义非合作博弈中的核心概念——纳什均衡。

定义：纳什均衡 如果对于任何参与者i，s_i是一个针对s_{-i}的最佳响应，那么该策略组合$s=(s_1,\cdots,s_n)$形成纳什均衡。

纳什均衡是一个稳定的策略组合，任何参与者都不会理性地改变其策略，因为在纳什均衡中参与者对其他参与者都采用最佳响应，偏离该策略不会获得更高的收益。

7.1.3 纳什均衡存在性证明

下面证明任何博弈都存在至少一个纳什均衡的策略组合。首先我们定义凸性(Convexity)。

定义：凸性 对于集合$\mathcal{C}\subset\mathbb{R}^m$，如果$\forall \boldsymbol{x}$，$\boldsymbol{y}\in\mathcal{C}$，$\lambda\in[0,1]$，有$\lambda\boldsymbol{x}+(1-\lambda)\boldsymbol{y}\in\mathcal{C}$，则我们说$\mathcal{C}$是凸性的。对于向量$\boldsymbol{x}^0,\boldsymbol{x}^1,\cdots,\boldsymbol{x}^n$和非负标量$\lambda_0,\lambda_1,\cdots,\lambda_n$(满足$\sum_{i=0}^n\lambda_i=1$)，则向量$\sum_{i=0}^n\lambda_i\boldsymbol{x}^i$是一个$\boldsymbol{x}^0,\boldsymbol{x}^1,\cdots,\boldsymbol{x}^n$的凸性组合。

例如，一个立方体是一个在$\mathbb{R}^3$空间的凸集，但一个碗形物体不是凸集。

定义：线性独立 一个欧氏空间的向量集合$\{\boldsymbol{x}^0,\boldsymbol{x}^1,\cdots,\boldsymbol{x}^n\}$，如果$\sum_{i=0}^n\lambda_i\boldsymbol{x}^i=\boldsymbol{0}$的唯一解是$\lambda_0=\lambda_1=\cdots=\lambda_n=0$，则我们称该向量集合线性独立。

定义：仿射独立 对于一个欧氏空间的向量集合$\{\boldsymbol{x}^0,\boldsymbol{x}^1,\cdots,\boldsymbol{x}^n\}$，如果$\sum_{i=0}^n\lambda_i=0$并且$\sum_{i=0}^n\lambda_i\boldsymbol{x}^i=\boldsymbol{0}$的唯一解是$\lambda_0=\lambda_1=\cdots=\lambda_n=0$，则我们称该向量集合仿射独立。

一个向量集线性独立，则必定仿射独立；但反过来不成立，即一个向量集仿射独立，不一定线性独立。一个向量集线性相关，不一定仿射相关；一个向量集仿射相关，则一定线性相关。我们有：

- 线性独立$\Rightarrow\not\Leftarrow$仿射独立；
- 线性相关$\not\Rightarrow\Leftarrow$仿射相关。

仿射独立本质上是与坐标无关的线性独立，也可以这样理解，以下3条表述是等价的：

1) $\boldsymbol{x}^1,\cdots,\boldsymbol{x}^k\in\mathbb{R}^n$仿射独立；

2) $\boldsymbol{x}^2-\boldsymbol{x}^1,\cdots,\boldsymbol{x}^k-\boldsymbol{x}^1$线性独立；

3) $(\boldsymbol{x}^1,\boldsymbol{1}),\cdots,(\boldsymbol{x}^k,\boldsymbol{1})\in\mathbb{R}^{n+1}$线性独立，这里升维附加值1可以是任意实数，位置不一定要在最后。

证明：

表述1⇒表述2，我们采用反证法来证明。假设$\boldsymbol{x}^2-\boldsymbol{x}^1,\cdots,\boldsymbol{x}^k-\boldsymbol{x}^1$是线性相关的，则$\exists\lambda_2,\cdots,\lambda_k$不全为0，使得$\lambda_2(\boldsymbol{x}^2-\boldsymbol{x}^1)+\cdots+\lambda_k(\boldsymbol{x}^k-\boldsymbol{x}^1)=\boldsymbol{0}$，也即$-\sum_{i=2}^k(\lambda_i\boldsymbol{x}^1+\lambda_2\boldsymbol{x}^2+\cdots+\lambda_k\boldsymbol{x}^k)=\boldsymbol{0}$，由于$\lambda_2,\cdots,\lambda_k$不全为0，所以有$-\sum_{i=2}^k\lambda_i\neq0$，与$\boldsymbol{x}^0,\boldsymbol{x}^1,\cdots,\boldsymbol{x}^k$仿射独立矛盾。

表述2⇒表述1，同样采用反证法。假设$\boldsymbol{x}^1,\cdots,\boldsymbol{x}^k$仿射相关，则$\exists\lambda_2,\cdots,\lambda_k$不全为0，且$\sum_{i=1}^k\lambda_i=0$，使得$\lambda_1\boldsymbol{x}^1+\cdots+\lambda_k\boldsymbol{x}^k=\boldsymbol{0}$，也即$\lambda_2(\boldsymbol{x}^2-\boldsymbol{x}^1)+\cdots+\lambda_k(\boldsymbol{x}^k-\boldsymbol{x}^1)+\sum_{i=1}^k\lambda_i\boldsymbol{x}^1=\boldsymbol{0}$，也即

$\lambda_2(\boldsymbol{x}^2-\boldsymbol{x}^1)+\cdots+\lambda_k(\boldsymbol{x}^k-\boldsymbol{x}^1)=\mathbf{0}$，与 $\boldsymbol{x}^2-\boldsymbol{x}^1,\cdots,\boldsymbol{x}^k-\boldsymbol{x}^1$ 线性独立矛盾。

表述1⇒表述3，依然采用反证法。假设$(\boldsymbol{x}^1,t),\cdots,(\boldsymbol{x}^k,t)$线性相关，则$\exists\lambda_1,\cdots,\lambda_k$不全为0，使得$\lambda_1(\boldsymbol{x}^1,t)+\cdots+\lambda_k(\boldsymbol{x}^k,t)=\mathbf{0}$，也即$\begin{cases}\sum_{i=1}^k\lambda_i\boldsymbol{x}^i=\mathbf{0}\\ \sum_{i=1}^k\lambda_i t=0\end{cases}$，与 $\boldsymbol{x}^1,\cdots,\boldsymbol{x}^k$ 仿射独立矛盾。

表述3⇒表述1。假设 $\boldsymbol{x}^1,\cdots,\boldsymbol{x}^k$ 是仿射相关的，则$\exists\lambda_2,\cdots,\lambda_k$不全为0，且$\sum_{i=1}^k\lambda_i t=0$，使得$\lambda_1\boldsymbol{x}^1+\cdots+\lambda_k\boldsymbol{x}^k=\mathbf{0}$，也即$\lambda_1(\boldsymbol{x}^1,t)+\cdots+\lambda_k(\boldsymbol{x}^k,t)=0$，与$(\boldsymbol{x}^1,1),\cdots,(\boldsymbol{x}^k,1)$线性独立矛盾。

总之，如果在低维是仿射独立的，那么按照表述3的方式升维到有限高维度，都是线性独立的。一个点集合如果任意3个点都不在同一条直线上，则它是仿射独立的；或者任意4个点不在同一个平面上，则它在3维空间是仿射独立的。例如，包含原点与单位向量 $\boldsymbol{e}^1,\cdots,\boldsymbol{e}^n$ 的点是仿射独立的。

定义：单纯形(*n*-simplex)　对于仿射独立的向量集合$\{\boldsymbol{x}^0,\cdots,\boldsymbol{x}^n\}$，将该向量集合的所有凸组合定义为 $x^0\cdots x^n$，也即 $\boldsymbol{x}^0\cdots\boldsymbol{x}^n=\{\sum_{i=1}^k\lambda_i x^i:\forall i\in\{0,\cdots,n\},\ \lambda_i\geqslant0,\ 且\sum_{i=1}^k\lambda_i=1\}$，对于其中每个 $\boldsymbol{x}^i$ 定义为单纯形 $\boldsymbol{x}^0\cdots\boldsymbol{x}^n$ 的一个顶点，每个 k-simplex $\boldsymbol{x}^{i_0}\cdots\boldsymbol{x}^{i_k}$定义为 n-simplex $\boldsymbol{x}^0\cdots\boldsymbol{x}^n$ 的 k-face(面)，其中 $i_0,\cdots,i_k\in\{0,\cdots,n\}$。

定义：标准单纯形(Standard *n*-simplex)　标准单纯形 Δ_n 定义为$\{y\in\mathbb{R}^{n+1}:\sum_{i=0}^n y_i=1,\ \forall i=0,\cdots,n,y_i\geqslant0\}$。

标准单纯形是所有 $n+1$ 维单位向量凸组合的集合，它可以作为博弈论中混合策略的表达方式，各个坐标之和为1也就是各种情况下概率之和为1。

定义：简单剖分(Simplicial subdivision)　一个单纯形 T 的简单剖分是一个单纯形有限集合$\{T_i\}$，满足$\cup_{T_i\subset T}T_i=T$，且对于任意 $T_i\subset T$，$T_i\cap T$ 为空或者为一个公共的面。

简单剖分是指将一个单纯形分隔成一系列较小的单纯形的集合，这些较小的单纯形恰好覆盖原来的单纯形，并且仅在边界相交，如果两个子单纯形有交集，则交集必须为一个完整的公共的面。图7-1展示了如何将一个2-单纯形剖分为16个小的单纯形。

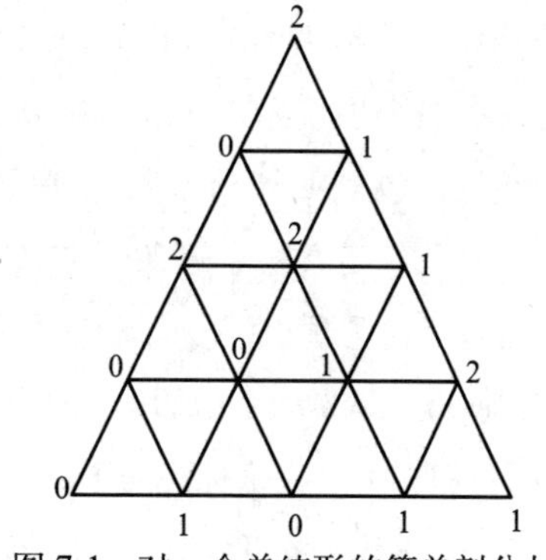

图7-1　对一个单纯形的简单剖分与恰当标注

设 $y\in x^0,\cdots,x^n$ 为单纯形中任意一个点，该点也可以用单纯形顶点的凸组合来定义：$\boldsymbol{y}=\sum_i \lambda_i \boldsymbol{x}^i$，现在定义函数$\chi(y)=\{i:\lambda_i>0\}$，我们使用该函数来定义完全标注的概念。

定义：标号(labeling) 设 $T=x^0,\cdots,x^n$ 为单纯形，对 T 的 $n+1$ 个顶点赋以标号，如 $0,1,\cdots,n$ 或者 $1,2,\cdots,n+1$，各顶点的标号互不相同。

定义：恰当标注(proper labeling) 设 $T=x^0,\cdots,x^n$ 为单纯形，对 T 进行简单剖分，设定 V 为所有子单纯形的所有非重复顶点的集合，设定函数 $\mathcal{L}:V\rightarrow\{0,\cdots,n\}$，如果对于某个子单纯形 $\mathcal{L}(v)\in\chi(v)$，定义该子单纯形为恰当标注。

该定义的一个直接结论是该单纯形的顶点必须为不能重复的标注，因为按照单纯形的定义，$\forall i\in\{0,\cdots,n\}$，$\lambda_i\geqslant 0$。图 7-1 为一个简单剖分与恰当标注的例子。

定义：完全标注(complete labeling) 如果函数 $\mathcal{L}$ 对应的集合包括 $0,\cdots,n$ 的所有值，则称该集合为一个完全标注。

例如在图 7-1 所示的简单剖分中，最上面的三角形为恰当标注。

下面基于以上定义介绍 Sperner 引理。

引理 7-1：Sperner 引理 设 $T_n=x^0,\cdots,x^n$ 被简单剖分，该剖分对应的标注为恰当标注，那么在所有的子单纯形中一定存在奇数个完全标注的子单纯形。

我们用数学归纳法证明。

1）对于 $n=0$，单纯形包含一个单独的点 x^0，为一个可能的简单剖分，定义为$\{x^0\}$，因此仅有一个可能的标注函数 $\mathcal{L}(x^0)=0$，这是一个恰当标注。同时存在一个完全标注的子单纯形，也就是 x^0 自身。

2）假设对于 $n-1$ 成立。

3）对于 n，T_n 的一个面 $x^0,\cdots,x^{n-1}$ 对应一个 $n-1$ 维的子单纯形，记为 T_{n-1}，T_{n-1} 对应的标注函数 $\mathcal{L}$ 为恰当标注，因此根据假设，T_{n-1} 中存在奇数个 $n-1$ 维子单纯形满足完全标注的定义，各个顶点为 $0,\cdots,n-1$。例如在图 7-1 中，底部的面 x^0x^1 进行了 1 维的剖分，对应一个线段，包括 4 个子线段，其中 3 个是完全标注。

现在我们定义一个遍历子单纯形并标注单纯形 T_n 的规则。从 T_n 的面 T_{n-1} 中的一个 $n-1$ 维并标注为顶点$(0,\cdots,n-1)$的子单纯形出发，设为子单纯形 b。存在一个 n 维子单纯形 d，使得 b 是 d 的一个面，d 的顶点包括 b 的所有顶点以及另一个顶点 z。如果 z 能标注为 n，则我们有一个完全标注的子单纯形，遍历结束。否则 d 有一个标注$(0,\cdots,n-1)$，其中某个标注(设为 j)被重复了一次，标注 n 没有出现。在这种情况下，d 一定恰好存在另一个面，该面是一个 $n-1$ 维子单纯形并且标注为$(0,\cdots,n-1)$。这是由于 d 的任何 $n-1$ 的面都是

被 d 的 n 个中的 $n-1$ 个不重复的顶点所定义，由于 d 仅仅标注 j 被重复了，那么 d 的一个 $n-1$ 的面当且仅当两个 j 顶点中的一个被忽略的情况下，有$(0,\cdots,n-1)$的标注。

前面的 b 面是这样的一个面，所以这种情况下还有且仅有另一个这样的面，设为 e。如在图 7-1 中，如果一个子三角形有边(0,1)，那么这个子三角形要么是完全标注，要么有另一条边也被标注为(0,1)。现在利用如下的特性从 e 继续遍历：在 T_n 的子单纯形中，一个 n 维子单纯形的 $n-1$ 的面，或者是在 T_n 的一个 $n-1$ 的面上，或者是两个 n 维子单纯形的公共边。如果 e 在 T_n 的一个 $n-1$ 的面上，则停止遍历，否则遍历到另一个与 d 以 e 为交界的 n 维子单纯形上，这个 n 维子单纯形有且只有一个。同时这个子单纯形要么是完全标注，要么有一个标注被重复。我们将在 d 上遍历的过程重复一遍。

这一遍历过程在设定起始的 $n-1$ 维子单纯形后是确定的，这一遍历过程或者终止一个完全标注的 n 维子单纯形，或者终止于 T_{n-1} 面的一个标注为$(0,1,\cdots,n-1)$的 $n-1$ 维子单纯形，$\mathcal{L}$ 为恰当标注制约了该遍历不会终止于其他的面。同时这一个遍历是完全可逆的，从遍历的结束点开始，应用同样的规则，遍历会结束于开始点。这也表示，如果一个遍历开始于 T_{n-1} 的 t 面，终止于 T_{n-1} 的 t'面，那么 t 和 t'必定是不一样的。因为如果它们为同一个面，则从 t 开始可能就存在不同的遍历路径，与遍历的唯一性矛盾。

图 7-2 列出了以上讨论过的两种遍历类型：一种类型开始和结束于以 x^0x^1 为边的不同的子三角形；另一种类型开始于以 x^0x^1 为边的子三角形，结束于完全标注的子三角形。按照归纳假设，在面 T_{n-1} 中存在奇数个 $n-1$ 维的子单纯形，标注为$(0,\cdots,n-1)$，那么至少有一个遍历从 $n-1$ 维子单纯形的面开始，不结束于 T_{n-1} 这个面。因为遍历必定存在起点和终点，因此一定存在奇数条遍历路径，从面 T_{n-1} 开始，结束于一个完全标注的 n 维子单纯形。由于一个完全标注的子单纯形有且仅有一个标注为$(0,\cdots,n-1)$的 $n-1$ 维子单纯形的面，使遍历都从该面进入这个子单纯形，因此所有这些遍历都终止于不同的完全标注的子单纯形。

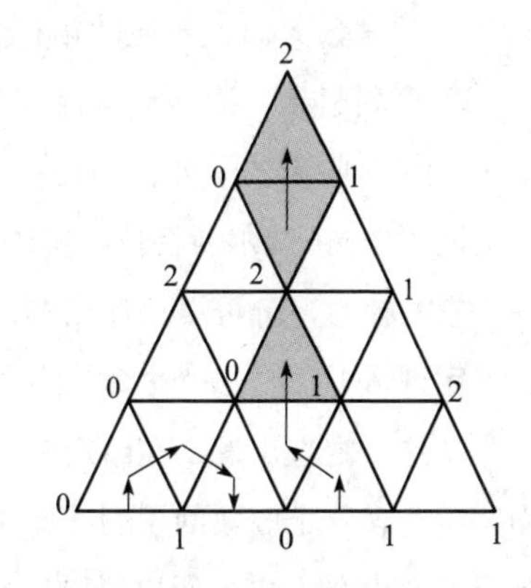

图 7-2　单纯形遍历过程(阴影对应完全标注的子单纯形)

这一遍历过程并不会遍历所有的完全标注的子单纯形。可以考虑将这一遍历过程反过来看，从一个完全标注的子单纯形开始，有些遍历过程结束于 T_{n-1} 上的 $n-1$ 维子单纯形，有些遍历结束于完全标注的 n 维子单纯形。从图 7-2 中可以看到这一例子。由于这个遍历的开始和结束是成对的，因此有偶数个完全标注的子单纯形，作为遍历的起点与终点，同时有奇数个完全标注的子单纯形，是从面 T_{n-1} 出发的遍历的结束点。因此总的完全标注的子单纯形的数目是奇数个。

定义：紧致（compactness） 一个$\mathbb{R}^n$ 的子集合 S 如果是闭集合（包括所有的点）并且有界（所有点之间的距离是有限值），那么称它为紧致的。

按照波尔查诺-魏尔斯特拉斯定理（Bolzano-Weierstrass theorem），有限维实向量空间$\mathbb{R}^n$ 中的一个子集 E 是序列紧致的（每个序列都有收敛子序列），则当且仅当 E 是有界闭集时该命题成立。该定理涉及以下概念。

- 子列：也叫子序列，一个序列$(a_n)_{n\in\mathbb{N}}$ 的子列是指在$(a_n)_{n\in\mathbb{N}}$ 中抽取无穷多个元素，按照它们在原来序列里的顺序排列起来的序列。严格的定义是：如果存在一个从 $\mathbb{N}$ 到 $\mathbb{N}$ 的严格单调递增的映射 ϕ，使得 $\forall n\in\mathbb{N}$，$b_{\phi(n)}=a_n$，就称$(b_n)_{n\in\mathbb{N}}$ 是$(a_n)_{n\in\mathbb{N}}$ 的子列。
- 有界闭集：$\mathbb{R}^n$ 中的有界闭集概念建立在给定的拓扑和度量上，由于在有限维向量空间中所有度量等价，可以将$\mathbb{R}^n$ 视为装备了欧几里得度量的度量空间（对应的范数为欧几里得范数）。$\mathbb{R}^n$ 的子集 E 有界，当且仅当 E 中所有元素 $\boldsymbol{x}$ 的范数小于一个给定的常数 K 时，对应的拓扑为欧几里得范数诱导的自然拓扑。
- 序列紧致：称一个集合 S 是序列紧致的，是指每个由集合 S 中元素所组成的数列都包含收敛的子列，并且该子列收敛到集合 S 中的某个元素。

波尔查诺-魏尔斯特拉斯定理可以视为刻画有限维实向量空间$\mathbb{R}^n$ 中序列紧致集合的定理，它的核心部分可以用序列的语言表示。

定理 7-1 任一$\mathbb{R}^n$ 中的有界序列$(a_n)_{n\in\mathbb{N}}$ 都至少包含一个收敛的子列。

从这个定理出发，在给定的有界闭集 F 中任取一个序列，那么这个序列是有界的，从而至少包含一个收敛的子列。而由 F 的封闭性可知，这个子列作为 F 的一部分，其收敛的极限必然也在 F 中，所以可以推知：

推论 7-1 任一$\mathbb{R}^n$ 中的有界闭集必然序列紧致。

这个推论给出了$\mathbb{R}^n$ 中集合序列紧致的充分条件。另外，可以证明序列紧致的集合必然是有界闭集，从而将充分条件推进为充要条件。

定理 7-2 $\mathbb{R}^n$ 中的一个子集 E 是序列紧致的，当且仅当 E 是有界闭集。

由于有限维赋范向量空间都与装备了欧几里得范数的$\mathbb{R}^n$ 同胚，以上定理可以扩展到任意有限维赋范向量空间。

下面证明定理7-1，也就是任一$\mathbb{R}^n$中的有界序列$(a_n)_{n\in\mathbb{N}}$都至少包含一个收敛的子列。首先引入一个引理。

引理7-2　任何实数列必然包含单调子列。

证明：

设有实数列$(a_n)_{n\in\mathbb{N}}$，定义集合$X=\{a_k;\forall n\geqslant k,a_k\geqslant a_n\}$。集合中的每个元素都比序列中排在其后面的所有元素大。

- 如果X中有无限个元素，在其中取下标递增的一个数列，那么这个数列是$(a_n)_{n\geqslant 0}$的子列，并且单调递减，构造完毕。
- 如果X中的元素个数有限，那么设N为X中元素的下标中最大的一个，对于任意$n>N$，考虑a_n，a_n不在集合X中，所以a_n之后至少会有一个元素大于a_n。换句话说，序列$(a_n)_{n\in\mathbb{N}}$里排在a_N后面的任意一个元素，它后面都必然有一个比它大的元素。取$k_0=N+1$，$k_1>k_0$为第一个大于a_{k0}的元素的下标，$k_2>k_1$为第一个大于a_{k1}的元素的下标，以此类推，就可以得到$(a_n)_{n\in\mathbb{N}}$的一个单调递增的子列。

因此任何实数列必然包含单调的子列。

继续证明定理7-1，先考虑一维也就是$n=1$的情况。给定有界的实数列$(a_k)_{k\in\mathbb{N}}$，取它的一个单调子列。不妨设这个子列单调递增，由于数列有上界，依据数列的单调收敛定理，这个子列必然收敛。对于高维($n\geqslant 2$)，证明的思路是取多次子列，设$(a_k)_{k\in\mathbb{N}}=(a_{1k},a_{2k},\cdots,a_{nk})\in\mathbb{R}^n$为一个有界序列，则$n$个实数列$(a_{ik})_{k\in\mathbb{N}}$，$1\leqslant i\leqslant n$都是有界数列。于是存在$(a_k)_{k\in\mathbb{N}}$的子序列$(a_{\phi_1(k)})_{k\in\mathbb{N}}$使得$(a_{1\phi_1(k)})_{k\in\mathbb{N}}$收敛。但是$(a_{\phi_1(k)})_{k\in\mathbb{N}}$仍然为有界数列，因而存在子列$(a_{\phi_2(\phi_1(k))})_{k\in\mathbb{N}}$使得$(a_{2\phi_2(\phi_1(k))})_{k\in\mathbb{N}}$也收敛，同时$(a_{1\phi_2(\phi_1(k))})_{k\in\mathbb{N}}$也必然是收敛的。在进行$n$次类似的操作之后，可以得到一个子列，使得$\forall 1\leqslant i\leqslant n$，$(a_{i\phi_n(\cdots\phi_2(\phi_1(k)))})_{k\in\mathbb{N}}$均收敛，也就是说存在子列$(a_{\phi_n(\cdots\phi_2(\phi_1(k)))})_{k\in\mathbb{N}}$收敛，证毕。

上面定义了紧致的概念，标准单纯形Δ_m是紧致的。下面定义几何中心(Centroid)。

定义：几何中心　单纯形$x^0,\cdots,x^m$的几何中心是各顶点的平均值，即$\frac{1}{m+1}\sum_{i=0}^{m}x^i$。

现在我们使用Sperner引理来证明布劳威尔不动点定理。

定理7-3：布劳威尔不动点定理　设$f:\Delta_m\to\Delta_m$是连续的，那么f存在不动点，即$\exists z\in\Delta_m$，使得$f(z)=z$。

证明思路是首先构造一个Δ_m的恰当标注，然后进行越来越细致的剖分，同时证明存在一个完全标注的序列，收敛到f的一个不动点。

设定 $\mathcal{L}$ 是一个恰当标注，设 $\epsilon>0$，我们对 Δ_m 进行剖分，使得同一个子单纯形中任意两个点的欧氏距离小于或等于 ϵ。我们使用如下方法来定义一个标注函数 $\mathcal{L}$。对于每个顶点 v，我们定义标注函数满足 $\mathcal{L}(v)\in\mathcal{X}(v)\cap\{i: f_i(v)\leqslant v_i\}$，其中 v_i 是 v 的第 i 个维度，$f_i(v)$ 是 $f(v)$ 的第 i 个维度。或者说，$\mathcal{L}(v)$ 可以定义为 v_i 大于0，并且 f 函数对 v 的第 i 个维度不增加（相等或者减少）的 i 的集合。为了保证该定义的正确性，我们必须证明集合 $\mathcal{X}(v)\cap\{i:f_i(v)\leqslant v_i\}$ 是非空的。首先由于 v 和 $f(v)$ 都位于标准单纯形 Δ_m，而标准单纯形 Δ_m 的各个维度之和为1，所以 v 必定存在一个维度是被 f 减小或者相等的，即使限定该维度必须大于0，这点应该也成立。下面证明这点。

假设该论断不成立，那么 $\forall i\in\mathcal{X}(v)$，$f_i(v)>v_i$，同时根据标准单纯形的定义 $\sum_{i=0}^{m}v_i=1$，$\mathcal{X}$ 的定义 $\forall j\in\mathcal{X}(v)$，$v_j>0$，所以我们有 $\sum_{j\in\mathcal{X}(v)}v_j=\sum_{i=0}^{m}v_i=1$，由于 $\forall i\in\mathcal{X}(v)$，$f_i(v)>v_i$，我们有 $\sum_{j\in\mathcal{X}(v)}f_i(v)>\sum_{j\in\mathcal{X}(v)}v_j=1$，由于同时 $f(v)$ 也在标准单纯形 Δ_m 上，我们有 $\sum_{j\in\mathcal{X}(v)\,i}(v)\leqslant\sum_{i=0}^{m}f_i(v)=1$，产生了矛盾，因此该论断成立，即 $\mathcal{X}(v)\cap\{i: f_i(v)\leqslant v_i\}$ 非空，$\mathcal{L}(v)\in\mathcal{X}(v)\cap\{i: f_i(v)\leqslant v_i\}$ 是正确的恰当标注。

不断缩小 ϵ 使之趋向于0，则完全标注的子单纯形序列收敛于 f 的不动点。下面证明这点。因为 $\mathcal{L}$ 是恰当标注，按照Sperner引理，最少存在一个完全标注的子单纯形 $p^0,\cdots,p^m$，按照 $\mathcal{L}$ 的构造方式，有 $\forall i$，$f_i(v)\leqslant v_i$。不断缩小 ϵ 使之趋向于0，考虑这些完全标注的子单纯形的几何中心点。由于 Δ_m 是紧致的，那么这里存在一个收敛的子序列，设 z 为收敛的极限，即当 $\epsilon\to0$ 时，$i=0,\cdots,m$，$p^i\to z$。由于 f 是连续的，我们有 $\forall i$，$f_i(z)\leqslant z_i$，因此我们一定有 $f(z)=z$，否则我们有 $1=\sum_i f_i(z)<\sum_i z_i=1$，产生了矛盾。定理7-3得证。

纳什均衡是一个混合策略组合 S 上的点，这个策略组合不是一个单纯形，而是一个单倍型（Simplotope），即一个单纯形的笛卡儿积。（单独参与者的混合策略可以看成单纯形上的点。）定理7-3基于单纯形，因此不能直接用于证明纳什均衡。由于每个单倍型在拓扑结构上都与一个单纯形同胚，定理7-3可以被拓展到单倍型上（按类似的方法可以拓展到任意凸的紧致集上）。

定义：双射函数（Bijective function） 一个函数 f，如果 $\forall a,b$，$f(a)=f(b)\Rightarrow a=b$，则称函数 $f: X\to Y$ 是满射（onto）。如果 $\forall y\in Y$，$\exists x\in X$ 使得 $f(x)=y$，则称 f 是单射（injective）或者一对一的。一个函数如果既是单射又是满射，则称它为双射函数。

定义：同胚（Homeomorphism） 对于集合 A 与集合 B，如果存在连续的双射函数 h：$A\to B$，其逆函数 h^{-1} 也是连续的，那么该函数 h 被称为一个同胚，集合 A 被称为与集合 B

同胚的。

定义：内部(Interior)　一个点 x，如果存在一个 m 维的、中心在 x 的开球体 $B\subset\mathbb{R}^m$，并且使得 $B\subset A$，则 x 被称为集合 $A\subset\mathbb{R}^m$ 的内部点。一个集合 A 的所有这样的内部点的集合被称为集合 A 的内部。

推论 7-2：单倍体上的布劳威尔不动点定理　设 $K=\prod_{j=1}^{k}\Delta_{m_j}$ 为一个单倍体，设 $f:K\to K$ 为连续函数，那么 f 存在一个不动点。

证明：设 $m=\sum_{j=1}^{k}m_j$，首先证明如果 K 是一个到 Δ_m 的同胚，那么连续函数 $f:K\to K$ 存在不动点。设 $h:\Delta_m\to K$ 为一个同胚映射，那么 $h^{-1}\circ f\circ h:\Delta_m\to\Delta_m$ 也为一个连续函数，其中$\circ$是复合函数符号。按照定理 7-3，存在不动点 $\dot{z}$ 使得 $h^{-1}\circ f\circ h(\dot{z})=\dot{z}$。设 $z=h(\dot{z})$，则我们有 $h^{-1}\circ f(z)=\dot{z}=h^{-1}(z)$。从单射的定义可知，如果 h 是单射，那么 h^{-1} 也是单射，因此有 $f(z)=z$。

现在我们需要证明 $K=\prod_{j=1}^{k}\Delta_{m_j}$ 与 Δ_m 是同胚。由于 Δ_{m_j} 是凸的紧致集，凸紧致集的积也是凸紧致集，可知 K 也是凸的紧致集。对于一个欧氏空间的子集，设维度数为描述该子集的点所需要的独立参数数目。例如，一个 n 维单纯形对应的维度数为 n。因此，由于 Δ_{m_j} 对应的维度数为 m_j，K 对应的维度数为 m。由于 $K\subset\mathbb{R}^{m+k}$，$\Delta_m\subset\mathbb{R}^{m+1}$ 都对应维度数 m，它们可以对应地嵌入$\mathbb{R}^m$，设分别对应 $\dot{K}$ 和 Δ'_m。同时，由于 $K\subset\mathbb{R}^{m+k}$，$\Delta_m\subset\mathbb{R}^{m+1}$ 都存在非内点，那么对应的 $\dot{K}$ 和 Δ'_m 都存在非空的内部集。例如，一个标准 2 维单纯形可以定义在$\mathbb{R}^3$，但是我们可以将其嵌入为$\mathbb{R}^2$ 的三角形。两个标准 1 维单纯形的积是一个正方形，同样可以被嵌入 $\mathbb{R}$。我们将 $\dot{K}$ 通过缩放和转换，生成 $\ddot{K}$ 使得 $\ddot{K}$ 严格位于 Δ'_m。由于缩放和转换操作是同胚的，一系列的同胚操作仍然是同胚，因此我们仅仅需要找到一个同胚映射 h：$\ddot{K}\to\Delta'_m$。对于 $\ddot{K}$ 的内部集中的某一点 a，定义函数 h 为与 a 对应的径向投影函数(radial projection)，定义如下：

$$h(x)=\begin{cases}a, & x=a\\ a+\dfrac{\|\dot{x}-a\|}{\|\ddot{x}-a\|}(x-a), & x\in\ddot{K}\setminus\{a\}\end{cases}$$

射线从点 a 开始，通过 x，$\dot{x}$ 是该射线与 Δ'_m 对应的交点，$\ddot{x}$ 是该射线与 $\ddot{K}$ 对应的交点。由于 Δ'_m 和 $\ddot{K}$ 都是凸紧致的，$\dot{x}$ 和 $\ddot{x}$ 存在且唯一。由于 a 是 $\ddot{K}$ 与 Δ_m 的一个内点，因此$\|\dot{x}-a\|$与$\|\ddot{x}-a\|$都为正。形象地说，函数 h 将 x 沿着射线放大$\dfrac{\|\dot{x}-a\|}{\|\ddot{x}-a\|}$倍。

现在我们来证明函数 h 是同胚映射。首先 h 必定是连续的。由于我们知道 $h(x)$ 在开始于 a、通过 x 的射线上，给定 $h(x)$，我们能够画出同样的射线，开始于 a，通过 $h(x)$。我们也可以计算出 $\dot{x}$ 与 $\ddot{x}$，通过将 $h(x)$ 沿着射线放大倍数 $\frac{\|\ddot{x}-a\|}{\|\dot{x}-a\|}$ 来找到 x。因此 h 是一个单射。h 也是一个满射，因为 $\forall y\in\Delta'_m$，我们可以构造一条射线，找到 x，使得 $h(x)=y$。h^{-1} 与 h 具有同样的构造形式(放大倍数为 h 的放大倍数的倒数)，因此 h^{-1} 也是连续的。因此 h 是一个同胚映射。

以上推论得证。

现在我们利用该推论来证明纳什均衡的存在性。首先对于混合策略组合 S，构造一个连续函数 $f:S\to S$，使得每一个 f 的不动点都是一个纳什均衡。而根据以上推论，函数 f 至少有一个不动点，因此纳什均衡得证。

定理 7-4：纳什均衡 任何博弈 $\langle N,A,u\rangle$ 至少存在一个纳什均衡。

证明：给定策略组合 $s\in S$，$\forall i\in N$，$a_i\in A_i$，定义

$$\varphi_{i,a_i}(s)=\max\{0,u_i(a_i,s_{-i})-u_i(s)\}$$

同时我们通过 $f(s)=s'$ 定义函数 $f:S\to S$，其中 s' 定义为

$$s'_i(a_i)=\frac{s_i(a_i)+\varphi_{i,a_i}(s)}{\sum_{b_i\in A_i}s_i(b_i)+\varphi_{i,b_i}(s)}=\frac{s_i(a_i)+\varphi_{i,a_i}(s)}{1+\sum_{b_i\in A_i}\varphi_{i,b_i}(s)}$$

直观地看，这个函数将一个策略组合 s 映射为一个新的策略组合 s'，s' 中每个参与者的行动相对 s 都有一个正的概率增加。

这个映射函数 f 是连续的，因为每个 φ_{i,a_i} 都是连续的，同时由于 S 是凸紧致的，根据以上推论，f 至少存在一个不动点。现在我们证明该不动点是纳什均衡点。

设 s 为 f 的任意一个不动点，对应一个策略集合。根据期望的线性特性，在 s 的支持中至少存在一个行动，设为 a'_i，使得 $u_{i,a'_i(s)}(s)\leqslant u_i(s)$，这时根据 φ 的定义，我们有 $\varphi_{i,a'_i(s)}(s)=0$。因为 s 是 f 的一个不动点，$s'_i(a'_i)=s_i(a'_i)$，根据 s' 的定义，我们有

$$s'_i(a'_i)=\frac{s_i(a'_i)+\varphi_{i,a'_i(s)}(s)}{1+\sum_{b_i\in A_i}\varphi_{i,b_i}(s)}=\frac{s_i(a'_i)}{1+\sum_{b_i\in A_i}\varphi_{i,b_i}(s)}$$

因此分母必定为 1，于是有 $\sum_{b_i\in A_i}\varphi_{i,b_i}(s)=0$。按照 φ_{i,a_i} 的定义，$\varphi_{i,a_i}\geqslant 0$，因此 $\forall i$，$b_i\in A_i$，$\varphi_{i,b_i}=0$。根据 φ 的定义，这意味着没有参与者能通过偏离该策略来提升收益，因此 s 是一个纳什均衡。

7.1.4 机制设计理论

介绍广告系统常用的竞价方式之前，我们先介绍一下机制设计理论。机制设计的核心是为达到特定的目的而设计博弈规则，使得规则的执行者自然而然地按照规则来操作。由于机制设计通常从博弈的结果倒推，因此它也被称为逆博弈论。机制设计的目的通常是最大化一个抽象的“社会选择”目标。社会选择是不同的参与者对单个联合决策的偏好的集合。由于通常博弈参与者的偏好是参与者的私有信息，因此机制设计的前提假设是参与者在各自的博弈策略中采取理性的行动，在这一前提对应的策略环境中实现期望的社会选择。

偏好汇总是对经济、社会环境中多种场景的高度概括与抽象，常见的场景如下。

- 选举场景：每个投票人对于不同的候选人有不同的偏好，选举的结果是一个社会选择。
- 经济市场场景：经典的经济理论通常假设存在一个完全自由竞争的市场，事实上市场参与者通常有些合作，每个参与者有自己的偏好，最终市场行为指向的结果是一个社会选择——货币和货物的流动。
- 拍卖场景：通常，市场中参与的买家与卖家越多，市场就越倾向于完全竞争的场景。与之相对的另一个极端场景是市场中仅有一个卖家，这时对应拍卖场景。拍卖的规则指向了社会选择：确定拍卖赢家。
- 政府政策制定：政府通常需要设计政策，并且这些政策会影响人们的方方面面：是否需要在某个特定的地点修建桥梁？在环境污染与经济发展之间如何平衡？是否应该制定一些行业标准来规范行业发展？对于这些问题每个公民都有自己的偏好，但政府部门需要制定一个单独的社会选择。
- 互联网场景：随着互联网影响力的增长，互联网场景中的许多情况可以视为社会选择的例子。互联网是由具有不同目标与偏好的不同方拥有和运营，这些偏好和这些偏好导致的行为，在互联网环境中被每个交互协议考虑进去，因此这些协议被视为吸收了不同参与者的偏好并汇总，从而形成一种社会选择：协议运行的结果。

将计算机科学与机制设计理论结合来解决现实问题有两种形式：一种是利用经济学理论解决计算机科学中的问题，另一种是利用计算机技术解决经济问题。

- 利用经济学理论解决计算机科学中的问题：对于计算机技术的很多应用场景，如网络报文的路由、任务调度、内存分配等，算法的运行环境中可能存在多个资源拥有者，设计算法时必须考虑不同资源拥有者的不同偏好。通常可以假定每个参与者都是理性的，因此我们可以利用机制设计理论来帮助解决这些问题。这一领域又叫算法机制设计。
- 利用计算机技术解决经济学问题：在经济学中存在很多场景，如拍卖、供应链等，随着互联网成为无处不在的基础设施，这些场景中经济实体的交互通常通过一个计算机平台来进行。电子化带来了前所未有的复杂性，在这些场景下应用机制设计技术通常又称为电子机制设计。

接下来通过选举这一具体场景来引入机制设计理论。我们的分析场景是具体的，但分析的理论基于抽象的社会选择，因而是通用的。

1. 社会选择与孔多塞悖论

考虑一个有两个候选人的选举场景，每个投票人都有一个偏好。如果大家倾向于共同选择候选人之一，直观地说，选择多数票是一个好的方案。但是在有 3 个候选人的场景，法国数学家孔多塞指出基于多数票的方案存在问题。作为例子，设有 3 个候选人 a、b、c，有 3 个投票人，他们的偏好如下：

- $a >_1 b >_1 c$
- $b >_2 c >_2 a$
- $c >_3 a >_3 b$

$a >_i b$ 是指相比 b，投票人 i 更倾向于 a。在上面的例子中，多数票(1 和 3)排名 a 大于 b，多数票(1 和 2)排名 b 大于 c，多数票排名(2 和 3)c 大于 a。因此最后形成的选择是 $a > b > c > a$，这里存在矛盾。这个例子告诉我们，常用的多数票原则生成社会选择时存在问题，当存在 2 个以上的候选人时，必须设计出更复杂的投票方法来生成社会选择。

投票方法是指从多个候选人的选举中产生结果的方法。人们研究过许多种投票方法，例如：相对多数法是指获得最多票的候选人胜出；Borda 计数法是指存在 n 个候选人，对于每个候选人，如果某个投票人将该候选人排序在第 i 个位置，则该候选人获得 $n-i$ 个点数，最终获得最多点数的候选人胜出。所有这些投票方法都既存在优点又存在漏洞。这些投票方法遇到的主要挑战之一是策略投票。例如，某个投票人的偏好是 $a >_i b >_i c$，但他预计 a 无法获胜，于是将偏好改为 $b >_i a >_i c$，这样胜出的可能是 b 而不是 c。策略投票带来的问题是策略投票是不透明的，依赖于投票者之间的信息，许多策略投票者之间的交互带来了复杂性。

这节会先引入 Arrow 不可能定理，该定理说明不存在同时具有所有的理想特性的投票方法；然后在 Arrow 不可能定理的基础上引入吉巴德-萨特思韦特(Gibbard-Satterthwaite)定理，该定理说明策略投票的必然性。

首先我们定义候选人的集合 A，n 个投票人的集合 L，设定 L 为 A 上线性序的集合，L 与 A 的排序的集合同构。$\forall < \in L$，$<$是 A 上的一个全序，满足反对称性与传递性。每个投票人 i 的偏好可以用$>_i \in L$ 来表达，例如 $a >_i b$ 指相比 b，投票人 i 更倾向于 a。基于这些定义，我们可以定义社会福利与社会选择如下：

定义

1. 函数 $F: L^n \to L$ 定义为社会福利函数。
2. 函数 $f: L^n \to A$ 定义为社会选择函数。

由此可知：社会福利函数将所有投票人的偏好汇总为一个公用的偏好，即一个对于所有候选人的公共的排序；一个社会选择函数将所有投票人的偏好汇总为一个社会选择，即从所有候选人中选出胜出者。Arrow 不可能定理指出，不存在具有所有理想特性的社会福利函数。一个社会福利函数的良好特性包括一致性、非垄断性和独立于无关选项，定义如下：

定义

1. 一个社会福利函数 F 满足一致性，如果 $\forall < \in L, F(<,<,\cdots,<) = <$，即如果所有投票人都有一致的偏好，则社会福利偏好也保持一致(如果所有投票人都认为 a 优于 b，那么在投票结果中 a 也优于 b)。

2. 如果对于所有的$<_1,\cdots,<_n \in L$，$F(<_1,\cdots,<_n) = <_i$，则该投票人 i 是一个社会福利函数中的独裁者(dictator)。如果不存在独裁者的投票人 i，则社会福利函数 F 是非垄断性的。

3. 如果对于任意 2 个候选者 a、b，候选者的社会福利函数的序仅仅依赖于投票人对于 a、b 的相对序，则称该函数满足独立于无关选项，即对于任意 $a,b \in A$，对于每个$<_1$, $<_2,\cdots,<_n,<'_1,<'_2,\cdots,<'_n \in L$，设定$< = F(<_1,<_2,\cdots,<_n)$，$<' = F(<'_1,<'_2,\cdots,<'_n)$，那么如果对于所有的 i 都有 $a <_i b \Leftrightarrow a <'_i b$，则 $a < b \Leftrightarrow a <' b$。

下面我们引入 Arrow 不可能定理。

定理 7-5：Arrow 不可能定理　对于多于 2 个候选人集合的社会福利函数，如果同时满足一致性与独立无关选项特性，那么该社会福利函数必定是垄断性的。

证明：先设定 F 满足一致性与独立无关选项，然后证明存在一个关键投票人，他对候选人的排序就是最终的序，从而证明 F 是垄断性的。

首先我们证明假设成对中立(pairwise neutrality)，设 $>_1, >_2, \cdots, >_n$ 和 $>'_1, >'_2, \cdots, >'_n$ 为2个排序组合，对每个候选人 i，$a >_i b \Leftrightarrow c >'_i d$，则 $a > b \Leftrightarrow c >' d$，其中 $> = F(>_1, >_2, \cdots, >_n)$，$>' = F(>'_1, >'_2, \cdots, >'_n)$。不失一般性，设定 $a > b$ 并且 $b \neq c$，现在将 $>_i$ 与 $>'_i$ 合并到一个序列 $>_i$，合并的规则是：如果 c 不等于 a，则把 c 置于 a 之前；如果 d 不等于 b，则把 d 置于 b 之后，同时保留 (a, b) 和 (c, d) 的内部序。按照一致性的定义，我们有 $c > a$ 与 $b > d$。按照全序的传递性，我们有 $c > d$。证毕。

对于任意 $a \neq b \in A$，对于 $0 \leqslant i \leqslant n$，设定一个偏好组合 π^i，在该偏好组合中前 i 个投票人将 a 置于 b 之前，即在偏好组合 π^i 中，$a >_j b \Leftrightarrow j \leqslant i$，对于非 a、b 的序不影响证明。按照一致性定义，在 $F(\pi^0)$ 中，我们有 $b > a$；而在 $F(\pi^n)$ 中，我们有 $a > b$。观测序列 π^0，π^1，$\pi^2, \cdots, \pi^n$，在某个点，对于 a、b 的排序发生了反转，对某个 i^*，在 $F(\pi^{i^*-1})$ 中，有 $b > a$，而在 $F(\pi^{i^*})$ 中，$a > b$。下面我们证明 i^* 是独裁者。

我们将这个证明转化为证明对于任意 $c \neq d \in A$，如果 $c >_{i^*} d$，那么 $c > d$，其中 $> = F(>_1, >_2, \cdots, >_n)$。取一个候选人 e，e 不同于 c、d。对于 $i<i^*$，将 e 移动到 $>_i$ 的头部；对于 $i>i^*$，将 e 移动到 $>_i$ 的底部；对于 i^*，移动 e 使得 $c >_{i^*} e >_{i^*} d$。按照独立于无关选项的定义，c、d 的社会排名(social ranking)并不会改变，现在对于任意投票人，(c,e) 的序与其在 π^{i^*} 中 (a,b) 的序一致。对于 $i<i^*$，$e > c$，对于 $i \geqslant i^*$，$c > e$，按照成对中立的声明，$a > b \Leftrightarrow c >' e$。而 (e,d) 的序与其在 π^{i^*+1} 中 (a,b) 的序一致，对于 $i \leqslant i^*$，$e > d$，对于 $i>i^*$，$d > e$，则按照前面的成对中立声明，$a > b \Leftrightarrow e >' d$，因此公共的序 $c > e$ 与 $e > d$ 成立，按照传递性，$c > d$ 成立。

Arrow 不可能定理从社会福利函数的角度说明，在投票过程中存在策略操作的空间。下面我们从社会选择函数的角度来分析这个问题。

定义 对于一个社会选择函数 f，如果对于 $<_1, <_2, \cdots, <_n \in L$，$\exists i <'_i \in L$，且 $a <_i a'$，使得 $a = f(<_1, \cdots, <_i, \cdots, <_n)$，$a' = f(<_1, \cdots, <'_i, \cdots, <_n)$，也就是说，相比 a 投票人 i 更倾向于 a'，可以通过社会福利函数 $<'_i$ 而不是 $<_i$ 表达他的倾向，从而操纵社会选择的结果为 a' 而不是 a。如果 f 不能被操纵，则称 f 为激励兼容(incentive compatible)。

定义 对于一个社会选择函数 f，如果 $f(<_1, \cdots, <_i, \cdots, <_n) = a \neq a' = f(<_1, \cdots, <'_i, \cdots, <_n) \Rightarrow a' <_i a$ 且 $a <'_i a'$，称该社会选择函数 f 为单调的。也就是说，如果某个投票

人 i 将他的序从 $<_i$ 改为 $<'_i$，使社会选择的结果从 a 转为 a'，一定是由于该投票人的偏好从 a 转变为 a'，则称 f 为单调的。

以上两个定义是同一个问题的不同表述。根据其中第二个定义我们有如下的声明。

声明　对于一个社会选择函数 f，其激励兼容与单调等价。

证明：首先将 $<_1,\cdots,<_{i-1},<_{i+1},\cdots,<_n$ 固定下来，则 f 在 $<_i$ 与 $<'_i$ 之间是非单调的，等价于某个投票人的偏好为 $<$，但是可以通过策略表达为偏好 $<'$，来操纵 f，也等价于某个投票人的偏好为 $<'$，但是可以通过策略表达为偏好 $<$。

定义　对于一个社会选择函数 f，如果 $\forall <_1,\cdots,<_i,\cdots,<_n \in L$，$\exists i$，$\forall b \neq a$，$a >_i b \Rightarrow f(<_1,\cdots,<_i,\cdots,<_n) = a$，则投票人 i 成为独裁者。如果所有投票人中存在独裁者，则称社会选择函数 f 为独裁性的。

定理 7-6：Gibbard-Satterthwaite 定理　设 f 为 A 上激励兼容的社会选择函数，且 f 同时也为 A 上的满射函数，如 $|A| \geqslant 3$，则 f 为独裁性的。

下面证明定理 7-6，证明的思路是由社会选择函数 f 构造出社会福利函数 F，构造方法可以是将 a 和 b 改到每个投票人序的头部，观察 f 的结果为 a 或 b，来确定 $a<b$ 或 $a>b$。

定义　设 $S \subset A$，$< \in L$，将所有在 S 中的候选人移动到 $<$ 的头部得到的序称为 $<^S$。根据这一定义，我们有：$\forall a$，$b \in S$，$a <^S b \Leftrightarrow a < b$；$\forall a$，$b \notin S$，$a <^S b \Leftrightarrow a < b$；$\forall a \notin S$，$b \in S$，$a <^S b$。

从社会选择函数 f 中构造的函数 F 定义为 $F(<_1,\cdots,<_i,\cdots,<_n) = <$，在这一定义下，$a<b$，当且仅当 $f(<_1^{\{a,b\}}, <_2^{\{a,b\}},\cdots,<_n^{\{a,b\}}) = b$ 时，称 F 为社会选择函数 f 的扩展函数。

我们首先证明 F 是一个社会福利函数，即 F 满足反对称性与传递性。

引理 7-3　对于激励兼容的社会选择函数 f，如 f 是 A 上的满射，则 f 的扩展函数 F 是社会福利函数。

引理 7-4　对于激励兼容的社会选择函数 f，且 f 是 A 上的满射，如 f 是非独裁性的，那么 f 对应的扩展函数 F 满足一致性和独立于无关选项，且是非独裁性的。

下面逐步证明这两个引理。

声明　$\forall <_1,\cdots,<_i,\cdots,<_n$，$\forall S$，$f(<_1^S, <_2^S,\cdots,<_n^S) \in S$。

证明：$\forall a \in S$，由于 f 是满射，则 $\exists <'_1,<'_2,\cdots,<'_n$，使得 $f(<'_1,<'_2,\cdots,<'_n) = a$。对于 $i=1,\cdots,n$，按照 i 从 1 递增到 n 的顺序，将 $<'_i$ 改为 $<_i^S$。我们声明在这个修改的过程中，不会有任何一次修改使得 f 的生成结果 $b \notin S$。对于这个修改的每步，设 a' 为前次修改结果，

$a' \in S$，由于 $b \notin S$，按照 $<^S$ 的定义，$b <_i^S a'$，证毕。

下面证明这两个引理需要满足的特性。

- 反对称性。按照声明，$f(<_1^{\{a,b\}}, <_2^{\{a,b\}}, \cdots, <_n^{\{a,b\}}) \in \{a,b\}$，因此 F 满足反对称性。
- 传递性。采用反证法。如传递性不成立，也即 $a<b<c$，$c<a$，其中 $< = F(<_1, \cdots, <_n)$，设 $S=\{a,b,c\}$，使用如上声明，并设 $f(<_1^S, <_2^S, \cdots, <_n^S)=a$，按照 i 从 1 到 n 的顺序，将 $<_i^S$ 修改为 $<_i^{\{a,b\}}$，由 f 是单调的且 $c<a$ 可知，$f(<_1^{\{a,b\}}, <_2^{\{a,b\}}, \cdots, <_n^{\{a,b\}})=a$，因此 $a>b$，产生了矛盾。
- 一致性。$\forall i$，$b <_i a \Rightarrow (<_i^{\{a,b\}})^a = <_i^{\{a,b\}}$，因此 $f(<_1^{\{a,b\}}, <_2^{\{a,b\}}, \cdots, <_n^{\{a,b\}})=a$。
- 独立于无关选项。如果 $\forall i$，$b <_i a \Leftrightarrow b <'_i a$，则如果我们按照 i 从 1 到 n 的顺序，将 $<_i^{\{a,b\}}$ 修改为 $<_i'^{\{a,b\}}$，由于 f 的单调性以及上述声明，f 的生产结果不会发生改变，因此 $f(<_1^{\{a,b\}}, <_2^{\{a,b\}}, \cdots, <_n^{\{a,b\}}) = f(<_1'^{\{a,b\}}, <_2'^{\{a,b\}}, \cdots, <_n'^{\{a,b\}})$，即满足独立于无关选项。
- 非独裁性。由于 f 满足非独裁性，从 f 中扩展的 F 显然也满足。

按照 Arrow 不可能定理，当 $|A| \geqslant 3$ 时，不存在同时满足一致性、反对称性、独立于无关选项的社会福利函数，而按照以上两个引理，可以用反证法证明定理 7-6（Gibbard-Satterthwaite 定理）。

Gibbard-Satterthwaite 定理说明，设计出激励兼容的社会选择函数从理论上是无法实现的。机制设计的主要研究方向就是从各个角度修正模型，从而绕过 Arrow 不可能定理。其中一个方向是引入“货币”的概念。

2. 基于货币的机制设计

在上文中，我们将投票人的偏好建模为对候选人的排序，$a >_i b$ 意味着相比于候选人 b，投票人更倾向于候选人 a，但是这里缺少对于倾向度的量化。因此我们引入“货币”的概念作为度量的尺度，而且货币可以在参与者之间转移。对货币的这种定义是一种假设，但它在许多场景中都适用。引入货币之后的模型需要重新定义。我们仍然设定有一个候选人的集合 A，有一个参与者的集合 I（将投票者重命名为参与者），$|I|=n$，参与者 i 的偏好表达为一个估值函数 v_i：$A \to \Re$，其中 $v_i(a)$ 为参与者 i 分配给候选者 a 的估值。这个估值是偏好的货币表示，即假设我们选择了 a，那么参与者 i 会获得额外的货币值 m，i 的收益为 $u_i = v_i(a)+m$，这个收益函数是对参与者所追求或者致力于最大化的目标的一种抽象。这种形式的收益函数称为拟线性偏好。

下面从一个简单的拍卖开始引入通用的机制设计。设一个单一的物品在 n 个买家之间进行竞价，每个参与者 i 对于该物品有个标量 w_i，w_i 是参与者 i 愿意为该物品支付的货币。也就是说，如果参与者 i 通过竞价赢得了该物品，需支付的货币为 p，那么对应的收益为 $u_i=w_i-p$，如果参与者 i 没有赢得该物品，则收益为 0。按照模型定义，候选者集合是所有可能的赢家集合 $A=\{i\text{-wins} \mid i\in I\}$，对于买家 i 的估值函数为 $v_i=\begin{cases}w_i, & i\text{ 是赢家}\\0, & i\text{ 不是赢家}\end{cases}$。对于社会选择函数，直觉的考虑为选择出价最高的买家：选择参与者 i 为玩家，其中 $i=\text{argmax}_j(w_j)$。但这里的问题是我们并不知道 w_i，w_i 是买家 i 的私有信息，每个买家知道自己的偏好。我们需要确保设计的社会选择函数是激励兼容的，买家无法通过策略性的出价来操纵社会选择的结果。从设计的角度考虑，我们可以定义对赢家的扣费方式。以下两种直观的扣费方式都不是激励兼容的。

- 免费的方式：出价最高的玩家免费得到该物品。这种方式是比较容易操纵的，每个玩家都可以尽可能出高价，该出价可能远高于 w_i，该出价策略与他对该物品的估价 w_i 是不是所有买家中最高的价格无关。
- 按出价来扣费：这种设计方式也存在操纵的空间，买家 i 按真实的估价 w_i 来出价，如果 i 赢得了该物品，则对应的收益为 0。因此买家 i 有动机按照比估价略低的价格 w_i' 来出价，如果买家 i 赢得该商品，则买家 i 获得收益 $u_i=w_i-w_i'>0$，这时买家 i 仍然有动机继续下调出价以获得更大的收益。

下面我们引入维克里第二价格拍卖，并证明该拍卖方式是激励兼容的。

定义：维克里第二价格拍卖　设参与者 i 为竞拍赢家，其估价为 w_i，则 i 需要支付出价第二高的价格，$p^*=\max_{j\neq i}w_j$。

在维克里第二价格拍卖机制下，参与者操纵己方的出价不会增加己方的收益。

定理 7-7　对于所有 $w_1, w_2, \cdots, w_n$ 和任意 w_i'，设 u_i 为参与者 i 报价 w_i 时的收益，u_i' 为参与者 i 报价 w_i' 时的收益，则 $u_i \geqslant u_i'$。

证明： 如果参与者 i 报价 w_i 时获胜，这时第二高的报价为 p^*，则 $u_i=w_i-p^*>0$。如果参与者 i 做出任何报价 $w_i'>p^*$，则参与者 i 仍然是赢家，仍然支付 p^*，因此此时 $u_i'=u_i$；如果参与者 i 做出任何报价 $w_i'\leqslant p^*$，则参与者 i 不会成为赢家，这时 $u_i'=0\leqslant u_i$。如果参与者 i 报价 w_i 时没有获胜，这时 $u_i=0$，设这时获胜者为 j，我们有 $w_i\geqslant w_j$。如果参与者 i 做出任何报价 $w_i'<w_j$，则 i 仍然不会获胜，这时 $u_i'=0=u_i$；如果参与者 i 做出报价 $w_i'\geqslant w_j$，这时参

与者 i 获胜，需要支付 w_j，对应的收益为 $u'_i=w_i-w_j\leqslant 0=u_i$。证毕。

在维克里第二价格拍卖机制下，对于单一候选物品进行竞拍，该机制是激励兼容的，参与者按照己方对物品的真实定价出价是博弈中的纳什均衡解，任何偏离该策略的策略都不会取得更高的收益，从而参与者也没有动机做出更多的价格操纵。当候选物品数目大于1时，参与者"讲真话"不是纳什均衡解。例如，考虑两个竞拍物品的权重分别为 $\alpha_1=1$，$\alpha_2=0.4$，3 位参与者估值分别为 $v_1=7$，$v_2=6$，$v_3=1$，分别对应的出价为 $b_1=7$，$b_2=6$，$b_3=1$，对于参与者 1 的收益为 $u_1=\alpha_1(v_1-b_2)=1\times(7-6)=1$。这一竞拍不是纳什均衡，因为参与者 1 可以将出价降低到 5，支付价格 1 获得第二个物品，这时对应的收益为 $0.4\times(5-1)=1.6$。

对于候选物品数目大于 1 的情况，引入货币机制之后，机制设计不仅要考虑社会选择，也需要考虑支付给不同候选人的价格，因此有以下定义。

定义 参与者 i 对候选者集合 A 的估值定义为一个估值函数 $v_i:A\rightarrow\mathfrak{R}$，其中 $v_i\in V_i$，$V_i\in\mathfrak{R}^A$ 是参与者 i 可能的估值函数的集合。设 $v=(v_1,v_2,\cdots,v_n)$ 是一个 n 维向量，设其中第 i 维被移除之后的向量为 $v_{-i}=(v_1,\cdots,v_{i-1},\ v_{i+1},\cdots,v_n)$，$v=(v_i,v_{-i})$，对于 $V=V_1\times V_2\times\cdots\times V_n$，$V_{-i}=V_1\times\cdots\times V_{i-1}\times V_{i+1}\times\cdots\times V_n$。

定义 一个直接启示机制包括一个社交选择函数 f：$V_1\times V_2\times\cdots\times V_n\rightarrow A$ 和一个支付函数的向量 $p_1,p_2,\cdots,p_n$，其中 p_i：$V_1\times V_2\times\cdots\times V_n\rightarrow\mathfrak{R}$ 是参与者 i 支付的货币之和。

定义 如果一个机制 $(f,p_1,p_2,\cdots,p_n)$，对于每个参与者 i，每个 $v_1\in V_1,\cdots,v_n\in V_n$，每个 $v'_i\in V_i$，设 $a=f(v_i,v_{-i})$，$a'=f(v'_i,v_{-i})$，都有 $v_i(a)-p_i(v_i,\ v_{-i})\geqslant v(a')-p_i(v'_i,\ v_{-i})$，则该机制被称为激励兼容。

在一个激励兼容的机制下，参与者 i 对候选物品的估值为 v_i 时，倾向于"讲真话"，报价也为 v_i，因为任何其他的报价都会导致一个不高于"讲真话"的收益。在没有货币的机制下，不存在同时满足一致性、独立于无关选项、非垄断性的机制；在引入货币的情况下，可以通过优化社会福利函数来设计激励兼容的机制，这就是 Vickrey-Clarke-Groves 机制。某个候选物品 $a\in A$ 的社会福利函数是所有参与者对该物品的估值之和，即 $\sum_i v_i(a)$。

定义 对于一个机制 $(f,p_1,\ p_2,\cdots,p_n)$，如 $f(v_1,\cdots,v_n)\in\operatorname{argmax}_{a\in A}\sum_i v_i(a)$，也就是说 f 最大化社会福利函数，且对于某些函数 h_1，$h_2,\cdots,h_n$，其中 $h_i:V_{-i}\rightarrow\mathfrak{R}$，也即 h_i 不依赖于 v_i，对于所有 $v_1\in V_1,\cdots,v_n\in V_n$，$p_i(v_1,\cdots,v_n)=h_i(v_{-i})-\sum_{j\neq i}v_j(f(v_1,\cdots,v_n))$，则该机制称为 Vickrey-Clarke-Groves(VCG) 机制。

这里主要的思想是$-\sum_{j\neq i}v_j(f(v_1,\cdots,v_n))$这部分，这部分说明每个参与者被支付了等于其他参与者估值之和的货币。这部分货币与他自己的估值相加，和为总的社会福利函数。这一机制将所有参与者的激励与社会福利对齐，从而“讲真话”在最大化社会福利的同时也最大化参与者的激励。$h_i(v_i)$不依赖于v_i，从参与者i的角度看是一个常数，因此不存在策略操纵的空间，同时$h_i(v_i)$的选择大幅度地影响货币的支付与流向。

定理 7-8　任何VCG机制都是激励兼容的。

证明：固定i，v_{-i}，v_i，我们需要证明参与者i在估值为v_i时，出价v_i获得的收益不小于任何其他出价v_i'的收益。设$a=f(v_i, v_{-i})$，$a'=f(v_i', v_{-i})$，当参与者i报价v_i时，对应的收益是$v_i(a)+\sum_{j\neq i}v_j(a)-h_i(v_{-i})$；当报价为$v'_i$时，对应的收益是$v_i(a')+\sum_{j\neq i}v_j(a')-h_i(v_{-i})$，由于$a=f(v_i, v_{-i})$在所有候选物品集合上最大化社会福利函数，因此$v_i(a)+\sum_{j\neq i}v_j(a)\geqslant v_i(a')+\sum_{j\neq i}v_j(a')$，不等式两边同时减去$h_i(v_{-i})$，即得$v_i(a)+\sum_{j\neq i}v_j(a)-h_i(v_{-i})\geqslant v_i(a')+\sum_{j\neq i}v_j(a')-h_i(v_{-i})$。证毕。

现在可以看到，h_i显著地影响参与者收益和机制的收益。一个可能的选择是使得$h_i=0$，这样机制设计比较简单，但这种设计下机制需要向参与者做大量支付。我们通常希望参与者向机制支付一定的货币，但不超过参与者对商品的估值(这样参与者有正收益)。

定义

1. 对于一个机制，如果参与者总是获得非负收益，则称为(事后)个体理性，也即对于所有$v_1,\cdots,v_n$，我们有$v_i(f(v_1,\cdots,v_n))-p_i(v_1,\cdots,v_n)\geqslant 0$。

2. 一个机制在有用户被支付之前，不应该有非正的货币转移，也即对于所有$v_1,\cdots,v_n$和每个参与者i，我们有$p_i(v_1,\cdots,v_n)\geqslant 0$。

3. 克拉克枢轴规则(Clarke pivot rule)：设定$h_i(v_{-i})=\max_{b\in A}\sum_{j\neq i}v_i(b)$被称为克拉克枢轴支付，在这一规则下参与者$i$的支付货币为$p_i(v_1,\cdots,v_n)=\max_b\sum_{j\neq i}v_j(b)-\sum_{j\neq i}v_j(a)$，其中$a=f(v_1,\cdots,v_n)$。

克拉克枢轴规则设定支付函数$p_i(v)$为两部分：第一部分为$\max_b\sum_{j\neq i}v_j(b)$，也就是当参与者$i$不参与竞拍时的社会福利函数；第二部分为$\sum_{j\neq i}v_j(a)$，也就是当参与者$i$参与竞拍时的社会福利函数。因此$p_i(v)$也就是我不在时的最大社会福利-我在场时他人的社会福利，实际上对应参与者i的外部性，这一机制让每个参与者内部化其外部性。

引理 7-5　按照克拉克枢轴规则设计的VCG机制不存在非正的货币转移，同时如果$\forall v_i\in V_i$且$a\in A$，则该机制也是个体理性的。

证明：设$a=f(v_1,\cdots,v_n)$为最大化$\sum_j v_j(a)$的候选物品，b为最大化$\sum_{j\neq i}v_j(b)$的候选物

品，参与者 i 支付的货币为 $v_i(a)+\sum_{j\neq i}v_j(a)-\sum_{j\neq i}v_j(b)\geqslant\sum_j v_j(a)-\sum_j v_j(b)\geqslant 0$，满足个体理性。由于 b 为最大化 $\sum_{j\neq i}v_j(b)$ 的候选物品，$p_i(v_1,\cdots,v_n)=\sum_{j\neq i}v_j(b)-\sum_{j\neq i}v_j(a)\geqslant 0$，因此每个玩家获得非负收益。

需要注意，克拉克枢轴规则在估值函数为负时并不适用。

3. 机制设计的显示原理

前面我们讨论了如何设计机制，让参与者“讲真话”，这是参与者在该机制下的占优策略，机制设计方也通过这种方式从不同的参与者中提取出信息。本节讨论更复杂的机制，允许参与者有更复杂的占优策略。

在标准的博弈论模型设定中，游戏的规则以及每个玩家的收益都属于公开信息。我们在这一基础上引入“独立私有价值”和“严格不完全信息”这两个概念。独立私有价值是指参与者的收益完全取决于他的私有信息，而不取决于其他玩家的任何信息（其他玩家的信息与参与者自身的私有信息独立）。严格不完全信息是指我们在模型中不包括任何概率信息（pre-Bayesian），这种设定下我们对于未知的信息需采用最差情况进行分析。

定义 一个基于独立私有价值与严格不完全信息的博弈模型包括以下部分：

对于每个参与者 i，存在一个行动集合 X_i；

对于每个参与者 i，存在一个集合 T_i，$t_i\in T_i$ 对应参与者 i 的私有信息；

对于每个参与者 i，存在收益函数 u_i：$T_i\times X_1\times X_2\times\cdots\times X_n\to\Re$，其中 $u_i(t_i,x_1,\cdots,x_n)$ 是参与者 i 对应的私有信息为 t_i，所有参与者采取的行动为 $x_1,\cdots,x_n$ 时对应的收益。

按照这一定义，参与者 i 需要在知道己方的私有信息 t_i，但不知道其他参与者的私有信息 t_j 的情况下，选择他自己的行动 x_i。t_j 不直接影响参与者 i 的收益，但影响参与者 j 的行为，从而间接影响参与者 i 的收益。我们需要对参与者 i 在每个可能的私有信息 t_i 下，采取可能的行动 x_i 这一过程进行建模，同时希望参与者 i 的策略是均衡的。

定义 参与者 i 的策略定义为函数 s_i：$T_i\to X_i$。

对于一个策略组合 $s_1,\cdots,s_n$，如果对于每个 $t_1,t_2,\cdots,t_n$，行动集合 $s_1(t_1)$，$s_2(t_2)$，$\cdots$，$s_n(t_n)$ 在被 t_i 定义的完全信息博弈中处于纳什均衡，也即对于所有的参与者 i，每个私有信息 $t_1,t_2,\cdots,t_n$，对于任意一个 x_i'，我们有 $u_i(t_i,s_i(t_i),s_{-i}(t_{-i}))\geqslant u_i(t_i,x_i',s_{-i}(t_{-i}))$，则称策略组合 $s_1,\cdots,s_n$ 为后纳什均衡（ex-post-Nash equilibrium）。

对于一个策略 s_i，如果对于每个 t_i，在被该 t_i 定义的完全信息博弈中，行动 $s_i(t_i)$ 都是一个占优策略，称 s_i 为一个（弱）占优策略。也即对于所有的 t_i，所有的 x_{-i} 与 x_i'，我们都有

$u_i(t_i, s_i(t_i), x_{-i}) \geqslant u_i(t_i, x'_i, x_{-i})$。对于一个策略组合 $s_1,\cdots,s_n$，如果每个 s_i 都是占优策略，则称其为占优策略均衡。

后纳什均衡要求 $s_i(t_i)$ 是对任意 t_{-i} 对应的 $s_{-i}(t_{-i})$ 的最佳响应（best response），按照定义，参与者 i 不了解 t_{-i} 但了解 t_{-i} 对应的行动函数 $s_{-i}(t_{-i})$。占优策略要求 $s_i(t_i)$ 是对任何 x_{-i} 的最佳响应，也即参与者 i 既不了解 t_{-i} 也不了解 s_{-i}。这一定义过于严格，通常比较难实现，例如参与者只有一个行动的场景，很难确保这个行动是对所有 x_{-i} 或者所有 $s_{-i}(t_{-i})$ 的最佳响应。不过在机制设计的场景下，我们可以通过机制设计确保这些均衡的存在。看起来占优策略均衡要比后纳什均衡要求高很多，但这两者的差别仅仅在于占优策略均衡覆盖了从未发生的行动场景。

定理 7-9 设 $s_1,\cdots,s_n$ 为博弈 $(X_1,\cdots,X_n; T_1,\cdots,T_n; u_1,\cdots,u_n)$，定义 $X'_i = \{s_i(t_i) \mid t_i \in T_i\}$，也即 X'_i 为 s_i 在 X_i 中的实际集合，则 $s_1,\cdots,s_n$ 在博弈 $(X'_1,\cdots,X'_n; T_1,\cdots,T_n; u_1,\cdots,u_n)$ 中是一个占优策略。

证明：设 $x_i = s_i(t_i) \in X'_i$，$x'_i \in X'_i$，对于任何 $j \neq i$，$x_j \in X'_j$，按照 X'_j 的定义，对于每个 $j \neq i$，存在 $t'_j \in T'_j$ 使得 $s_j(t'_j) = x_j$。由于 $s_1,\cdots,s_n$ 是后纳什均衡，$u_i(t_i, s_i(t_i), s_{-i}(t_{-i})) \geqslant u_i(t_i, x'_i, s_{-i}(t_{-i}))$，同时由于 $x_{-i} = s_{-i}(t_{-i})$，我们有 $u_i(t_i, s_i(t_i), x_{-i}) \geqslant u_i(t_i, x'_i, x_{-i})$。证毕。

现在我们定义一个通用的“非直接启示机制”（nondirect revelation）。在这一模型中，首先对于每个参与者 i 有私有的信息 $t_i \in T_i$，编码了参与者 i 对于候选物品集合 A 的偏好，也即 $v_i(t_i, a)$ 是参与者 i 在私有信息为 t_i 时，对候选物品 a 的估值。我们期望能实现一个社会选择函数 $F: T_1 \times T_2 \times \cdots \times T_n \to A$，能够汇集这些偏好。对于参与者 i，首先需要定义对应的行动集合 X_i，结果输出函数 $a: X_1 \times X_2 \times \cdots \times X_n \to A$，这个函数根据对应的行动组合选择候选物品，支付函数 $p: X_1 \times X_2 \times \cdots \times X_n \to \Re$，该函数对于每个行动组合，对于每个参与者指定相应的支付数目。在这些定义下，参与者被约定在一个严格非完全信息的博弈中，我们预期参与者应能形成均衡。

定义

1. 对于一个有 n 个参与者的拍卖机制，如包括
   a. 参与者的私有信息集 $T_1,\cdots,T_n$；
   b. 参与者的行动集合 $X_1,\cdots,X_n$；
   c. 对应的候选物品集合 A；
   d. 对于每个参与者 i 的估值函数 $v_i: T_i \times A \to \Re$；
   e. 一个结果输出函数 $a: X_1 \times X_2 \times \cdots \times X_n \to A$；

f. 支付函数 p_1，$p_2,\cdots,p_n$，其中 $p_i:X_1\times X_2\times\cdots\times X_n\to\Re$。

该机制下参与者形成的严格非完全信息博弈，包括私有信息空间 T_i、行动空间 X_i 和估值函数 $u_i(t_i,x_1,\cdots,x_n)=v_i(t_i,a(x_1,\cdots,x_n))-p_i(x_1,\cdots,x_n)$。

2. 在该机制诱导出的严格非完全信息博弈中，对于某些占优策略均衡 $s_1,\cdots,s_n$(其中 $s_i:T_i\to X_i$)，对于所有的 $t_1,\cdots,t_n$，定义社会选择函数 $f(t_1,\cdots,t_n)=a(s_1(t_1),\cdots,s_n(t_n))$，该社会选择函数 f：$T_1\times T_2\times\cdots\times T_n\to A$ 处于占优策略。

3. 同样，在该机制诱导出的严格非完全信息博弈中，对于某些后纳什均衡 $s_1,\cdots,s_n$(其中 $s_i:T_i\to X_i$)，对于所有的 $t_1,\cdots,t_n$，定义社会选择函数 $f(t_1,\cdots,t_n)=a(s_1(t_1),\cdots,s_n(t_n))$，该社会选择函数 $f:T_1\times T_2\times\cdots\times T_n\to A$ 处于后纳什均衡。

所有的占优策略均衡同时也是后纳什均衡，该定义仅仅要求 $f(t_1,\cdots,t_n)=a(s_1(t_1),\cdots,s_n(t_n))$，从而也允许其他的均衡存在，一个所有均衡类型都需满足的约束条件是至少存在一个独立的均衡点。对于任何一个机制，如果社会选择函数是占优策略，都可以被转换成激励兼容的机制。

声明：显示原理(Revelation principle) 对于任意一个存在占优策略 f 的博弈模型，都存在一个社会选择函数为 f 的激励兼容机制，参与者在该激励兼容机制中的支付函数与原博弈结构中的博弈均衡等价。

证明：设 $s_1,\cdots,s_n$ 为原博弈结构中的占优策略均衡，我们定义机制 $f(t_1,\cdots,t_n)=a(s_1(t_1),\cdots,s_n(t_n)),p_i'(t_1,\cdots,t_n)=p_i(s_1(t_1),\cdots,s_n(t_n))$。按照定义，对于每个参与者 i，对应的 s_i 为占优策略，则对于任何 t_i，x_{-i},x_i'，我们有 $v_i(t_i,a(s_i(t_i),x_{-i}))-p_i(s_i(t_i),x_{-i})\geqslant v_i(t_i,a(x_i',x_{-i}))-p_i(x_i',x_{-i})$，当然对于所有的 $x_{-i}=s_{-i}(t_{-i})$ 以及所有的 $x_i'=s_i(t_i')$ 也成立，也即 $(f,p_1',\ p_2',\cdots,p_n')$ 对应的机制为激励兼容机制。

声明 对于任意一个存在后纳什均衡的博弈结构，都存在一个社会选择函数为 f 的激励兼容机制，参与者在该激励兼容机制中的支付函数与原博弈结构中的均衡点等价。

证明：我们在原后纳什均衡的博弈模型中，限制参与者的行动集合，则得到对应的 $s_1,\cdots,s_n$ 为占优策略均衡，而应用显示原理，该占优策略均衡可以被转换为激励兼容机制，因此该后纳什均衡可以被转换为激励兼容机制。

4. 激励兼容机制的特性

前面讨论了通过最大化社会福利来设计社会选择函数，然而在许多场景中这并非唯一目的，例如：在经济场景中，通常需要在追求效益的同时兼顾公平；在计算机工程技术场景中，往往需要兼顾机器负载与响应延迟。另外在候选物品 A 比较复杂多样的情况下，最大化社会福利是NP-完全问题(NP-Complete)，这时通常采用近似算法，通过设计社会选择函数来近似最大化社会福利。

定理7-10 当且仅当满足如下条件时，机制是激励兼容的。

1）支付函数 p_i 不依赖于 v_i，仅依赖于社会选择函数 $f(v_i,v_{-i})$，也就是说，对于任意一个 v_{-i}，存在价格 $p_a\in\Re$，对于任意 $a\in A$，对于所有满足 $f(v_i,v_{-i})=a$ 的 v_i，我们有 $p(v_i,v_{-i})=p_a$。

2）该机制优化所有参与者的收益，也即对于每个 v_i，我们有 $f(v_i,v_{-i})\in\mathrm{argmax}_a(v_i(a)-p_a)$。

证明：（“当”部分）设 $a=f(v_i,v_{-i})$，$a'=f(v'_i,v_{-i})$，$p_a=p(v_i,v_{-i})$，$p_{a'}=p(v'_i,v_{-i})$，参与者 i 的收益，在“讲真话”的时候，是 $v_i(a)-p_a$，由于这一机制对所有参与者进行优化，也即 $a=f(v_i,v_{-i})\in\mathrm{argmax}_a(v_i(a)-p_a)$，这个值不小于参与者 i 报价为 v'_i 时的收益 $v'_i(a')-p_{a'}$。

（“仅当”部分，第一个条件）如果对于某些 v_i，v'_i，我们有 $f(v_i,v_{-i})=f(v'_i,v_{-i})$，但是 $p_i(v_i,v_{-i})>p_i(v'_i,v_{-i})$，这时候参与者 i 会将对物品的估价从 v_i 改为 v'_i，从而增加收益。这与 f 为激励兼容矛盾。

（“仅当”部分，第二个条件）如果 $f(v_i,v_{-i})\notin\mathrm{argmax}_a(v_i(a)-p_a)$，在 $f(\cdot,v_{-i})$ 的空间中固定 $a'\in\mathrm{argmax}_a(v_i(a)-p_a)$，这时对于某个 v'_i，$a'=f(v'_i,v_{-i})$，这时该参与者会报价为 v'_i，提升他的收益。这与 f 为激励兼容矛盾。

定义 对于一个社会选择函数，如果对于所有的参与者 i，所有的 v_{-i}，我们有 $f(v_i,v_{-i})=a\neq b=f(v'_i,v_{-i})\Rightarrow v_i(a)-v_i(b)\geqslant v'_i(a)-v'_i(b)$，则我们称该社会选择函数满足弱单调性。

也就是说，对于弱单调的社会选择函数，如果参与者 i 改变了他对物品的估值，导致社会选择函数发生改变，那么一定是由于参与者相对于旧的估值提升了新的估值。

定理7-11 如果一个机制 $(f,p_1,\cdots,p_n)$ 是激励兼容的，那么 f 一定满足弱单调性。如果所有的估值集合 V_i 是凸集，则对于任意满足弱单调性的社会选择函数 f，一定存在一个支付函数 $p_1,p_2,\cdots,p_n$ 使得 $(f,p_1,\cdots,p_n)$ 是激励兼容的。

这里仅证明第一部分。假设 $(f,\ p_1,\cdots,p_n)$ 是激励兼容的，首先限定参与者 i 和 v_{-i}，$(f,p_1,\cdots,p_n)$ 是激励兼容的，说明对于所有 $a\in A$，存在一个固定的价格 p_a（不依赖于 v_i），使得当社会选择产出是 a 时，参与者支付价格为 p_a。现在假设 $f(v_i,v_{-i})=a\neq b=f(v'_i,v_{-i})$，由于参与者估价为 v_i 时，倾向于不报价 v'_i，因此我们有 $v_i(a)-p_a\geqslant v_i(b)-p_b$，同样，由于参与者估价为 v'_i 时，倾向于不报价 v_i，我们有 $v'_i(a)-p_a\leqslant v'_i(b)-p_b$，从第一个不等式中减去第二个，得到 $v_i(a)-v_i(b)\geqslant v'_i(a)-v'_i(b)$。

当应用的领域不受限制时，满足激励兼容的机制都是VCG机制的简单变种，这些变种或者给每个参与者以权重，或者对每个候选物品以权重，对应的社会选择函数称为“仿射最大化器”。

定义 对于一个社会选择函数f，如果对于候选物品的子集$A'\subset A$，对于参与者的权重$w_1, w_2, \cdots, w_n \in \Re^+$，以及对于候选物品$a \in A'$的权重$c_a \in \Re$，我们有$f(v_1, \cdots, v_n) \in \mathrm{argmax}_{a\in A'}(c_a+\sum_i w_i v_i(a))$，则社会选择函数$f$称为**仿射最大化器**。

声明 设f为仿射最大化器，对于每个参与者i，定义$p_i(v_1, v_2, \cdots, v_n)=h_i(v_{-i})-\sum_{j\neq i}\left(\frac{w_j}{w_i}\right)v_j(a)-c_a/w_i$，其中$h_i$是任意一个不依赖于$v_i$的函数，则机制$(f, p_1, p_2, \cdots, p_n)$是激励兼容的。

证明：首先假设$h_i=0$，当参与者i选择候选物品a时，收益是$v_i(a)+\sum_{j\neq i}\left(\frac{w_j}{w_i}\right)v_j(a)+c_a/w_i$，通过乘以$w_i(w_i>0)$，该收益最大化与最大化$\sum_j w_j v_j(a)+c_a$等价，而$f$为仿射最大化器，$f(v_1, \cdots, v_n)\in \mathrm{argmax}_{a\in A'}(c_a+\sum_i w_i v_i(a))$，因此参与者$i$“讲真话”，报价为$v_i$时，收益最大，即激励兼容。

同时存在Roberts定理：

定理7-12：Roberts定理 如果$|A|\geqslant 3$，社会选择函数f为A上的满射，$\forall i$，$V_i=\Re^A$，这时如果机制$(f, p_1, p_2, \cdots, p_n)$是激励兼容的，那么社会选择函数$f$为仿射最大化器。

该定理的证明比较复杂，读者可以参考相关文献。

$V_i=\Re^A$意味着估值函数对于每一个候选物品都有一个对应的维度，与之相反，有时候V_i是一个标量，这时我们假设竞价者对于获胜有一个私有标量，衡量获胜带来的收益，如果竞价失败，则收益为0。

定义 一个单参数域V_i定义为一个公开候选集合$W_i\subset A$，一个区间值$[t^0, t^1]$，其中V_i是一个v_i的集合，使得对于以下公式成立：

$$\begin{cases}\forall a\in W_i, \quad \exists t, t^0\leqslant t\leqslant t^1, \text{使得} v_i(a)=t \\ \forall a\notin W_i v_i(a)=0\end{cases}$$

定义 一个单参数域上的社会选择函数，如果对于每个v_{-i}和每一个$v_i\leqslant v_i' \in \Re$，$f(v_i, v_{-i})\in W_i \Rightarrow f(v_i', v_{-i})\in W_i$，也即如果参与者$i$报价为$v_i$的时候赢得竞价，则参与者$i$报价高于$v_i$时也应赢得竞价，则称该单参数域上的社会选择函数对报价v_i单调。

给定一个单调社会选择函数，参与者 i 对于每一个 v_{-i}，可能赢得竞价也可能失去竞价，因此总是存在一个关键报价，当参与者报价高于该报价时赢得报价，当参与者报价低于该报价时失去报价。例如，在第二价格竞价中，对于每个参与者的关键报价是所有其他参与者报价的最高值。

定义　给定一个单参数域上的单调社会选择函数，其对应的关键报价定义为 $c_i(v_{-i})=\sup_{v_i:f(v_i,v_{-i})\notin W_i}v_i$，如 $\{v_i:f(v_i,v_{-i})\notin W_i\}$ 为空集合，则 v_{-i} 对应的关键报价为未定义。

给定一个单参数域的机制，如果在没有竞拍成功的情况下支付总和为 0，则称该机制为正则化机制，也即对于任何 v_i，v_{-i}，如果 $f(v_i,v_{-i})\notin W_i$ 则 $p_i(v_i,v_{-i})=0$，任何激励兼容的机制都可以正则化。

定理 7-13　给定单参数域上的一个正则机制 $(f,p_1,\cdots,p_n)$，当且仅当以下条件成立时，该机制是激励兼容的。

1) f 对于每个报价 v_i 都是单调的。

2) 每个竞拍赢家都支付了关键报价，竞拍失败支付为 0。也即对于每个 i，v_i，v_{-i}，如果 $f(v_i,v_{-i})\in W_i$，我们有 $p_i(v_i,v_{-i})=c_i(v_{-i})$，如果 $c_i(v_{-i})$ 未定义，则要求对于每个 v_{-i}，存在 c_i 使得对于所有 v_i 都有 $p_i(v_i,v_{-i})=c_i$，使得 $f(v_i,v_{-i})\in W_i$。

证明：（“当”条件）固定 i，v_i，v_{-i}，参与者 i 如果获胜，则其收益为 $v_i-c_i(v_{-i})$，如果竞价失败，则其收益为 0。因此当参与者报价 $v_i>c_i(v_{-i})$ 时，获胜对参与者有利；而当 $v_i<c_i(v_{-i})$ 时，竞价失败对参与者有利，即参与者按真实估价来报价是占优的，也即该机制是真实的(truthful)。

（“仅当”部分，第一个条件）设 f 不是单调的，则存在 $v_i^{'}>v_i$，当 $f(v_i, v_{-i})$ 获胜时，支付为 $p_i(v_i,v_{-i})$，而这时 $f(v_i^{'},v_{-i})$ 竞价失败。对于参与者估价为 v_i 时，报价为 v_i 获胜比报价为 $v_i^{'}$ 而失败收益要好(机制为激励兼容)，因此这时有 $v_i-p\geqslant 0$。而对于一个估价为 $v_i^{'}$ 的竞拍者，报价为 $v_i^{'}$ 而失败比报价为 v_i 获胜从而支付为 p 时要好(机制为激励兼容)，因此此时 $v_i^{'}-p\leqslant 0$，从而发生了矛盾，即机制不可能激励兼容。

（“仅当”部分，第二个条件）设某个竞价获胜者 v_i 支付 $p>c_i(v_{-i})$，根据定理 7-11，所有获胜的支付相同，设其中一个参与者获胜出价 $v_i^{'}$，满足条件 $c_i(v_{-i})<v_i^{'}<p$，但是该参与者这时的最优策略是报价 $v_{lose}<c_i(v_{-i})$，从而竞拍失败。设某个竞拍获胜者 v_i 支付 $p<c_i(v_{-i})$，这时对于某个估价为 $v_i^{'}$ 且 $c_i(v_{-i})>v_i^{'}>p$ 的竞拍失败者，其占优策略是报价为 v_i 并获胜，这与机制为激励兼容矛盾。

5. 贝叶斯—纳什均衡机制设计

占优策略均衡或者后纳什均衡假定每个参与者都没有其他参与者的任何信息，这一假定过于严格，通常我们会有一些关于各个参与者的先验分布的知识，因此在机制设计中引入贝叶斯—纳什均衡。

定义 一个有 n 个参与者的博弈模型（包括私有价值与不完全信息）包括以下部分：

对于每个参与者 i，存在一个行动集合 X_i。

对于每个参与者 i，存在一个私有信息集合 T_i，一个基于 T_i 的先验分布 D_i，一个值 $t_i \in T_i$ 是参与者 i 的私有信息，$D_i(t_i)$ 是在参与者 i 的私有信息为 t_i 时的概率分布。

对于任何参与者 i，存在收益函数 $u_i: T_i \times X_1 \times \cdots \times X_n \to \Re$，其中 $u_i(t_i, x_1, x_2, \cdots, x_n)$ 是参与者 i 在私有信息为 t_i、所有参与者的行动集合为 $x_1, x_2, \cdots, x_n$ 时的收益。

该定义适用于参与者 i 在自身私有信息为 t_i，不知道其他参与者私有信息 t_j，但知道其先验分布 D_j 的场景。

定义 参与者 i 的策略定义为一个函数 $s_i: T_i \to X_i$，对于所有参与者的策略组合 s_1, $s_2, \cdots, s_n$，如果对于每个参与者 i 以及每个私有信息 t_i，我们都有 $s_i(t_i)$ 是参与者 i 在私有信息为 t_i 时对于 s_{-i} 的最佳响应，则 $s_1, s_2, \cdots, s_n$ 称为贝叶斯—纳什均衡，也即 $\forall i, \forall t_i, \forall x'_i$，$E_{D_{-i}}[u_i(t_i, s_i(t_i), s_{-i}(t_{-i}))] \geqslant E_{D_{-i}}[u_i(t_i, x'_i, s_{-i}(t_{-i}))]$，其中 $E_{D_{-i}}$ 是指对于所有其他参与者信息 t_{-i} 在分布 D_{-i} 下的期望。

下面引入机制设计的贝叶斯定义。

定义 有 n 个参与者的贝叶斯机制包括：

- 参与者的私有信息集合 $T_1, T_2, \cdots, T_n$，以及对应的先验分布 $D_1, D_2, \cdots, D_n$；
- 参与者的行动集合 $X_1 \times \cdots \times X_n$；
- 参与者的集合 A；
- 参与者的价值函数 $v_i: T_i \times A \to \Re$；
- 一个输出函数 $a: X_1 \times \cdots \times X_n \to A$；
- 一个支付函数 $p_1, \cdots, p_n$，其中 $p_i: X_1 \times \cdots \times X_n \to \Re$。

一个从该机制诱导出的非完全信息博弈模型，包括私有信息集合 T_i 与对应的先验分布 D_i、行动空间 X_i，对应的收益 $u_i(t_i, x_1, x_2, \cdots, x_n) = v_i(t_i,\ a(x_1, x_2, \cdots, x_n)) - p_i(x_1, x_2, \cdots, x_n)$。

设 $s_1, s_2, \cdots, s_n$ 为该博弈模型中的贝叶斯—纳什均衡，对于所有的私有信息 $t_1, t_2, \cdots, t_n$ 都有 $f(t_1, t_2, \cdots, t_n) = a(s_1(t_1), \cdots, s_n(t_n))$，则我们称该机制实现了贝叶斯社会选择函数 f：

$T_1 \times T_2 \times \cdots \times T_n \rightarrow A$。

每个后纳什均衡也是贝叶斯—纳什均衡，但许多贝叶斯—纳什均衡(如第一价格竞价)并不是占优策略均衡。

定义 一个贝叶斯机制如果满足条件

1) 该机制是“直接显示”，即私有信息空间与行动空间相等，$T_i = X_i$，

2) 该机制的真实策略 $s_i(t_i) = t_i$ 是贝叶斯—纳什均衡，

则称该机制为贝叶斯意义上的真实。

声明：显示原理 对于任意一个实现贝叶斯意义上社会选择函数 f 的机制，必定存在一个对应的贝叶斯意义上的实现了 f 的激励兼容机制。该激励兼容机制对应的支付函数与原始机制中的贝叶斯—纳什均衡一一对应。

证明略(与非贝叶斯意义的显示原理证明类似)。

6. 机制设计中的利润最大化

前面我们讨论了如何设计真实的机制，设计社会福利函数与社会选择函数。机制设计中的另一个重要问题是如何最大化利润，通常又称为“最佳机制设计”。设存在 n 个出价者竞争某个特定的资源，每个出价者都是单参数，即参与者 i 获得资源时的收益为 v_i，是一个标量，而没有获得资源时的收益通常为0。机制设计输出一个分配向量 $x = (x_1, x_2, \cdots, x_n)$ 和价格 $p = (p_1, p_2, \cdots, p_n)$，$x_i = 1$ 意味着参与者 i 获得竞拍物品，而 $x_i = 0$ 意味着参与者 i 没有获得物品。p_i 是参与者 i 需要支付的报酬，参与者的收益为准线性函数 $u_i = v_i x_i - p_i$。参与者的目标是最大化利润，也即最大化估值与支付之间的差值。设机制产生出结果需要支付 $c(x)$，设定机制的利润 $\text{Profit} = \sum_i p_i - c(x)$，我们的目标是设计真实的机制，最大化 Profit。大多数机制设定问题可以规约为单参数问题，而对于其中的大多数，如前面讨论的 VCG 机制，设计的目标是最大化社会福利函数，当目标为最大化 Profit 时表现不佳，例如以下场景。

- 单物品拍卖。设消耗函数 $c(x) = \begin{cases} 0, & \sum_i x_i \leqslant 1 \\ \infty, & \text{其他} \end{cases}$，维克里竞价的利润是向量 v 中第二高的价格。这时如果了解参与者的估价函数，则存在更高利润的竞价方式。
- 数字商品拍卖。数字商品拍卖是指将同一数字商品销售不同次数，例如售出一个音频文件的下载权或者一个视频的点播权。数字商品销售的成本几乎为0，因此 $c(x) = 0$。VCG 竞价用于数字商品竞价的利润为0。由于商品可以无限供给，竞价者都不会给其他竞价者带来外部性。

我们在进行分析之前，先重申一下机制设计的标准设定。

- 理性人设定(individually rational)：设每个参与者都是理性的，即每个参与者都不会有负的期望收益。
- 无积极的转移设定(no positive transfer)：设定机制平台仅对竞争获胜者进行支付，即 $x_i=0 \rightarrow p_i=0$。

同时我们设定机制使之随机化，在一个随机化的机制中，x_i 是参与者 i 赢得竞拍物品的概率，p_i 是参与者 i 的期望支付，x_i 和 p_i 都是机制的输出，因此可以将其视为在输入竞拍物品分配向量为 b 的函数，$x_i(b)$，$p_i(b)$，$u_i(b)$ 分别对应于参与者 i 的竞拍物品分配概率、期望价格和期望收益。设 $b_{-i}=(b_1, b_2, \cdots, b_{i-1}, b_{i+1}, \cdots, b_n)$ 表示排除参与者 i 的出价之后的出价向量，固定 b_{-i}，设 $x_i(b_i)$，$p_i(b_i)$，$u_i(b_i)$ 分别代表参与者 i 对应的分配概率、期望价格和期望收益，同时我们有 $x_i(b_i, b_{-i})=x_i(b)$，$p_i(b_i, b_{-i})=p_i(b)$，$u_i(b_i, b_{-i})=u_i(b)$。

定义 一个机制，当且仅当对于任何参与者 i，$\forall i, v_i, b_i, b_{-i}, u_i(v_i, b_{-i}) \geqslant u_i(b_i, b_{-i})$，也即对于任何参与者 i，按估价出价的期望收益都大于或等于按任何其他出价的期望收益时，称该机制为真实的期待(truthful in expectation)。

基于该定义我们引入以下定理。

定理 7-14 一个机制，对于任何参与者 i 与任何固定的其他参与报价 b_{-i}，当且仅当如下两个条件成立时，称该机制是真实的期待(truthful in expectation)。

1) $x_i(b_i)$ 是单调非递减的；

2) $p_i(b_i)=b_i x_i(b_i)-\int_0^{b_i} x_i(z)\,\mathrm{d}z$。

按照该定理，我们可以发现，在分配规则向量 $x(\cdot)$ 固定的情况下，支付规则向量 $p(\cdot)$ 也固定下来，因此我们仅仅需要设定一个单调的分配规则，从这个规则可以派生出真实的支付规则。在机制分配是固定的规则的场景下，可以将定理 7-14 进一步细化。在该场景下，$x_i(b_i)$ 是单调的，意味着对于 b_{-i} 固定，存在出价阈值 t_i，使得 $x_i(b_i)=\begin{cases}1, & \forall b_i>t_i \\ 0, & \forall b_i<t_i\end{cases}$，该定理的第二部分意味着 $\forall b_i>t_i$，$p_i(b_i)=b_i x_i(b_i)-\int_0^{b_i} x_i(z)\,\mathrm{d}z=t_i$。因此我们有以下推论。

推论 7-3 任何确定性的真实竞价可以定义为一个函数 $t_i(b_{-i})$ 的集合，该函数的集合对于每个参与者 i 和每个对应的 b_{-i}，给出一个价格 t_i：当参与者 i 的出价 $b_i>t_i$ 时，参与者 i 胜出，支付 t_i；当 $b_i<t_i$ 时，参与者竞拍失败，无须支付；当 $b_i=t_i$ 时，可以设定为胜出或者失

败，不影响结果。

当我们有一些参与者的先验信息时，例如参与者的估价服从一个先验分布，我们可以使用贝叶斯最优机制设计对机制设计进行分析。该机制设计也称为Myerson机制设计，是激励兼容的，可最大化机制设计者的期望利润。例如，在两个竞拍者竞拍一个商品的场景中，设竞拍者的价格服从[0，1]之间的均匀分布，这时维克里第二价格拍卖和第一价格拍卖期望的收益都是1/3。任何将物品分配给最高出价者的竞拍方式都有相同的期望收益。实际上存在收益大于1/3的竞拍方式。

定义 带低价r的维克里拍卖，VA_r，将物品分配给出价最高且至少为r的竞拍者，获得物品的竞拍者支付价格为第二高价和低价r两者中的较大值。

在上述单商品拍卖的场景中，VA_r设定低价为1/2时期望收益为5/12，也就是说，在某些场景中，不分配商品能获得比维克里竞拍更高的利润，而且通过分析可知$VA_{1/2}$也是真实的机制，能最大化利润。

设参与者的估值是各自独立的随机变量，服从已知(不一定一致)的连续随机分布，设$\forall i$，$v_i \in [0,h]$。将参与者i的估值函数v_i服从的概率分布设为F_i，即$F_i(z)=\Pr[v_i \leqslant z]$，其概率密度函数为$f_i$，即$f_i(z)=\frac{\mathrm{d}}{\mathrm{d}z}F_i(z)$。设参与者的估值分布各自独立，即估值向量$v$服从联合概率分布为各个分布函数的积$F=F_1 \times F_2 \times \cdots \times F_n$。根据这一定义，我们引入虚拟估值(virtual valuation)与虚拟价值(virtual surplus)的定义。

定义 设参与者i对竞拍的估值为v_i，这时对应的虚拟估值为$\phi_i(v_i)=v_i-\frac{1-F_i(v_i)}{f_i(v_i)}$；设对应的分配向量为$x$，与$x$对应的虚拟价值为$\sum_i \phi_i(v_i)x_i-c(x)$。

任何真实的机制，其利润的期望等于其虚拟价值的期望。因此为了最大化利润的期望，该机制应该选择一种分配方式，最大化虚拟价值。而且由于分配规则是单调的，因此该分配方式最终得到的机制是最大化利润的真实机制。

定理7-15 任何真实的机制，其利润的期望M与其虚拟价值的期望相等，即$E_v[M(v)]=E_v[\sum_i \phi_i(v_i)x_i(v)-c(x(v))]$。

因此，如果该机制对于任意竞价向量b输出一个分配向量x，最大化$\sum_i \phi_i(v_i)x_i(v)-c(x(v))$，该机制对应利润的期望也是最大化的。定理7-15可以从如下引理以及参与者估值独立得出。

引理7-6 对于任何激励兼容的机制，以及除i之外的固定报价b_{-i}，参与者i的支付的

期望满足 $E_{b_i}[p_i(b_i)]=E_{b_i}[\phi_i(b_i)x_i(b_i)]$。

证明：为了简化，我们去掉下标 i，约定报价 b 服从概率密度函数为 f 的概率分布 F。根据定理 7-14，

$$
\begin{aligned}
E_b[p(b)] &= \int_{b=0} p(b)f(b)\,\mathrm{d}b \\
&= \int_{b=0} bx(b)f(b)\,\mathrm{d}b - \int_{b=0}\int_{z=0}^{b} x(z)f(b)\,\mathrm{d}z\mathrm{d}b \\
&= \int_{b=0} bx(b)f(b)\,\mathrm{d}b - \int_{b=0} x(z)\int_{z=0}^{b} f(b)\,\mathrm{d}z\mathrm{d}b \\
&= \int_{b=0} bx(b)f(b)\,\mathrm{d}b - \int_{b=0} x(z)[1-F(z)]\,\mathrm{d}z。
\end{aligned}
$$

将 z 重命名为 b，我们有

$$
\begin{aligned}
E_b[p(b)] &= \int_{b=0} bx(b)f(b)\,\mathrm{d}b - \int_{b=0} x(b)[1-F(b)]\,\mathrm{d}b \\
&= \int_{b=0}\left[b-\frac{1-F(b)}{f(b)}\right]x(b)f(b)\,\mathrm{d}b \\
&= E_b[\phi(b)x(b)]。
\end{aligned}
$$

最大化虚拟价值并不显然得到一个激励兼容的机制，根据定理 7-14，是否激励兼容依赖于虚拟价值最大化的过程是否满足单调性。VCG 机制最大化真实价值，即 $\sum_i v_i x_i(v) - c(x(v))$，该最大化过程导向一个单调的分配规则，从而 VCG 机制也就是激励兼容的。而虚拟价值最大化如果导向一个单调的分配规则，对应的机制也是激励兼容的。

引理 7-7 当且仅当对于所有的参与者 i，$\phi_i(v_i)$ 对于 v_i 是单调非递增的时，对应的虚拟价值最大化的机制是激励兼容的。

单调的虚拟价值函数的一个充分条件是满足单调危险率（monotone hazard rate）设定。一个概率分布的危险率定义为 $f(z)/(1-F(z))$。如果一个危险率是单调非递减的，则其对应的虚拟价值函数也是单调非递减的。

定义 设参与者估值函数的分布 F 满足单调危险率设定，设一个 Myerson 机制为 $\mathrm{Mye}_F(b)$，该机制在输入 b 上输出 x，并最大化虚拟价值。

定义 对于一个单参数利润最大化问题，在 Bayesian 设置下，转换为虚拟价值最大化问题，Myerson 最佳机制设计问题（$\mathrm{Mye}_F(b)$）定义如下：

1）设定出价 b 和 F，计算虚拟出价 $b_i'=\phi_i(b_i)$；

2）在虚拟出价 b' 上，运行 VCG，得到 x' 与 p'；

3）基于 $p_i=\phi_i^{-1}(p_i')$，输出 $x=x'$ 和 p。

下面我们用 $\mathrm{Mye}_F(b)$ 来分析前面单物品拍卖的例子。

对于单物品拍卖，价值最大化的分配规则是将物品分配给出价最高且是正数的人。假设所有的出价者出价都大于或等于0，否则不参与竞价，当最大化虚拟价值时，可能会出现出价者出价大于0但是虚拟价值小于0的情况，而该机制会将物品分配给虚拟价值大于0中的最大者。对于支付，设有2个出价者，如相等则倾向于第一个出价者，第一个出价者在 $\phi_1(b_1)\geqslant\max\{\phi_2(b_2),0\}$ 时胜出。该规则是个确定性的规则，因此第一个出价者需要支付 $p_1=\inf\{b:\phi_1(b)\geqslant\phi_2(b_2)\wedge\phi_1(b)\geqslant 0\}$。设 $F_1=F_2=F$，则我们有 $\phi_1(z)=\phi_2(z)=\phi(z)$，因此 $p_1=\min(b_2,\phi^{-1}(0))$。同样对于第二个出价者，我们有 $p_2=\min(b_1,\phi^{-1}(0))$。因此可以得到 Myerson 的一个主要结论如下。

定理 7-16　对于单物品拍卖，设其价值函数服从概率分布 F，利润最大化的拍卖方式是带低价的 Vickrey 竞价，低价为 $\phi^{-1}(0)$，即 $\mathrm{VA}_{\phi^{-1}(0)}$。

如果 F 服从区间为[0, 1]的均匀分布，将 $F(z)=z$ 与 $f(z)=1$ 代入公式，可以得到 $\phi(z)=2z-1$。因此虚拟价值服从区间为[-1,1]的均匀分布，求解得 $\phi^{-1}(0)=1/2$。因此得到对于有2个参与者的单物品拍卖，如估值函数服从[0, 1]的均匀分布，利润最大化的竞价方式为低价为1/2的 Vickrey 竞价，也即 $\mathrm{VA}_{1/2}$。

7.1.5　广义第二价格竞价

许多互联网公司，例如谷歌、雅虎、Apple、Amazon、百度、腾讯、阿里巴巴、今日头条，都通过竞价的方式来售卖广告展位。对于搜索广告，这些广告展示与搜索结果类似，包括标题、文本描述、指向广告主网站的超链接等。我们将每个展示位置称为一个“槽位”，通常槽位在向用户展示的界面上从上到下排列，排列在上方的槽位通常可获得更多的关注，从而有更高的点击率。广告主通过竞价的方式来获取槽位，出价越高，越容易获取槽位。广告平台通常对用户的广告点击向广告主收费，即仅当用户点击广告时，广告主才需要付费，如不点击则不付费。通常竞价过程是动态的，广告主可以随时改变其出价，例如在节日之前提高礼品广告的出价。广告平台根据出价分配给广告主展示机会，广告点击则与广告展示相关，这其中使用比较广泛的模型是广义第二价格（GSP）竞价。

1. 广义第二价格竞价原理

对于一次单独的竞价过程，设 n 是出价者的数目，$m(m<n)$ 是槽位的数目，广告平台根

据历史数据估计当槽位 i 被出价者 j 获得时，槽位 i 的用户点击率为 a_{ij}。通常对于所有的 j，都有 $\exists i=1,\cdots,m-1$，$a_{ij}\geqslant a_{i+1,j}$。广告平台同时为每一个出价人 j 分配一个质量分 w_j，获得槽位 i 的出价人需要付费 s_{i+1}/w_i，即下一位价格/本位质量分。对于 w_i 不同的设置也指向 GSP 两个不同的变种，例如 $w_i=1$ 时，按收入计算（“rank by revenue”）。

下面应用机制设计理论来分析 GSP 模型。通常假定一次点击的支付 v_j 是一个标量，而没有点击发生时支付为 0。这一假定的前提是对于点击的支付与槽位无关，出价者通常倾向于排名靠前的槽位。某些出价者认为头部的槽位转化率比排名第二的槽位要低，因为头部的槽位通常更易出错，而点击中部槽位的用户通常是深思熟虑的结果，这一看法并没有实际的数据支持，头部的槽位转化率与其他槽位相差无几。另一个假定是，出价者对一个槽位的价值以及在该槽位的点击率与其他出价者无关。这一假定是合理的。在这一模型下，平台（机制设计者）有两个优化目标：最大化广告消耗和使分配有效。如果目标是最大化广告消耗，可以应用 Myerson 理论来分析。其中 $x_j(b)$ 被定义为参与者 j 出价为 b 时分配的期望。在 GSP 场景中，$x_j(b)$ 是参与者出价为 b 时点击率的期望值。同时维克里竞价不是应用在真实价值上，而是应用在对应的虚拟价值上。这一最大化收入的过程得到的机制是带低价的维克里竞价。

当目标是高效分配时，GSP 竞价对应一个最大匹配问题。对于每个槽位 i 和每个竞拍者 j，设 $x_{ij}=\begin{cases}1, & \text{竞拍者 } j \text{ 被分配槽位 } i \\ 0, & \text{其他情况}\end{cases}$，目标是通过求解以下约束，求解 x_{ij}。

$$\max \sum_{i=1}^{k}\sum_{j=1}^{n} a_{ij}v_j x_{ij}$$

$$\text{满足}\begin{cases}\sum_{j=1}^{n} x_{ij}\leqslant 1, & \forall i=1,\cdots,k \\ \sum_{i=1}^{k} x_{ij}\leqslant 1, & \forall j=1,\cdots,n \\ x_{ij}\geqslant 0, & \forall i=1,\cdots,k,\quad \forall j=1,\cdots,n\end{cases}$$

等价于一个二部图最大匹配问题，可以在多项式时间内求解。实际上，由于约束矩阵是单模的，存在优化的算法。

在实际的广告竞价中，设共有 S 个槽位，v_s 是槽位 s 展示广告时一个点击对广告主的价值，x_s 是与槽位 s 相关的点击率。排名靠前的槽位点击率高，即 $x_1>x_2>\cdots>x_s$，GSP 竞价对每一个槽位生成一个价格，该价格需要满足显示原理，即广告主购买该槽位比购买其他槽位收益都大，也即 $v_s x_s - p_s x_s \geqslant v_s x_t - p_t x_t$。将 $t=s+1$ 代入不等式，我们有 $v_s(x_s - x_{s+1}) + p_{s+1}x_{s+1} \geqslant p_s x_s \geqslant v_{s+1}(x_s - x_{s-1}) + p_{s+1}x_{s+1}$，因此有 $(v_s - v_{s+1})(x_s - x_{s+1}) \geqslant 0$。该不等式表明，广告主出更高的价钱可以获得点击率更高的槽位，从而 GSP 分配是有效的。满足该不等式的价格有很多可能性，当不等式去等号时，竞价系统获得最小的收益，此时对于 4 个槽位的竞价例子，我们有 $\begin{cases} p_1 x_1 = v_2(x_1 - x_2) + p_2 x_2 \\ p_2 x_2 = v_3(x_2 - x_3) + p_3 x_3 \\ p_3 x_3 = v_4 x_3 \end{cases}$。这时可以得到收益的下限为 $R_L = v_2(x_1 - x_2) + 2v_3(x_2 - x_3) + 3v_4 x_3$。

2. 广义第二价格竞价实例分析

当用户在谷歌上搜索时，谷歌在搜索结果页的顶部和右侧展示广告，哪个广告能胜出以及出现在哪个位置，取决于一个称为广告竞价的过程。例如一个用户搜索“龙虾外卖”时，广告出现的场景如下。

1）用户在谷歌上搜索“龙虾外卖”。

2）通过定向缩小广告范围，谷歌广告平台首先找到所有广告中对“龙虾外卖”关键词进行竞价的广告，对于匹配的广告集合，系统忽略其中所有非法的广告，例如定向到另一个国家的广告等。

3）通过过滤进一步移除广告，缩小队列。例如广告平台根据广告质量分是否达到最低广告质量分，是否有足够高的点击率，落地页是否有良好的用户体验等因子，从队列中删除未达到标准的广告。

4）广告排序。将这些广告根据 Ad Rank 排序。Ad Rank 是竞价、广告与广告落地页质量、Ad Rank 阈值、用户搜索的上下文、广告扩展和广告样式等的组合分。

5）广告展示。将胜出的广告展示在用户页面上。

6）对每个用户搜索重复该过程。

在第 4 步中谷歌按照 Ad Rank 来对广告排序，从中挑选胜出的广告，并采用 GSP 竞价的方式扣费。AD Rank 是一个标量值，决定了广告是否能得到展示以及展示之后的位置（广告在展示页面中相对其他广告的位置）。有 3 个因素可以影响 Ad Rank。

- 广告主出价。广告主设定出价，也就是告知谷歌广告平台自己对于每次点击愿意出的最高价钱。实际支付少于该出价，而且广告主可以随时修改该出价。

- 广告质量分。谷歌广告平台通过广告主投放广告的链接和广告内容，评价广告与用户的相关性，得到广告质量分，该广告质量分可以通过广告主在平台开设的账户监测、评估与改进。广告质量分包括点击率、相关度、落地页转化效率等指标。广告和落地页与用户的相关度越高，对应的广告质量分也越高。
- 广告扩展内容。广告主在创建广告时可以设定扩展内容，包括电话号码、网站深度链接等。谷歌广告平台使用这些内容评估广告的效率，因此如果设置更相关、精准的广告扩展内容(如关键词、广告描述等)，广告主有可能以更低的出价竞拍到排名更靠前的槽位。

谷歌搜索广告支持多种竞价方式，广告主可以根据实际需要在点击、曝光、转化中进行选择。谷歌搜索广告有5种基本的优化目标：智能出价、CPC、vCPM、CPM、CPV。

- 智能出价。如果广告主希望用户在目标网站发生转化行为，同时使用转化跟踪工具对其进行跟踪，那么广告主的最佳方式是优化转化，可以采用智能出价的方式。
- CPC。如果广告主希望提升访问网站的流量，则推荐使用CPC竞价的方式。
- vCPM。如果广告主希望提升品牌的感知度，则推荐采用vCPM(cost-per-thousand viewable impression，每千次可见展示计费)的竞价方式。
- CPM。如果广告主投放视频广告，希望增加视频的浏览数与交互数，则可以采用cost-per-view(CPV)或者每千次展示计费(cost-per-thousand impression，CPM)竞价的方式。
- CPV。如果广告主投放视频广告，目标是希望增加产品或品牌认知，则可以使用CPV的竞价方式。

智能出价是对一系列利用机器学习技术和特征，如设备类型、地点、时间、语言、操作系统等来自动优化出价的策略的统称。谷歌搜索提供的智能出价包括以下类型。

- 每次操作的目标成本(Target cost per action，Target CPA)。如果广告主希望优化转化，可以用Target CPA在限定转化成本的同时提升转化效率。使用Target CPA首先要设置转化跟踪。在实时竞价过程中，Target CPA使用广告计划的历史信息及竞价的上下文信息来帮助找到一个优化的报价，同时保证整个广告计划达到平均的CPA水平。对于Target CPA的每个转化，其中有些可能高于目标CPA，有些可能低于Target CPA，谷歌广告平台尽力确保每次转化费用等于设定的Target CPA。这些转化成本的波动可能来自谷歌之外的因素，例如广告主网站的变更，也可能来自谷歌平台本身的广告竞争度等因素，广告主实际的转化率可能高于也可能低于预估的转化率。例如当广告主选择Target CPA为10时，谷歌广告平台自动设置广告主报价，尽量让广告主以10的平均成本达成转化。为了尽量提高广告主ROI，广告平台在竞价过程中会用到实时特征，如设备、浏览器、地点、时间、再营销列表等。Target CPA也可以设定按照转化来计费。

- 目标广告支出回报率(Target Return On Ad Spend，Target ROAS)。广告主如果希望优化转化价值，可以使用Target ROAS，在使用该特性之前需要对跟踪的转化设置价值。对于App推广计划，需要安装谷歌Firebase SDK，广告主参与竞价的转化事件应该来自Firebase SDK。要使用Target ROAS，广告主需要先积累一定的历史转化数据，例如对于App推广计划，要求每天至少有10个转化，或者在过去30天有300个转化。谷歌广告平台利用这些历史转化数据来预测未来的转化，并在实时竞价过程中使用设备、浏览器、地点、时间等因子来动态调节广告主出价。
- 最大化转化数：如果广告主希望优化转化数，可以使用最大化转化数。最大化转化数使用历史转化数据与机器学习技术来优化，并迅速消耗广告余额。如果广告主关注ROI，这时可能需要关注广告消耗以及ROI是否满足要求。
- 最大化转化价值。如果广告主希望最大化转化价值，可以使用该选项。
- 增强每次点击费用(Enhanced Cost Per Click，ECPC)。如果广告主希望以给定的CPC获取更多的转化时，可以使用该选项。Target CPA和Target ROAS自动围绕转化价格或者广告消耗回报来设定竞价，而ECPC则围绕广告设定的CPC来调节竞价，帮助广告主获取更多转化。

当广告主使用CPC的方式来获取更多用户访问数据时，可以设置最大化点击数或者手动设置CPC。最大化点击数是一种自动竞价策略，广告主只需要设定每日消耗限额，谷歌广告平台会自动管理竞价，为广告主带来更多的点击。

当广告主的目标是获取更多的曝光时，可以使用锁定展示次数份额(Target Impression Share)方式，广告系统会自动优化竞价，将广告置于页面的顶端。使用CPM竞价可以根据曝光数来付费。当广告主的目标是希望更多用户“看到”该广告而不一定点击时，使用vCPM方式。

当广告主投放视频广告并希望有更多互动时，可以使用CPV竞价的方式。广告主为视频浏览或互动(如拨打电话、领取优惠券等)进行付费，当一个视频播放超过30秒或者发生互动时进行扣费。使用CPV竞价时，广告主设定最高的价格。例如：广告主认为一个浏览视频的用户价值2.5元，设定最大CPV为2.5；而对于一个真景插播(Trueview in-stream)的视频，当用户浏览30秒或产生互动之后，根据GSP竞价的规则，广告主支付第二高的价格，不超过0.25。

对于谷歌搜索广告，广告主可以基于广告点击带来的真实收益报价，并通过优化广告质量来获取排名更高的广告位。关于谷歌搜索广告的广告质量优化有以下关注点。

1）广告主竞拍的搜索关键词并不一定会触发广告，展示的广告需要达到Ad Rank的阈值。在某些情况下，低质量的广告由于Ad Rank低于阈值，即使反复提高出价也无法获得展示机会。广告主可以通过广告账户查询无法展示的原因。

2）低竞争度的搜索关键词并不一定意味着便宜，竞争度只是影响实扣CPC的一个因子，实扣CPC还受广告质量、搜索上下文等其他因素影响。如果广告和落地页质量较低，实扣CPC可能接近最大CPC。

3）广告扩展影响广告排序。为了向用户展示更相关的广告，谷歌广告平台在计算Ad Rank时充分使用广告扩展，也包括广告质量、广告落地页等。在展示广告扩展时也要求达到一个最低的Ad Rank。提升广告质量、提高出价、增加更丰富的广告扩展都有助于提升Ad Rank。提升Ad Rank会让广告扩展获得更多的展示机会，从而获得更多的点击。

4）广告位置不影响广告质量。预期广告点击率（expected Click-Through Rate，eCTR）是Ad Rank的一个因子，广告平台使用广告的历史数据来预估CTR，但在使用历史数据时会消除广告位置的影响。通常排名靠前的广告位由于更突出、对用户更可见，点击率更高，因此为了更准确地估计点击率，广告位置以及其他可能影响可见性和突出性的因素（如广告扩展与广告样式），都需要被仔细考虑，并从CTR预估中消除。

5）广告出价影响广告排序，但不影响广告质量。广告质量分在广告竞价中实时计算，计算的输入因子有预估点击率、相关性、落地页质量等。在计算广告质量分时不考虑广告出价这一因子。

6）广告质量分决定了广告是否能进入顶部广告位。对于谷歌搜索结果的头部广告位，计算Ad Rank的公式与其他广告位相同，输入因子有出价、广告质量分、落地页质量、当前队列竞争度、用户搜索的上下文等。然而仅仅超过一个较高的Ad Rank阈值的广告可以进入头部广告位。这种设置可以确保更好更相关的广告显示在头部广告位，同时广告主支付的实扣CPC能够与广告位的突出性、可见性对应起来。

7）Ad Rank中的广告质量因子与广告主上报的转化无关。广告质量因子不受上报转化的影响，某些使用谷歌转化跟踪工具的广告主可能存在误区，认为通过设定一个较容易达到的转化事件可以自动提高转化率。实际上广告主上报的转化事件与Ad Rank中的质量因子无关。

8）当广告展示机会较少，或者由于广告主操作或者预算原因暂停展示时，广告质量不受影响。为了优化广告账户，广告主可以有针对性地对出价、创意和关键词进行小范围测试，以帮助评估将这些设定应用到整个账户带来的影响。广告主可以跟进这些测试，如果实验表现不够理想，则可以修改或者停止测试，测试带来的影响会很快被之前和之后的广告数据消除。

9）重构广告账户不会影响广告质量。广告质量分与广告账户的结构无关。广告账户重构时，对应的历史数据会保留，当将广告关键词或广告文案跨广告账户转移时，对应的历史数据会保留（因为从用户角度看，这些数据保持不变）。广告账户对应的广告组中增加或删除某些关键词，可能会影响某些用户搜索关键词时广告的展示机会，因为同一个广告组中的关键词都可能用于计算广告的相关度。预算控制系统中的预算消耗方式倾向于将广告消耗分布于一整天，修改广告账户结构影响预算的消耗方式，从而影响广告展示。

10）广告主账户中的广告质量分并不对应广告排序中的广告质量因子，广告主账户中的广告质量分（1~10分）是广告竞价中广告竞争力的一个汇总估计值，在广告竞价中并不使用该值。在实时的广告竞价过程中，预估点击率、广告相关度、落地页体验和其他因子都用于计算 Ad Rank，这些因子的计算输入可能仅仅在竞价过程中可以访问，并且影响用户体验。

7.1.6 VCG 竞价

1. VCG 竞价原理

在 VCG 竞价中，共有 S 个槽位，设 v_s 是槽位 s 展示广告时一个点击对广告主的价值，x_s 是与槽位 s 相关的点击率，排名靠前的槽位点击率高，即 $x_1>x_2>\cdots>x_s$，广告主竞拍到槽位 s 的出价为 b_s。如果广告主 1 赢得竞拍，则其他槽位价值之和为 $b_2x_2+b_3x_3$；如果广告主 1 没有参与竞拍，则其他广告主都往前挪动一个槽位，对应的槽位价值之和为 $b_2x_1+b_3x_2+b_4x_3$。因此广告主 1 参与竞拍对其他广告主造成的外部损失为 $b_2(x_1-x_2)+b_3(x_2-x_3)+b_4x_3$，这也是广告主 1 需要支付的价格。在 VCG 竞价方式下，每个广告主的占优策略为按照真实点击价值出价。对存在 4 个槽位的场景进行分析，我们有

$$\begin{cases} p_1x_1=v_2(x_1-x_2)+v_3(x_2-x_3)+v_4x_3 \\ p_2x_2=v_3(x_2-x_3)+v_4x_3 \\ p_3x_3=v_4x_3 \end{cases},$$

这时容易验证平台收益与最小收益的 GSP 竞价相同。

在搜索引擎关键词广告场景中，存在“宽泛匹配”这一匹配形式。在宽泛匹配的场景中，广告主需要为整个宽泛匹配对应的触发选择一个单独的竞价。在 VCG 竞价方式中，广告主可以统计出宽泛匹配触达的平均价值，平滑地应用到现有公式；而在 GSP 竞价方式中，由于广告主在不同的关键词搜索中可能出现于不同的槽位，GSP 方式略显混乱。

2. VCG 竞价实例分析

Facebook 广告平台使用 VCG 竞价来挑选胜出者，广告主可以对曝光、点击和行为等多种目标出价。Facebook 广告平台主要使用以下因子将不同的出价转化成对每个曝光的不同出价。

- 目标出价。目标出价是指广告主对竞价目标的最大出价，广告平台对广告主的扣费小于或等于该出价。
- 竞价目标的发生概率。例如广告主对点击出价，这时 Facebook 广告平台首先预估一个初始的点击率，使用该点击率将对点击的出价转化为对曝光的出价，在广告胜出、获得曝光之后，Facebook 根据新的数据进一步更新点击率，同时反馈到新的有效出价。因此竞价目标的发生概率较高有助于广告平台迅速对广告进行学习。通常建议将初始广告的竞价目标定为一天内达成 25 次以上，如果少于该数目，可以将转化漏斗上移(例如将对转化出价改为对点击出价)。

  一个点击率较高的广告可以以较低的出价胜出，一个对安装路径的优化可以使一个 App 安装广告以较低的价格胜出。当广告主对其他目标(如安装)出价时，广告平台使用预估点击率与点击之后目标达成的条件概率来计算目标发生概率。新广告平台需要一定的时间与花费来启动，如果新广告对应的账户有历史消耗，广告平台会使用历史数据来学习。如果历史数据对应较低的目标发生概率，广告主可能需要在起量时提高出价。对于全新账户下的新广告，广告平台使用其他广告主账户下与之定向类似的广告统计数据来预测事件发生概率。
- 广告质量分。Facebook 对于每个广告，通过广告与用户互动的历史数据计算一个质量分。对于正向的互动，例如转化、点赞等行为，会提升质量分；对于负向的互动，例如用户隐藏广告，会降低质量分。广告质量分也会影响有效出价。

大多数情况下，Facebook 广告平台建议广告主将广告投放到 Facebook 的产品矩阵，如 Facebook Feeds、Instagram Stories 等，这时 Facebook 广告平台会自动优化投放的广告位，为广告主获取更高的 ROI。不同的广告位支持的创意内容或设计形式不一定一样，对于广告位有 2 个选项，自动或者手动。自动选择广告位使得广告系统在一个大范围内优化广告，对于大多数广告主是最佳选择。当自动选择广告位与最低消耗竞价策略组合在一起时，广告主可能会发现在Facebook Feeds的平均成本远低于Instagram Stories的平均成本，从而倾向于仅投放到Facebook Feeds。但是，广告系统的目标是使广告主以最低的平均成本获得最多的转化，而不是对于每个广告位获得最低的转化。当广告主限定广告位时，由于竞争度会导致成本上升，这时平均成本不一定能更低。另外选择自动选择广告位，当新增广告位时，复制新的广告会在所有广告位上生效。

广告主可以利用竞价策略来控制预算消耗，竞价策略影响竞价时的调价方式，某些竞价策略要求广告主开通费用控制。

控制费用可以帮助广告主获得持续盈利，但通常费用控制策略越严格，广告平台帮助广告主优化的空间越小，根据广告主预期找到较低费用投放机会的可能性就越低。Facebook可用的费用控制策略如下。

- 最低费用(自动竞价)：广告主授权平台管理竞价，找到费用最低的投放机会。以最具成本效益的方式使用预算，可能无法控制费用，如广告主已经获得所有最便宜的展示机会或者增加了预算，则费用可能会上升。
- 竞价上限：通过设置竞拍时的最高竞价来控制广告花费。通过该竞价覆盖尽可能多的用户，可以帮助广告主在特定的竞价上限内实现量的最大化，可提高对于定位类似受众的其他广告主的竞争力。这时广告主需要花费更多的时间来管理竞价，以便控制费用，可能不会花完全部预算。
- 目标费用：以目标费用获得尽可能大的转化量，这时会失去费用较低的展示机会，且可能无法花完全部预算。
- 费用上限：在可接受的单次操作费用/单次安装费用内获得最大转化量，无须手动调整竞价即最大限度地降低花费。此时如果广告主已经用完所有最便宜的展示机会，则费用可能会上升，且需要较长时间的学习过程。
- 广告花费回报保底型价值优化方案：需要广告主将交易价值回传到广告平台，此时广告平台以广告花费回报作为成功的主要衡量指标，保证最低广告花费回报的前提下获得尽可能多的机会，将广告营销活动表现的重点放在盈利和广告花费回报上。此时如果设定的基准太高可能导致投放不足。
- 最高价值：当广告主希望获得最高的广告花费回报，想要花完全部预算以及不确定保底广告花费回报/竞价金额时，可以使用该选项，此时由Facebook管理竞价，充分利用预算实现最高营销价值。

这些费用控制策略中，目标费用与费用上限都使用平均费用控制额作为基准，但两者的工作原理存在区别：使用目标费用竞价策略的费用控制额是指，即使存在费用更低的优化事件，系统仍然会尽量靠近目标金额；使用费用上限竞价策略的费用控制额是指，系统首先帮助广告主获得费用最低的优化事件，同时尽量使费用低于设置的平均金额。系统会在费用控制额内以从低到高的价格顺序获取优化事件，如果单次优化事件平均费用达到费用控制额，则必须提升费用控制额才能提高预算以及花完全部预算。所使用的竞价策略将决定系统如何花费广告主预算以获得广告主想要的成效。

使用费用上限竞价策略的费用控制额较为灵活，不容易限制投放，因为费用控制额的应用对象是单次优化事件平均费用，使系统能够在更广泛的费用范围内争取不同的竞拍机会。虽然有些优化事件的费用可能会超出费用控制额，但是在广告组的整个发布周期中，平均费用不会超出广告主设置的费用控制额。而使用竞价上限竞价策略的竞价控制额灵活性相对较低，与费用上限相比，更有可能限制投放。这是因为竞价控制额会限制每次竞拍的竞价。如果将竞价控制额设置为 5 元，即便出价 5.01 元就可以获得 100 个优化事件，系统也不会尝试获取这 100 个优化事件；而如果设置 5 元的费用控制额，系统就可能会尝试获得这 100 个优化事件。

Facebook 首席经济学家对 Facebook 使用的 VCG 竞价方式作出以下解释：

如果你是广告主，并获得广告展示机会，则你将会夺取其他广告主的展示机会，该广告的价格可以基于从其他广告主那里拿走的价值来衡量。只有当广告与客户最相关、同时也是当时最适合展示给客户的广告时，它才会获得展示机会。

该解释阐述了 Facebook 竞价方式的“外部性”，VCG 竞价的胜出者是广告排序分的最高者，但仅需支付他的胜出导致其他竞价者丧失的价值。因此广告主的占优策略是按真实价值来出价。下面以两个例子来分析。

假设有 4 个广告主竞拍两个展示机会，每个广告主最多能获得一个展示机会，广告主 A 出价 11 元，广告主 B 出价 7 元，其他两个竞价者分别出价 5 元、3 元。竞价的胜出者为广告主 A 和广告主 B，虽然他们胜出的报价分别为 11 元、7 元，但按照 VCG 竞价，他们实际均只需要支付 5 元。下面按照 VCG 的公式获胜者支付费用 = $\sum$(在拍卖中没有获胜者的中标者) $-\sum$(在拍卖中包含获胜者的中标者)来分别计算广告主 A、广告主 B 的支付费用。

对于广告主 A：如果将广告主 A 从竞价队列中移除，7 元和 5 元将会胜出，因此 $\sum$(在拍卖中没有获胜者的中标者) $=7+5+0=12$(元)；当广告主 A 在竞价队列时，$\sum$(在拍卖中包含获胜者的中标者) $=7+0+0=7$(元)。因此广告主 A 需要支付 $12-7=5$(元)。

对于广告主*B*：如果将广告主*B*从队列中移除，11元和5元将会胜出，因此∑(在拍卖中没有获胜者的中标者)=11+5+0=16(元)；当广告主*B*在队列中时，∑(在拍卖中包含获胜者的中标者)=11+0+0=11(元)。因此广告主*B*需支付16-11=5(元)。

再看第二个例子。假设有2个苹果，有3个竞拍者：

- 竞拍者*A*希望获得1个苹果，出价为5元；
- 竞拍者*B*希望获得1个苹果，出价为2元；
- 竞拍者*C*希望同时获得2个苹果，并为2个苹果一起出价6元。

竞价的过程可以规约为一个背包问题。从最大化竞价之和的结果看，胜出者为*A*和*B*，因为*A*、*B*的出价之和为7元，大于C的出价6元。竞价胜出之后，*A*获得价值为5元，*B*获得的价值为2元，*C*获得价值为0元(*C*没有胜出，因此没有获得)。下面按照公式计算*A*、*B*需要支付的价格。

对于竞价者*A*：如果将*A*从竞价队列中移除，*C*将获胜同时*B*不能获得苹果，因此∑(在拍卖中没有获胜者的中标者)=6+0=6(元)；如果*A*在竞价队列之中，*B*和*C*获得价值之和为2+0=2(元)。因此*A*需要支付6-2=4(元)。

对于竞价者*B*：如果将B从队列中移除，*C*将获胜同时*A*不能获得苹果，因此∑(在拍卖中没有获胜者的中标者)=6+0=6(元)；如果*B*在队列之中，*A*和*C*获得的价值之和为5+0=5(元)。因此*B*需要支付6-5=1(元)。此时*A*的收益为5-4=1(元)，*B*的收益为2-1=1(元)。

VCG竞价机制有两个重要特性：

- 竞价者支付的价格小于报价；
- 胜出者需要支付的价格由胜出者的外部性决定。

为了最大化竞价的收益，广告主可以通过以下方式来优化：

- 对于目标进行准确估计，按照真实价格报价；
- 将广告定向给最适合的用户；
- 优化广告的质量分；
- 进行A/B测试找到正确的配置参数；
- 遵守平台规范与指引。

对于A/B测试的使用可以参考以下经验规则。

- 通过测试两个几乎完全不同的广告来确保测试的差异性，例如测试两个完全不同的创意，测试区别较大的年龄(如18~35岁和35~60岁)。

- 不要同时运行过多的 A/B 测试，同时运行过多的测试实例可能无法区别哪些的实际表现更优秀。在预算较少的情况下尤其要专注在区别较为明显的少量测试实例上。
- 当在某个测试实例上取得了较好的结果时可以进一步细化测试，例如对于年龄的测试可以进一步分割，层层深入。
- 不要在明显的常识性参数上花费时间和预算，例如对于一个高跟鞋的品牌广告，可以一开始就定向给女性用户。在广告表现稳定之后，可以细分参数，拆分一个对男性的 A/B 测试。
- 可以在不同的维度运行 A/B 测试，包括广告类型、用户兴趣、用户性别、年龄、广告位、设备类型、自定义受众、工作职称、受教育程度、竞价类型、婚姻状态、落地页等。

Facebook 利用 VCG 竞价机制在为广告主创造价值与优化终端用户体验中寻求平衡。在该系统下，广告主的占优策略是按照真实价格报价，并不断优化广告质量与相关度，从而提升广告投放效率。

7.2 广告策略系统设计

广告系统根据业务过程可以分为广告投放与广告播放。广告投放包括一些对外界面和接口，如审批、CRM、广告位管理、运营数据分析等系统；广告播放包括广告数据库、广告发布数据流、广告检索、广告粗排、精排等系统，其中粗排与精排属于广告系统策略的重要模块。

图 7-3 所示为一个广告系统架构，其中 AD Mixer 是一个在线数据整合模块，它调用检索子系统 AD Retrieval 获取 TopN 的广告列表。粗排作为程序插件嵌入 AD Retrieval 中，用于广告定向检索之后的打分、排序与筛选，精排作为程序插件嵌入 AD Mixer 中，AD Mixer 调用精排模块对 TopN 的广告列表进行进一步精排。整个排序过程如图 7-4 所示。其中粗排模块对检索返回的符号定向条件的广告进行粗略排序，返回 TopN 条（如 75 条）给 AD Mixer 模块。AD Mixer 将两路 AD Retrieval 返回的初选广告进行归并，调用 L3、L4 模块进行精排，L3 排序主要利用粗排的打分进行归并，L4 模块利用广告出价、广告质量分、pCTR、pCVR 等因子对广告列表进行重排序。

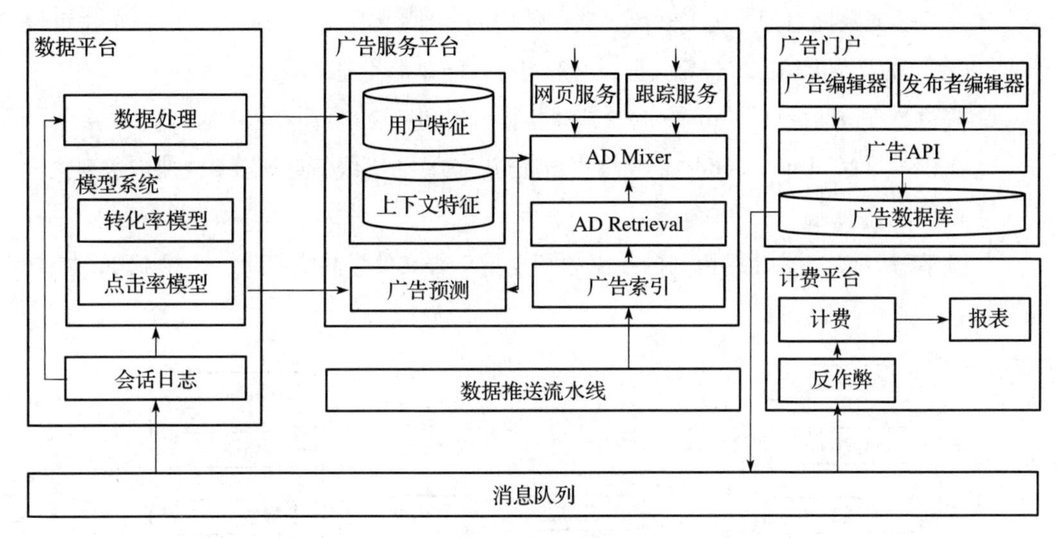

图 7-3　广告系统架构

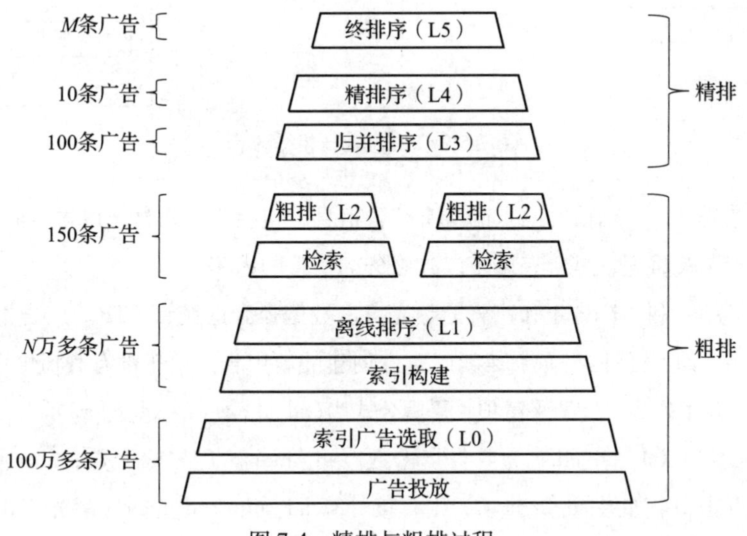

图 7-4　精排与粗排过程

7.2.1　广告系统粗排设计

广告检索模块在数百万条广告中挑选出满足广告定向条件的广告，然后调用广告粗排模块，广告粗排模块作为广告检索模块的插件接入系统，同时调用广告检索模块提供的数据访问接口访问广告元数据，生成排序因子进行排序。广告检索与广告粗排的接口关注点包括：

- 将广告元数据编码为从 1 开始、顺序递增的本地索引(local index)，广告粗排可以 $O(1)$的复杂度访问广告元数据，这对粗排性能非常关键；
- 提供命中访问接口(HitIterator)，广告粗排可以利用检索 token 命中的信息；
- 提供双缓存(double buffer)的增量更新通道，为广告下线信息等需要快速推送到检索的信息提供通道。

如图 7-5 所示，广告粗排用到的数据包括全量广告文件、离线 CTR、离线 CVR、广告主分级等。

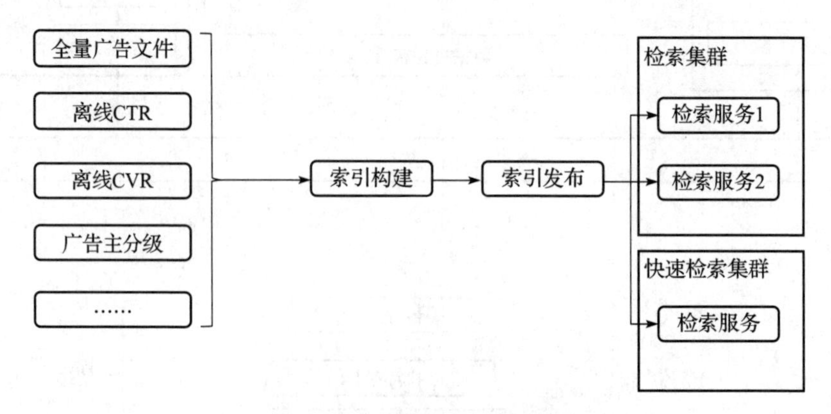

图 7-5 广告检索与粗排流程

- 全量广告文件：当前时间点的所有广告信息，包括广告素材、广告定向、竞价信息、预算控制策略等，是所有用于广告服务的信息的超集。
- 离线 CTR：利用广告主和广告的曝光点击数据得到的统计 CTR。广告主数据用新广告 CTR 的平滑预估。如果是新广告主创建的新广告，由于没有其历史数据，会采用一个默认值作为贝叶斯平滑项，平滑公式为$(ad_click+(C-ad_impr)\times advertiser_ctr)/C$，其中 $C=10\,000$，ad_click 为广告点击数，ad_impr 为广告曝光数，advertiser_ctr 为广告主点击率。如果 $ad\_impr>C$，则直接计算 ad_click/ad_impr。曝光点击数据采用指数平滑的形式进行累计。
- 离线 CVR：对转化目标出价的广告，在计算 eCPM 时需要乘上 CVR，这份数据会同时被用于计算离线 eCPM 和粗排阶段的 eCPM。在图 7-5 中的索引构建阶段，会首先尝试绑定广告的 CVR 数据，如果没有找到，则尝试绑定广告所属类目的默认 CVR，如果类目默认值也没找到，则绑定失败。
- 广告主分级：根据广告主的历史记录统计广告主分级信息，主要用于计算广告质量分。

在索引构建阶段会利用离线CTR、离线CVR数据来计算广告的离线eCPM分，对于检索返回结果采用离线eCPM分来排序。广告检索集群按照广告编码ID的奇偶分为2路，同时短时间内新增或者修改的广告进入快速广告检索集群。在所有路处理完之后进行多路结果的合并，如果广告检索与快速检索出现相同的广告，则选择广告检索路的结果。

如图7-6所示，处理广告时，首先根据广告定向条件从索引文件中检索出候选的广告列表(按照离线eCPM分排序)。如检索结果过大，可能会需要较长的时间进行粗排，从而导致处理请求超时，这时需要对检索结果进行截断，截断后的广告列表会以本地索引的形式调用粗排插件进行处理。

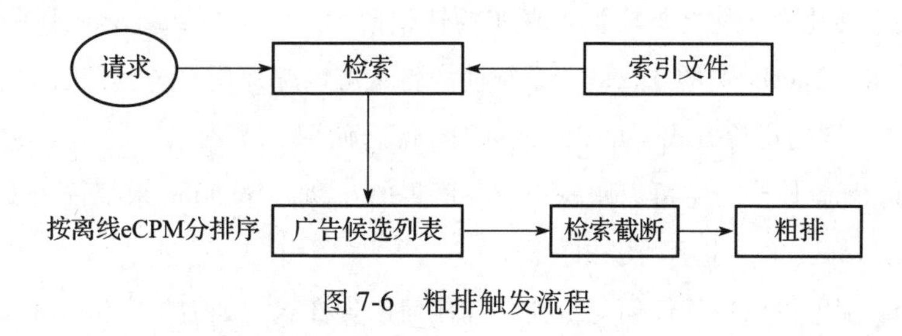

图7-6　粗排触发流程

7.2.2　广告预算控制系统

广告预算控制系统按照设定的策略来分配广告主的预算，使预算均匀地消耗与分布于广告的全生命周期，并在这个时间跨度上优化广告主设定的目标，例如以更低的竞价获得更多的点击等。在Facebook广告系统中，预算控制系统是Pacing，Facebook的广告默认配置了Pacing。下面我们通过一个例子来分析Facebook Pacing的工作过程，这个例子是基于点击目标的，但对曝光、转化、行为等也适用。

- 假设广告主A希望推广一件体育用品，他配置日限额为100元，竞价方式为CPC，他根据经验评估每个点击的价值为50元。
- 广告主A在Facebook上创建一个广告，优化LINK_CLICKS，根据广告主的真实估值，设定bid_amount为50，billing_event为LINK_CLICKS，定向人群为男性、25~35岁。
- 广告主的利润为点击产生的价值减去消耗的广告费用。

假设一天中所有目标(点击、展示等)的价格都是已知的，我们可以根据价格来订购点击，简化分析过程。Facebook Pacing 是广告系统提供的一个产品，着重于提升广告主竞标空间的最佳利益。按照 Facebook 的介绍，“当固定一个不变的报价时，开启 Pacing 功能，与不开启 Pacing 功能或者报价过低或过高相比，广告主能实现更大的价值。”Facebook Pacing 通过预测竞争广告商的独立运动来确定对广告报价进行调节的范围。Facebook 利用从广告客户历史数据中了解的广告客户出价方式的数据以及与预测广告定向人群相同的广告主的历史数据，来预测调节范围，用公式表示为最终单展示出价 = 小于最高出价的单展示优化出价×点击率。公式中 CTR 是点击率，应用于点击计费，当应用于展示时可以是 VTR（view-through-rate）或者 CVR（conversion rate）。Pacing 的核心是基于反馈系统，并使用各种因子（如广告类型、定向人群、时间、展示内容等）来预测和调节最优出价。Facebook 同时持续不断地校准转化率，使之与广告主真实的转化率契合，不过 Facebook 强调转化率不属于 Pacing 的范畴。Facebook 的 Tracking 系统使广告主可以跟踪用户与其广告的互动，Tracking 规范可以与不同的竞价方式（如 CPC 或 CPM）配合使用。

- Tracking 配置使广告主可以跟踪用户与广告的互动，Tracking 系统仅用于跟踪，不用于优化目标转化，也不用于扣费。
- Tracking 配置可以用于任何竞价类型和任何广告样式，如需指定 Tracking 配置，可以在广告中设定 tracking_specs 字段。
- 广告系统根据竞价目标设定默认的 Tracking 配置，广告主可以按需跟踪更多的行为。例如一个推广 POST 的广告默认跟踪 POST_ENGATEMENT 目标，广告主如果在落地页植入了转化 SDK，也可以跟踪转化。

Pacing 的流程如图 7-7 所示，广告主指定广告计划以及广告预算、期限和一个或者多个推广目标，这时一个在线系统将预算、期限、目标分割成一系列的区间。例如，如果广告期限是 1 周，期限区间可能是 1 天。广告系统保存了广告播放的历史数据，例如广告从开始播放到当前时刻的 PV（Page View，广告展示次数）和 UV（User View，广告展示到的独立用户数），广告系统利用这些历史数据以及需要达成的 PV 和 UV 生成 PV 区间和 UV 区间。PV 区间决定了在该时间区间广告需要达成多少曝光展示，UV 区间决定了在该时间区间广告需要触达多少用户。广告系统根据广告总预算和当前已经消耗的预算生成一个播放控制因子，并使用该播放控制因子来调节广告竞价。同时广告系统利用 PV 区间、UV 区间以及广告竞价的历史数据创建一系列过滤器，这些过滤器用于判定广告计划中的某个广告是否能进入广告竞价。例如某个过滤器可能决定广告计划中进入广告竞价的广告百分比，某个过滤器可能基于 UV 区间和已完成的广告竞价历史数据，来将广告展示给从未展示过的用户。某些过滤器可能对广告生成一个随机数，如果该随机数小于过滤器对应的因子，则允许广告进入竞价。

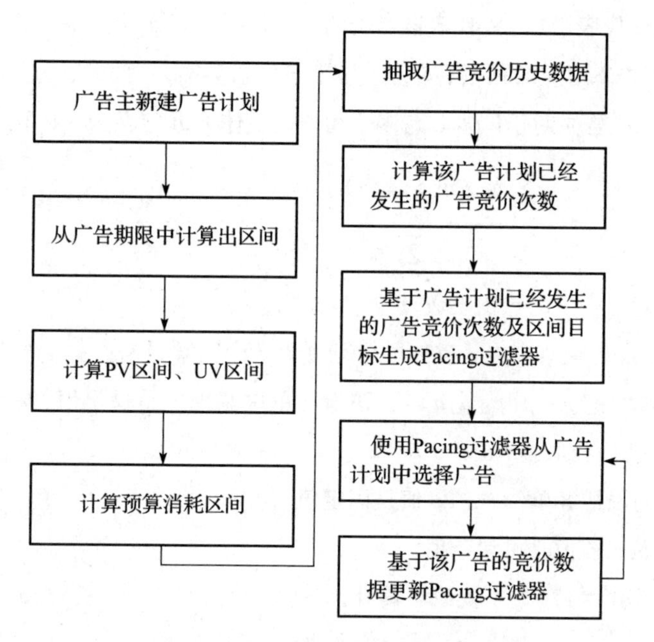

图 7-7 广告预算与消耗控制流程

例如，一个广告计划期限为5天，预算为100万元，目标是获得100万PV和4万UV。基于这一个配置，广告系统将100万元预算分配到5天，每天20万元，将100万PV的目标分配到5天，每天20万，将4万UV的目标分配到5天。在第一天结束后，该广告计划消耗了20万元，获得20万PV和3万UV；到第3天结束时，该广告计划消耗了60万元，获得60万PV和9万UV。这里UV没有严格控制，广告系统认为更多的触达用户对广告主是有好处的。

7.2.3 广告调价算法

在oCPM等广告竞价方式中，广告主对转化目标出价，根据展示扣费，广告平台同时根据竞争环境自动调节广告主出价 $Bid_{convert}$。本节介绍一种适用于电商场景的出价调节方法，在保持广告主ROI不变或者提升的前提下，提升GMV[⊖]指标。首先，广告主单次点击的ROI定义为

⊖ GMV（Gross Merchandise Value，商品交易总额），指一定时间段内成交总额，用于电商行业时，通常指拍下订单金额，包含付款和未付款部分。

$$\mathrm{roi}_{u,a}=\frac{p(c\mid u,a)\cdot v_a}{b_a}$$

其中c代表转化，u代表用户，a代表被点击的广告，$p(c\mid u,a)$代表用户对被点击的广告的转化率，v_a代表广告a对应的预估客单价（如用户付款金额），此时$p(c\mid u,a)\cdot v_a$为单次点击的期望GMV。广告主对于广告a跨多个用户的整体ROI定义为

$$\mathrm{roi}_a=\frac{\left[\sum_u n_u\cdot p(c\mid u,a)\right]\cdot v_a}{b_a\cdot\sum_u n_u}=\frac{E_u[p(c\mid u,a)]\cdot v_a}{b_a}$$

其中n_u为用户u对广告a的点击次数。

该定义显示，广告主对广告a整体的ROI受到3个因素影响：

- 转化率的期望值$E_u[p(c\mid u,a)]$，该值在单次竞价中是稳定值，在实践中，通常由历史数据统计得到；
- 广告对应的预估客单价v_a，该值是固定值；
- 广告出价b_a，该值是可调节值。

对b_a的调节应该保持roi_a不变或者提升，按照定义即$\mathrm{roi}_{u,a}\geqslant\mathrm{roi}_a$，因此有

$$\frac{p(c\mid u,a)\cdot v_a}{b_a^*}\geqslant\frac{E_u[p(c\mid u,a)]\cdot v_a}{b_a}$$

即

$$\frac{b_a^*}{b_a}\leqslant\frac{p(c\mid u,a)}{E_u[p(c\mid u,a)]}$$

当$\frac{p(c\mid u,a)}{E_u[p(c\mid u,a)]}\geqslant1$时，当前流量匹配度高，应该提升出价以帮助广告主获取流量；当$\frac{p(c\mid u,a)}{E_u[p(c\mid u,a)]}<1$时，应该降低出价以帮助广告主控制成本。因此可以设定出价调节的下界和上界，分别为

$$l(b_a^*)=\begin{cases}b_a\cdot(1-r_a), & \frac{p(c\mid u,a)}{E_u[p(c\mid u,a)]}<1\\ b_a, & \frac{p(c\mid u,a)}{E_u[p(c\mid u,a)]}\geqslant1\end{cases}$$

$$u(b_a^*)=\begin{cases} b_a, & \dfrac{p(c\mid u,a)}{E_u[p(c\mid u,a)]}<1 \\ b_a\cdot\min\left(1+r_a,\dfrac{p(c\mid u,a)}{E_u[p(c\mid u,a)]}\right), & \dfrac{p(c\mid u,a)}{E_u[p(c\mid u,a)]}\geqslant 1 \end{cases}$$

其中 r_a 为广告出价调节范围阈值，控制广告出价处于区间 $[b_a\cdot(1-r_a),b_a\cdot(1+r_a)]$，在该区间按照对应的规则调节出价，可以让广告主获得更优的流量和更高的 ROI。然而出价改变之后，按照 eCPM 的排序公式 $\text{eCPM}=b_a^*\cdot \text{pctr}_a$，其排序也相应地发生变更，因此要维持优化目标与 eCPM 排序不变，对应的约束条件如下：

$$\max_{b_1^*,b_2^*,\cdots,b_n^*} f(b_k^*),\text{满足}$$

$$k=\underset{i}{\text{argmax}}\, b_i^*\cdot \text{pctr}_i$$

$$l(b_i^*)\leqslant b_i^*\leqslant u(b_i^*),\quad i=1,\cdots,n$$

其中，n 为符合条件的广告数，$f(\cdot)$ 为优化的目标函数，应为单调递增函数，例如可能有如下形式：

- 最大化 GMV，$f_1(b_k^*)=\text{pctr}_k\cdot\text{pcvr}_k\cdot v_k$；
- 最大化 GMV 与广告消耗的组合，$f_2(b_k^*)=\text{pctr}_k\cdot\text{pcvr}_k\cdot v_k+\alpha\cdot\text{pctr}\cdot b_k^*$，$\alpha$ 为权重因子。

该约束条件对应的算法如代码清单 7-1 所示，其中 $\text{pctr}_a\cdot b_a^*$ 的上下限分别记为 $l(s_a^*)$ 和 $u(s_a^*)$。算法首先按照 $f(u(b_a^*))$ 对广告进行降序排列，此时使用上界是因为 f 单调递增；然后按照排序后的顺序，查找 $u(s^*)$ 大于所有剩余广告的 $l(s^*)$ 的第一个广告；找到目标广告之后，需要对剩余广告进行更新，保证挑选出来的广告 eCPM 最大，从而在排序中胜出。

代码清单 7-1 调价算法

```
输入：广告列表 A，对应的调价上下限，需要调价的广告数 N
输出：调整后的价格 b_a^*，∀a∈A
 1. 设置结果集合 𝒜
 2. repeat
 3.   对广告列表 A 中的广告，按照 f(u(b_i^*))降序排列
 4.   t←the lagest l(s_a^*)for ∀a∈A
 5.   find the first ad k from A that u(s_k^*)≥t
 6.   𝒜=𝒜∪{k}
 7.   A=A\{k}
 8.   for i∈A do
 9.       u(s_i^*)=min(u(s_i^*), u(s_k^*))
```

10. $u(b_i^*)=\min(u(b_i^*), u(s_k^*)/\text{pctr}_i)$
11. end
12. until $\|\mathcal{A}\|==\text{N}$ or $A==\varnothing$
13. for $i \in \mathcal{A} \cup A$ do
14. $b_i^*=u(s_i^*)/\text{pctr}_i$
15. end
16. return b_a^* for each a in $\mathcal{A} \cup A$

7.3 本章小结

本章介绍了广告系统策略设计的理论基础与工程实现，广告系统策略基于博弈论中的机制设计理论，同时介绍了 GSP、VCG、Myerson 拍卖等竞价方式，并结合谷歌搜索广告和 Facebook 广告系统对 GSP 与 VCG 进行了实例分析，最后介绍了广告策略的系统设计、Pacing 系统、调节算法等。广告策略是广告系统的核心模块，在工作中需要结合实际数据，有针对性地对广告策略进行持续优化，为广告主带来最大的 ROI，从而创建可持续、健康的广告生态。

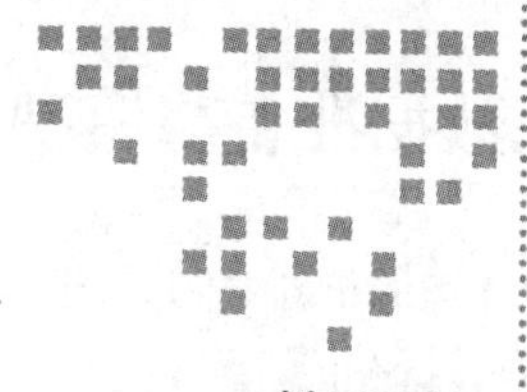

第8章 Chapter 8

预估算法

Jeff Hammerbacher[㊀]指出过一个现象："我们这一代人中最优秀的头脑都在思考如何让人点击广告。"这一现象背后的原因是对大规模系统进行优化的ROI（投入产出比）非常高，使得各大广告平台都在这个方向上投入重金网罗最优秀的人才。点击率是衡量"人们有多喜欢点击广告"的重要指标，也是广告平台竞价算法中的重要因子。为了最大化广告收入与广告主的ROI，广告平台必须在将广告展示给用户之前，准确预估广告曝光之后该用户点击的概率。这也是点击率的定义，$\text{CTR}=\frac{\text{点击数}}{\text{曝光数}}\times 100\%$。

CTR预估一般有两种思路：一种是先针对用户浏览页面的行为建立一个概率模型（大多数情况下是贝叶斯网络），然后使用参数估计的算法（如MLE和EM）来学习模型参数；另一种是使用数据和特征驱动的机器学习技术来进行模型训练与预估。本章采用第二种思路，分为以下三部分：

- 训练数据准备与模型离线评估；
- 常用的预估模型；
- 新广告点击率预估。

㊀ Jeff Hammerbacher领导了Facebook早期数据科学团队，之后他离开Facebook，与人联合创办了Cloudera。

8.1 训练数据准备与模型离线评估

用于生产环境的机器学习系统，能够调试与优化的主要部分为数据和模型这两大方向。其中数据部分与企业业务息息相关，各大互联网公司都掌握了大量各种维度的数据，在利用数据这个方向，工业界由于更贴近场景，通常利用深度超过学术界。而模型部分的演进是一个长期持续、理论突破的过程，且与机器学习训练目标相关，新的模型算法通常是学术上的突破，被逐步应用于工程实践。一个可运维、可优化、可扩展的数据流对于大型广告系统至关重要。

本节先介绍广告系统中用于CTR预估等机器学习任务的训练数据准备，然后介绍模型离线评估方法与应用。

8.1.1 训练数据准备

如图8-1所示，在广告系统中，CTR训练所需的训练数据一般通过数据处理系统将广告请求数据流、广告曝光数据流与广告点击数据流合并得到，然后经过特征工程系统处理，合并用户特征、广告特征、前文特征等训练数据流所需的特征，最终定期输出一份训练数据流文件到分布式文件系统(如HDFS)的约定路径。

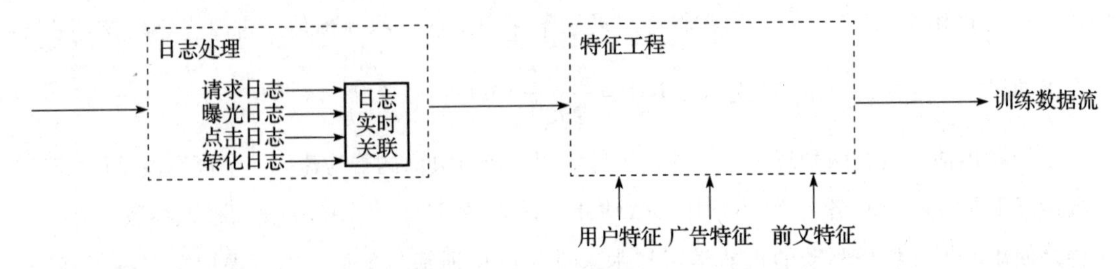

图8-1 训练数据生成流程

每个特征在训练数据流中对应于一列，可能存在非常多列，而且随着特征数的增加，列的数目也会增加，因此在大规模系统中通常使用列存储格式(如Google Dremel、Apache Parquet)来存储训练数据问题。使用列存储有以下优点。

- 由于模型训练中经常只用到训练数据全部列(特征)的一个子集，使用列存储可以减少对磁盘的I/O访问。

- 同一列的数据往往具有较高的相似性，有利于优化压缩算法，大幅提升压缩率，进而节约存储成本并降低磁盘 I/O。

利用数据进行模型训练和评估需要用到交叉验证的方法，交叉验证的目的是使用没有给模型训练的数据来测试模型的性能，给出模型在未知数据集上通用化的指标。

一轮交叉验证需将数据样本划分为互补的子集，对一个子集(称为训练集)执行模型训练，在另一个子集(称为测试集)进行验证。交叉验证方法分为穷举交叉验证和非穷举交叉验证两大类。

穷举交叉验证方法以所有可能的方式测试模型，常用的有 Leave-p-out 方法和 Leave-one-out 方法。

- Leave-p-out。该方法中，设训练数据中有 m 条样本，取出 p 条样本，剩余的 $m-p$ 条样本用于训练，取出的 p 条样本用于测试。对所有C_m^p 种情况重复这一过程，将每轮的误差平均作为验证误差。当 m 和 p 较大时，该方法会带来较大的计算量。
- Leave-one-out。当 Leave-p-out 中 p 为 1 时，方法即为 Leave-one-out。对于 m 条样本，该方法只需要支持 m 次，计算量比 Leave-p-out 要小，不过当 m 较大时，仍然可能存在计算量过大的问题。代码清单 8-1 是计算 Leave-one-out 的伪代码。

代码清单 8-1 Leave-one-out 交叉验证过程

```
err ← 0
for i ← 1, … , N do
    // 分割用于交叉验证的子集合
    x_in ← (x[1], …, x[i - 1], x[i + 1], …, x[N])
    y_in ← (y[1], …, y[i - 1], y[i + 1], …, y[N])
    x_out ← x[i]
    y_out ← interpolate(x_in, y_in, x_out)
err ← err + (y[i] - y_out)^2
end for
err ← err/ N
```

非穷举交叉验证方法不会遍历样本的所有分割组合，因而计算量较小，主要方法有 k-fold 交叉验证和 holdout 方法。

- k-fold 交叉验证：将原始样本随机分为 k 个大小相等的子集合，在每轮验证中，保留一个子集合作为测试集，其他 k-1 个子集合作为训练集，然后将验证过程执行 k 次，k 个子集合中的每一个仅被用作测试集一次。对 k 轮验证的结果取平均值，得到最终的误差估计。k-fold 交叉验证中，所有的样本都用于训练与验证，且每个样本仅用于验证一次。k 是一个可以配置的参数，常用的取值为 10。

- holdout 方法(留出验证)：将样本数据随机分配给训练集和测试集，通常按照 8∶2、7∶3、6∶4 这样的比例来分割训练集与测试集。

多种验证方法需要将数据分割为互补的集合，拆分时需要确保测试集满足以下两个条件：

- 测试集足够大，可以产生具有统计意义的结果；
- 测试集能代表整个数据集，也就是说，测试集的特征应该与训练集的特征相同。

将数据集分割为训练集和测试集之后，在模型训练过程中需要检验模型，例如检验模型的配置、是否过拟合或欠拟合，这时会将训练数据再分割为两部分：一部分为用于训练的训练集，另一部分为用于检验的验证集(验证集可以重复使用，主要用于辅助模型构建)。

首先使用训练集来训练模型，然后使用验证集验证训练的有效性，设定最佳的超参数，最后使用测试集来测试最终效果，评估准确率及误差等。测试集只在最后模型验证时使用，不能在模型构建过程中使用，也不能根据测试集的结果来调整模型超参数，否则会导致模型在测试集上过拟合。例如，如果模型的准确率非常高，很可能是测试集的划分或使用存在问题，发生了测试集过拟合。最终的准确率一般是训练集>验证集>测试集。

模型训练中模型与数据集的匹配有两种情况：

- 过拟合(overfitting)：模型对于训练集准确率高，而对于测试集准确率低。这时创建的模型与训练数据过于匹配，以至于模型无法根据新数据做出准确的预测。
- 欠拟合(underfitting)：模型对于训练集和测试集准确率都低。这时模型与训练数据匹配度不够高，也不能拓展到测试集。

过拟合与欠拟合贯穿模型训练与服务(Serving)的全过程，对于用于在线系统的机器学习模型，需要在系统层面提供对这两种情况的检测与处理机制。

8.1.2 模型离线评估

在机器学习领域，良好、正确地定量评估模型准确性的能力是构建一个成功的预测系统的前提条件。将在训练集上训练学习的模型应用于测试集，并使用选定的评估指标来评价模型的质量，这一过程称为离线评估(offline evaluation)。常用的离线评估指标可以分为以下 6 种类型。

- 基于概率的评估，例如 ROC 曲线下的面积(AUC)、最大似然估计(Maximum Likelihood Estimator，MLE）。

- 基于对数似然(Log Likelihood)的评估，例如相对信息增益(RIG)、交叉熵(cross-entroy)。
- 基于预测错误(Prediction Error)的评估，例如均方误差(Mean Square Error，MSE)、平均绝对误差(Mean Absolute Error，MAE)、根均方误差(Root Mean Square Error，RMSE)。
- 基于贴现累积收益(Discounted Cumulative Gain，DCG)、相对贴现累积收益(Relative DCG，RDCG)。
- 基于信息检索(Information Retrieval，IR)，精度/召回(Precision/Recall)、F-测量(F-measure)、平均精度(Average Precision，AP)、平均精度均值(Mean Average Precision，MAP)、基于等级的精度(Rank-Based Precision，RBP)、平均倒数秩(Mean Reciprocal Rank，MRR)。
- 其他指标。

定义这些离线评估指标需用到混淆矩阵(Confusion Matrix)。如图8-2所示，混淆矩阵是一个2×2的矩阵，各个元素的说明如下。

- TP(True Positive，真阳性)：预测为正例，实际也为正例。
- FP(False Positive，假阳性)：预测为正例，实际为负例。
- FN(False Negative，假阴性)：预测为负例，实际为正例。
- TN(True Negative，真阴性)：预测为负例，实际也为负例。

		实际例	
		阳性	阴性
预测例	阳性	真阳性（TP）	假阳性（FP）
	阴性	假阴性（FN）	真阴性（TN）

图8-2 混淆矩阵

根据这些指标可以进行更详细的分析，定义出以下一系列指标。

- TPR(True Positive Rate，真阳性率)，定义为 $\mathrm{TPR}=\frac{\mathrm{TP}}{P}=\frac{\mathrm{TP}}{\mathrm{TP}+\mathrm{FN}}=1-\mathrm{FNR}$。
- FNR(False Negative Rate，假阴性率)，定义为 $\mathrm{FNR}=\frac{\mathrm{FN}}{P}=\frac{\mathrm{FN}}{\mathrm{FN}+\mathrm{TP}}=1-\mathrm{TPR}$。

- TNR(True Negative Rate，真阴性率)，定义为 $TNR=\frac{TN}{N}=\frac{TN}{TN+FP}=1-FPR$。
- FPR(False Positive Rate，误报率)，定义为 $FPR=\frac{FP}{N}=\frac{FP}{FP+TN}=1-TNR$。
- PPV(Positive Predictive Value，阳性预测值)，定义为 $PPV=\frac{TP}{TP+FP}=1-FDR$。
- FDR(False Discovery Rate，错误发现率)，定义为 $FDR=\frac{FP}{FP+TP}=1-PPV$。
- NPV(Negative Predictive Value，阴性预测值)，定义为 $NPV=\frac{TN}{TN+FN}=1-FOR$。
- FOR(False Omission Rate，误漏率)，定义为 $FOR=\frac{FN}{FN+TN}=1-NPV$。
- PT(Prevalence Threshold，流行阈值)，定义为 $PT=\frac{\sqrt{TPR(-TNR+1)}+TNR-1}{TPR+TNR-1}$。
- TS(Threat Score，威胁评分)，定义为 $TS=\frac{TP}{TP+FN+FP}$。
- ACC(ACCuracy，准确性)，定义为 $ACC=\frac{TP+TN}{P+N}=\frac{TP+TN}{TP+TN+FP+FN}$。
- BA(Balanced Accuracy，平衡精度)，定义为 $BA=\frac{TPR+TNR}{2}$。
- F_1 分数(F1 score)，即精确度(precision)和真阳性率(TPR)的调和平均数，定义为 $F_1=\frac{2}{\frac{1}{PPV}+\frac{1}{TPR}}=\frac{2\cdot PPV\cdot TPR}{PPV+TPR}=\frac{2TP}{2TP+FP+FN}$。
- MCC(Matthews Correlation Coefficient，马修斯相关系数)，定义为 $MCC=\frac{TP\cdot TN-FP\cdot FN}{\sqrt{(TP+FP)(TP+FN)(TN+FP)(TN+FN)}}$，当分母中的4个和里有任意一个为0时，可以将分母设置为1，此时MCC为0。
- FM指数(Fowlkes-Mallows index)，定义为 $FM=\sqrt{\frac{TP}{TP+FP}\cdot\frac{TP}{TP+FN}}=\sqrt{PPV\cdot TPR}$。
- BM(Bookmarker Informedness，博彩公司知情度)，定义为 $BM=TPR+TNR-1$。
- MK(MarKedness，标记性)，定义为 $MK=PPV+NPV-1$。

在某些场景下，比如当数据集不平衡、不同类别观测数量差异较大时，单纯使用某个指标可能会产生误导。例如数据中有95只猫、5只狗，某个特定的分类器可能将所有类别识别为猫，对应的混淆矩阵如图8-3所示。这时识别器对猫类别的真阳性率(TPR)指标为100%，对狗的识别指标为0，总体真阳性率(TPR)为95%，这时的F1分数为 $F_1=\frac{2\times95}{2\times95+5+0}=97.4\%$，这两个指标明显不再有指导意义。这时对应的BM指标为 $BM=TPR+TNR-1=\frac{TP}{TP+FN}+\frac{TN}{TN+FP}-1=\frac{95}{95+0}+\frac{0}{0+5}-1=0$，此时MCC的分母为0，按照定义MCC也为0，BM指标指出了判别器可能存在问题。

MCC指标也是评估混淆矩阵十分有用的指标。

		实际例	
		阳性	阴性
预测例	阳性	TP（95）	FP（5）
	阴性	FN（0）	TN（0）

图8-3 识别器将95只猫、5只狗全部识别为猫时的混淆矩阵

根据混淆矩阵的指标可以定义ROC(Receiver Operating Characteristic，接受者操作特征)曲线。ROC曲线是一种坐标图式分析工具，用于以下目的：

- 选择最佳模型，舍弃次佳模型；
- 在同一模型中设定最佳阈值。

ROC曲线是由电子工程师和雷达工程师发明的，用于侦测战场上的敌军载具(如飞机、舰船)。在机器学习中，ROC曲线用于分析二元分类模型(输出结果只有两个类别的模型)，当二元分类器的输出为一个连续值时，类别和类别之间的边界需要用一个阈值来界定。例如，用血压值来诊断高血压，测出的血压值为连续的实数(0~200)，如以收缩压140/舒张压90为阈值，阈值以上诊断为高血压，阈值以下诊断为无高血压。ROC空间以FPR为 x 轴，以TPR为 y 轴，给定一个二元分类模型和一个阈值，就能从所有样本的预测结果中计算出一个ROC空间中的坐标点(X=FRP, Y=TPR)，将同一个模型每个阈值(FPR,TPR)坐标都绘制在ROC空间中，就成为特定模型的ROC曲线。

同一个分类器中不同阈值对ROC曲线的影响有以下规律。

- 当阈值设定为最高，亦即所有样本被预测为阴性，没有样本被预测为阳性时，

$FPR=\frac{FP}{N}=\frac{FP}{FP+TN}$中 FP 为 0，所以 FRP 为 0，同时 $TPR=\frac{TP}{P}=\frac{TP}{TP+FN}$中 TP 为 0，所有 TPR 为 0。因此阈值设定为最高时，对应的点必定为 ROC 坐标系左下角的点(0,0)。

- 当阈值设定为最低，亦即所有样本被预测为阳性，没有样本被预测为阴性时，$FPR=\frac{FP}{N}=\frac{FP}{FP+TN}$中 TN 为 0，所以 FPR = 100%，而 $TPR=\frac{TP}{P}=\frac{TP}{TP+FN}$中 FN = 0，所以 TPR = 100%。因此当阈值设定为最低时，对应的点必定为 ROC 坐标系右上角的点(1,1)。
- 由于 TP、FP、TN、FN 都是累积次数，TN 和 FN 都随着阈值调低而减少(或持平)，而 TP 和 FP 随阈值调低而增加(或持平)，因此 $FPR=\frac{FP}{N}=\frac{FP}{FP+TN}=\frac{1}{1+\frac{TN}{FP}}$和 $TPR=\frac{TP}{P}=\frac{TP}{TP+FN}=\frac{1}{1+\frac{FN}{FP}}$都必定随着阈值调低而增加(或持平)，因此随着阈值调低，ROC 中的点往右上(或往右、往上)移动，或者维持不动，但不会往左下(或往左、往下)移动。

不同分类器的 ROC 曲线的形状与 FPR、TPR 的分布有关，无法直接比较，此时可以将每个分类器对应的 ROC 曲线画出来，比较曲线下的面积作为分类器指标的优劣评判指标。

AUC，即 Area under the ROC Curve，指分类器对应的 ROC 曲线下方的面积，由于是在(0,0)和(1,1)定义的左下角与右上角对应的方格下的面积，AUC 必定在 0~1 之间。

AUC 有一个非常重要的统计特性：若随机抽取一个阳性样本和一个阴性样本，分类器正确判断阳性样本的值高于阴性样本的值的概率为 AUC 的值。证明如下。

在二元分类器中，对于每条样本的预测结果为连续型随机变量 X，X 为分类器对样本的打分，例如，在逻辑回归中为估计的概率，设阈值为 T，当 $X>T$ 时，样本被分类为正。

设当样本被分类为正时，样本打分 X 服从概率密度为 $f_1(x)$ 的概率分布，当样本被分类为负时，X 服从概率密度为 $f_0(x)$ 的概率分布，因此有

$$\mathrm{TPR}(T)=\int_T^{\infty} f_1(x)\,\mathrm{d}x$$

$$\mathrm{FPR}(T)=\int_T^{\infty} f_0(x)\,\mathrm{d}x$$

$$\mathrm{TPR}(T): T \rightarrow y(x)$$

$$\mathrm{FPR}(T): T \rightarrow x$$

$$\begin{aligned}
\mathrm{AUC} &= \int_{x=0}^{1} \mathrm{TPR}(\mathrm{FPR}^{-1}(x))\,\mathrm{d}x \\
&= \int_{\infty}^{-\infty} \mathrm{TPR}(T)\,\mathrm{FPR}'(T)\,\mathrm{d}T \\
&= \int_{\infty}^{-\infty} f_0(x) \int_{T}^{\infty} f_1(x)\,\mathrm{d}x\mathrm{d}T \\
&= \int_{-\infty}^{\infty} \int_{-\infty}^{\infty} I(T' > T) f_1(T') f_0(T)\,\mathrm{d}T'\mathrm{d}T \\
&= P(X_1 > X_0)
\end{aligned}$$

AUC 计算的伪代码如代码清单 8-2 所示，AUC 值越大的分类器，分类的准确率越高。

代码清单 8-2 AUC 计算伪代码

```
输入:L 测试样本集
    f(i)分类器对样本 i 的输出值
    P 正例样本数, P > 0
    N 负例样本数, N > 0
输出:A, AUC 的值,ROC 曲线下面积
        L_sorted ← L 按 f 分数降序排序
        FP ← TP ← 0
        FP_prev ← TP_prev ← 0
        A ← 0
        f_prev ← 0
        i ← 1
        while i ≤ ‖ L_sorted ‖ do
            if f(i) ≠ f_prev do
              A ← A + TRAPEZOID_AREA(FP, FP_prev, TP, TP_prev)
              f_prev ← f(i)
              FP_prev ← FP
              TP_prev ← TP
            end if
            if i 是一个正样本 then
              TP ← TP + 1
            else
              FP ← FP + 1
            end if
        end while
        A ← A + TRAPEZOID_AREA(N, FP_prev, N, TP_prev)
        A ← A / (P × N)            // 从 P × N 缩放到单位正方形
        end
```

```
function TRAPEZOID_AREA(X1, X2, Y1, Y2)
    Base ← |X1 - X2|
    Height_avg ← (Y1 + Y2) / 2
  Return Base x Height_avg
end function
```

使用 AUC 指标评估二元分类器性能有以下好处。

- AUC 提供一个单一数字的鉴别评分，总结了在所有可能阈值范围内的总体模型性能，这可以避免阈值选择的主观性。
- AUC 指标适用于任何输出一个分数的预测模型。
- AUC 的取值范围区间为[0,1]，对于随机预测，AUC 分数为 0.5，对于完美预测则为 1。
- AUC 既可以用于离线评估，也可以用于在线监测。

对于广告点击率预估来说，AUC 是最常用也最稳定的指标。通常来说，一个模型如果 AUC>0.8，那么它就是一个训练较好的模型，此时 AUC 提升 1%也会带来预测效果的明显提升。不过 AUC 也存在一些问题。

- AUC 离线评估忽略了预测的概率，在线排序时通常会对概率进行保序变换。一方面，这可能是个优势，因为 AUC 可以比较不同范围内的数值结果；另一方面，两个具有相似 AUC 得分的测试可能产生截然不同的预测概率输出。如果为真的概率仅仅比不为真的概率略高，拟合度差的模型(高估或者低估所有预测值)可能具有较好的判别度，而拟合度好的模型可能具有较差的判别度。
- AUC 总结了整个 ROC 空间上的模型性能，其中包括实际上很少会覆盖的区域(ROC 空间的最右侧和最左侧通常不太有用)。由于 AUC 不能区分 ROC 空间的各个区域，所以仅通过优化数据两端的模型性能就可以训练模型以最大化 AUC 分数，从而更高的 AUC 分数并不总是意味着更好的排名，这时可能导致实际在线流量的性能提升低于预期。
- AUC 对 FNR 和 FPR 的衡量权重是相等的，例如在赞助搜索(sponsored search)的场景下，没有将最佳广告放置在主线(对应 FNR)的损失远大于将次优广告放置在主线(对应 FPR)的损失。当不同的分类错误对应的损失不同时，按照所有可能的阈值来计算 AUC 的算法是有缺陷的。
- AUC 分数高度依赖数据分布。当两个数据集负例占比不同时，同样的模型在两个数据集上的 AUC 评分可能差别相当大。

与离线评估相对应，大多数复杂的互联网系统，如搜索引擎 Google、Bing，广告系统 Google Ads、Facebook Ads，在线电商 Amazon、eBay，通常将离线评估指标最优的模型应用于线上 A/B 测试系统，测试模型对于产品指标的影响，这一过程称为在线评估(online evaluation)。这里有个前提假设，离线 AUC 评估更好的模型在在线评估中也会表现更好，但在某些情况下该前提并不成立，离线和在线效果存在差异。如果离线评估时存在高估的情况，则对 CTR 较高区间的高估与对 CTR 较低区间的高估对于在线效果影响较小，因为在在线 A/B 测试中，CTR 较高区间的广告可能更容易被新旧模型挑选出来，而广告展示之后，其点击率与真实点击率相关(例如与广告视觉效果、展示位置相关)，与预测点击率无关。而对 CTR 较低区间的高估则可能造成质量较差的广告得到较多的展示机会，从而导致在线 A/B 测试表现较差。AUC 是整个 ROC 区间的累积指标，因此无法反映出这种离线、在线之间的差异。

8.2 常用的预估模型

互联网广告是机器学习能带来经济效益的非常有说服力的场景。例如 Google 利用 Google Rephil [1]从文本中挖掘语义特征，较大提升了 Google AdSense 的变现效率。在广告系统点击率预估场景中，广告点击日志记录作为模型训练的正例，广告曝光日志记录作为模型训练的负例。大型系统每天可能产生上百亿条记录，因此应用于广告系统的预估技术都需要解决以下问题：

- 数据并行和计算可扩展的问题；
- 特征工程与特征发现问题；
- 大量 ID 类特征或者类目特征导致的特征稀疏问题。

常用的模型算法可以分为以下几类：

- 逻辑回归；
- 自动特征发现，如 GBDT+LR、分解机、FFM 等；
- 深度学习。

本节按照这 3 个方向对典型模型进行展开介绍，同时对训练数据集进行以下设定：

---

[1] Google Rephil 是一个挖掘文本语义特征的机器学习系统，基于 DGM(Directed Graph Model，有向图模型)，Google 在 2004 年提交 US Patent #8024372，描述了该系统。

- 给定训练集，设设计矩阵(Design Matrix) $\boldsymbol{X}$ 为 $m\times n$ 的矩阵(如果加上截距项则为 $m\times n+1$ 的矩阵)，其中每一行对应训练集中的一条样本输入：$\boldsymbol{X}=\begin{bmatrix}(x^{(1)})^{\mathrm{T}}\\(x^{(2)})^{\mathrm{T}}\\\vdots\\(x^{(m)})^{\mathrm{T}}\end{bmatrix}$。
- 设 $\boldsymbol{y}$ 为包括训练集中所有标注值的 m 维向量：$\boldsymbol{y}=\begin{bmatrix}y^{(1)}\\y^{(2)}\\\vdots\\y^{(m)}\end{bmatrix}$。

8.2.1 逻辑回归模型与机器学习基础

机器学习可以定义为从数据中学习从而提升衡量指标的过程(见图 8-4)。本节首先介绍经典的逻辑回归模型，然后介绍机器学习中常用的优化算法、正则化方法，最后介绍逻辑回归模型在点击率预估场景中的应用。

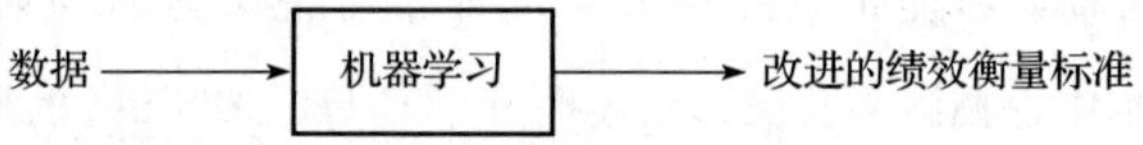

数据 ⟶ 机器学习 ⟶ 改进的绩效衡量标准

图 8-4 基于数据的机器学习过程定义

1. 逻辑回归模型

逻辑回归(Logistic Regression)是经典的统计学习算法，应用于许多场景，例如生物统计学、临床医学、计量经济学，它也是 CTR 预估的经典算法。其本质是假定数据服从逻辑分布，然后使用极大似然估计的方法从数据中拟合参数。

标准的逻辑函数是一个 sigmoid 函数，函数的输入为一个实数，输出为一个[0,1]之间的实数，函数 g：$\mathbb{R}\to(0,1)$ 定义为 $g(t)=\frac{\mathrm{e}^t}{\mathrm{e}^t+1}=\frac{1}{1+\mathrm{e}^{-t}}$。该函数有如下性质：

- 其反函数为 $g^{-1}(t)=\ln\left(\frac{t}{1-t}\right)$；
- 其导函数为 $g'(z)=\frac{\mathrm{d}}{\mathrm{d}z}\left(\frac{1}{1+\mathrm{e}^{-z}}\right)=\frac{1}{(1+\mathrm{e}^{-z})^2}(\mathrm{e}^{-z})=\frac{1}{1+\mathrm{e}^{-z}}\left(1-\frac{1}{1+\mathrm{e}^{-z}}\right)=g(z)(1-g(z))$。

设 t 为自变量向量 x 的线性函数，$t=\theta_0+\theta_1x_1+\theta_2x_2+\cdots+\theta_nx_n=\theta^{\mathrm{T}}x$，使用逻辑函数对数据

分布建模：

- 样本为正例的概率定义为 $P(y=1 \mid x)=\frac{1}{1+e^{-t}}=\frac{1}{1+e^{-\theta^T x}}=g(\theta^T x)=h_\theta(x)$；
- 样本为负例的概率定义为 $P(y=0 \mid x)=1-P(y=1 \mid x)=1-h_\theta(x)$。

同时样本为正例或者负例的概率也可以记为 $p(y \mid x;\theta)=(h_\theta(x))^y(1-h_\theta(x))^{1-y}$，则对应训练集的似然函数为

$$
\begin{aligned}
L(\theta) &= p(\vec{y} \mid X;\theta) \\
&= \prod_{i=1}^{m} p(y^{(i)} \mid x^{(i)};\theta) \\
&= \prod_{i=1}^{m} (h_\theta(x^{(i)}))^{y^{(i)}}(1-h_\theta(x^{(i)}))^{1-y^{(i)}}
\end{aligned}
$$

对应的对数似然函数为

$$
\begin{aligned}
\ell(\theta) &= \ln(L(\theta)) \\
&= \sum_{i=1}^{m} y^i \ln(h_\theta(x^{(i)})) + (1-y^{(i)})\ln(1-h_\theta(x^{(i)}))
\end{aligned}
$$

模型学习的目标是最大化似然函数，此时可以使用梯度上升法，参数更新公式为 $\theta=\theta+\alpha\nabla_\theta \ell(\theta)$。对于样本$(x, y)$，对应的偏导为

$$
\begin{aligned}
\frac{\partial}{\partial\theta_j}\ell(\theta) &= \left(y\frac{1}{g(\theta^T x)}-(1-y)\frac{1}{1-g(\theta^T x)}\right)\frac{\partial}{\partial\theta_j}g(\theta^T x) \\
&= \left(y\frac{1}{g(\theta^T x)}-(1-y)\frac{1}{1-g(\theta^T x)}\right)g(\theta^T x)(1-g(\theta^T x))\frac{\partial}{\partial\theta_j}\theta^T x \\
&= (y(1-g(\theta^T x))-(1-y)g(\theta^T x))x_j = (y-h_\theta(x))x_j
\end{aligned}
$$

因此可得到参数更新公式 $\theta_j^{k+1}=\theta_j^k+\alpha(y^{(i)}-h_\theta(x^{(i)}))x_j^{(i)}$，其中 k 为迭代次数，每次更新后可以计算 $\|\ell(\theta_j^{k+1})-\ell(\theta_j^k)\|$，当其值小于阈值或者达到最大迭代次数时停止迭代。

机器学习中使用交叉熵损失函数与使用对数最大似然函数等价，最大化对数似然函数与最小化交叉熵损失函数等价，下面证明这一点。

给定数据集上的概率分布 q，q 相对于概率分布 p 的定义为 $H(p,q)=-E_p[\log q]$，其中 $E_p[\cdot]$是分布 p 上的期望函数。对于离散型随机变量 p，q 在具有相同的支撑集[⊖]χ 时，交叉熵定义为

⊖ 定义在集合 X 上的实数函数 f 的支撑集，或简称支集(Support)，是指 X 的一个子集，满足 f 恰好在这个子集上非 0。

$$H(p,q)=-\sum_{x\in X}p(x)\log q(x)$$

对于数据集，如模型输出为 i 的概率为 q_i，而样本中出现 i 的经验概率为 p_i，如训练集对应有 M 条独立样本，最大似然函数定义为

$$\prod_i(\text{输出为 } i \text{ 的概率})^{i\text{的出现次数}}=\prod_i q_i^{Mp_i}$$

对应的平均对数似然函数为

$$\frac{1}{N}\log\prod_i q_i^{Mp_i}=\sum_i p_i\log q_i=-H(p,q)$$

因此最大化对数似然函数与最小化交叉熵损失函数等价。

2. 梯度下降优化算法

上面用到的梯度上升法是机器学习中最优化方法中的一种，也可以使用梯度下降法更新负的对数似然函数。梯度下降法是优化算法中的一种，也是机器学习中非常重要的部分，基于梯度下降的优化算法有很多变种，也作为组件集成到 TensorFlow、PyTorch 等训练框架之中。例如 TensorFlow 2.0 中集成的优化器如下：

- tf.keras.optimizers.Adadelta；
- tf.keras.optimizers.Adagrad；
- tf.keras.optimizers.Adam；
- tf.keras.optimizers.Adamax；
- tf.keras.optimizers.Ftrl；
- tf.keras.optimizers.Nadam；
- tf.keras.optimizers.RMSprop；
- tf.keras.optimizers.SGD(具有动量的梯度下降，Gradient descent with momentum)。

这些变种在计算梯度的过程中使用不同的数据与策略来在参数更新的准确性和计算量之间进行平衡，它们可以分为 3 种类型。

- 批量梯度下降(Batch Gradient Descent)；
- 随机梯度下降(Stochastic Gradient Descent，SGD)；
- 小批量梯度下降(Mini-batch Gradient Descent)。

批量梯度下降即标准梯度下降(Vanilla[㊀] Gradient Descent)，利用整个训练集的数据来

㊀ Vanilla 是一个英语惯用法，常见意思是标准(standard)、常见(usual)、没有改变(unmodified)的版本，另一个意思是香草，例如这里 Vanilla Gradient Descent 意为“标准梯度下降”，而非“香草梯度下降”。

计算损失函数的梯度：

$$\theta=\theta-\eta \cdot \nabla_\theta J(\theta)$$

由于需要计算整个数据集的梯度来执行一次更新，批量梯度下降非常慢，而且对于超出内存大小范围的大数据集不适用，也无法支持在线更新模型，例如在新样本到达时实时更新模型。其伪代码如下：

```
for i in range(nb_epoches):
    params_grad = evaluate_gradient(loss_function, data, params)
    params = params - learning_rate *  params_grad
```

批量梯度下降首先利用全部训练集计算损失函数的梯度，然后更新参数，learning_rate控制更新的幅度。由于利用了全部训练集，批量梯度下降在凸集上能够收敛到全局最优，在非凸集上能收敛到局部最优。

SGD对每个训练样本 x^i 和标注 y^i 都执行一次参数更新：

$$\theta=\theta-\eta \cdot \nabla_\theta J(\theta;x^i;y^i)$$

SGD对每个样本执行一次更新从而消除了重复计算，与批量梯度下降相比更快，也可以用来进行在线学习，不过由于频繁更新，参数变化大，它会导致目标函数剧烈波动。当批量梯度下降收敛到局部最优点时，SGD的波动特性可能使其跳至新的、可能更好的局部最优点，不过这种波动特性也使得SGD的收敛变得比较复杂。在实践中，当逐步降低学习率时，SGD表现出与批量梯度下降相同的收敛特性，大多数情况下在凸集和非凸集上都收敛到全局最优点或者局部最优点。其伪代码如下：

```
for i in range(nb_epochs):
  np. random. shuffle(data)
  for example in data:
      params_grad = evaluate_gradient(loss_function, example, params)
      params = params - learning_rate *  param_grad
```

在该代码片段中，在每轮迭代中对数据进行了随机打乱。以有意义的顺序向模型提供数据可能会让优化算法产生偏差，因此通常我们会在每组训练开始时对数据进行打乱。

小批量梯度下降综合了批量梯度下降与SGD的优点，在每个小批量(mini-batch)利用小批量的全部 k 条数据来更新参数：

$$\theta=\theta-\eta \cdot \nabla_\theta J(\theta;x^{i:i+k};y^{i:i+k})$$

小批量梯度下降有如下优点：减少了参数更新的方差，可以使算法更稳定地收敛；可以利用先进的、高度优化的矩阵运算来高效计算梯度。

小批量的批大小通常为50~256，不同训练程序的批大小可能不一样。小批量梯度下降是训练神经网络模型时的常用优化方法，其伪代码如下：

```
for i in range(nb_epoches):
    np.random.shuffle(data)
    for batch in get_batches(data, batch_size = 50):
      params_grad = evaluate_gradient(loss_function, batch, params)
      params = params - learning_rate * params_grad
```

批量梯度下降虽然无法提供良好的收敛特性，但是可以暴露出优化算法可能遇到的问题。

- 选择一个恰到好处的学习率(learning_rate)非常困难，学习率太小会导致收敛过程非常慢，太大则不利于收敛，可能导致损失函数在极值点附近波动，甚至发散。
- 学习率调度方法试图在训练过程中调整学习率，例如根据预定的配置降低学习率，或者当目标函数在两个训练周期之间的改变小于阈值时降低学习率，但是这些调度方法或者阈值都需要提前配置，因而无法与数据集的特点相适应。
- 同一个学习率被应用到所有参数更新时，如果数据比较稀疏，不同特征的出现频率有很大不同，这时不应该对所有特征都执行相同程度的更新，而应该对较少出现的特征执行较大的更新。
- 神经网络训练中误差函数可能是高度非凸的，这时一个关键挑战是避免陷入其众多的次优局部最小值点。

针对这些问题，学术界发展了一系列的优化算法：

- 动量项(Momentum)；
- NAG(Nesterov Accelerated Gradient，Nesterov加速梯度)；
- Adagrad；
- Adadelta；
- RMSprop；
- Adam；
- AdaMax；
- Nadam。

(1) 动量项

动量项针对的是SGD陷入曲面沟壑(ravine)后逃逸困难的问题。沟壑是指曲面的某个维度比另一个维度陡峭得多的区域，这类区域在局部最优中比较常见。如图8-5左图所示，在这种区域，SGD在沟壑的山脊上来回震荡，仅沿着底部向局部最优方向震荡前进。动量项可以在相关方向加速SGD并抑制震荡，其更新公式如下：

$$v_t=\gamma v_{t-1}+\eta\nabla_\theta J(\theta)$$
$$\theta=\theta-v_t$$

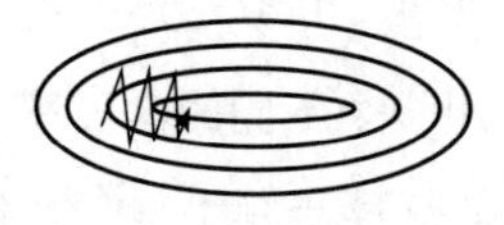

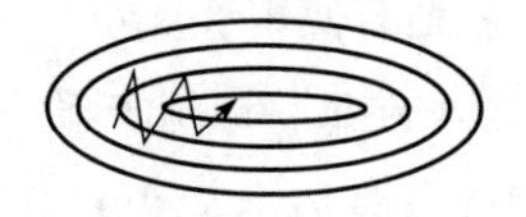

图8-5 SGD动量项示意图

动量项γ通常设置为0.9，如按照时间展开，则第t次迭代时用到了从1到t次迭代时所有的梯度值，且老的梯度值影响按照γ^t的系数指数级衰减：

$$\begin{aligned}v_t&=\gamma v_{t-1}+\eta\nabla_\theta J(\theta_{t-1})\\&=\gamma(\gamma v_{t-2}+\eta\nabla_\theta J(\theta_{t-2}))+\eta\nabla_\theta J(\theta_{t-1})\\&=\gamma^2v_{t-2}+\gamma\eta\nabla_\theta J(\theta_{t-2})+\eta\nabla_\theta J(\theta_{t-1})\\&=\gamma^3v_{t-3}+\gamma^2\eta\nabla_\theta J(\theta_{t-3})+\gamma\eta\nabla_\theta J(\theta_{t-2})+\eta\nabla_\theta J(\theta_{t-1})\\&=\cdots\end{aligned}$$

因此动量项累积了之前迭代时的梯度值，对于梯度指向相同的维度增加更新，而对于梯度方向改变的维度减少更新，从而加快了收敛，减少了震荡，类似一个小球从山顶滚落，速度越来越快，直至达到最终速度($\gamma<1$代表空气阻力)。

(2) NAG

NAG是一种给动量提前预见能力的方法：小球沿着山坡无目的地滚下来并不是最优的，相反，一个小球可以对其要去的目标有明确概念，因此在山坡开始再次抬升时减速。由于我们已知将利用动量项γv_{t-1}来更新参数θ，通过计算$\theta-\gamma v_{t-1}$可以近似参数的下一个更新值，进而估计参数的更新方向，因此可以基于参数θ的近似目标位置来更新参数，而不是基于当前的位置来更新，其更新公式如下：

$$v_t=\gamma v_{t-1}+\eta\nabla_\theta J(\theta-\gamma v_{t-1})$$
$$\theta=\theta-v_t$$

动量项γ通常也设置为0.9，NAG先在前一步累积梯度上进行一个大的跳跃，然后衡量梯度进行修正，这种往前看一步的更新可以避免走得太快。NAG在RNN类型的神经网络训练上表现较好。

(3) Adagrad

Adagrad 方法使学习率适配参数 θ，对不频繁的参数执行较大更新，对频繁的参数执行较小更新，因此非常适合处理稀疏数据。例如训练 word embedding，由于低频词需要比高频词多得多的参数更新，就适合使用 Adagrad。

Adagrad 对每个参数 θ_i 在每一训练步骤 t 使用一个不同的学习率。设 $g_{t,i}$ 为目标函数针对参数 θ_i 在时间 t 的梯度，即 $g_{t,i}=\nabla_{\theta_t}J(\theta_{t,i})$，SGD 算法对于每个参数 θ_i 在每一训练步骤 t 的更新规则为 $\theta_{t+1,i}=\theta_{t,i}-\eta\cdot g_{t,i}$。而 Adagrad 算法在其参数更新规则中，在每个时间步骤 t，根据过去的 θ_i 的梯度来调整学习率 η，其更新公式为

$$\theta_{t+1,i}=\theta_{t,i}-\frac{\eta}{\sqrt{G_{t,ii}+\epsilon}}\cdot g_{t,i}$$

其中$\boldsymbol{G}_t\in\mathbb{R}^{d\times d}$ 是一个对角矩阵，其对角元素 i，i 是对应参数 θ_i 从第 1 轮到第 t 轮的梯度的平方和，ϵ 是避免分母为 0 的平滑项，一般取值为 10^{-8}。由于$\boldsymbol{G}_t$ 的对角线包含与参数 θ 对应的过去梯度的平方和，因此该公式可以使用矩阵点积(元素积)，从而可以利用矩阵优化算法高效实现，其形式如下：

$$\theta_{t+1}=\theta_t-\frac{\eta}{\sqrt{\boldsymbol{G}_t+\epsilon}}\odot g_t$$

Adagrad 的主要好处是不需要手动调节学习率，大多数实现都设置默认值为 0.01，并保持不变。Adagrad 的主要缺点是分母中累积了过去梯度的平方和，每个增加项都是正数，因此在训练过程中累积的总和会不断增长，这又反过来导致学习率下降，最终变得无限小，这时算法停滞，不能获得更新。

(4) Adadelta

Adadelta 是 Adagrad 算法的扩展版本，目的是减少 Adagrad 算法激进、单调下降的学习率调整。不同于 Adagrad 累积过去所有的梯度平方和，Adadelta 仅累积过去一个窗口区间 w 内的梯度。

存储过去 w 窗口内的梯度平方和比较低效，Adadelta 的梯度和定义为过去所有梯度平方和的衰减平均值。其在时间 t 的平均梯度平方和 $E[g^2]_t$ 定义为

$$E[g^2]_t=\gamma E[g^2]_{t-1}+(1-\gamma)g_t^2$$

衰减项 γ 通常也设置为 0.9，作为对比，将 SGD 梯度更新公式以梯度更新向量$\Delta\theta_t$ 改写如下：

$$\Delta\theta_t = -\eta \cdot g_{t,i}$$

$$\theta_{t+1} = \theta_t + \Delta\theta_t$$

Adagrad 算法的对应该形式的更新公式中$\Delta\theta_t$ 如下：

$$\Delta\theta_t = -\frac{\eta}{\sqrt{\boldsymbol{G}_t + \epsilon}} \odot g_t$$

Adadelta 将 Adagrad 公式中的对角矩阵$\boldsymbol{G}_t$ 替换为过去梯度平方的累积平均：

$$\Delta\theta_t = -\frac{\eta}{\sqrt{E[g^2]_t + \epsilon}} g_t$$

该公式中分母项可以简记为$\text{RMS}[g]_t$，同时可以对照 $E[g^2]_t$ 得出 $\Delta\theta$ 的累积平方和：

$$E[\Delta\theta^2]_t = \gamma E[\Delta\theta^2]_{t-1} + (1-\gamma)\Delta\theta_t^2$$

可以简记为$\text{RMS}[\Delta\theta]_t = \sqrt{E[\Delta\theta^2]_t + \epsilon}$。由于在 t 时刻$\text{RMS}[\Delta\theta]_t$ 未知，可以使用 $t-1$ 时刻对应的值$\text{RMS}[\Delta\theta]_{t-1}$ 来近似，使用$\text{RMS}[\Delta\theta]_{t-1}$ 代替$\Delta\theta_t$ 公式中的学习率 η，最终得到 Adadelta 公式为

$$\Delta\theta_t = -\frac{\text{RMS}[\Delta\theta]_{t-1}}{\text{RMS}[g]_t}$$

$$\theta_{t+1} = \theta_t + \Delta\theta_t$$

Adadelta 算法更新公式中没有出现学习率 η，因此该算法无须设置学习率。

(5) RMSprop

RMSprop 是 Goeff Hinton 提出的一种自适应学习率的方法，其目的与 Adadelta 一样，都是解决 Adagrad 中学习率急剧下降的问题。其更新公式如下：

$$E[g^2]_t = \gamma E[g^2]_{t-1} + (1-\gamma) g_t^2$$

$$\theta_{t+1} = \theta_t - \frac{\eta}{\sqrt{E[g^2]_t + \epsilon}} g_t$$

Hinton 建议的 γ 值为 0.9，同时学习率 η 的较好默认值为 0.001。

(6) Adam

自适应矩估计(Adaptive Moment Estimation，Adam)优化算法也是对每个参数计算自适应学习率的算法。与 Adadelta 和 RMSprop 类似，Adam 也计算和存储过去梯度的平均衰减平方和，同时 Adam 还计算和存储过去梯度的衰减平均值 m_t。类似动量项，其更新公式为

$$m_t = \beta_1 m_{t-1} + (1-\beta_1) g_t$$

$$v_t = \beta_2 v_{t-1} + (1-\beta_2) g_t^2$$

m_t估计了梯度的一阶动量，v_t 估计了梯度的二阶动量，m_t 和 v_t 都初始化为 0，且 β_1 和 β_2 均接近 1，更新过程中尤其是初始阶段，m_t 和 v_t 都倾向于 0，因此做如下修正：

$$\widehat{m_t}=\frac{m_t}{1-\beta_1^t}$$

$$\widehat{v_t}=\frac{v_t}{1-\beta_2^t}$$

最终 Adam 的更新公式为

$$m_t=\beta_1 m_{t-1}+(1-\beta_1)g_t$$

$$v_t=\beta_2 v_{t-1}+(1-\beta_2)g_t^2$$

$$\widehat{m_t}=\frac{m_t}{1-\beta_1^t}$$

$$\widehat{v_t}=\frac{v_t}{1-\beta_2^t}$$

$$\theta_{t+1}=\theta_t-\frac{\eta}{\sqrt{\widehat{v_t}}+\epsilon}\widehat{m_t}$$

通常将 β_1 的默认值设置为 0.9，β_2 的默认值设置为 0.999，ϵ 设置为 10^{-8}。Adam 在实践中表现较好。

（7）AdaMax

在 Adam 的更新规则中，单个权重的更新规则是将其梯度与当前和过去梯度的 ℓ_2 范式成反比例缩放：

$$v_t=\beta_2 v_{t-1}+(1-\beta_2)|g_t|^2$$

将该公式泛化到 ℓ_p 范式，同时将 β_2 参数化为 β_2^p：

$$v_t=\beta_2^p v_{t-1}+(1-\beta_2^p)|g_t|^p$$

该变种会因为 p 的值较大而不稳定，但当 $p\rightarrow\infty$ 时会得到一个稳定和简单的算法。下面推导该算法：

$$\begin{aligned}v_t&=\beta_2^p v_{t-1}+(1-\beta_2^p)|g_t|^p\\&=(1-\beta_2^p)\sum_{i=1}^{t}\beta_2^{p(t-i)}\cdot|g_i|^p\end{aligned}$$

定义 $u_t=\lim\limits_{p\rightarrow\infty}(v_t)^{1/p}$，则有

$$u_t=\lim_{p\rightarrow\infty}(v_t)^{1/p}$$

$$
\begin{aligned}
&=\lim_{p\to\infty}\left((1-\beta_2^p)\sum_{i=1}^{t}\beta_2^{p(t-i)}\cdot|g_i|^p\right)^{1/p}\\
&=\lim_{p\to\infty}(1-\beta_2^p)^{1/p}\left(\sum_{i=1}^{t}\beta_2^{p(t-i)}\cdot|g_i|^p\right)^{1/p}\\
&=\lim_{p\to\infty}\left(\sum_{i=1}^{t}\beta_2^{p(t-i)}\cdot|g_i|^p\right)^{1/p}\\
&=\max(\beta_2^{t-1}|g_1|,\beta_2^{t-2}|g_2|,\cdots,\beta_2|g_{t-1}|,|g_t|)
\end{aligned}
$$

该表达式对应于迭代公式

$$u_t=\max(\beta_2\cdot u_{t-1},|g_t|)$$

其中初始值 $u_0=0$。由于 u_t 使用 max 操作来更新，所以 AdaMax 不像 Adam 中的 v_t 偏差趋向于 0，因此这里不需要计算 u_t 的偏差校正。最终 AdaMax 对应的更新公式为

$$
\begin{aligned}
&u_t=\max(\beta_2\cdot u_{t-1},|g_t|)\\
&m_t=\beta_1 m_{t-1}+(1-\beta_1)g_t\\
&\widehat{m}_t=\frac{m_t}{1-\beta_1^t}\\
&\theta_{t+1}=\theta_t-\frac{\eta}{u_t}\widehat{m}_t
\end{aligned}
$$

β_1 的默认值设置为 0.9，β_2 的默认值设置为 0.999，η 的默认值设置为 0.002。

(8) Nadam

Nadam(Nesterov-accelerated Adaptive Moment Estimation)结合了 Adam 和 NAG 的优点，首先利用 Adam 中的符号动量算法将 g_t、m_t、θ_{t+1} 重写为

$$
\begin{aligned}
g_t&=\nabla_{\theta_t}J(\theta_t)\\
m_t&=\gamma m_{t-1}+\eta g_t\\
\theta_{t+1}&=\theta_t-m_t
\end{aligned}
$$

其中 J 是目标函数，γ 是动量衰减项，η 是步长。将第 3 个公式扩展可得

$$\theta_{t+1}=\theta_t-(\gamma m_{t-1}+\eta g_t)$$

这个公式说明，动量包括在前一个动量向量的方向前进一步以及在当前梯度方向前进一步。NAG 算法使在计算梯度之前，可以在梯度方向更新一个更精确的动量步长。NAG 更新公式为

$$
\begin{aligned}
g_t&=\nabla_{\theta_t}J(\theta_t-\gamma m_{t-1})\\
m_t&=\gamma m_{t-1}+\eta g_t
\end{aligned}
$$

$$\theta_{t+1}=\theta_t-m_t$$

NAG 算法的核心思想是利用下一步的梯度确定这一步的梯度。在 Nadam 算法中，对公式进行如下修改：

$$g_t=\nabla_{\theta_t}J(\theta_t)$$

$$m_t=\gamma m_{t-1}+\eta g_t$$

$$\theta_{t+1}=\theta_t-(\gamma m_t+\eta g_t)$$

这里直接使用向前看一步的动量向量来更新当前参数，为了将 Nesterov 动量加到 Adam 算法中，可以使用当前动量向量来替换前一个动量向量。Adam 的更新规则如下：

$$m_t=\beta_1 m_{t-1}+(1-\beta_1)g_t$$

$$v_t=\beta_2 v_{t-1}+(1-\beta_2)g_t^2$$

$$\widehat{m_t}=\frac{m_t}{1-\beta_1^t}$$

$$\widehat{v_t}=\frac{v_t}{1-\beta_2^t}$$

$$\theta_{t+1}=\theta_t-\frac{\eta}{\sqrt{\widehat{v_t}}+\epsilon}\widehat{m_t}$$

对更新规则 θ_{t+1} 进行扩展可得

$$\theta_{t+1}=\theta_t-\frac{\eta}{\sqrt{\widehat{v_t}}+\epsilon}\left(\frac{\beta_1 m_{t-1}}{1-\beta_1^t}+\frac{(1-\beta_1)g_t}{1-\beta_1^t}\right)$$

其中$\frac{m_{t-1}}{1-\beta_1^t}$对应前一时间的动量向量的误差修正项，可以使用 $\widehat{m_{t-1}}$ 代替，得到

$$\theta_{t+1}=\theta_t-\frac{\eta}{\sqrt{\widehat{v_t}+\epsilon}}\left(\beta_1\widehat{m_{t-1}}+\frac{(1-\beta_1)g_t}{1-\beta_1^t}\right)$$

引入 Nesterov 动量只需要使用当前时刻的动量修正项代替前一时刻的动量修正项，即得到 Nadam 的更新公式

$$m_t=\beta_1 m_{t-1}+(1-\beta_1)g_t$$

$$v_t=\beta_2 v_{t-1}+(1-\beta_2)g_t^2$$

$$\widehat{m_t}=\frac{m_t}{1-\beta_1^t}$$

$$\widehat{v}_t=\frac{v_t}{1-\beta_2^t}$$

$$\theta_{t+1}=\theta_t-\frac{\eta}{\sqrt{\widehat{v}_t}+\epsilon}\left(\beta_1\,\widehat{m}_t+\frac{(1-\beta_1)g_t}{1-\beta_1^t}\right)$$

总之，RMSprop 是 Adagrad 的扩展，用于修复 Adagrad 学习率急剧下降的问题。RMSprop 与 Adadelta 类似。Adam 在 RMSprop 的基础上添加了动量项与偏差校正。Adam、RMSprop、Adadelta 是比较类似的算法，在多数情况下表现较好，Adam 的偏差校正使得 Adam 在优化结束、梯度变得稀疏的情况下略胜于 RMSprop。总体来看，Adam 可能是综合最佳的选择。

在模型训练中，如果数据比较稀疏、希望快速收敛或者是在训练一个深且复杂的神经网络，则应使用一种自适应学习率的算法，此时无须调整学习率，使用默认值就可获得最佳效果。

3. 正则化

当模型完美匹配训练数据时，训练出来的模型权重存在问题。如果某个特征在训练样本中只出现于某一类别（如正例）中，则逻辑回归算法会为该特征分配一个非常高的权重。这种情况下，特征权重完美地适合训练集的细节，实际上过于完美，算法将可能是偶然出现的数据噪声与类别进行了关联建模，这种问题称为过拟合。一个好的模型应该能够从训练集泛化到测试集，而一个过拟合的模型通常不具有较好的泛化能力。

为了避免过拟合，可以为目标函数增加一个新的正则化项 $R(\theta)$，逻辑回归新的目标函数对应如下：

$$\hat{\theta}=\underset{\theta}{\operatorname{argmax}}\sum_{i=1}^{m}\log P(y^{(i)}\mid x^{(i)})-\alpha R(\theta)$$

新的正则化项 $R(\theta)$ 用于惩罚过大的权重。假设有两个参数，一个参数权重完美适配训练数据，但其中权重都比较大，另一个参数权重对训练数据适配不那么好，但使用较小的权重，两者相比，在新公式下后者会表现较好。$R(\theta)$ 有两种常用的形式。

- L2 正则化，使用权重的 L2 norm 形式，$\|\theta\|_2$ 是向量 θ 与原点之间的欧氏距离，$R(\theta)=\|\theta\|_2^2=\sum_{j=1}^{n}\theta_j^2$，增加了 L2 正则化项的目标函数形式为 $\hat{\theta}=\underset{\theta}{\operatorname{argmax}}\left[\sum_{i=1}^{m}\log P(y^{(i)}\mid x^{(i)})\right]-\alpha\sum_{j=1}^{n}\theta_j^2$。L2 正则化倾向于使权重向量训练出小权重。L2 正则化在统计学中也称为 ridge 回归。

- L1 正则化，使用权重的 L1 norm 形式，$\|\theta\|_1$ 是权重的绝对值之和，也称为曼哈顿距离[⊖]，$R(\theta)=\|\theta\|_1=\sum_{i=1}^{n}|\theta_i|$，增加了 L1 正则化项的目标函数形式为 $\hat{\theta}=\underset{\theta}{\operatorname{argmax}}\left[\sum_{i=1}^{m}\log P(y^{(i)}|x^{(i)})\right]-\alpha\sum_{j=1}^{n}|\theta_j|$。L1 正则化倾向于使权重向量稀疏化，使得很多权重为 0，从而保留更少的有效特征。L1 正则化在统计学中也称为 lasso 回归。

L1 和 L2 正则化可以从贝叶斯角度解释，即假设参数服从某种先验分布。L1 正则化可以看作权重服从均值为 0 的拉普拉斯分布，L2 正则化可以看作权重服从均值为 0($\mu=0$)的正态分布。

对于某个权重 θ_j 的拉普拉斯分布为

$$\frac{1}{2b}\mathrm{e}^{-\frac{|\theta_j-\mu|}{b}}$$

此时似然函数需要乘上每个权重的拉普拉斯分布，因此新的目标函数如下：

$$\hat{\theta}=\underset{\theta}{\operatorname{argmax}}\prod_{i=1}^{M}P(y^{(i)}|x^{(i)})\times\prod_{j=1}^{n}\frac{1}{2b}\mathrm{e}^{-\frac{|\theta_j-\mu|}{b}}$$

$\mu=0$，取对数之后有

$$\hat{\theta}=\underset{\theta}{\operatorname{argmax}}\sum_{i=1}^{m}\log P(y^{(i)}|x^{(i)})-\alpha\sum_{j=1}^{n}|\theta_j|$$

与 L1 正则化公式一致。

在正态分布中，一个值离均值越远，其概率越低。要求权重服从正态分布，意味着权重趋向于 0 的概率更高。对于某个权重 θ_j 的正态分布为

$$\frac{1}{\sqrt{2\pi\sigma_j^2}}\mathrm{e}^{-\frac{(\theta_j-\mu_j)^2}{2\sigma_j^2}}$$

此时似然函数需要乘上每个权重的正态分布概率，因此新的目标函数如下：

$$\hat{\theta}=\underset{\theta}{\operatorname{argmax}}\prod_{i=1}^{M}P(y^{(i)}|x^{(i)})\times\prod_{j=1}^{n}\frac{1}{\sqrt{2\pi\sigma_j^2}}\mathrm{e}^{-\frac{(\theta_j-\mu_j)^2}{2\sigma_j^2}}$$

$\mu=0$，取对数之后有

$$\hat{\theta}=\underset{\theta}{\operatorname{argmax}}\sum_{i=1}^{m}\log P(y^{(i)}|x^{(i)})-\alpha\sum_{j=1}^{n}\theta_j^2$$

与 L2 正则化公式一致。

⊖ 曼哈顿距离是指在网格状的城市（如纽约）中，从一点到另一点的步行距离，此时必须沿着街道走。

综合来看，L1 正则化产生稀疏的权重，同时也自动做了特征选择。一般来说，在大规模训练的场景下，大部分特征和最终输出并没有关系，在训练集最小化损失函数时考虑这些额外的特征，可以获得更小的训练误差，但在预测新样本时，这些不相关的特征权重反而会产生干扰。引入 L1 正则化可以剔除这些无用的特征，增强模型泛化性。L2 正则化则使所有权重尽可能趋向于 0 但不为 0，在未加入正则化、模型发生过拟合时，拟合函数需要适配训练集的每个点，导致最终拟合函数在某些很小的区间函数值变化剧烈，也就是某些权重非常大，加入 L2 正则化可以惩罚权重变大的趋势，使得模型尽量平滑。实践中经常将 L1 和 L2 组合使用。

4. 点击率预估的逻辑回归应用

广告点击率模型训练的数据来自许多不同的数据源，例如用户画像、广告展示的上下文、广告素材文案以及其他与广告相关的元数据，最后关联成训练样本。训练样本往往非常稀疏，每个样本中只有一小部分非零特征。这时一个可行的方案是使用带正则化尤其是 L1 正则化的逻辑回归模型。这一场景具有如下特点：

- 系统每天需要做出几十亿次预测，并且随着广告曝光、点击，会实时流式生成新样本，此时要求模型能够快速更新；
- 高频次的实时曝光、点击数据流意味着模型训练的数据集非常庞大。

因此应用逻辑回归面对的主要挑战包括数据并行化与在线训练权重更新两方面。

应对数据并行化的方式主要是借鉴利用廉价硬件构建大规模数据处理架构的成熟经验，实现 SGD 的数据并行版本。SGD 的算法本身是串行的，在数据集上串行步进能较好地收敛，但是运行相当慢。SGD 异步化运行较快，但各台处理服务器之间缺乏高效、即时的数据交换，往往导致较差的收敛特性。

Downpour SGD 是 Google 在分布式训练框架 DistBelief [⊖]中推出的异步 SGD 实现。如图 8-6 所示，Downpour SGD 首先将训练数据分为多个子集，并在每个子集上运行不同的副本。每台服务器将参数更新发送到中心化参数服务器集群，该集群由多台服务器组成，负责保存模型当前的参数。可以将模型参数分为 10 个分片，每个分片负责存储和更新整体模型参数的 1/10。Downpour SGD 的设计在两方面保持并行性：

- 模型副本彼此独立运行；
- 参数服务器根据数据进行分片，每个分片独立运行。

⊖ Google 基于 DistBelief 的经验研发了 TensorFlow。

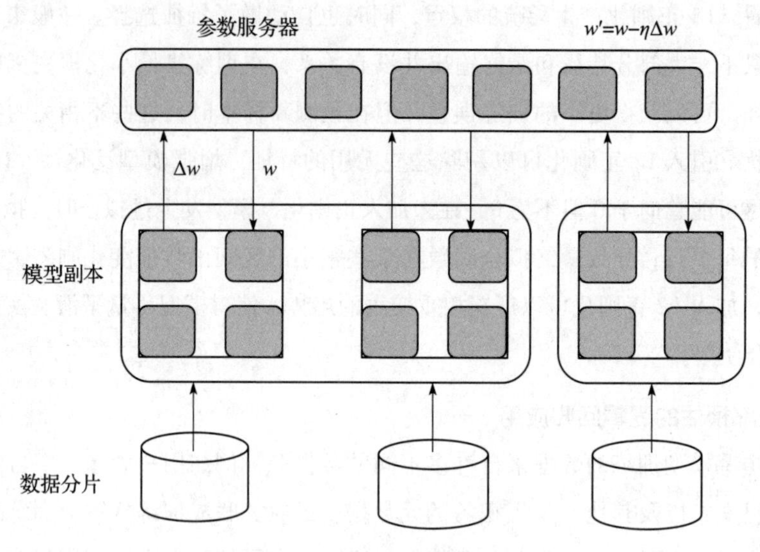

图 8-6 Downpour SGD 示意图

在 DistBelief 较典型的部署中，每个模型副本在处理其对应的小批量数据之前，先向参数服务器请求模型参数的最新版本。由于在 DistBelief 中模型运行于多台不同的服务器上，每个模型只需要向部分持有该模型对应参数的参数服务器请求参数的最新版本，模型副本在收到对应的参数更新之后，处理该小批量的数据，计算参数梯度，将梯度送到参数服务器，并在参数服务器上使用梯度更新对应参数的当前值。

DistBelief 架构在模型训练过程中有大量的通信开销，作为优化措施，每个模型副本可以仅仅每 n_{fetch} 步请求最新的参数，每 n_{push} 步发送更新的参数（n_{fetch} 与 n_{push} 不一定相等），且拉取参数、发送梯度更新、处理训练集这三个任务可以分别运行于 3 个不同的线程，使用线程间同步机制进行同步。

Downpour SGD 具有以下优点。

- Downpour SGD 与标准 SGD 相比，对于机器失效更具鲁棒性。对于标准 SGD，如果一台机器出错，整个训练过程就必须暂停；而对于 Downpour SGD，一台机器失效，仅仅该机器上的模型副本训练停止，其他模型副本仍然继续训练并通过参数服务器更新模型参数。
- Downpour SGD 这种异步形式在优化过程中引入了天然的随机性。最明显的一点是，模型副本几乎肯定是基于一组稍微过时的参数来计算梯度的，因为与此同时，其他的模型副本可能会更新参数服务器上的参数。此外，也有其他形式的随机性来源。

由于参数服务器的分片是独立运行的，在任何时刻各个参数服务器分片完成的更新数目可能各不相同也可能相同，参数更新的顺序也可能相同或者不同，从而引入随机性。每个模型分片拉取最新参数和推送更新都在不同的线程中，从而参数更新的时间戳可能略微不同。这些随机性使 Downpour SGD 在理论上对于非凸优化不能保证收敛，但是在工程实践中训练效果相当优秀。

- Downpour SGD 使用 Adagrad 优化算法能大幅提升鲁棒性，图 8-6 中使用了一个固定的学习率参数 η，而 Adagrad 对每个参数使用一个单独的自适应学习率。设 $\eta_{i,K}$ 为在第 K 轮迭代中第 i 个参数对应的学习率，$\Delta w_{i,K}$ 是其对应的梯度，则有 $\eta_{i,K}=\frac{\gamma}{\sqrt{\sum_{j=1}^{K}\Delta w_{i,j}^2}}$。由于学习率仅仅由每个参数的平方和计算得出，Adagrad 算法可以在每个参数分片内部实现。因为 Adagrad 中分母会累积增加，所以需要将超参数 γ 设置得较大。使用 Adagrad 提升了可以同时高效工作的模型副本的最大数目。在工程中可以先使用一个模型副本训练一个“暖启动”的模型，然后启用多个并行的模型副本，同时使用 Adagrad 算法，在实际训练中模型能较好地收敛。

Downpour SGD 较好地解决了数据并行的问题。对于点击率预估的场景，虽然特征向量 $\boldsymbol{x}$ 可能有上十亿个维度，但是通常每条样本只有几百个非零值，流式地从磁盘加载或者从网络读取都非常高效。样本生成是一个流式的过程，每条样本只需要处理一次，因此比较适合应用在线学习算法来优化。

在线学习（在线凸优化）的问题可以建模为玩家（player）和对手（adversary）之间的重复游戏。在第 t 轮，玩家从$\mathbb{R}^n$ 凸子集 K 中选择一个行动 x_t，对手选择一个凸损失函数 f_t。玩家的目标是确保整体的损失 $\sum_{t=1}^{T}f_t(x_t)$ 不大于任意的固定行动 x 对应的整体损失，两者之差称为遗憾（regret）：

$$R_T=\sum_{t=1}^{T}f_t(x_t)-\min_{x\in K}\sum_{t=1}^{T}f_t(x)$$

跟随正则化的领导者（Follow The Regularized Leader，FTRL）是 Google 推出的广义线性模型（如逻辑回归）在线学习算法。FTRL 算法与前向后向分裂（Forward Backward Splitting，FOBOS）算法（更通用的形式是镜像下降算法）、正则化双重平均（Regularized Dual Averaging，RDA）算法、自适应在线梯度下降（Adaptive Online Gradient Descent，AOGD）算法大同小异。如图 8-7 所示，这 4 种算法都可以分为以下 3 部分：

- 基于梯度 $g_t=\nabla \ell_t(x_t)$ 损失函数 $\ell_{1:t}$ 的近似；

- 非光滑项 Ψ，其中 ϕ_t 是 Ψ 的次梯度(subgradient[㊀])；
- 一个强凸(strong convexity)的项，来稳定算法，保证较低的遗憾，其中矩阵$\boldsymbol{Q}_s$ 是学习率矩阵。

			A		B		C
FOBOS	x_{t+1}	= argmin$_x$	$g_{1:t}\cdot x$	+	$\phi_{1:t-1}+\Psi(x)$	+	$\frac{1}{2}\sum_{s=1}^{t}\left\lVert Q_s^{\frac{1}{2}}(x-x_s)\right\rVert_2^2$
AOGD	x_{t+1}	= argmin$_x$	$g_{1:t}\cdot x$	+	$\phi_{1:t-1}+\Psi(x)$	+	$\frac{1}{2}\sum_{s=1}^{t}\left\lVert Q_s^{\frac{1}{2}}(x-0)\right\rVert_2^2$
RDA	x_{t+1}	= argmin$_x$	$g_{1:t}\cdot x$	+	$t\Psi(x)$	+	$\frac{1}{2}\sum_{s=1}^{t}\left\lVert Q_s^{\frac{1}{2}}(x-0)\right\rVert_2^2$
FTRL近端	x_{t+1}	= argmin$_x$	$g_{1:t}\cdot x$	+	$t\Psi(x)$	+	$\frac{1}{2}\sum_{s=1}^{t}\left\lVert Q_s^{\frac{1}{2}}(x-x_s)\right\rVert_2^2$

图 8-7 各类在线优化算法公式

其中 FTRL 最为通用，下面展开说明这点。

设损失函数为$f_t(x)=\ell_t(x)+\Psi(x)$，其中 $\Psi(x)$为非光滑的正则项。在一个典型的在线学习算法中，给定样本(θ_t,y_t)，其中 $\theta_t\in\mathbb{R}^n$ 对应特征向量，$y_t\in\{-1,1\}$是标注，设损失函数为 $\ell_t(x)=\text{loss}(\theta_t\cdot x,y_t)$。例如在逻辑回归中使用 log-loss 损失函数 $\ell_t(x)=\log(1+\mathrm{e}^{-y_t\theta_t\cdot x})$，设 $g_t=\nabla\ell_t(x_t)$。这 4 个在线算法都将更新项与一个半正定矩阵[㊁]$\boldsymbol{Q}_s$ 进行不同的组合：

- 更新项的实现有直接使用 Ψ 和使用梯度$\nabla f_t(x_t)$近似两种方式；
- 学习率矩阵$\boldsymbol{Q}_s$ 可以自适应调整。

FOBOS、RDA、FTRL 近端这 3 种算法的具体配置如图 8-8 所示。在分析中可以使用任意凸函数 R_t 代替$\frac{1}{2}\sum_{s=1}^{t}\|Q_s^{\frac{1}{2}}(x-0)\|_2^2$，任意凸函数 $\tilde{R}_t$ 代替$\frac{1}{2}\sum_{s=1}^{t}\|Q_s^{\frac{1}{2}}(x-x_s)\|_2^2$，使用任意凸函数 Ψ 代替 $\lambda\|x\|_1$。在所有这些算法中，学习率矩阵$\boldsymbol{Q}_s$ 都是自适应的，在分析中设定为每个维度自适应，其中$\boldsymbol{Q}_s$ 是对角化的，$Q_{1:t}=\text{diag}(\bar{\sigma}_{t,1},\cdots,\bar{\sigma}_{t,n})$[㊂]，其中 $\bar{\sigma}_{t,i}=\frac{1}{\gamma}\sqrt{\sum_{s=1}^{t}g_{t,i}^2}$，$\gamma$ 是一个学习率放大系数。

㊀ 如果函数$f:U\rightarrow R$ 是一个定义在凸开集 R^n 上的实凸函数，如果对于任意 U 上的点 x，向量 $\boldsymbol{v}$ 和点 x_0 满足$f(x)-f(x_0)\geqslant\boldsymbol{v}\cdot(x-x_0)$，其中 · 为点积运算，则称 $\boldsymbol{v}$ 为点 x_0 上的次梯度。

㊁ 一个 $n\times n$ 的实对称矩阵 $\boldsymbol{M}$ 是半正定的，当且仅当对于所有的非零实系数向量，都有 $z^{\mathrm{T}}Mz\geqslant 0$；如都有 $z^{\mathrm{T}}Mz>0$，则 $\boldsymbol{M}$ 则为正定的。

㊂ diag($\boldsymbol{a}$)创建一个向量，该向量由矩阵 $\boldsymbol{a}$ 的对角元素 $\boldsymbol{a}[1,1]$，$\boldsymbol{a}[2,2]$，…组成。

$$
\begin{array}{llllllll}
 & & & \text{A} & & \text{B} & & \text{C} \\
\text{FOBOS} & x_{t+1} & = & \text{argmin}_x & g_t \cdot x & + & \lambda\|x\|_1 & + & \frac{1}{2}\sum_{s=1}^{t}\left\|Q_s^{\frac{1}{2}}(x-x_s)\right\|_2^2 \\
\text{RDA} & x_{t+1} & = & \text{argmin}_x & g_{1:t} \cdot x & + & t\lambda\|x\|_1 & + & \frac{1}{2}\sum_{s=1}^{t}\left\|Q_s^{\frac{1}{2}}(x-0)\right\|_2^2 \\
\text{FTRL近端} & x_{t+1} & = & \text{argmin}_x & g_{1:t} \cdot x & + & t\lambda\|x\|_1 & + & \frac{1}{2}\sum_{s=1}^{t}\left\|Q_s^{\frac{1}{2}}(x-x_s)\right\|_2^2
\end{array}
$$

图 8-8 在线优化算法具体形式

这些算法都可以高效实现，其中有 K 个非零值的梯度 g_t 可以在 $O(K)$ 时间复杂度内实现。在使用对角线学习率矩阵的情况下，FTRL 近端和 RDA 都可以通过存储一个二次项和一个线性项，以及每个维度对应 2 个浮点数来实现。当需要使用 $x_{t,i}$ 时，也可以使用延迟计算的技巧来减少计算量。在 FOBOS 算法中，$\lambda\|x\|_1$ 的存在使得即使 $g_{t,i}=0$，所有 $x_{t,i}$ 的系数也都需要更新，然而通过存储最近一轮 $g_{t,i}$ 不为 0 的编号，L_1 的部分可以使用延迟计算来减少计算量。

在某些场景，优化问题被限制在某些特定凸可行集[1]（convex feasible set）$\mathscr{F} \in \mathbb{R}^n$，例如各点之间的路径。由于这些算法都支持将更新规则进行组合，因此可以通过选择 Ψ 为 $\mathcal{F}$ 上的一个指示函数 $\Psi_{\mathcal{F}}$，也即 $\Psi_{\mathcal{F}}(x)=\begin{cases}0, & x\in\mathcal{F}\\ \infty, & \text{其他}\end{cases}$，此时 $\underset{x\in\mathbb{R}^n}{\text{argmin}}\, g_{1:t}\cdot x+R_{1:t}(x)+\Psi_{\mathcal{F}}(x)$ 等价于 $\underset{x\in\mathcal{F}}{\text{argmin}}\, g_{1:t}\cdot x+R_{1:t}(x)$，因此对于特定的可行集我们不需要特殊研究在可行集 $\mathcal{F}$ 上的优化方法，而只需要研究任意凸函数 Ψ 对应的方法。

重新列出一些常用的记号如下。

- 两个向量 $\boldsymbol{x}, \boldsymbol{y}\in\mathbb{R}^n$ 的内积记为 $\boldsymbol{x}^{\mathrm{T}}\boldsymbol{y}$ 或者 $\boldsymbol{x}\cdot\boldsymbol{y}$。
- 向量 $\boldsymbol{x}$ 的第 i 项记为 $x_i\in\mathbb{R}$。
- 对于半正定矩阵 $\boldsymbol{B}$，$\boldsymbol{B}$ 的平方根记为 $B^{1/2}$，存在唯一的 $X\in S_+^n$，使得 $XX=\boldsymbol{B}$，因此 $\|B^{\frac{1}{2}}x\|_2^2=\boldsymbol{x}^{\mathrm{T}}\boldsymbol{B}\boldsymbol{x}$。
- 通常假定凸函数的定义域为 $\mathbb{R}^n$，值区间为 $\mathbb{R}\cup\{\infty\}$。
- 对于凸函数 f，设 $\partial f(\boldsymbol{x})$ 为 f 在 $\boldsymbol{x}$ 的次梯度集合[2]，按照定义有 $\forall g\in\partial f(\boldsymbol{x})$，$\forall \boldsymbol{y}$，

[1] 一个可行集是一个集合，其中连接该集合内两个点的线段，仅通过其他该集合内的点，不通过该集合外的任何点。

[2] f 在 $\boldsymbol{x}$ 的次梯度集合又称为 f 在 $\boldsymbol{x}$ 的次微分。

$f(\boldsymbol{y}) \geqslant f(\boldsymbol{x}) + \boldsymbol{g}^{\mathrm{T}}(\boldsymbol{y}-\boldsymbol{x})$。

- 如果函数 f 可微，则将 f 在 $\boldsymbol{x}$ 的梯度记为 $\nabla f(\boldsymbol{x})$，因此有 $\partial f(\boldsymbol{x}) = \{\nabla f(\boldsymbol{x})\}$。
- 通常所有的 min 和 argmin 运算都是在整个 $\mathbb{R}^n$ 空间。

首先引入并证明一个定理。

定理 8-1 如函数 f 是可微分的，也即梯度 ∇f 在 $\mathrm{dom}f$ 中处处存在，则当且仅当 $\mathrm{dom}f$ 是凸的，且 $\forall x,\ y \in \mathrm{dom}f$，$f(y) \geqslant f(x) + \nabla f(x)^{\mathrm{T}}(y-x)$ 时，f 是凸的。

该定理中 $f(x)+\nabla f(x)^{\mathrm{T}}(y-x)$ 给出，是 $f(y)$ 在 x 附近的一阶泰勒展开。如图 8-9 所示，该定理说明对于凸函数而言，其任意位置处的一阶泰勒展开是函数的全局下限（global under estimator），反之亦然，即如果函数的一阶泰勒展开总为函数的全局下限，则该函数为凸函数。该条件也有清晰的几何意义，凸函数永远位于其切线的上方。

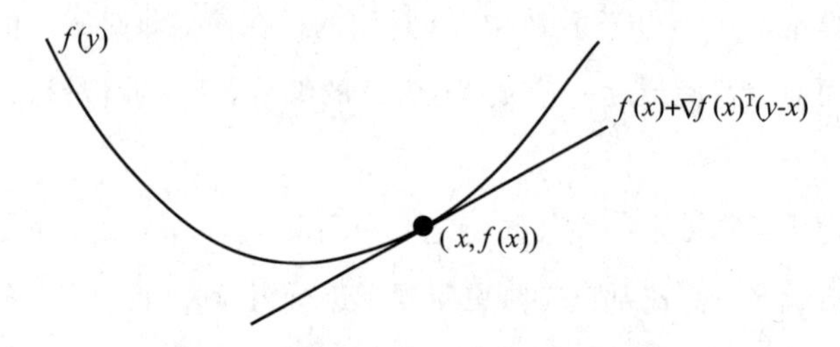

图 8-9 凸函数一阶泰勒展开示意图

定理 8-1 中的不等式说明对于一个凸函数，从其局部信息，即某个点的值和导数可以推断出全局信息，也就是函数的全局下限。这也许是凸函数最重要的特性，也是凸优化的优势所在。例如该不等式显示，如果 $\nabla f(x)=0$，则 $\forall y \in \mathrm{dom}f$，$f(y) \geqslant f(x)$，也即 x 是函数 f 的全局最小值点。

证明如下。

首先证明 n 为 1 时，当且仅当 $\forall x,\ y \in \mathrm{dom}f$，$f(y) \geqslant f(x)+f'(x)(y-x)$，一个可微分函数 f：$R \to R$ 是凸的。

首先设 f 是凸的并且 $\forall x,\ y \in \mathrm{dom}f$，由于 $\mathrm{dom}f$ 是凸的（在 $n=1$ 时，$\mathrm{dom}f$ 是一个区间），则对于所有 $0<t\leqslant 1$，$x+t(y-x) \in \mathrm{dom}f$，根据凸函数的定义可知 $f(x+t(y-x)) \leqslant (1-t)f(x)+tf(y)$，也即 $f(y) \geqslant f(x)+\dfrac{f(x+t(y-x))-f(x)}{t}$。当 $t\to 0$ 时，$\dfrac{f(x+t(y-x))-f(x)}{t} \to f'(x)(y-x)$，因此不等式 $\forall x,\ y \in \mathrm{dom}f$，$f(y) \geqslant f(x)+f'(x)(y-x)$ 成立。

证明充分性。设函数满足 $\forall x,\ y \in \mathrm{dom}f$，$f(y) \geqslant f(x)+f'(x)(y-x)$，$\mathrm{dom}f$ 是一个区间，

设 $x \neq y$ 且 $0 \leqslant \theta \leqslant 1$，设 $z=\theta x+(1-\theta)y$，应用不等式2次，可得

$$f(x) \geqslant f(z)+f(z')(x-z)$$

$$f(y) \geqslant f(z)+f(z')(y-z)$$

上式乘以 θ，下式乘以 $(1-\theta)$，然后两端分别相加，可得

$$\theta f(x)+(1-\theta)f(y) \geqslant \theta f(z)+\theta f(z')(x-z)+(1-\theta)(f(z)+f(z')(y-z))=f(z)$$

也即 f 是凸函数。

现在证明通用情况。设 f: $\mathbb{R}^n \to R$，设 x，$y \in \mathbb{R}^n$，并且设 f 限定为通过该两点的直线，也即 $g(t)=f(ty+(1-t)x)$，因此 $g'(t)=\nabla f(ty+(1-t)x)^{\mathrm{T}}(y-x)$。首先假设 f 是凸的，f 是凸导致 g 也是凸的，按照 $n=1$ 时的定理有 $g(1) \geqslant g(0)+g'(0)$，因此

$$f(y) \geqslant f(x)+\nabla f(x)^{\mathrm{T}}(y-x)$$

证明充分性。设该不等式对于所有 x、y 成立，所以如果 $ty+(1-t)x \in \mathrm{dom} f$，$\tilde{t}y+(1-\tilde{t})x \in \mathrm{dom} f$，我们有 $f(ty+(1-t)x) \geqslant f(\tilde{t}y+(1-\tilde{t})x)+\nabla f(\tilde{t}y+(1-\tilde{t})^{\mathrm{T}}(y-x)(t-\tilde{t})$，也即 $g(t) \geqslant g(\tilde{t})+g'(\tilde{t})(t-\tilde{t})$，因此 g 是凸的[⊖]。

严格凸(strict convex)函数也有对应的属性。

定理 8-2 如果函数 f 是严格凸函数，当且仅当 $\mathrm{dom} f$ 是凸的，且 $\forall x$，$y \in \mathrm{dom} f$，$x \neq y$ 时，$f(y)>f(x)+\nabla f(x)^{\mathrm{T}}(y-x)$。

下面这个定理给出凸函数最值存在的充必条件。

定理 8-3 目标函数 f_0 是可微分的凸函数，也即 $\forall x$，$y \in \mathrm{dom} f_0$，有 $f_0(y) \geqslant f_0(x)+\nabla f_0(x)^{\mathrm{T}}(y-x)$。设 X 为可行集，也即 $X=\{x \mid f_i(x) \leqslant 0,\ i=1,\cdots,m,\ h_i(x)=0,\ i=1,\cdots,p\}$，当且仅当 $x \in X$ 且 $\forall y \in X$，$\nabla f_0(x)^{\mathrm{T}}(y-x) \geqslant 0$ 时，x 是最值点。

证明：设 $x \in X$，且满足 $\forall y \in X$, $\nabla f_0(x)^{\mathrm{T}}(y-x) \geqslant 0$，由于 $y \in X$，按照凸函数定义有 $f_0(y) \geqslant f_0(x)+\nabla f_0(x)^{\mathrm{T}}(y-x)$，因此有 $f_0(y) \geqslant f_0(x)$，说明 x 是一个最小值点。

证明充分性。设 x 是最小值点，但定理不成立，也即 $\forall y \in X$, $\nabla f_0(x)^{\mathrm{T}}(y-x) \geqslant 0$ 不成立，因此 $\exists y \in X$, $\nabla f_0(x)^{\mathrm{T}}(y-x)<0$。设点 $z(t)=ty+(1-t)x$，其中 $t \in [0,\ 1]$，因此 $z(t)$ 是位于 x 和 y 之间的线段，对于较小的正数 t，我们有 $f_0(z(t))<f_0(x)$，因此 x 不是最小值点，与假设矛盾。$f_0(z(t))<f_0(x)$ 是由于 $\left.\frac{\mathrm{d}}{\mathrm{d}t}f_0(z(t))\right|_{t=0}=\nabla f_0(x)^{\mathrm{T}}(y-x)<0$。

⊖ 凸函数的另一个定义：当且仅当对于所有 x，$y \in \mathrm{dom} f$ 和所有 t，函数 $g(t)=f(ty+(1-t)x)$ 是凸的时，f 是凸的。

对于无约束的优化问题，最值存在的充要条件是$\nabla f_0(x)=0$。

证明：设x为最小值点，也即$x\in \mathrm{dom} f_0$，对于所有可行集y，有$\nabla f_0(x)^{\mathrm{T}}(y-x)\geqslant 0$，由于$f_0$是可微分的，其定义域是开放集，因此所有$y$可以趋近于$x$。设$y=x-t\ \nabla f_0(x)$，其中$t\in R$，对于$t$是小的正数，因此有$\nabla f_0(x)^{\mathrm{T}}(y-x)=-t\|\ \nabla f_0(x)\|_2^2$，因此$\nabla f_0(x)=0$。

定理 8-4 设R：$\mathbb{R}^n\to\mathbb{R}$为具有一阶连续偏导数的强凸[㊀]函数，设$\Psi$：$\mathbb{R}^n\to\mathbb{R}\cup\{\infty\}$为任意凸函数。设$g(x)=R(x)+\Psi(x)$，因此，存在唯一的$(x^*,\phi^*)$使得

$$\phi^*\in\partial\Psi(x^*)$$

且

$$x^*=\underset{x}{\operatorname{argmin}}R(x)+\phi^*\cdot x$$

同时，x^*是g的唯一最小值。

其中$x^*=\underset{x}{\operatorname{argmin}}R(x)+\phi^*\cdot x$与$\nabla R(x^*)+\phi^*=0$等价。

由于R为强凸，因此g也为强凸，从而具有一个唯一的最小值x^*[㊁]。设$r=\nabla R$，由于x^*是g的最小值，因此一定存在$\phi^*\in\partial\Psi(x^*)$使得$r(x^*)+\phi^*=0$，这是$0\in\partial g(x^*)$的充分必要条件。因此$x^*=\underset{x}{\operatorname{argmin}}R(x)+\phi^*\cdot x$由于$r(x^*)+\phi^*$是$x^*$对应优化目标的梯度而成立。假设存在另外的$(x',\phi')$满足定理，此时有$r(x')+\phi'=0$，因此$0\in\partial g(x')$，因此$x'$为$g$的最小值点。由于最小值是唯一的，因此$x^*=x'$并且$\phi'=-r(x^*)=\phi^*$。

FTRL算法与镜像下降(mirror descent)算法(其简单形式为在线梯度下降)具有一致性，先做如下设定：

- 设$f_t(x)=g_t\cdot x+\Psi(x)$，其中$g_t\in\partial\ell_t(x_t)$；
- 设R_1为强凸同时对于所有t，R_t为凸；
- 设$\underset{x}{\min}R_1(x)=0$；
- 设$x=0$为唯一的最小值点。

FTRL的最简单形式为

$$x_{t+1}=\underset{x}{\operatorname{argmin}}g_{1:t}\cdot x+\frac{\sigma_{1:2}}{2}\|x\|_2^2$$

㊀ 可微函数f称之为m-强凸，如果对于m大于0，对于函数定义域内的x，y，不等式$(\nabla f(x)-\nabla f(y))^{\mathrm{T}}\cdot(x-y)\geqslant m\|x-y\|_2^2$成立。

㊁ 设f：$\mathbb{R}^n\to\mathbb{R}$是强凸，优化目标为$\underset{x\in A}{\min}f(x)$，其中$A\subseteq\mathbb{R}^n$是非空、凸的闭集。同时假设$\inf_{x\in A}f(x)<\infty$(否则对于所有$x\in A$都有$f(x)=\infty$，则优化前提不成立)，则$f$存在最小值点，且唯一。证明略。

对于 $t=1$，通常设 $x_1=0$，以上形式可以通用化，使用任意强凸函数代替$\frac{\|x\|_2^2}{2}$，此时可以简记为

$$x_{t+1}=\underset{x}{\operatorname{argmin}} g_{1:t}\cdot x+\sigma_{1:t}R(x)$$

$\sigma_{1:t}$ 可以在每个时间点独立选择，但是需要 $\sigma_{1:t}$ 随着时间 t 递增，此时使用累加的方式比较合理，通用的更新公式为

$$x_{t+1}=\underset{x}{\operatorname{argmin}} g_{1:t}\cdot x+R_{1:t}(x)$$

当$\underset{x}{\operatorname{argmin}} R_t(x)=0$ 时，$R_t(x)$ 称为以原点为中心（origin-centered），此时定义 $\tilde{R}_t(x)=R_t(x-x_t)$，更新公式为

$$x_{t+1}=\underset{x}{\operatorname{argmin}} g_{1:t}\cdot x+\tilde{R}_{1:t}(x)$$

最简单的定义形式为

$$x_{t+1}=\underset{x}{\operatorname{argmin}} g_{1:t}\cdot x+\sum_{s=1}^{t}\frac{\sigma_s}{2}\|x-x_s\|_2^2$$

最简单的镜像下降算法是使用常数步长的梯度下降算法：

$$x_{t+1}=x_t-\eta g_t=-\eta g_{1:t}$$

通常表现较好的是使用自适应步长的算法，步长依赖于训练轮次 t，其更新公式如下：

$$x_{t+1}=x_t-\eta_t g_t \tag{8-1}$$

该公式可以重定义为

$$x_{t+1}=\underset{x}{\operatorname{argmin}} g_t\cdot x+\frac{1}{2\eta_t}\|x-x_t\|_2^2$$

该定义对应于在线学习的场景，通常不希望一次改变 x_t 太多（否则有可能对于再次遇到的特征预测较差），同时又希望对于根据最近遇到的样本向减少损失的方向移动（线性函数 g_t 是对这个方向的近似）。

镜像下降算法将其中的 L_2-平方项（L_2-squared）惩罚项用任意一个 Bregman 散度[㊀]来代替。对于可微的严格凸函数 R，其对应的 Bregman 散度定义为

$$B_R(x,y)=R(x)-(R(y)+\nabla R(y)\cdot(x-y))$$

对于 $\forall x,\ y\in\mathbb{R}^n$，对应的更新公式为

㊀ Bregman 散度：设 $F:\Omega\to\mathbb{R}$ 连续可微，严格凸函数定义在凸的闭集合 Ω 上，对于点 $p,\ q\in\Omega$，与 F 相关的 Bregman 距离定义为 $D_F(p,q)=F(p)-F(q)-\langle\nabla F(q),p-q\rangle$。

$$x_{t+1}=\underset{x}{\operatorname{argmin}} g_t \cdot x+\frac{1}{\eta_t} B_R(x,x_t)$$

当设定上式梯度为0时，更新公式为

$$x_{t+1}=r^{-1}(r(x_t)-\eta_t g_t) \tag{8-2}$$

其中 $r=\nabla R$，当 $R(x)=\frac{1}{2}\|x\|_2^2$ 时，$B_R(x,\ x_t)=\frac{1}{2}\|x-x_t\|_2^2$ 等价于镜像下降的最简单形式(如式(8-1))。

对于式(8-2)，可以添加一个强凸函数 R_t 到每轮对应的 Bregman 散度，设

$$B_{1:t}(x,y)=\sum_{s=1}^{t} B_{R_s}(x,y)$$

此时更新公式：

$$x_{t+1}=\underset{x}{\operatorname{argmin}} g_t \cdot x+B_{1:t}(x,x_t) \tag{8-3}$$

或者相应地设置梯度为0，可得

$$x_{t+1}=(r_{1:t})^{-1}(r_{1:t}(x_t)-g_t)$$

其中 $r_{1:t}=\sum_{s=1}^{t} \nabla R_t=\nabla R_{1:t}$，且 $(r_{1:t})^{-1}$ 是 $r_{1:t}$ 的逆。

复合物镜像下降(Composite-Objective Mirror Descent，COMID)算法将 Ψ 作为每轮目标函数的一部分，$f_t(x)=g_t \cdot x+\Psi(x)$，此时 COMID 更新公式为

$$x_{t+1}=\underset{x}{\operatorname{argmin}} \eta g_t \cdot x+B(x,x_t)+\eta(x)$$

该公式对应通用形式为

$$x_{t+1}=\underset{x}{\operatorname{argmin}} g_t \cdot x+\Psi(x)+B_{1:t}(x,x_t)$$

其中学习率 η 体现在 $R_1 \cdots R_t$ 的定义中，Ψ 为定义在凸集上的指示函数。

下面的定理说明镜像下降算法与 FTRL 算法等价。

定理 8-5 设 R_t 为一系列可微分的以原点为中心的凸函数($\nabla R_t(0)=0$)且 R_1 为强凸，设 Ψ 为任意凸函数。设 $x_1=\hat{x}_1=0$，对于一系列损失函数 $f_t(x)=g_t \cdot x+\Psi(x)$，COMID 算法的更新公式为

$$\hat{x}_{t+1}=\underset{x}{\operatorname{argmin}} g_t \cdot x+\Psi(x)+\widetilde{B}_{1:t}(x,\hat{x}_t) \tag{8-4}$$

其中 $\widetilde{R}_t(x)=R_t(x-\hat{x}_t)$ 且 $\widetilde{B}_t=B_{\widetilde{R}_t}$，因此 $\widetilde{B}_{1:t}$ 是基于 $\widetilde{R}_1+\widetilde{R}_2+\cdots+\widetilde{R}_t$ 的 Bregman 散度。在 FTRL 算法且同样的 $f_t(x)$ 损失函数下，对于 x_t 的更新公式为

$$x_{t+1}=\underset{x}{\operatorname{argmin}}(g_{1:t}+\phi_{1:t-1}) \cdot x+\widetilde{R}_{1:t}(x)+\Psi(x) \tag{8-5}$$

其中 $\phi_t \in \partial \Psi(x_{t+1})$ 使得 $g_{1:t}+\phi_{1:t-1}+\nabla \widetilde{R}_{1:t}(x_{t+1})+\phi_t=0$。这两类算法等价，即 $\forall t>0$，$x_t=\hat{x}_t$。

镜像下降算法中用到的 Bregman 散度与 FTRL 中的 $\tilde{R}_{1:t}$ 对应，然而通常（如在式（8-3）中）该函数并不依赖于历史值。但在 $R_t(x)=\frac{1}{2}\|Q_t^{\frac{1}{2}}x\|_2^2$ 时，两者是一致的。以下推论给出了一个简单的直接等价结果。

推论 8-1 设 $f_t(x)=g_t\cdot x$，以下两个算法输出等价。

使用半正定矩阵的梯度下降算法：$x_{t+1}=x_t-Q_{1:t}^{-1}g_t$。

使用正则项 $\tilde{R}_t(x)=\frac{1}{2}\|Q_t^{\frac{1}{2}}\|_2^2$ 的 FTRL–近端（FTRL-Proximal）算法：$x_{t+1}=\underset{x}{\operatorname{argmin}}g_{1:t}\cdot x+\tilde{R}_{1:t}(x)$。

证明：设 $R_t(x)=\frac{1}{2}x^{\mathrm{T}}Q_tx$，易知 $R_{1:t}$ 与 $\tilde{R}_{1:t}$ 仅在线性函数系数不同，因此 $B_{1:t}$ 与 $\tilde{B}_{1:t}$ 相等，都有

$$B_{1:t}(x,y)=\tilde{B}_{1:t}(x,y)=\frac{1}{2}\left\|Q_{1:t}^{\frac{1}{2}}(x-y)\right\|_2^2$$

此时按照式（8-1），第一个算法是镜像下降，设定 $\Psi(x)=0$ 因此 $\phi_t=0$，按照定理 8-5 两者相等。

将该推论应用于分析 FOBOS 算法与 FTRL 算法可以发现，两者的差别仅在于，FTRL 近端算法是基于 $t\Psi(x)$ 来优化，而 FOBOS 根据式（8-5），是基于 $\phi_{1:t-1}\cdot x+\Psi(x)$ 来优化。因此 FOBOS 与 FTRL 相比，除了 FOBOS 利用次梯度近似了所有的 Ψ 函数，而 FTRL 仅仅近似了最近的 Ψ 函数。

FTRL-Proximal 应用于一个非平凡（non-trivial[⊖]）Ψ 时，与 COMID 算法不同。设 $\Psi(x)=\lambda\|x\|_1$，或者 Ψ 是可行集 $\mathcal{F}$ 上的指示函数，这时按照定理 8-5，对于损失函数 $f_t(x)=g_t\cdot x+\Psi(x)$ 的镜像下降算法（这种配置等价于 COMID），利用次梯度近似了所有其看到过的 Ψ，而 FTRL-Proximal 基于 Ψ 来优化。在这种配置下，镜像下降算法根据贪心投影算法来更新，而 FTRL 算法根据延迟投影算法来更新。

下面证明定理 8-5，使用归纳法。对于 $t=1$，有 $x_1=\hat{x}_1=0$。按照归纳步骤，设 $x_t=\hat{x}_t$。定理 4 确保存在 ϕ_t 满足式（8-5），因此存在唯一的 $\phi_{t-1}\in\partial\Psi(x_t)$，使得

$$g_{1:t-1}+\phi_{1:t-2}+\nabla\tilde{R}_{1:t-1}(x_t)+\phi_{t-1}=0$$

应用归纳假设 $x_t=\hat{x}_t$，可得

⊖ non-trivial 大概是非 0、非常数的意思。

$$-\nabla\widetilde{R}_{1:t-1}(\hat{x}_t)=g_{1:t-1}+\phi_{1:t-1} \tag{8-6}$$

此时应用式(8-4)，

$$\hat{x}_{t+1}=\underset{x}{\operatorname{argmin}} g_t\cdot x+\widetilde{B}_{1:t}(x,\hat{x}_t)+\Psi(x)$$

对该式应用定理 8-4，$\exists\phi_t'=\partial\Psi(\hat{x}_{t+1})$

$$\begin{aligned}\hat{x}_{t+1}&=\underset{x}{\operatorname{argmin}} g_t\cdot x+\widetilde{B}_{1:t}(x,\hat{x}_t)+\phi_t'\cdot x\\&=\underset{x}{\operatorname{argmin}} g_t\cdot x+\widetilde{R}_{1:t}(x)-\widetilde{R}_{1:t}(x_t)-\\&\quad\nabla\widetilde{R}_{1:t}(\hat{x}_t)(x-x_t)+\phi_t'\cdot x\text{（}\widetilde{B}_{1:t}\text{ 的定义）}\\&=\underset{x}{\operatorname{argmin}} g_t\cdot x+\widetilde{R}_{1:t}(x)-\nabla\widetilde{R}_{1:t}(\hat{x}_t)x+\phi_t'\cdot x\text{（舍弃与 }x\text{ 无关的项）}\\&=\underset{x}{\operatorname{argmin}} g_t\cdot x+\widetilde{R}_{1:t}(x)-\nabla\widetilde{R}_{1:t-1}(\hat{x}_t)x+\phi_t'\cdot x\text{（由于 }\nabla\widetilde{R}_t(\hat{x}_t)=0\text{）}\\&=\underset{x}{\operatorname{argmin}} g_t\cdot x+\widetilde{R}_{1:t}(x)+(g_{1:t-1}+\phi_{1:t-1})x+\phi_t'\cdot x\text{（应用式(8-7)）}\end{aligned}$$

由于$(\hat{x}_{t+1}, \phi_t')$满足 x_{t+1} 对应定理 8-4 中的优化公式，因此 $\hat{x}_{t+1}=x_{t+1}$。

带正则项的镜像下降算法等价于带以原点为中心的正则化项的 FTRL 算法。设 $R_t(x)=\frac{\sigma_2}{2}\|x\|_2^2$，$\eta_t=\frac{1}{\sigma_{1:t}}$，该对应的自适应在线梯度下降算法更新公式为

$$x_{t+1}=x_t-\eta_t\nabla f_t^R(x_t)=x_t-\eta_t(g_t+\sigma_t x_t)$$

该算法与使用函数 $f_t^R(x)=g_t\cdot x+R_t(x)$ 的 FTL 算法等价。首先基于该算法的一个通用版本引入定理 8-6。

定理 8-6 设 $f_t(x)=g_t\cdot x$，$f_t^R(x)=g_t\cdot x+R_t(x)$，其中 R_t 是一个可微分的凸函数，设 Ψ 为任意凸函数，如下 COMID 算法：

$$\hat{x}_{t+1}=\underset{x}{\operatorname{argmin}}\nabla f_t^R(\hat{x}_t)\cdot x+\Psi(x)+B_{1:t}(x,\hat{x}_t) \tag{8-7}$$

与如下 FTRL 算法：

$$x_{t+1}=\underset{x}{\operatorname{argmin}} f_{1:t}^R(x)+\phi_{1:t-1}\cdot x+\Psi(x) \tag{8-8}$$

其中 $\phi_t\in\partial\Psi(x_{t+1})$使得 $g_{1:t}+\phi_{1:t-2}+\nabla R_{1:t}(x_t)+\phi_{1:t-1}+\phi_t=0$。

如果两个算法初始值相同，即在 $t=1$ 时，$x_1=\hat{x}_1=0$，则两个算法等价，即$\forall t>0, x_t=\hat{x}_t$。

证明：使用归纳法。对于 $t=1$ 时按照定理的前提条件定理成立，按照归纳假设，设$x_t=\hat{x}_t$，需证明 $x_{t+1}=\hat{x}_{t+1}$。

设 $r_t=\nabla R_t$，按照式(8-8)，由于 R_1 是强凸函数，应用定理 8-4，可以得到 x_t 是 $\nabla f_{1:t-1}^R(x_t)+\phi_{1:t-1}=0$ 的唯一解，因此 $g_{1:t-1}+r_{1:t-1}(x_t)+\phi_{1:t-1}=0$，此时应用归纳假设，可得

$$-r_{1:t-1}(\hat{x}_t)=g_{1:t-1}+\phi_{1:t-1}$$

现在对于式(8-7)，由于 R_1 是强凸函数，$B_{1:t}(x,\hat{x}_t)$ 也是强凸函数，因此应用定理8-4，可知存在 $\hat{x}_{t+1}$ 与 $\phi'_t\in\partial\Psi(\hat{x}_{t+1})$ 是如下等式的唯一解：

$$\nabla f_t^R(\hat{x}_t)+\phi'_t+r_{1:t}(\hat{x}_{t+1})-r_{1:t}(\hat{x}_t)=0$$

由于 $\nabla_p B_R(p,q)=r(p)-r(q)$，因此有

$$\begin{aligned}0&=\nabla f_t^R(\hat{x}_t)+\phi'_t+r_{1:t}(\hat{x}_{t+1})-r_{1:t}(\hat{x}_t)\\&=g_t+r_t(\hat{x}_t)+\phi'_t+r_{1:t}(\hat{x}_{t+1})-r_{1:t}(\hat{x}_t)\\&=g_t+r_{1:t}(\hat{x}_{t+1})+\phi'_t-r_{1:t-1}(\hat{x}_t)\\&=g_t+r_{1:t}(\hat{x}_{t+1})+\phi'_t+g_{1:t-1}+\phi_{1:t-1}\\&=g_{1:t}+r_{1:t}(\hat{x}_{t+1})+\phi_{1:t-1}+\phi'_t\end{aligned}$$

而对式(8-8)应用定理8-4，(x_{t+1},ϕ_t) 是以下等式的唯一解：

$$g_{1:t}+r_{1:t}(x_{t+1})+\phi_{1:t-1}+\phi_t=0$$

其中 $\phi_t\in\partial\Psi(x_{t+1})$，因此有 $x_{t+1}=\hat{x}_{t+1}$ 并且 $\phi_t=\phi'_t$。

由该定理可以得到以下推论。

推论8-2 设 $f_t(x)=g_t\cdot x$，$f_t^R(x)=g_t\cdot x+\frac{\sigma_t}{2}\|x\|_2^2$，则以下算法等价。

- FTRL：$x_{t+1}=\underset{x}{\arg\min} f_{1:t}^R(x)$。
- 梯度下降：基于函数 f_t^R 且使用步长 $\eta_t=\frac{1}{\sigma_{1:t}}$，其公式为 $x_{t+1}=x_t-\eta_t\nabla f_t^R(x_t)$。
- 修正者恒定步长梯度下降：使用步长 $\eta_t=\frac{1}{\sigma_{1:t}}$，其公式为 $x_{t+1}=-\eta_t g_{1:t}$。

与其他在线学习算法相比，FTRL近端算法在实际中具有更好的稀疏性与AUC得分。谷歌在工程中使用的FTRL近端公式为

$$x_{t+1}=\underset{x}{\arg\min}\, g_{1:t}\cdot x+\frac{1}{2}\sum_{s=1}^{t}\sigma_s\|x-x_s\|_2^2+\lambda_1\|x\|_1$$

其中 σ_s 为学习率配置，$\sigma_{1:t}=\frac{1}{\eta_t}$，当使用基于坐标(per-coordinate)学习率时，使用以下公式计算 $\eta_{t,i}$：

$$\eta_{t,i}=\frac{\alpha}{\beta+\sqrt{\sum_{s=1}^{t}(g_i^{(s)})^2}}$$

其中 $g_i^{(s)}$ 是第 s 个样本计算的梯度向量 $g^{(s)}$ 中的第 i 个维度。谷歌的工程经验表明，α 需要具体调参，而 β 通常取 1 即可。FTRL 近端的伪代码如代码清单 8-3 所示。

代码清单 8-3 FTRL 近端工程化伪代码

```
Input：参数 α,β,λ1,λ2
∀i∈{1,…,d}，初始化 z_i=0 和 n_i=0
for t=1 to T do
  对于样本特征向量 x_t，使 I={i | x_i≠0}
  对于 i∈I，计算
```

$$w_{t,i}=\begin{cases}0, & |z_t|<\lambda_1 \\ -\left(\dfrac{\beta+\sqrt{n_i}}{\alpha}+\lambda_2\right)^{-1}(z_i-\mathrm{sgn}(z_i)\lambda_1), & 其他\end{cases}$$

```
  使用上一步计算的 w_{t,i} 运行预测函数 P_t=σ(x_t * w)
  观察标签 y_t∈{0,1}
  for all i∈I do
    g_i=(p_t-y_t)x_i                          #关于 w_i 的损失梯度
    σ_i=1/α(√(n_i+g_i^2)-√n_i)                #等于 1/η_{t,i} - 1/η_{t-1,i}
    z_i←z_i+g_i-σ_i w_{t,i}
    n_i←n_i+g_i^2
  end for
end for
```

谷歌使用许多工程化技巧来实现 FTRL 近端算法，用于广告点击率预估，比如以下技巧。

- 用 FTRL 近端算法适配 Downpour SGD 分布式训练平台。
- 使用每坐标学习率(per-coordinate learning rate)来优化训练效果。
- 以一定的概率来选用特征，包括两种方法：一种是每个特征根据泊松分布以一定的概率 p 被选用保存；另一种是使用布隆过滤器，当特征出现次数大于一个阈值时选用保存。
- 使用较少的比特位来编码特征，以减少存储权重参数占用的内存。
- 对训练数据进行二次采样，对于正样本正常采样，对于负样本按照 $r\in(0,1]$ 比例采样，在训练时对每个样本以 $1/r$ 的权重以弥补负样本的损失。

8.2.2 支持自动特征发现的模型方法

逻辑回归模型实现简单，易于并行化，可解释性强，在点击率预估中广泛使用。但逻辑回归模型不能处理特征和目标之间的非线性关系，需要在工程中手工组合特征，需要较多的领域知识，且带来大量的调参工作。为了解决这一问题，业内发展出了3种模型结构：

- 分解机(Factorization Machine，FM)；
- 场感知分解机(Field-aware Factorization Machine)；
- 梯度提升决策树(GBDT)+LR。

1. FM模型

FM模型主要解决在数据稀疏的情况下特征自动组合的问题。FM有3个优点：

- 可以使用非常稀疏的数据进行参数估计；
- 具有线性时间复杂度，可以扩展到海量训练数据；
- 具有通用性，可以适用于任何实数值的特征。

度为2的FM模型公式如下：

$$\hat{y}(x)=w_0+\sum_{i=1}^{n}w_ix_i+\sum_{i=1}^{n}\sum_{j=i+1}^{n}\langle v_i,v_j\rangle x_ix_j \tag{8-9}$$

其中需要训练的参数为$w_0\in\mathbb{R}$，$w\in\mathbb{R}^n$，$v\in\mathbb{R}^{n\times k}$；$k\in\mathbb{N}_0^+$为定义分解维度的超参数；$\langle\cdot,\cdot\rangle$为点积运算，两个维度为$k$的向量的点击运算为$\langle v_i,v_j\rangle=\sum_{f=1}^{k}v_{i,f}\cdot v_{j,f}$；矩阵$\boldsymbol{V}$中的一行$v_i$指代第$i$个变量，具有$k$个维度。

一个2-way FM(度$d=2$)能够捕获所有单个变量和2个变量之间的交叉关系。

- w_0是全局偏好。
- w_i对第i个变量的强度进行建模。
- $\hat{w}_{i,j}=\langle v_i,v_j\rangle$对第$i$个变量和第$j$个变量的交叉关系进行建模。FM模型通过因子分解来对2个变量之间的关系进行建模，而不是直接使用$w_{i,j}\in\mathbb{R}$来建模。这是FM模型能在稀疏特征高维交叉($d\geqslant2$)下做到高质量的参数估计的关键原因。

同时对于任何正定矩阵$\boldsymbol{W}$，如k足够大，则存在矩阵$\boldsymbol{V}_{n\times k}$，使得$\boldsymbol{W}=\boldsymbol{V}\cdot\boldsymbol{V}^{\mathrm{T}}$，即如果$k$取到足够大，FM模型能够表达任何交互矩阵$\boldsymbol{W}$。在稀疏特征的场景下，通常$k$应该选择一个较小的值，因为如果$k$太大，可能缺乏足够多的数据来拟合过于复杂的特征交互。限定k的大小，也就限定了FM模型的表达能力，带来了更好的泛化性，同时在稀疏特征下改进了交互矩阵。

在稀疏特征的场景下，通常缺乏足够多的数据来估计特征之间的交互。FM模型之所以能够在稀疏特征场景下较好地估计交互，是因为通过因子分解可以打破交互参数的独立性。通常这意味着某条样本对于一个特征交互有作用，同时也帮助训练相关的特征交互，这点可以通过下面的例子来说明。

设我们希望训练观众 Alice(A)和电影 Star Trek(ST)这两个特征组合时，对应一个预测目标 y(例如 y 对应电影的打分)。同时训练样本中没有样本 x，其对应的维度 x_{A} 和 x_{ST} 都不为 0，因此直接通过样本训练会认为 x_{A} 和 x_{ST} 之间没有交互，即 $w_{\mathrm{A,ST}}=0$。但是通过因子分解之后，两个特征的交互为 $\langle v_{\mathrm{A}}, v_{\mathrm{ST}}\rangle$，此时即使训练样本中并没有 x_{A} 和 x_{ST} 之间的直接交互，我们也可以估计该特征交互的权重。Bob 和 Charlie 可能有类似的因子向量 v_{B} 和 v_{C}，同时两人都对 Star Wars(x_{SW})有类似的打分，即 $\langle v_{\mathrm{B}}, v_{\mathrm{SW}}\rangle$ 和 $\langle v_{\mathrm{C}}, v_{\mathrm{SW}}\rangle$ 类似。Alice(v_{A})与 Charlie(v_{C})的因子向量不尽相同，是由于其对电影 Titanic 和 Star Wars 的打分不同，从而因子向量的交互如 $\langle v_{\mathrm{A}}, v_{\mathrm{TI}}\rangle$、$\langle v_{\mathrm{C,TI}}\rangle$ 也不同。而 Bob 对 Star Trek 和 Star Wars 的打分类似，因此 Star Trek 的因子向量 v_{ST} 与 Star Wars 的因子向量 v_{SW} 可能类似。这意味着对应 Alice 的因子向量 v_{A} 与对应 Star Trek 的因子向量 v_{ST} 之间的点积 $\langle v_A, v_{ST}\rangle$，与 v_{A} 和对应 Star Wars 的因子向量 v_{SW} 的点积 $\langle v_A, v_{SW}\rangle$ 是类似的。从而间接估计了观众 Alice(A)和电影 Star Trek(ST)这两个特征组合的权重。

FM 模型的计算复杂度对应式(8-9)的计算复杂度，由于所有成对的特征交互都需要计算，其复杂度为 $O(kn^2)$。可以通过对计算公式进行优化改写，将计算复杂度降低到线性时间 $O(kn)$。

引理 8-1 与式(8-9)定义的 FM 模型对应的模型可以在线性时间 $O(kn)$ 内计算。

证明： 由于对于成对特征的因子分解，模型中不存在直接依赖于两个变量的参数(如以下标 (i,j) 对应的参数)，因此该公式可以重写如下。

$$
\begin{aligned}
\sum_{i=1}^{n}\sum_{j=i+1}^{n}\langle v_i, v_j\rangle x_i x_j &= \frac{1}{2}\sum_{i=1}^{n}\sum_{j=1}^{n}\langle v_i, v_j\rangle x_i x_j - \frac{1}{2}\sum_{i=1}^{n}\langle v_i, v_i\rangle x_i x_i \\
&= \frac{1}{2}\left(\sum_{i=1}^{n}\sum_{j=1}^{n}\sum_{f=1}^{k} v_{i,f} v_{j,f} x_i x_j - \sum_{i=1}^{n}\sum_{f=1}^{k} v_{i,f} v_{i,f} x_i x_i\right) \\
&= \frac{1}{2}\sum_{f=1}^{k}\left(\left(\sum_{i=1}^{n} v_{i,f} x_i\right)\left(\sum_{j=1}^{n} v_{j,f} x_j\right) - \sum_{i=1}^{n} v_{i,f}^2 x_i^2\right) \\
&= \frac{1}{2}\sum_{f=1}^{k}\left(\left(\sum_{i=1}^{n} v_{i,f} x_i\right)^2 - \sum_{i=1}^{n} v_{i,f}^2 x_i^2\right)
\end{aligned}
$$

因此该公式的计算复杂度可以降低到 $O(kn)$。同时在稀疏的特征下，x 的大多数元素为 0，求和操作只需要对非 0 元素进行计算。

2 阶 FM 模型可以拓展到高阶(d-way)：

$$\hat{y}(x)=w_0+\sum_{i=1}^{n}w_ix_i+\sum_{l=2}^{d}\sum_{i_1=1}^{n}\cdots\sum_{i_l=i_{l-1}+1}^{n}\left(\prod_{j=1}^{l}x_{i_j}\right)\left(\sum_{f=1}^{k_l}\prod_{j=1}^{l}v_{i_j,f}^{(l)}\right)$$

其中第 l 个交互参数由 PARAFAC 模型的参数因子分解得到：

$$V^{(l)}\in\mathbb{R}^{n\times k_l},k_l\in\mathbb{N}_0^+$$

此时直接计算的时间复杂度是 $O(k_dn^d)$，通过调整也可以在线性时间内运行。

2. FFM 模型

FM 模型可以在稀疏特征的场景下自动学习到组合特征。FFM 在 FM 模型的基础上增加了领域(field)的概念。在大多数广告点击率场景中，特征可以分组到领域。在图 8-10 所示的训练集中，ESPN、Vogue、NBC 这三个特征可以归类到发布商领域，Nike、Gucci、Adidas 这三个特征可以归类到广告商领域。FFM 可以利用领域这条信息。例如，一条训练样本如图 8-11 所示，在 FM 模型中，$\phi_{FM}(w,s)$为 $\phi_{FM}(w,s)=w_{ESPN}\cdot w_{Nike}+w_{ESPN}\cdot w_{Male}+w_{Nike}\cdot w_{Male}$。在 FM 模型中，每个特征仅与一个特征向量来学习该特征与其他特征的交互。以 ESPN 为例，w_{ESPN} 用于学习与 Nike 的交互 $w_{ESPN}\cdot w_{Nike}$ 以及与 Male 的交互 $w_{ESPN}\cdot w_{Male}$。然而，由于 Nike 和 Male 属于不同的领域，特征交互的权重(EPSN,Nike)和(EPSN,Male)可能不同。

		发布商	广告商
+80	−20	ESPN	Nike
+10	−90	ESPN	Gucci
+0	−1	ESPN	Adidas
+15	−85	Vogue	Nike
+90	−10	Vogue	Gucci
+10	−90	Vogue	Adidas
+85	−15	NBC	Nike
+0	−0	NBC	Gucci
+90	−10	NBC	Adidas

图 8-10 广告点击率训练样本示例

注：+/-代表点击/未点击的曝光数目

是否点击	发布商（P）	广告商（A）	性别（G）
是	ESPN	Nike	Male

图 8-11 训练样本示例

在 FFM 中，每个特征都对应多个潜向量(latent vector)，每个特征在每个领域下有一个向量，该向量与其他特征相应领域下的向量进行点积运算，计算两个特征在计入领域影响下的交互，此时对应上述例子中 ϕ_{FFM} 如下：

$$\phi_{FFM}(w,x)=w_{ESPN,A}\cdot w_{Nike,P}+w_{ESPN,G}\cdot w_{Male,P}+w_{Nike,G}\cdot w_{Male,A}$$

此时为了学习到(ESPN,Nike)的潜在交互影响，使用了向量 $w_{ESPN,A}$ 是由于 Nike 归属于广告商领域，使用了向量 $w_{Nike,P}$ 是由于 ESPN 归属于发布商领域；为了学习到(EPSN, Male)的潜在交互影响，使用了 $w_{ESPN,G}$ 是由于 Male 属于性别领域，使用了 $w_{Male,P}$ 是由于 EPSN 属于发布商领域。Field-aware Factorization Machine 的公式总结如下：

$$\phi_{FFM}(w,x)=\sum_{j_1=1}^{n}\sum_{j_2=j_1+1}^{n}(w_{j_1,f_2}\cdot w_{j_2,f_1})x_{j_1}x_{j_2}$$

其中 f_1 对应 j_1 的领域，f_2 对应 j_2 的领域，如果设领域的数目为 f，则 FFM 的变量总数为 nfk。由于隐向量与领域相关，FFM 的计算公式无法化简，计算复杂度为 $O(\bar{n}^2k)$。在 FFM 中，由于每个潜向量仅仅需要学习对应领域的特征交互，因此通常 $k_{FFM}\ll k_{FM}$。也由于对领域进行建模，FFM 容易过拟合，常常需要采用防止过拟合的策略如提前停止(Early Stopping)，具体如下：

1）将训练数据分为测试集和验证集；

2）在每个训练批次结束时，使用验证集来计算损失；

3）如果损失上升，记录训练批次，停止训练或者使用全部数据重新训练该批次对应的模型。

3. GBDT+ LR

Facebook 使用一个决策树与逻辑回归组合的模型，其效果相比单独使用其中一个提升了 3%，也对整个广告系统的效果产生了较好的拉动作用。有许多因素影响模型最终的预测效果，其中最重要的是选择恰当的特征。Facebook 发现最有效的措施是特征与模型：

- 能够捕获用户或广告历史行为的特征(用户前文特征或广告前文特征)最有效；
- 使用正确的模型(决策树+逻辑回归)影响非常显著。

次要的影响因素如下：

- 使用最优的方式来确保数据及时性；
- 学习率的调整策略；
- 数据的采样策略。

这些策略也对模型效果有提升，虽然没有选择特征那么显著，但由于作用于整个系统，最终收益绝对值也非常可观。

将特征输入一个广义线性模型有两种方式。对于连续特征，一种常用的方式是将特征 bin 化，将 bin 的槽位下标作为类目特征输入广义线性模型，此时 bin 的边界对效果影响比较明显。第二种方式是构建交叉特征。

- 对于类目特征，可以用穷举法创建特征的笛卡儿积，例如创建一个新的类目特征，其值是所有对应特征的值组合。这时并非所有的特征组合都有效，但是并没有方法将无效的特征组合剔除。

- 对于连续特征，可以使用联合分箱(joint binning)的方法，例如使用 k-d 树。

增强决策树(Boosted Decision Tree)对输入向量进行变换，每棵树的输出被用作一个类目特征，输入一个稀疏广义线性模型中。增强决策树提供较强的特征变换能力。

Facebook 使用增强决策树来做特征交叉与非线性变换。该方法将每个独立的树看作一个类目特征，其值为训练样本落在的叶子节点的编号。同时使用 1-of-K 的编码方式来对这类特征进行编码。例如，对于图 8-12 所示的增强决策树，该树有 2 棵子树，第 1 棵子树有 3 个叶子节点，第 2 棵子树有 2 个叶子节点。如果某个训练样本落在第 1 棵子树的第 3 个叶子，以及第 2 棵子树的第 1 个叶子，则对于广义线性分类器的综合输入为二进制向量 [0,1,0,1,0]，其中向量的前 3 个维度对应第 1 棵子树的叶子节点，向量的第 4、5 个维度对应第 2 棵子树的叶子节点。

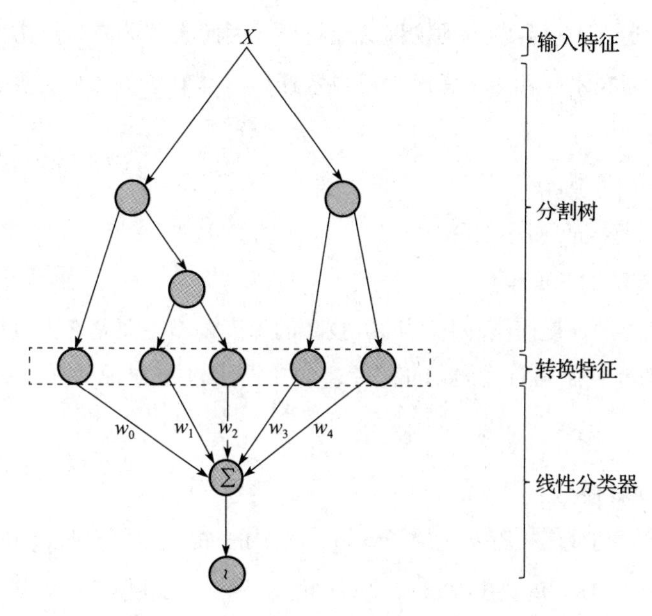

图 8-12 混合模型结构

Facebook 将增强决策树与一个广义线性模型(逻辑回归)拼接在一起，如图 8-12 所示，其中增强决策树使用 GBM。在每个训练批次会创建一棵新树，来对前一棵树的残差建模。在这一场景下，基于增强决策树的特征变换可以理解为有监督的特征编码过程，该过程将实数值的向量转换成压缩的二值向量。从树的根节点到叶子节点的遍历路径，对应某个具体特征的编码规则。基于这些二值向量训练广义线性模型，本质上是在学习这些编码规则的权重。

这里的增强决策树使用批处理的方式进行训练与更新，Facebook 通过这种方式实现了特征工程自动化，显著提升了效果，不过这种方式也有些不足之处：

- 该模型是两阶段的，非端到端的模型；
- 广告点击率预估场景涉及大量高维稀疏特征，树模型并不太适合处理，因此实际上会将 dense 特征或低维离散特征提供给 GBDT，而将剩余高维稀疏特征在 LR 阶段进行处理；
- GBDT 模型本身比较难做到在线学习，模型对数据的感知延迟较大。

8.2.3 深度学习模型

深度学习技术用于点击率预估后效果取得了质的飞跃，同时它在 Embedding 层之后的点积运算等非线性运算中也可以自动挖掘交叉特征，因此大部分广告点击率预估系统或多或少应用了深度学习技术或者在往深度学习技术迁移。本节介绍几个业界成熟的深度学习模型：

- Wide & Deep 模型；
- 基于参数服务器的深度模型；
- 基于 hash 技巧的深度模型。

基于参数服务器的深度模型和基于 hash 技巧的深度模型主要是在大量稀疏特征训练场景下，创建端到端的稀疏特征 Embedding 方法，从而将点击率预估问题转换为深度学习问题。

1. Wide & Deep 模型

在广告点击率预估或者推荐系统的场景下，主要的挑战包括记忆性（Memorization）和通用性（Generalization）。Google 提出 Wide & Deep 模型，结合线性模型的记忆能力和深度模型的泛化能力，提升模型的整体性能。Wide & Deep 成功应用于 Google Play 的 App 推荐业务，在 TensorFlow 中有对应的实现（tf. keras. experimental. WideDeepModel）。

记忆性可以定义为学习特征的出现概率，并发掘与利用历史数据中的相关性。通用性则是基于相关性的可传递性来探索训练数据中从未出现或者很少出现的新特征组合。

在大规模在线点击率预测系统或者推荐系统中，广义线性模型（如逻辑回归）由于简单、可扩展、具有可解释性被广泛使用。这类模型通常使用 one-hot 编码的二值稀疏向量来表达特征。例如二值特征“user_installed_app = netflix”，其值为 1，表示用户安装了 Netflix App，此时记忆性可以通过对稀疏特征进行叉积来实现。又如 AND(user_installed_app = netflix, impression_app = pandora)，其值为 1，表示用户安装了 Netflix，同时在 Pandora 这个 App 中有过广告曝光。在这种场景下，通用性可以通过使用粗粒度的特征来实现，例如 AND(user_installed_category = video，impression_category = music)，但是此时通常需要人工进行特征工程。利用叉积来实现记忆性还有个缺陷是无法应用于(请求，广告)交叉的特征组合，这些特征组合通常不出现于训练集中。

基于 Embedding 的模型，如 FM 模型或者深度神经网络，通过学习一个低维稠密 Embedding 向量，能够泛化到未见过的(请求，广告)交叉特征。然而如果隐层的(请求，广告)关联矩阵是稀疏或者高阶的，如具有特定小众偏好的用户和受众面非常窄的广告，(请求，广告)这两个特征之间可能基本无交互，但是稠密 Embedding 向量对所有的(请求，广告)组合都会生成一个非 0 的预测值，从而过于通用化(over-generalize)。在这种情况下，广义线性模型使用特征向量的叉积可以用更少的参数记忆下这些罕见的特征组合。

Wide & Deep 模型通过将线性模型和深度神经网络联合训练(如图 8-13 所示)，在同一个模型中同时取得记忆性与通用性。

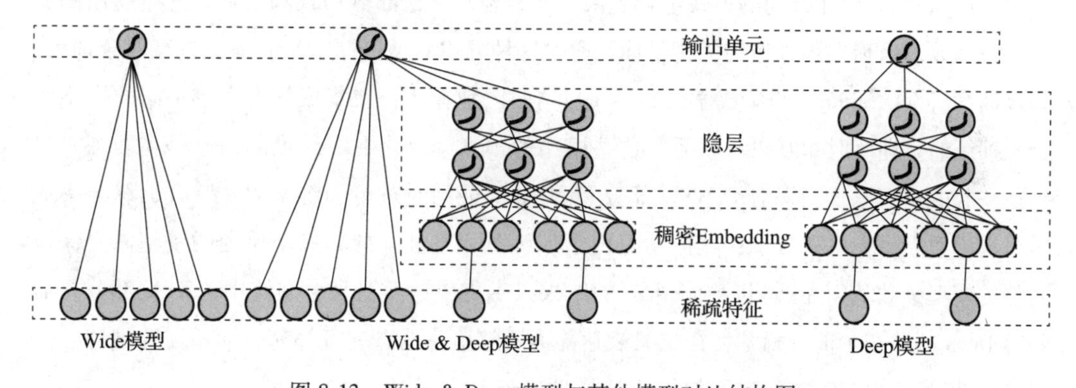

图 8-13 Wide & Deep 模型与其他模型对比结构图

Wide & Deep 模型中的 Wide 部分是一个广义线性模型(如图 8-13 的最左边所示)，其形式为 $y=\boldsymbol{w}^{\mathrm{T}}\boldsymbol{x}+b$，其中 $\boldsymbol{x}=[x_1,x_2,\cdots,x_d]$ 是特征向量，对应 d 个特征，$\boldsymbol{w}=[w_1,w_2,\cdots,w_d]$ 是模型参数，b 是偏好(bias)，y 对应模型预测结果。特征集合包括原始特征和组合特征，最重要的组合特征是特征交叉，定义为

$$\phi_k(x) = \prod_{i=1}^{d} x_i^{c_{ki}}, \quad c_{ki} \in \{0,1\}$$

其中 c_{ki} 是一个布尔变量，当第 i 个特征是第 k 个交叉特征的一部分时，c_{ki} 为 1，否则为 0。对于二值特征，一个对应的交叉特征(如 AND(gender=female，language=en))，在其组成特征“gender=female”和“language=en”都为 1 时才为 1，否则为 0。这种特征交叉的形式可以捕获二值特征之间的交互，并在广义线性模型中增加非线性。

Wide & Deep 模型中的 Deep 部分是一个前馈(feed-forward)神经网络(如图 8-8 的最右边所示)。对于类目特征，原始输入为特征字符串(如“language=en”)，这些稀疏、高维的类目特征首先转换为低维、密集的实数向量，通常称之为嵌入向量(embedding vector)。嵌入向量的维度数通常为 $O(10)$ 到 $O(100)$。嵌入向量在初始化时填入随机值，然后其值在最小化损失函数的训练过程中同时被训练。这些低维的嵌入向量在前向训练过程中被输入神经网络的隐层，每个隐层计算公式如下：

$$a^{(l+1)} = f(W^{(l)} a^{(l)} + b^{(l)})$$

其中 l 是层数，f 是激活函数，通常使用 ReLU(Rectified Linear Unit，整流线性单元)。$a^{(l)}$ 是第 l 层的输出，$W^{(l)}$ 是第 l 层的权重，$b^{(l)}$ 是第 l 层的偏好。

Wide & Deep 模型的 Wide 部分和 Deep 部分在预测时，将 Wide 和 Deep 输出对应的对数赔率(log odds)，用加权和的方式组合起来。作为预测，这部分加权和也输入一个通用的逻辑损失函数，该损失函数作为优化目标，通过这种方式对 Wide 和 Deep 部分进行联合训练。联合训练(joint training)与集成学习(ensemble)的区别在于：在集成学习中，不同的模型是分开训练的，训练时相互没有联系，这些模型的预测结果是在在线推断而不是在训练时组合在一起的；而联合训练对于 Wide 部分和 Deep 部分同时进行训练学习。联合训练与集成学习在模型大小上也有区别：集成学习由于训练是相互独立的，每个单独的模型需要保持完整的模型参数从而在预测时给出准确的结果以供集成；而在联合训练中，Wide 部分只需要对 Deep 部分在少部分稀疏特征交叉表达能力不够这一弱点进行补充，而不需要维持一个完整的 Wide 模型(通常一个完整的 Wide 模型比较大)。

Wide & Deep 模型的联合训练是通过反向传播算法，从模型输出到 Wide 部分和 Deep 部分，使用小批量随机梯度下降进行训练，在 Wide 部分使用带 L1 正则化的 FTRL 优化算法，而在 Deep 部分使用 AdaGrad 算法。Wide & Deep 模型结构如图 8-13 中间部分所示。对于预测问题，模型的输出为

$$P(Y=1 \mid x)=\sigma(w_{\text{wide}}^{\mathrm{T}}[x,\phi(x)]+w_{\text{deep}}^{\mathrm{T}}a^{(l_f)}+b)$$

其中 Y 是二值标签，$\sigma(\cdot)$ 是 sigmoid 函数，$\phi(x)$ 是原始特征 x 的叉积，b 是偏好项，w_{wide} 是模型 Wide 部分对应的权重，w_{deep} 是应用到模型最后一层 $a^{(l_f)}$ 的权重。

2. 基于参数服务器的深度模型

Wide & Deep 模型中 Deep 部分不能捕获稀疏交叉特征，部分原因是 Deep 的特征 Embedding 部分存在信息损失，因此在广告点击率预估的工程优化中，其中一个方法是在 Embedding 层利用哈希表来进行无损的特征 Embedding，而特征的稀疏性导致哈希表大小超过单机内存容量(例如超过 10TB)，此时可以将特征权重放置到分布式参数服务器，特征 Embedding 和权重更新在参数服务器进行。该架构设计模式在某些场景也称为大规模离散 DNN。

一个参数服务器训练集群包括一个服务器(server)集群和几个工作者(worker)集群，每个集群包含多台机器。服务器集群中的每台机器包括全局模型参数的一部分。一个工作者加载训练数据的一部分，计算 local 梯度或者其他统计信息。工作者与服务器通信来获取或者更新模型参数。每个工作者集群可能包括一个调度器，调度器将训练任务分配给工作者并监测训练进度。当工作者加入或者从集群中移除时，调度器可以重新调度没有完成的任务。每个工作者作为一个应用程序运行，从而允许运行不同类型的工作者，例如点击率预估的推断程序和训练程序可能运行于不同的工作者集群中，与同一个服务器集群交互。

模型参数定义为排序的(key,value)形式，可以将其看作稀疏向量或者稀疏矩阵。这一矩阵通过训练框架内置的线性代数函数与训练数据进行矩阵运算。工作者和服务器之间的数据交互可以定义为两个操作：

- Push，一个工作者可以将某个区间的(key,value)推送到服务器。
- Pull，一个工作者可以将对应的(key,value)从服务器拉取到本地。

基于参数服务器实现的一个标准的分布式次梯度下降(distributed subgradient descent)算法伪代码如代码清单 8-4 所示，其流程如图 8-14 所示。训练数据被分片并分布于所有的工作者，模型参数 w 在每轮迭代中训练与更新，每个工作者首先使用其训练数据计算 local 梯度，服务器汇总这些梯度并更新全局模型参数 w，然后每个工作者再从服务器拉取更新后的权重。

代码清单 8-4 参数服务器中的分布式次梯度下降求解

```
Worker r=1,⋯,m:
    加载部分训练数据{y_{i_k},x_{i_k}}_{k=1}^{n_r}
    从服务器拉取工作数据集 w_r^{(0)}
    for t =1 to T do
        计算梯度 g_r^{(t)} ←∑_{k=1}^{n_r} ∂ℓ(x_{i_k},y_{i_k},w_r^{(t)})
        将梯度 g_r^{(t)} 推送到服务器
        从服务器拉取参数 w_r^{(t+1)}
    end for

Servers:
    for t = 1 to T do
        累计梯度 g_r^{(t)} ←∑_{r=1}^{m} g_r^{(t)}
        w_r^{(t+1)} ←w_r^{(t)} -η(g^{(t)} +∂h(w^{(t)}))
```

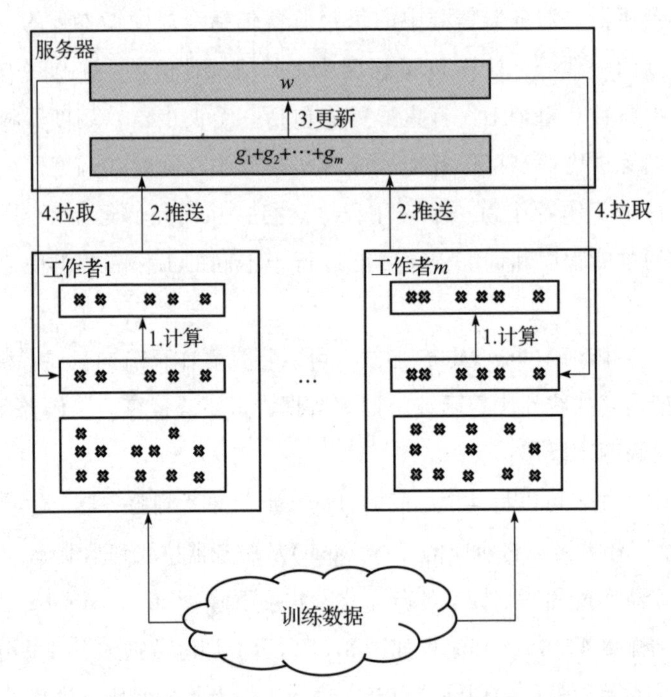

图 8-14 参数服务器分布式次梯度下降算法迭代过程

工作者需要获取模型参数 w 来计算梯度，然而对于非常高维的训练数据，训练出来的模型非常大(例如点击率预估模型可能超过 10TB)，此时模型无法加载到单个工作者内存。

由于高维训练数据通常也非常稀疏，一个工作者通常仅仅需要模型的一个子集。在实际中统计工作者计算梯度所必需的模型参数发现：工作者数为 100 时，每个工作者平均需要 7.8%的模型参数来计算梯度；当工作者数目为1000时，平均需要0.15%。因此虽然总的模型参数 w 非常大，单个工作者需要的参数 w 是模型总参数的较小部分，可以被工作者加载到内存进行计算。也因此，基于参数服务器的架构能使用稀疏特征端到端训练出超大模型。

在稀疏特征的场景下，服务器端存储了大量的模型权重，训练过程中客户端与服务器端之间有大量的参数交互，此时网络通信成为系统瓶颈。有 2 种优化方法可以使参数服务器架构能够用于大量稀疏特征的模型训练场景。

第一种优化方法是引入异步任务(task)。参数服务器的执行逻辑可以分解为不同的任务。任务的定义可以比较灵活，例如一个任务可以是工作者向服务器发出了一个推送或者拉取请求，或者任务调度器向工作者发起了一个用户自定义函数，任务可以包含子任务，例如在代码清单 8-4 中，一个工作者在每轮迭代中发起一个拉取和一个推送请求。

任务之间异步执行，调用者(caller)发起一个任务之后可以立刻开始执行其他的计算任务，调用者在收到被调者(callee)的响应之后将任务设为已完成，被调的响应可以是一个用户自定义的函数、拉取请求返回的(key,value)值或者仅仅是一个空的响应。被调者在任务返回以及对应的所有子任务返回之后将该任务设置为已完成。

被调者为了获得最好的性能在默认情况下会并发执行任务，调用者如果希望发出的任务串行执行，可以在任务之间插入完成后执行(execute-after-finished)依赖关系。如图 8-15 所示，3 个任务之间，任务 iter10 和任务 iter11 相互独立且并发执行，任务 iter12 依赖于任务 iter11，因此调用者在任务 iter10 梯度计算完成之后立刻开始任务 iter11，然而任务 iter12 要一直等到任务 iter11 的拉取操作完成之后才开始。

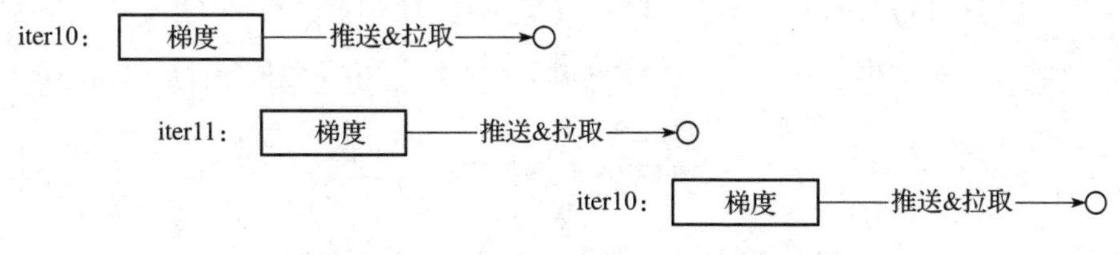

图 8-15　任务之间的依赖关系示意图

任务的依赖逻辑有助于实现异步算法。例如，代码清单 8-4 中的梯度汇总逻辑可以通过将更新任务依赖于所有工作者的推送任务来实现，通过设定这种依赖，模型权重 w 只有在收集到所有工作者的梯度之后才会被更新。

任务之间的依赖关系可以帮助放宽一致性约束。不同的任务可以通过并发执行充分利用 CPU、磁盘、网络带宽。这种并发执行有时候会导致节点之间数据不一致，例如，工作者 r 在模型 $w_r^{(11)}$ 对应的最新参数拉取到本地之前，就开始执行任务 iter11，因此此时工作者 r 使用了过期的模型参数 $w_r^{(10)}$，从而计算出了与任务 iter10 相同的梯度，也即 $g_r^{(10)}=g_r^{(11)}$。这种不一致可能会降低算法的收敛速度。但也有某些算法对这种数据不一致并不敏感，例如，在延迟块近端梯度算法（稍后介绍）中，仅在一轮迭代中，全部模型 w 的部分区域参数会被更新，此时不等待 iter10 执行完就执行 iter11 仅会导致模型 w 的部分参数不一致。

在实际的点击率预估场景中，算法和系统的性能受许多因素制约，如特征相关性、硬件性能、数据中心负载等。参数服务器通过引入异步任务，使算法设计者可以在模型程序的一致性和性能（并发性）之间进行灵活选择与平衡。异步任务可以通过任务依赖图（Task Dependency Graph）来建立依赖关系。任务依赖图是基于任务依赖的有向无环图，有 3 种类型，如图 8-16 所示。

- 顺序一致性（Sequential Consistency）：所有任务按顺序一个接着一个执行。当且仅当前一个任务执行完成再执行下一个任务。此时程序的输出与单线程实现时相同。批量同步处理（Bulk Synchronous Processing，BSP）同步模型使用这种方式。
- 最终一致性（Eventual Consistency）：所有任务并发执行。这种方法只在基础算法对于延迟的鲁棒性非常强时才适用。
- 有界延迟（Bounded Delay）：对参数的过期时间设定一个阈值，例如设定最大延迟时间 τ，一个新的任务一直要到所有 τ 时间之前的任务都已经完成才开始执行。$\tau=0$ 对应顺序一致性，$\tau=\infty$ 对应最终一致性。

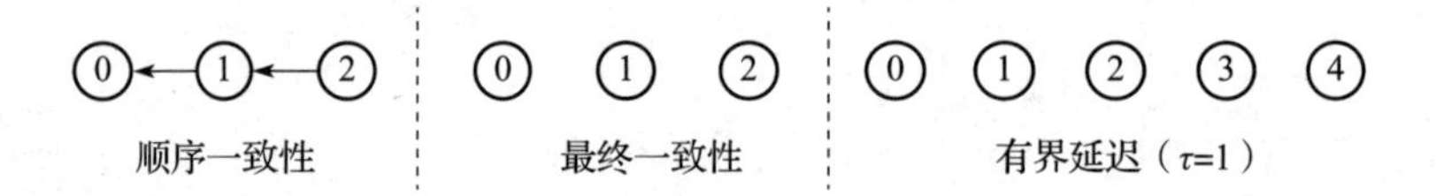

图 8-16　任务依赖图

任务依赖图可以管理各个任务之间的数据一致性，同时参数服务器支持用户自定义筛选接口，来支持更细粒度的一致性控制（例如在一个任务内控制）。筛选器可以转换并选择性地同步各个任务中传递的（key,value）对。可以同时使用多个筛选器以取得较好的数据压缩效果。一些筛选器的例子如下。

- 显著修改筛选器(significantly modified filter)：该筛选器仅将上次同步之后改变数大于一个阈值的(key,value)对推送到服务器。
- 随机跳过筛选器(random skip filter)：该筛选器在发送(key,value)对之前二次采样。在计算时该筛选器被忽略。
- KKT筛选器(KKT filter)：该筛选器利用了计算近端算子时的最优性条件，一个工作者仅推送可能影响服务器端权重的梯度。
- 密钥缓存筛选器(key caching filter)：基于区间的推送和拉取操作触发时，每次对应区间的(key,value)对通过网络发送。当同样的区间再次被触发时，此时显然仅仅value被更新而key保持不变。如果发送者和接收者都对key的集合建立了缓存，则发送者仅需发送value的集合和key集合的摘要(Hash值)，从而将对网络带宽的利用提高了一倍。
- 压缩筛选器(compressing filter)：传送的值通常是可压缩的数字，如较小的整数，以及高精度浮点数，该筛选器利用有损或者无损的算法来压缩数据。

第二种优化方法是延迟块近端梯度(Delayed Block Proximal Gradient)算法，该算法可以基于参数服务器架构高效地实现非凸和非光滑的优化问题，其伪代码如代码清单8-5所示。

代码清单8-5 延迟块近端梯度

```
调度器:
1. 将参数分区到 k 个区块 b_1,…,b_k
2. for t = 1 to T: 选择区块 b_{i_t}，将任务发送给工作者
工作者 r 的迭代轮次 t:
    a. 等到 t - τ 之前的所有迭代都完成
    b. 计算区块 b_{i_t} 对应的一阶梯度 g_r^{(t)} 和特定坐标学习率 u_r^{(t)}
    c. 将 g_r^{(t)} 和 u_r^{(t)} 推送到服务器，启用用户自定义筛选器，如随机跳过筛选器或者 KKT 筛选器
    d. 从服务器拉取参数 w_r^{(t+1)}，启用用户自定义筛选器，例如显著修改服务器
服务器的迭代轮次 t:
    1. 汇总各个工作者的梯度 g^{(t)} 和学习率 u^{(t)}
    2. 计算 w^{(t+1)} ←Prox_{r_t}^U(w^{(t)})，U=diag(u^{(t)})
```

对于一个闭的凸函数 $h(x)$：$\mathbb{R}^p\rightarrow\mathbb{R}\cup\{\infty\}$，定义近端算子如下：

$$\mathrm{Prox}_r^U(x)=\underset{y\in\mathbb{R}^p}{\mathrm{argmin}}\,h(y)+\frac{1}{2\gamma}\|x-y\|_U^2,\quad 其中\ \|x\|_U^2=x^{\mathrm{T}}\boldsymbol{U}x$$

$\boldsymbol{U}$为一个半正定矩阵，通常选择$\boldsymbol{U}=\boldsymbol{I}$。近端梯度算法通过两步来最小化目标函数$f()+h(w)$：

1）一个前向的步骤，执行最陡坡梯度下降；

2）一个后向的步骤，使用h进行投影。

设学习率$\gamma_t>0$，在第t步，这两个步骤对应的公式如下：

$$w^{(t+1)}=\mathrm{Prox}_{r_t}^{U}[w^{(t)}-\gamma_t f(w^{(t)})],\quad t=1,2,\cdots$$

延迟块近端梯度算法将参数分块并分别调度执行，通过这种方式，放宽了梯度下降算法对一致性的约束，从而降低对数据不一致的敏感性，提升数据并行能力。该算法与标准梯度下降算法相比，充分利用了参数服务器架构的并发优势，从而使该架构能够胜任高维稀疏数据的训练需求。该架构的主要优势如下：

- 每个迭代轮次仅有一块参数被更新；
- 工作者基于分配的参数块，既计算梯度也计算特定坐标学习率，即二阶梯度矩阵的对角线部分；
- 训练轮次与轮次之间是异步的，使用有界延迟模型来协调不同轮次，提高并发性；
- 使用用户自定义筛选器来抑制部分数据传输，这些数据对模型的影响微不足道，可以忽略。

为了证明该算法的收敛性，首先要引入利普希茨条件(Lipschitz Condition)。该条件以德国数学家鲁道夫·利普希茨命名，是一个比通常连续更强的光滑性条件。直觉上，利普希茨连续函数限制了函数改变的速度，符合利普希茨条件的函数的斜率必定小于一个称为利普希茨连续常数的实数(该常数依函数而定)，其定义如下。

定义 对于函数$f:A\rightarrow\mathbb{R}^n$，$L\geqslant 0$，如下式成立：

$$\|f(x)-f(y)\|\leqslant L\|x-y\|$$

则称函数f为L-利普希茨。

如果函数f的导函数f'是利普希茨连续，也即

$$\|f'(x)-f'(y)\|\leqslant L\|x-y\|$$

则称函数f符合利普希茨连续梯度。

如果函数f的黑塞矩阵(Hessian)f''是利普希茨连续，也即

$$\|f''(x)-f''(y)\|\leqslant L\|x-y\|$$

则称函数f符合利普希茨连续黑塞(Lipschitz continuous Hessian)。

利普希茨连续使得函数被一次函数上下夹逼，利普希茨连续梯度使得函数被二次函数

上下夹逼，利普希茨连续黑塞使得函数被三次函数上下夹逼，这些都使函数被多项式上下夹逼，从而能控制函数的包络信息。

如函数是利普希茨连续梯度，则有如下定理。

定理 8-7 如函数 f 为 $\mathbb{R}^n$ 上的利普希茨连续梯度，这对于 $\forall x,\ y\in\mathbb{R}^n$，如下不等式成立：

$$\left|f(y)-f(x)-\langle f'(x),y-x\rangle\right|\leqslant\frac{L}{2}\|y-x\|^2$$

证明：设 $g(t)=f(x+t(y-x))$，$g'(t)=\nabla f(x+t(y-x))^{\mathrm{T}}(y-x)$，此时有

$$\begin{aligned}f(y)=g(1)&=g(0)+\int_0^1 g'(t)\,\mathrm{d}t\\&=f(x)+\int_0^1\nabla f(x+t(y-x))^{\mathrm{T}}(y-x)\,\mathrm{d}t\end{aligned}$$

因此可得

$$\begin{aligned}\left|f(y)-f(x)-\langle f'(x),y-x\rangle\right|&=\left|\int_0^1\langle\nabla f(x+t(y-x))-f'(x),y-x\rangle\,\mathrm{d}t\right|\\&\leqslant\int_0^1\left|\nabla f(x+t(y-x))-f'(x),y-x\right|\mathrm{d}t\\&\leqslant\int_0^1\|\nabla f(x+t(y-x))-f'(x)\|\|y-x\|\mathrm{d}t\\&\quad(\text{柯西-施瓦茨不等式})\\&\leqslant\int_0^1 tL\|y-x\|^2\mathrm{d}t(\text{利普希茨连续梯度定义})\\&=\frac{L}{2}\|y-x\|^2\end{aligned}$$

证明延迟块近端梯度算法需要做一些假定。首先将根据工作者 i 持有的训练数据集将损失函数 f 分解为块 f_i，因此有 $f=\sum_i f_i$，设参数块 b_t 在迭代轮次 t 被选择。关键假设是对于给定的参数变更，f 梯度的变化率是有界的。更具体地说，影响整个参数块的变更是有界的，跨参数块影响其他参数块的变更也是有界的：

假设 8-1：块利普希茨连续性 存在正的常数 $L_{\mathrm{var},i}$ 和 $L_{\mathrm{cov},i}$，使得对于任何迭代轮次 t 以及所有 $x,\ y\in\mathbb{R}^p$ 满足 $\forall\, i\notin b_t$，$x_i=y_i$，如下不等式成立：

$$\|\nabla_{b_t}f_i(x)-\nabla_{b_t}f_i(y)\|\leqslant L_{\mathrm{var},i}\|x-y\|,\quad 1\leqslant i\leqslant m$$

$$\|\nabla_{b_s}f_i(x)-\nabla_{b_s}f_i(y)\|\leqslant L_{\mathrm{cov},i}\|x-y\|,\quad 1\leqslant i\leqslant m,t<s\leqslant\tau$$

其中$\nabla_b f(x)$是$\nabla f(x)$在块b对应的值，$L_{\text{var}}=\sum_{i=1}^{m}L_{\text{var},i}$且$L_{\text{cov}}=\sum_{i=1}^{m}L_{\text{cov},i}$。该不等式称为松驰一致性模型。

定理 8-8 表明延迟块近端梯度算法在假设 8-1 定义的松弛一致性模型下，选定一个合适的学习率时，收敛到平稳点。由于总体目标函数是非凸的，通常不能保证收敛到最小值点。

定理 8-8 设以延迟上界τ执行更新操作，同时设在推送梯度时启用随机跳过筛选器，在拉取权重时启用阈值为$O\left(\frac{1}{t}\right)$的显著修改筛选器。同时假设损失函数的梯度满足利普希茨连续，设定M_t为在t时刻最小的特定坐标学习率，对于任意$\epsilon>0$，如果学习率γ_t满足如下条件：

$$\gamma_t \leqslant \frac{M_t}{L_{\text{var}}+\tau L_{\text{cov}}+\epsilon}, \quad t>0$$

延迟块近端梯度算法的期望收敛到平稳点。

证明定理 8-8 需要先证明几个引理。设$b\subseteq\{1,\cdots,p\}$为坐标点的子集，$x_b\in\mathbb{R}^p$为通过将向量x中不在块b中的维度设置为 0 所得的向量。首先证明在块利普希茨连续性条件下，目标函数在子空间移位时表现良好。

引理 8-2 设在时间t选择参数块b，则在假设 8-1 下，对于任意时间t，任意参数块f_i，任意x，$y\in\mathbb{R}^p$，如下不等式成立：

$$f_i(x+y_b)\leqslant f_i(x)+\langle \nabla f_i(x), y_b\rangle+\frac{L_{\text{var},i}}{2}\|y_b\|^2 \tag{8-10}$$

该引理的证明与定理 8-8 的证明过程相同。

下面的引理证明对于可以按块分割的正则化器，其求解同样满足分解属性。

引理 8-3 设h为块可分割，$0\in\partial h(0)$，U是对角矩阵，对于$\forall x$和$\gamma>0$，设$z=\text{Prox}_\gamma^U(x)$为对于全局向量的算子，设$z_b=\text{Prox}_\gamma^U(x_b)$为对于某个子集的算子，则对于任意块$b$，如下条件成立：

$$U(x_b-z_b)\in\gamma\partial h(z_b)$$

证明：按定理 8-4，$z_b=\text{Prox}_\gamma^U(x_b)=\underset{y\in\mathbb{R}^p}{\operatorname{argmin}}h(y)+\frac{1}{2\gamma}\|x_b-y\|_U^2$，设

$$g(x)=h(x)+\frac{1}{2\gamma}\|x_b-x\|_U^2=h(x)+\frac{1}{2\gamma}(x_b-x)^{\mathrm{T}}U(x_b-x)$$

$$\partial g(x)=\partial h(x)-\frac{1}{\gamma}U(x_b-x)$$

由于函数 $g(x)$ 存在最小值点，其值为 z_b，因此 $0\in\partial g(z_b)=\partial h(z_b)-\frac{1}{\gamma}U(x_b-z_b)$，也即 $U(x_b-z_b)\in\gamma\partial h(z_b)$，即证。

设 $\tilde{g}^{(t)}$ 为服务器端的聚合梯度，$\tilde{u}^{(t)}$ 为服务器端的放大系数，设每个工作者以概率 $1-q(0<q<1)$ 随机跳过维度。设 $g^{(t)}=\frac{\tilde{g}^{(t)}}{q}$，$u^{(t)}=\frac{\tilde{u}^{(t)}}{q}$，分别对应无偏的梯度估计和放大系数估计。这里也可以应用更精确的二次采样算法，如蓄水池采样(reservoir sampling)。

如下引理说明，目标函数在迭代轮次 t 和 $t+1$ 之间的变更 $\Delta^{(t)}=w^{(t+1)}-w^{(t)}$ 是有界的。

引理 8-4 设 $g^{(t)}$ 对应服务器端在时刻 t 的无偏的梯度估计，在定理 8-8 的前提假设下，如下条件成立：

$$E[F(w^{(t+1)})-F(w^{(t)})]\leqslant\left(L_{\text{var}}-\frac{M_t}{\gamma_t}\right)\|\Delta^{(t)}\|^2+\|\Delta^{(t)}\|\|\nabla_{b_t}f(w^{(t)})-E[g^{(t)}]\|$$

公式中的期望是由于使用了随机跳过筛选器。

证明： 首先为了方便，省去块指示下标 b_t 中的 t，类似地也省略 r_t 中的 t。由于梯度计算基于块 b，因此 $g_b^{(t)}=g^{(t)}$，而参数更新 $\Delta^{(t)}$ 也基于块 b，因此有

$$\Delta_b^{(t)}=\text{Prox}_\gamma^U[w_b^{(t)}-\gamma U^{-1}g^{(t)}]-w_b^{(t)}=\Delta^{(t)}$$

而 $\Delta^{(t)}=w^{(t+1)}-w^{(t)}$，因此有 $w^{(t+1)}=\text{Prox}_\gamma^U[w_b^{(t)}-\gamma U^{-1}g^{(t)}]$，应用引理 8-3，有

$$\frac{U}{\gamma}(w_b^{(t)}-\gamma g^{(t)}-w_b^{(t+1)})\in\partial h(w_b^{(t+1)})$$

由于 h 是块可分的，因此有

$$\begin{aligned}h(w^{(t+1)})-h(w^{(t)})&=h(w_b^{(t+1)})-h(w_b^{(t)})\\&\leqslant\left\langle\frac{U}{\gamma}(w_b^{(t)}-\gamma g^{(t)}-w_b^{(t+1)}),w_b^{(t+1)}-w_b^{(t)}\right\rangle\\&=-\frac{U}{\gamma}\|\Delta^{(t)}\|_U^2-\langle g^{(t)},\Delta^{(t)}\rangle\\&\leqslant-\frac{M}{\gamma}\|\Delta^{(t)}\|_U^2-\langle g^{(t)},\Delta^{(t)}\rangle\end{aligned}\tag{8-11}$$

此时在块 b 中，与 $w^{(t)}$ 相比，仅 $w^{(t+1)}$ 对应的项被修改，满足引理 8-2，因此有

$$\begin{aligned}f(w^{(t+1)})-f(w^{(t)})&\leqslant\left\langle w^{(t+1)}-w^{(t)},\sum_{i=1}^m\nabla_b f_i(w^{(t)})\right\rangle+\sum_{i=1}^m L_{\text{var},i}\|\Delta^{(t)}\|^2\\&=\langle\Delta^{(t)},\nabla_b f(w^{(t)})\rangle+L_{\text{var}}\|\Delta^{(t)}\|^2\end{aligned}\tag{8-12}$$

组合式(8-11)和式(8-12)可得

$$E[F(w^{(t+1)})-F(w^{(t)})]\leqslant\left(L_{\text{var}}-\frac{M}{\gamma}\right)\|\Delta^{(t)}\|^2+E[\langle\Delta^{(t)},\nabla_b f(w^{(t)})-g^{(t)}\rangle]$$

$$\leqslant\left(L_{\text{var}}-\frac{M}{\gamma}\right)\|\Delta^{(t)}\|^2+\|\Delta^{(t)}\|\|\nabla_b f(w^{(t)})-E[g^{(t)}]\|$$

即两轮迭代之间目标函数的改变量是有界的，其上界受到参数$\Delta^{(t)}$改变和梯度改变的影响。

下面证明定理 8-8。对于迭代时间 t，设此时选择的参数块为 $b=b_t$，首先计算$\|\nabla_{b_t}f(w^{(t)})-E[g^{(t)}]\|$的上界。根据定理 8-8 的假设，对于$1\leqslant k\leqslant\tau$，如下条件成立：

$$\|\nabla_b f_i(w^{(t-k+1)})-\nabla_b f_i(w^{(t-k)})\|\leqslant L_{\text{cov},i}\|w^{(t-k+1)}-w^{(t-k)}\|=L_{\text{cov},i}\|\Delta^{(t-k)}\|$$

由于使用有界延迟策略，工作者 i 的模型仅在时间 t 位于 $t-\tau\leqslant t_i\leqslant t$ 时过期，使用显著修改筛选器对模型增加了一个干扰项$\sigma^{(t_i)}$，该过滤器的设计为

$$\|\sigma^{(t_i)}\|_\infty\leqslant\delta_{t_i}=O\left(\frac{1}{t_i}\right)$$

与随机跳过过滤器叠加在一些，则在时刻 t 聚合梯度的无偏估计的期望为

$$E[g^{(t)}]=\sum_{i=1}^{m}\nabla_b f_i(w^{(t_i)}+\sigma^{(t_i)})$$

因此有

$$\begin{aligned}
&\|\nabla_{b_t}f(w^{(t)})-E[g^{(t)}]\|\\
&=\left\|\sum_{i=1}^{m}\sum_{k=1}^{t-t_i}(\nabla_b f_i(w^{(t-k+1)})-\nabla_b f_i(w^{(t-k)}))+\nabla_b f_i(w^{(t_i)})-\nabla_b f_i(w^{(t_i)}+\sigma^{(t_i)})\right\|\\
&\leqslant\sum_{i=1}^{m}\sum_{k=1}^{t-t_i}\|\nabla_b f_i(w^{(t-k+1)})-\nabla_b f_i(w^{(t-k)})\|+\|\nabla_b f_i(w^{(t_i)})-\nabla_b f_i(w^{(t_i)}+\sigma^{(t_i)})\|\\
&\leqslant\sum_{i=1}^{m}\sum_{k=1}^{t-t_i}L_{\text{cov},i}\|\Delta^{(t-k)}\|+L_{\text{cov},i}\|\sigma^{(t_i)}\|\\
&\leqslant\sum_{i=1}^{m}\sum_{k=1}^{\tau}L_{\text{cov},i}\|\Delta^{(t-k)}\|+L_{\text{cov},i}\sqrt{p}\delta_{t-\tau}\quad(\text{由于}\sigma^{(t_i)}=\sigma_{b_{t_i}}^{(t_i)},\|x\|\leqslant\sqrt{p}\|x\|_\infty)\\
&=\sum_{k=1}^{\tau}L_{\text{cov}}\|\Delta^{(t-k)}\|+L_{\text{cov}}\sqrt{p}\delta_{t-\tau}
\end{aligned}\tag{8-13}$$

将式(8-13)代入引理 8-4 中，可得

$$E[F(w^{(t+1)})-F(w^{(t)})]\leqslant\left(L_{\text{var}}-\frac{M_t}{\gamma_t}\right)\|\Delta^{(t)}\|^2+\|\Delta^{(t)}\|\sum_{k=1}^{\tau}L_{\text{cov}}\|\Delta^{(t-k)}\|+L_{\text{cov}}\sqrt{p}\delta_{t-\tau}$$

$$=\left(L_{\text{var}}-\frac{M_t}{\gamma_t}\right)\|\Delta^{(t)}\|^2+\sum_{k=1}^{\tau}L_{\text{cov}}\|\Delta^{(t-k)}\|\|\Delta^{(t)}\|+ L_{\text{cov}}\sqrt{p}\delta_{t-\tau}\|\Delta^{(t)}\|$$

$$\leqslant\left(L_{\text{var}}-\frac{M_t}{\gamma_t}\right)\|\Delta^{(t)}\|^2+\sum_{k=1}^{\tau}L_{\text{cov}}\frac{\|\Delta^{(t-k)}\|^2+\|\Delta^{(t)}\|^2}{2}+ L_{\text{cov}}\frac{p\delta_{t-\tau}^2+\|\Delta^{(t)}\|^2}{2}$$

$$\leqslant\left(L_{\text{var}}+\frac{L_{\text{cov}}\tau}{2}-\frac{M_t}{\gamma_t}\right)\|\Delta^{(t)}\|^2+\sum_{k=1}^{\tau}\frac{L_{\text{cov}}}{2}\|\Delta^{(t-k)}\|^2+L_{\text{cov}}p\delta_{t-\tau}^2$$

对 t 求和可得

$$E[F(w^{(t+1)})-F(w^{(1)})]\leqslant\sum_{t=1}^{T}\left(L_{\text{var}}+L_{\text{cov}}\tau-\frac{M_t}{\gamma_t}\right)\|\Delta^{(t)}\|^2+L_{\text{cov}}p\delta_{t-\tau}^2$$

设 $c_t=\frac{M_t}{\gamma_t}-L_{\text{var}}-L_{\text{cov}}\tau$，由于对于所有 t 都有 $\gamma_t\leqslant\frac{M_t}{L_{\text{var}}+L_{\text{cov}}\tau+\epsilon}$，则有 $c_t\geqslant\epsilon>0$，因此有

$$\epsilon\sum_{t=0}^{T}\|\Delta^{(t)}\|^2\leqslant\sum_{t=0}^{T}c_t\|\Delta^{(t)}\|^2\leqslant E[F(w^{(1)})-F(w^{(t+1)})]+L_{\text{cov}}p\delta_{t-\tau}^2 \tag{8-14}$$

对于任意 T，由于 $\delta_t=O\left(\frac{1}{t}\right)$，且 $1+\frac{1}{2^2}+\frac{1}{3^2}+\cdots=\frac{\pi^2}{6}$，因此当 $T\to\infty$ 时，式(8-14)的右边是常数，这意味着 $\lim\limits_{t\to\infty}\Delta^{(t)}\to0$。因此 $\lim\limits_{t\to\infty}\text{Prox}_{\gamma_t}^{U_t}(w^{(t)})-w^{(t)}\to0$，也即找到了局部最优点。

3. 基于hash技巧的深度模型

点击率预估的训练数据非常稀疏且数据量巨大，神经网络训练过程要求损失函数对于模型参数连续才能计算梯度，因此这些特征都需要经过特征处理才能输入神经网络。因此对特征降维同时保持其稀疏性可以节省训练显存，提升训练速度，同时维持模型性能。根据约翰逊-林登斯特劳斯引理，高维空间中的点集可以被嵌入(Embedding)低维空间，同时其空间结构只遭受比较小的形变。

引理8-5：约翰逊-林登斯特劳斯引理 $\forall\epsilon\in(0,1)$ 以及 d 维欧氏空间中的 n 个点 $\{x_1,x_2,\cdots,x_n\}$ 的集合 A，对于任意满足条件 $k>\frac{24\ln(n)}{3\epsilon^2-2\epsilon^3}$，存在一个线性映射 f：$\mathbb{R}^d\to\mathbb{R}^k$，使得

$$\forall x_i,x_j\in A,(1-\epsilon)\|x_i-x_j\|^2\leqslant\|f(x_i)-f(x_j)\|^2\leqslant(1+\epsilon)\|x_i-x_j\|^2$$

该不等式的另外一种形式为

$$\frac{\|f(x_i)-f(x_j)\|^2}{1+\epsilon} \leqslant \|x_i-x_j\|^2 \leqslant \frac{\|f(x_i)-f(x_j)\|^2}{1-\epsilon}$$

同时该映射能在随机多项式[⊖]时间内找到。

证明的思路为构造一个基于 k 维度子空间的随机投影，证明 k 维空间中欧氏距离的期望值等于原空间的欧氏距离。证明欧氏距离的方差大于某一个特定常数的概率为$\frac{2}{n^2}$，因此所有组合的联合概率小于 $1-\frac{1}{n}$。

设 $\boldsymbol{R}$ 为 $k\times d$ 随机矩阵，也即 $R_{ij}\sim N(0,1)$且独立同分布，设 u 为任意固定向量，$u\in\mathbb{R}^d$，定义 $v=\frac{1}{\sqrt{k}}\boldsymbol{R}\cdot u$。因此 $v\in\mathbb{R}^k$ 且 $v_i=\frac{1}{\sqrt{k}}\sum_j R_{ij}u_j$。

引理 8-6 $E[\|v\|_2^2]=\|u\|_2^2$。

证明：

$$\begin{aligned}
E[\|v\|_2^2] &= E\left[\sum_{i=1}^{k} v_i^2\right] \\
&= \sum_{i=1}^{k} E[v_i^2] \\
&= \sum_{i=1}^{k} \frac{1}{k} E\left[\left(\sum_j R_{ij}u_j\right)^2\right] = \sum_{1\leqslant j\leqslant d} u_j^2 \\
&= \sum_{i=1}^{k} \frac{1}{k} \sum_{1\leqslant j,t\leqslant d} u_j u_t E(R_{ij}R_{it}) \left(\text{令}\delta_{jt}=\begin{cases}0, j\neq t\\ 1, j=t\end{cases}\right) \\
&= \sum_{i=1}^{k} \frac{1}{k} \sum_{1\leqslant j,t\leqslant d} u_j u_t \delta_{jt} \\
&= \sum_{i=1}^{k} \frac{1}{k} \sum_{1\leqslant j\leqslant d} u_j^2 \\
&= \|u\|_2^2
\end{aligned}$$

设 $X=\frac{\sqrt{k}}{\|u\|}v$，也即 $\forall i\in[0,1]$，$x_i=\frac{1}{\|u\|}R_i^{\mathrm{T}}$，$v_i$ 服从 $N\left(0,\ \frac{\|u\|_2^2}{k}\right)$，也即 $X\sim N_k(0,I)$。

引理 8-7 概率 $P[\|v\|_2^2\geqslant(1+\epsilon)\|u\|_2^2]\leqslant n^{-2}$。

⊖ 以复杂度 $O(n)$重复该投影过程能将成功概率逼近任意常数。

证明：

$$
\begin{aligned}
P[\|v\|_2^2 \geqslant (1+\epsilon)\|u\|_2^2] &= P\left[\frac{\|u\|_2^2 x}{k} \geqslant (1+\epsilon)\|u\|_2^2\right] \\
&= P[x \geqslant (1+\epsilon)k] \\
&= P[e^{\lambda x} \geqslant e^{\lambda(1+\epsilon)k}](\lambda > 0) \\
&\leqslant \frac{E(e^{\lambda x})}{k}\left(\text{根据 Markov 不等式 } P[x \geqslant a] \leqslant \frac{E[x]}{a}\right) \\
&\leqslant \prod_{i=1}^{k} \frac{E[e^{\lambda x_i^2}]}{e^{\lambda(1+\epsilon)}}(x_i \text{ 独立同分布}) \\
&\leqslant \left(\frac{E[e^{\lambda x_i^2}]}{e^{\lambda(1+\epsilon)}}\right)^k \\
&\leqslant \left(\frac{1}{\sqrt{1-2\lambda} \cdot e^{\lambda(1+\epsilon)}}\right)^k \left(0 < \lambda < \frac{1}{2}, \text{使用}\chi^2 \text{ 的矩母函数}\right) \\
&\leqslant [(1+\epsilon)e^{-\epsilon}]^{\frac{k}{2}}\left(\text{设 } \lambda = \frac{\epsilon}{2(1+\epsilon)}\right) \\
&\leqslant e^{-\left(\frac{\epsilon^2}{2}-\frac{\epsilon^3}{3}\right)\frac{k}{2}}\left(\log(1+x) < x - \frac{x^2}{2} + \frac{x^3}{3}\right) \\
&\leqslant e^{-2\log n} \\
&\leqslant n^{-2}
\end{aligned}
$$

引理 8-8 概率 $P[\|v\|_2^2 \leqslant (1-\epsilon)\|u\|_2^2] \leqslant n^{-2}$。

证明：

$$
\begin{aligned}
P[\|v\|_2^2 \leqslant (1-\epsilon)\|u\|_2^2] &= P\left[\frac{\|u\|_2^2 x}{k} \leqslant (1-\epsilon)\|u\|_2^2\right] \\
&= P[x \leqslant (1-\epsilon)k] \\
&= P[e^{-\lambda x} \geqslant e^{-\lambda(1-\epsilon)k}](\lambda \geqslant 0) \\
&\leqslant \frac{E[e^{-\lambda x}]}{e^{-\lambda(1-\epsilon)k}}\left(\text{根据 Markov 不等式 } P[x \leqslant a] \leqslant \frac{E[x]}{a}\right) \\
&\leqslant \prod_{i=1}^{k} \frac{E[e^{-\lambda x_i^2}]}{e^{-\lambda(1-\epsilon)}}(x_i \text{ 独立同分布}) \\
&\leqslant \left(\frac{E[e^{-\lambda x_i^2}]}{e^{-\lambda(1-\epsilon)}}\right)^k
\end{aligned}
$$

$$\leqslant\left(\frac{1}{\sqrt{1+2\lambda}\cdot \mathrm{e}^{-\lambda(1-\epsilon)}}\right)^{k}\left(0<\lambda<\frac{1}{2},\text{使用}\chi^{2}\text{ 的矩母函数}\right)$$

$$\leqslant[(1-\epsilon)\mathrm{e}^{\epsilon}]^{\frac{k}{2}}\left(\text{设 }\lambda=\frac{\epsilon}{2(1-\epsilon)}\right)$$

$$\leqslant \mathrm{e}^{\left(-\frac{\epsilon^2}{2}\right)\frac{k}{2}}\left(\log(1-x)<-x-\frac{x^2}{2}\right)$$

$$\leqslant \mathrm{e}^{-2\log n}$$

$$\leqslant n^{-2}$$

组合引理 8-7 和引理 8-8 可得

$$P(\|v\|_2^2\notin[(1-\epsilon)\|u\|_2^2,\quad(1+\epsilon)\|u\|_2^2]\leqslant\frac{2}{n^2}$$

由于 u 为任意 d 维向量，因此该概率对于 $u=x_i-x_j$ 成立，其中 x_i，x_j 为 A 中任意两个点，f 定义为对于 $k\times d$ 维随机矩阵的矩阵乘法。使用布尔不等式[⊖]，使用 n 个点的全部组合 $\left(\frac{n(n-1)}{2}\right)$，则所有组合落在期望误差范围内概率的并集为

$$P(\cup E_i)\leqslant\sum_{i=1}^{n}P(E_i)$$

$$\leqslant\frac{n(n-1)}{2}\frac{2}{n^2}$$

$$\leqslant 1-\frac{1}{n}$$

即证。

从正态分布中采样出的投影矩阵是非常稠密的，特征 Hash 技术是一种使用稀疏投影矩阵的嵌入技术，其定义如下。

定义 设 h 为 hash 函数 h：$\mathbb{N}\rightarrow\{1,\cdots,m\}$，$\xi$ 为 hash 函数 $\xi:\mathbb{N}\rightarrow\{\pm1\}$，同时对于 x，$x'\in\ell_2$，定义特征 hash 映射 ϕ 和对应的内积为

$$\phi_i^{(h,\xi)}(x)=\sum_{j:h(j)=i}\xi(j)x_j$$

$$\langle x,x'\rangle_{\phi}=\langle\phi^{(h,\xi)}(x),\phi^{(h,\xi)}(x')\rangle$$

虽然定义中 hash 函数 h 定义在自然数 $\mathbb{N}$ 上，但是在实际应用中可以对任意字符串应用

⊖ 布尔不等式(Bonferroni Inequality)由乔治 · 布尔提出，指全部事件的概率不大于单个事件的概率总和，即对于事件 $A_1,A_2,\cdots,P(\cup_i A_i)\leqslant\sum_i P(A_i)$。

hash 函数。由于任意有限长度的字符串可以用一个唯一的自然数来表示，因此这两者是等价的。通常将 $\phi^{(h,\xi)}(\cdot)$ 简记为 $\phi(\cdot)$，当且仅当 $h\neq h'$ 或者 $\xi\neq\xi'$ 时，两个 hash 函数 ϕ 和 ϕ' 不一致。该定义对应的伪代码如代码清单 8-6 所示。

代码清单 8-6 特征 hash 伪代码

```
输入:features:特征数组
   m:降维的目标维数
 x = new vector[m]
 for f in features:
   i = h(f)
   x[i % m] += ξ(f)
 return x
```

引理 8-9 说明 hash 技巧是无偏的。

引理 8-9 特征 hash 映射是无偏的，也即 $E_\phi[\langle x, x'\rangle_\phi]=\langle x, x'\rangle$，其方差 $\sigma^2_{x,x'}=\frac{1}{m}(\sum_{i\neq j}x_i^2x_j'^2+x_ix_i'x_jx_j')$，因此当 $\|x\|_2=\|x'\|_2$ 时，$\sigma^2_{x,x'}=O\left(\frac{1}{m}\right)$。

证明：

$$
\begin{aligned}
\langle x,x'\rangle_\phi &= \sum_i \left(\sum_{j:h(j)=i}\xi(j)x_j\right)\left(\sum_{j:h(j)=i}\xi(j)x_j'\right) \\
&= \sum_{i,j}\xi(i)\xi(j)x_ix_j'\delta_{h(i),h(j)}\left(\delta_{i,j}=\begin{cases}0, i\neq j\\1, i=j\end{cases}\right)
\end{aligned}
$$

由于 $E_\phi[\langle x,x'\rangle_\phi]=E_h[E_\xi[\langle x,x'\rangle_\phi]]$，而对 ξ 的求期望，只有 $i=j$ 项不为 0，因此 $E_\phi[\langle x,x'\rangle_\phi]=\langle x,x'\rangle$。对于方差，先计算 $E_\phi[\langle x,x'\rangle_\phi^2]$：

$$
\langle x,x'\rangle_\phi^2 = \sum_{i,j,k,l}\xi(i)\xi(j)\xi(k)\xi(l)x_ix_j'x_kx_l'\delta_{h(i),h(j)}\delta_{h(k),h(l)}
$$

而 $E[\xi(i)\xi(j)\xi(k)\xi(l)]=\delta_{ij}\delta_{kl}+[1-\delta_{ijkl}](\delta_{ik}\delta_{jl}+\delta_{il}\delta_{jk})$

根据对 ξ 的求期望展开：

$$
\begin{aligned}
E_\phi[\langle x,x'\rangle_\phi] &= \sum_{i,k}x_ix_i'x_kx_k' + \sum_{i\neq j}x_i^2x_j'^2E_h[\delta_{h(i),h(j)}] + \sum_{i\neq j}x_ix_i'x_jx_j'E_h[\delta_{h(i),h(j)}] \\
&=\langle x,x'\rangle^2 + \frac{1}{m}\left(\sum_{i\neq j}x_i^2x_j'^2 + \sum_{i\neq j}x_ix_i'x_jx_j'\right)\left(E_h[\delta_{h(i),h(j)}]=\frac{1}{m}, i\neq j\right)
\end{aligned}
$$

方差 $\sigma^2=E_\phi[\langle x,x'\rangle_\phi^2]-E_\phi[\langle x,x'\rangle]^2$，即证。

特征 hash 将超大的稀疏矩阵转换为稠密矩阵，同时可以避免创建一个字典来执行特征映射的工作，且对模型性能影响非常小。对于在线学习的场景，特征 hash 是非常有用的特征处理工具。可能存在的缺点是存在 hash 冲突，且冲突率无法被梯度下降算法优化。因此优化的思路是组合使用特征 hash 和特征 embedding，使用 k 个 hash 函数而不是一个 hash 函数，对于每个词，使用 k 个可训练的参数来选择最佳的 hash 函数。这种方式称为 Hash Embedding，它具备特征 hash 和 embedding 的优点，同时避免了缺点，其特性如下：

- 使用 Hash Embedding 时，不需要提前创建字典，因而可以处理动态增长的字典。在线学习的场景经常遇到字典动态增长的情况。
- Hash Embedding 能够隐式地对字典进行剪枝，避免字典膨胀。
- Hash Embedding 基于 hash，但是具有可训练机制避免 hash 冲突。

由于大量的模型参数在 embedding 层，使用 Hash Embedding 通常可以将模型参数数量降低几个数量级，因而非常适应广告点击率预估这种海量稀疏数据的场景。Hash Embedding 通过如下步骤可以将一个 token $w \in \mathcal{T}$（例如一个数字、一个字符串）映射到一个 embedding 向量：

第一步，对于 token w，定义 k 个不同的函数$\mathcal{H}_1$，$\mathcal{H}_2,\cdots,\mathcal{H}_k$，来从预定义的向量集合 B 中选择 k 个向量。

第二步，使用加权求和来组合第一步选择的 k 个向量，$\hat{e}_w = \sum_{i=1}^{k} p_w^i \mathcal{H}_i(w)$，其中 $p_w = (p_w^1, p_w^2, \cdots, p_w^k)^{\mathrm{T}} \in \mathbb{R}^k$ 称为重要性参数。

第三步（可选），重要性参数 p_w 可以与 $\hat{e}_w$ 组合在一起得到最后的 embedding 向量 e_w。

该步骤可以使用向量形式表述如下：

$$c_w = (\mathcal{H}_1(w), \cdots, H_k(w))^{\mathrm{T}}$$

$$p_w = (p_w^1, \cdots, p_w^k)^{\mathrm{T}}$$

$$\hat{e}_w = p_w^{\mathrm{T}} c_w$$

$$e_w^{\mathrm{T}} = \hat{e}_w^{\mathrm{T}} \otimes p_w^{\mathrm{T}} \quad (\text{可选})$$

其中将 token 映射到向量的函数$\mathcal{H}_i$ 实现为$\mathcal{H}_i(w) = E_{D_2(D_1(w))}$，其中：

- $D_1: \mathcal{T} \to \{1, \cdots, K\}$ 为 token 到 id 的映射函数；
- $D_1: \{1, \cdots, K\} \to \{1, \cdots, B\}$ 为 id 到 bucket 的映射函数；
- $\boldsymbol{E}$ 为 $B \times d$ 矩阵。

如果可以预先创建一个字典（例如全量训练场景），则可以使用字典来实现 D_1；如果不能预先创建字典(例如在线训练或者 $\mathcal{T}$ 的全集过大)，则可以使用 hash 函数 $D_1:\mathcal{T}\to\{1,\cdots,K\}$ 来映射。

重要性参数向量 p_w 为 $K\times k$ 维矩阵 $\boldsymbol{P}$ 中的行，token 到重要性参数向量的映射实现为 $w\to P_{\hat{D}(w)}$。其中 $\hat{D}(w)$ 可以与 D_1 一致，也可以不一致，这里设定两者一致。

因此 Hash Embedding 的构造过程用到的数据结构如下：

- 一个可训练的 $B\times d$ 矩阵 $\boldsymbol{E}$，其中 B 的每一行是一个长度为 d 的向量；
- 一个可训练的重要性参数 $K\times k$ 矩阵 $\boldsymbol{P}$，其中每一行是一个长度为 k 的向量；
- K 个不同的 hash 函数 $\mathcal{H}_1,\cdots,\mathcal{H}_k$，每个均匀地将 B 行中的一行分配给一个 token $w\in\mathcal{T}$。

当 hash 函数的数目 $k=1$ 时，对于所有的 w 重要性参数均设置为 $p_w^1=1$，此时 Hash Embedding 与不带符号的 hash 技巧等价。如果 B 的行数设置为 $|\mathcal{T}|$，哈希函数数目 $k=1$ 且 $h_1(w)$ 为一一映射，则 Hash Embedding 与标准 Embedding 等价。

Hash Embedding 能大幅降低 hash 冲突。首先引入如下定理。

定理 8-9 设 h：$\mathcal{T}\to\{1,\cdots,K\}$ 为 hash 函数，$w_0\in\mathcal{T}$ 与另一个或者多个 token hash 冲突的概率为 $p_{\mathrm{col}}=1-\left(1-\frac{1}{K}\right)^{|\mathcal{T}|-1}$，对于较大的 K 值，p_{col} 的近似值为 $p_{\mathrm{col}}\approx 1-\mathrm{e}^{-\frac{|\mathcal{T}|}{K}}$，总的冲突个数的期望值为 $C_{\mathrm{tot}}=|\mathcal{T}|\,p_{\mathrm{col}}$。

证明： 其他 token 都不选择 w_0 所映射的 id 值的概率为 $\left(1-\frac{1}{K}\right)^{|\mathcal{T}|-1}$，因而 $p_{\mathrm{col}}=1-\left(1-\frac{1}{K}\right)^{|\mathcal{T}|-1}$。

Hash Embedding 算法通过如下两方面来降低冲突。

- Hash Embedding 使用 k 个不同的 hash 函数 h_i：$\mathcal{T}\to\{1,\cdots,B\}$ 组合成一个单独的 hash 函数 h：$\mathcal{T}\to\{1,\cdots,B^k\}$，映射的范围比单个函数大得多。例如对于字典大小 $|\mathcal{T}|=$ 100MB，$B=1$MB，$k=1$ 时 hash 冲突的概率为 $1-\mathrm{e}^{\left(-\frac{10^8}{10^6}\right)}\approx 1$，而 $k=2$ 时 hash 冲突的概率为 $1-\mathrm{e}^{\left(-\frac{10^8}{10^{12}}\right)}\approx 0.0001$，使用更大的 k 值能更进一步降低冲突。
- 通常字典中仅有一小部分 token 是重要的 token，因此重要性参数的作用在于通过设定重要性参数为趋向于 0，隐式地剔除不起作用的单词(word)。

8.3 新广告点击率预估

在线广告场景中，当新用户发起广告请求时，广告系统需要挑选广告展现给用户，广告主只会对用户的广告点击付费，因此广告系统需预估广告点击率，挑选 eCPM 最高的广告，而点击率预估需要以用户点击的历史数据作为训练样本。新广告由于缺乏训练样本，预期点击率缺乏置信度，无法与已多次曝光的老广告竞争，因此广告系统通常对新老广告分开排序，预留小部分流量(如5%)用于展示新广告，获取曝光数据、点击数据。而新广告之间的竞争与分配问题是一个典型的探索-利用困境问题(exploration-exploitation dilemma)，该问题可以使用多臂老虎机来建模。

- 多臂老虎机带有多个摇杆，每个摇杆拉动时，会以一定的概率吐出金币，其概率未知。
- 玩家每次只能从 K 个摇杆中选择一个拉动，且相邻两次选择和奖励没有任何关系。
- 玩家的目的是通过一定的策略使奖励最大化，获得更多的金币。

当玩家学习拉动策略时，将面临探索-利用困境，在即将到来的下一次摇杆时，玩家可以选择是拉动已经吐出大量金币的摇杆继续获得可预期的金币，还是拉动新的摇杆来探索获得更多金币的可能。玩家是否可以开发一个摇杆的策略在探索和利用之间取得平衡，从而最大化累积收益？如下的伯努利老虎机问题是一个典型例子。

定义：伯努利老虎机(Bernoulli Bandit) 设有 K 个行动，每个行动被执行时，产生一个成功或者失败的响应。行动 $k \in \{1,\cdots,K\}$ 成功的概率为 $\theta_k \in [0,1]$。各个行动成功的概率 $(\theta_1,\theta_2,\cdots,\theta_k)$ 对玩家未知但是固定不变，从而可以从实验中学习。玩家的目标是最大化 T 轮成功次数，其中 T 远大于行动数目 K。

在点击率预估的场景中，这里的摇杆对应一次广告展示，成功的事件对应一次广告点击或者一次广告带来的转化，此时参数 θ_k 对应点击率或者转化率。点击率或转化率预估的任务是最大化成功事件的总次数。

本节首先对比介绍求解老虎机问题的贪心算法与汤普森采样算法，然后介绍当后验模型计算复杂度较高时，用于对后验概率进行采样的近似采样算法。

8.3.1 汤普森采样算法

对于类似伯努利老虎机的在线决策问题，贪心算法是最常用也最简单的方法。贪心算法分为如下两步：

1）从历史数据中学习模型；

2）根据训练好的模型选择最优的行动。

该类算法之所以称为“贪心”算法，是因为选择行动的标准是为了最大化当前收益，缺乏探索行动。ϵ-greedy 探索算法，通过以 $1-\epsilon$ 的概率执行贪心行动，另外 ϵ 的概率随机选择行动，从而与纯贪心算法相比加入了探索性，然而该算法并没有以优化的方式来使用资源。汤普森采样算法以更优化、合理的方式实现了探索-利用的平衡。

在伯努利老虎机问题中，共有 K 个行动，当行动被执行时，每个行动以概率 θ_k 产生收益 1，以概率 $1-\theta_k$ 产生收益 0，此时 θ_k 也是收益的均值。从而收益均值向量 $\boldsymbol{\theta}=(\theta_1,\theta_2,\cdots,\theta_K)$ 未知，但保持不变。在第 1 轮次，行动 x_1 被选择，以概率 $P(r_1=1\mid x_1,\boldsymbol{\theta})=\theta_{x_1}$ 生成收益 $r_1\in\{0,1\}$。玩家观测到 r_1 之后，选择行动 x_2，观测到收益 r_2，从而使该过程持续进行下去。

设玩家对 θ_k 设定一个独立先验信念，其概率服从 beta 分布，对应参数为 $\alpha=(\alpha_1,\cdots,\alpha_K)$，$\beta=(\beta_1,\cdots,\beta_K)$，也即对于每个行动 k，其先验概率密度为

$$p(\theta_k)=\frac{\Gamma(\alpha_k+\beta_k)}{\Gamma(\alpha_k)\Gamma(\beta_k)}\theta_k^{\alpha_k-1}(1-\theta_k)^{\beta_k-1}$$

其中 Γ 为 gamma 函数：$\Gamma(x)=\int_0^\infty \frac{t^{x-1}}{\mathrm{e}^t}\mathrm{d}t$。

当观测数据产生时，根据贝叶斯规则参数，由于 beta 分布和伯努利分布是共轭分布[㊀]，使用 beta 分布非常方便：每个行动的后验分布也是 beta 分布，且其参数更新公式为

$$(\alpha_k,\beta_k)\leftarrow\begin{cases}(\alpha_k,\beta_k), & x_t\neq k\\(\alpha_k,\beta_k)+(r_t,1-r_t), & x_t=k\end{cases}$$

㊀ 在贝叶斯统计中，如果后验分布与先验分布属于同类，则先验分布与后验分布被称为共轭分布，先验分布被称为似然函数的共轭先验。例如高斯分布在高斯似然函数下与其自身共轭（自共轭）。具体来说，就是给定贝叶斯公式 $p(\theta\mid x)=\frac{p(x\mid\theta)p(\theta)}{\int p(x\mid\theta')p(\theta')\mathrm{d}\theta'}$，假定似然函数 $p(x\mid\theta)$ 已知，则问题归结于选用什么样的先验分布 $p(\theta)$ 可以让后验分布与先验分布具有相同的数学形式。

证明：设一个随机变量由 n 个伯努利试验中的成功次数 x 组成，成功概率 $q\in[0,1]$ 未知。该随机变量服从二项分布，其概率质量函数[⊖]为

$$p(x)=\binom{n}{x}q^{x}(1-q)^{n-x}$$

与之对应的常用共轭先验分布为 beta 分布，设参数为 (α,β)，对应的概率分布

$$p(q)=\frac{q^{\alpha-1}(1-q)^{\beta-1}}{\mathrm{B}(\alpha,\beta)}$$

其中 α，β 根据已有的先验信念来选择，例如 $\alpha=1$，$\beta=1$ 对应均匀分布(uniform distribution)，$\mathrm{B}(\alpha,\beta)$ 是 Beta 函数，用于将概率归一化。

α，β 又称为超参数，以将其与底层模型参数(这里为 q)区隔开来。共轭先验模型的参数(超参数)通常比后验模型参数维度大 1。

如果我们从试验数据中统计到 s 次成功，f 次失败，则有

$$P(s,f\mid q=x)=\binom{s+f}{s}x^{s}(1-x)^{f}$$

$$P(q=x)=\frac{x^{\alpha-1}(1-x)^{\beta-1}}{\mathrm{B}(\alpha,\beta)}$$

$$\begin{aligned}P(q=x\mid s,f)&=\frac{P(s,f\mid x)P(x)}{\int P(s,f\mid x)P(x)\,\mathrm{d}x}\\&=\frac{\binom{s+f}{s}x^{s}(1-x)^{f}\frac{x^{\alpha-1}(1-x)^{\beta-1}}{\mathrm{B}(\alpha,\beta)}}{\int_0^1\left(\binom{s+f}{s}x^{s}(1-x)^{f}\frac{x^{\alpha-1}(1-x)^{\beta-1}}{\mathrm{B}(\alpha,\beta)}\right)}\\&=\frac{x^{s+\alpha-1}(1-x)^{f+\beta-1}}{\mathrm{B}(s+\alpha,f+\beta)}\end{aligned}$$

这也是参数为 $(\alpha+s,\beta+f)$ 的 beta 分布，因此该后验概率分布可以在利用已有数据优化后继续作为下一轮训练的先验分布。

⊖ 概率质量函数(Probability Mass Function，PMF)是离散随机变量在各特定取值上的概率。例如设 X 是抛硬币的结果，反面取值为 0，正面取值为 1。则 X 为一个伯努利随机变量，在状态空间 $\{0,1\}$ 中，$X=x$ 的概率为 0.5，其对应的概率质量函数为 $f_X(x)=\begin{cases}\frac{1}{2}, & x\in\{0,1\}\\0, & x\in\mathbb{R}\setminus\{0,1\}\end{cases}$。

(α,β) 通常也被称为伪计数（pseudo-observation），因为一次成功事件对应 α 加一，一次失败事件对应 β 加一。一个参数为 (α,β) 的 beta 分布的均值为 $\frac{\alpha}{\alpha+\beta}$，该分布随着观测事件的增加（对应 $\alpha+\beta$ 增加）变得更加集中。

图 8-17 左边是对应伯努利老虎机的贪心算法。在每个训练轮次 t，算法首先产生模型参数的估计值 $\hat{\theta}_k=\frac{\alpha_k}{\alpha_k+\beta_k}$，该值等于当前成功概率 θ_k 的期望。具有最大估计值 $\hat{\theta}_k$ 的行动 x_t 被选择和使用，此时生成对应的奖励 r_t，以此更新模型参数 $(\alpha_{x_t},\beta_{x_t})$。

图 8-17 的右边是对应的汤普森采样算法。贪心算法与汤普森算法的唯一差别是成功概率 $\hat{\theta}_k$ 是从后验分布中采样得出的，而不是直接使用期望值 $\frac{\alpha_k}{\alpha_k+\beta_k}$，且后验分布上是一个参数为 $(\alpha_{x_t},\beta_{x_t})$ 的 beta 分布。这里为了避免常见的误解，需要指出，汤普森算法中采样的 $\hat{\theta}_k$ 是统计上合理的成功概率，而不是统计上合理的观测值，汤普森算法不是从行动 k 被选择后，被观测的二值随机变量 y_t 对应的后验分布中采样。汤普森采样从后验分布中采样概率，该概率等于对应行动的最优概率。通过这种方式，汤普森采样可以在寻找最优方式时兼顾一定的探索性，同时避免在无用的方向浪费资源。

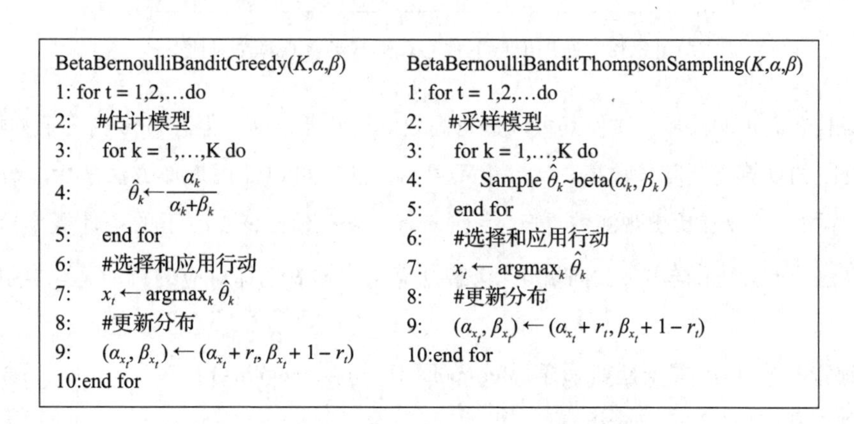

图 8-17 贝塔-伯努利模型下贪心算法与汤普森算法对比

汤普森采样也可以应用于比伯努利老虎机更通用的场景。设玩家对系统可以执行一系列的行动 $x_1,x_2,x_3,\cdots,x_i\in\mathcal{X}$，$|\mathcal{X}|$ 可以为有限或者无限。执行行动 x_t 之后，玩家观测到输出 y_t，y_t 为系统根据一个条件概率 $q_\theta(\cdot|x_t)$ 随机生成的。玩家收益为 $r_t=r(y_t)$，其中 r 为已知的函数。参与者初始时对 θ 的估计未知，并使用一个先验分布 p 来表征该未知。

图 8-18 是通用的贪心算法与汤普森采样算法的对比，两者的差别在于生成模型参数 $\hat{\theta}$ 的方式不同。贪心算法以 θ 基于分布 p 的期望来估计 θ，而汤普森算法从分布 p 中采样来估计 $\hat{\theta}$。然后两个算法都根据对应的模型来最大化回报的期望值。对于有限个观测结果 y_t 的场景，该期望值为

$$\mathbb{E}_{q_{\hat{\theta}}}[r(y_t) \mid x_t = x] = \sum_{o} q_{\hat{\theta}}(o \mid x) r(o)$$

分布 p 根据对应的观测值 $\hat{y}_t$ 进行更新，如果 θ 的取值为一个有限集，则更新公式如下：

$$\mathbb{P}_{p,q}(\theta = u \mid x_t, y_t) = \frac{p(u) q_u(y_t \mid x_t)}{\sum_{v} p(v) q_u(y_t \mid x_t)}$$

BanditGreedy(K,α,β)	BanditThompsonSampling(K,α,β)
1: for t = 1,2,…do	1: for t = 1,2,…do
2: #估计模型	2: #采样模型
3: $\hat{\theta} \leftarrow \mathbb{E}_p(\theta)$	3: Sample $\hat{\theta} \sim p$
4: #选择和应用行动	4: #选择和应用行动
5: $x_t \leftarrow \underset{x \in \mathcal{X}}{\operatorname{argmax}} \mathbb{E}_{q\hat{\theta}}[r(y_t) \mid x_t = x]$	5: $x_t \leftarrow \underset{x \in \mathcal{X}}{\operatorname{argmax}} \mathbb{E}_{q\hat{\theta}}[r(y_t) \mid x_t = x]$
6: 执行x_t，观测到y_t	6: 执行x_t，观测到y_t
7: #更新分布	7: #更新分布
8: $p \leftarrow \mathbb{P}_{p,q}(\theta \in \cdot \mid x_t, y_t)$	8: $p \leftarrow \mathbb{P}_{p,q}(\theta \in \cdot \mid x_t, y_t)$
9:end for	9:end for

图 8-18 通用模型下贪心算法与汤普森算法对比

伯努利老虎机的共轭性质使其可以进行高效的贝叶斯推断，但在许多更复杂的场景中，贝叶斯推断的计算复杂度非常高，实际上不可行。此时可以使用近似方法从后验分布中近似采样。设 f_{t-1} 为 θ 在历史观测数据 $\mathbb{H}_{t-1} = ((x_1, y_1), \cdots, (x_{t-1}, y_{t-1}))$ 下的条件概率密度。近似采样算法从 f_{t-1} 中采样出参数向量 $\hat{\theta}$，汤普森算法根据 $\hat{\theta}$ 选择对应的行动 x_t。常用的采样方法有：

- 梅特罗波利斯-黑斯廷斯采样（Metropolis-Hastings sampling）；
- 吉布斯采样（Gibbs sampling）；
- 拉普拉斯近似（Laplace approximation）。

8.3.2 蒙特卡洛采样

吉布斯采样是一种马尔可夫链蒙特卡洛（MCMC）算法，用于从多变量概率分布中近似采样。蒙特卡洛方法是一种随机模拟方法，早期蒙特卡洛方法是为了求解积分问题，例如

一维的场景，当积分 $I=\int_a^b f(x)\,\mathrm{d}x$ 中 $f(x)$ 的原函数比较难以求出时，可以使用数值计算模拟。一个近似的方法是在 $[a,b]$ 之间采样 n 个值 $x_0,x_1,\cdots,x_{n-1}$，用这些矩形面积均值来近似积分 $I'=\frac{b-a}{n}\sum_{i=0}^{n-1}f(x_i)$。此时假定了 x 服从 $[a,b]$ 之间的均匀分布，若 x 并不服从均匀分布，则可以使用对应的概率密度函数[㊀](pdf)近似为

$$I=\int_a^b f(x)\,\mathrm{d}x=\int_a^b \frac{f(x)}{\mathrm{pdf}(x)}\mathrm{pdf}(x)\,\mathrm{d}x\approx\frac{1}{n}\sum_{i=0}^{n-1}\frac{f(x_i)}{\mathrm{pdf}(x_i)} \tag{8-15}$$

设 $\hat{I}=\frac{1}{n}\sum_{i=0}^{n-1}\frac{f(x_i)}{\mathrm{pdf}(x_i)}$，则有

$$\begin{aligned}E(\hat{I})&=E\left[\frac{\sum_{i=0}^{n-1}\frac{f(x_i)}{\mathrm{pdf}(x_i)}}{n}\right]\\&=\frac{1}{n}\sum_{i=0}^{n-1}E\left[\frac{f(x_i)}{\mathrm{pdf}(x_i)}\right]\\&=\frac{1}{n}\sum_{i=0}^{N-1}\int\frac{f(x)}{\mathrm{pdf}(x)}\mathrm{pdf}(x)\,\mathrm{d}x\\&=\frac{1}{n}\sum_{i=0}^{N-1}\int f(x)\,\mathrm{d}x\\&=I\end{aligned}$$

也即该近似方法是无偏的。因此当已知 x 的概率分布时，可以基于该概率分布采样 n 个样本 $x_0,x_1,\cdots,x_{n-1}$，代入式(8-15)即可得原定积分的近似值。

此时对于均匀分布 $x\sim(0,1)$ 可以使用随机数生成 $(0,1)$ 之间的样本，而根据如下定理(倒置原则)，对于其他类型的分布可以通过其累积分布函数[㊁](Cumulative Distribution Function，CDF)的反函数来生成服从该分布的随机样本。

㊀ 连续型随机变量的概率密度函数是描述这个随机变量的输出值在某个确定的取值点可能性的函数。当横轴为随机变量的取值，纵轴为概率密度函数的值时，随机变量取值落在某个区域的概率为概率密度函数在该区域的积分。对于随机变量 X，g 为有界连续函数，则 $g(X)$ 的期望为 $E[g(X)]=\int_{-\infty}^{\infty}g(x)\mathrm{pdf}(x)\,\mathrm{d}x$。

㊁ 累积分布函数是随机变量对应概率密度函数的积分，对于所有实数 x，累积分布函数定义为 $F_X(x)=P(X\leqslant x)$，对于连续型随机变量有 $F_X(x)=P(X\leqslant x)=\int_{-\infty}^{x}f_X(t)\,\mathrm{d}t$。

定理 8-10 设 F 为 R 上的连续分布函数，其反函数定义为 $F^{-1}(u)=\inf\{x: F(x)=u, u\in(0,1)\}$（inf 为下确界[⊖]）。设 U 为服从 $[0,1]$ 区间的均匀分布随机变量，则 $F^{-1}(U)$ 服从分布函数 F。如果 X 为服从分布函数 F 的随机变量，则 $F(X)$ 为 $[0,1]$ 区间的均匀分布。

证明： $\forall x\in\mathbb{R}$,

$$\begin{aligned}P(F^{-1}(U)\leqslant x)&=P(\inf\{y:F(y)=U\}\leqslant x)\\&=P(U\leqslant F(x))\\&=F(x)\end{aligned}$$

也即 $F^{-1}(U)$ 服从分布函数 F。

由于 $u\in(0,1)$，因此

$$\begin{aligned}P(F(x)\leqslant u)&=P(X\leqslant F^{-1}(u))\\&=F(F^{-1}(u))\\&=u\end{aligned}$$

因此连续随机变量的累积分布函数的逆函数可以用于采样对应分布，称之为逆变换采样（inverse transform sampling）。常用的逆变换采样如下。

- 正态分布 CDF 记为 Φ，其对应的反函数为 Φ^{-1}，也称为 probit，Φ 与 Φ^{-1} 均不存在解析解。不过大多数数值计算程序库都提供对应的实现，例如在 Python 中可以使用 scipy. stats. norm. ppf，在 TensorFlow 中可以使用 tfp. distributions. Normal. quantile。
- beta 分布 CDF 为 $F(x,\alpha,\beta)=\dfrac{\mathrm{B}(x;\alpha,\beta)}{\mathrm{B}(\alpha,\beta)}=I_x(\alpha,\beta)$，其中 $\mathrm{B}(x;\alpha,\beta)=\int_0^x t^{\alpha-1}\cdot(1-t)^{b-1}\mathrm{d}t$ 为不完全 beta 函数，I_x 称为正则化不完全 beta 函数（或正则化 beta 函数），I_x^{-1} 也不存在解析解。大多数数值计算程序库提供对应的实现，在 Python 中可以使用 scipy. stats. beta. ppf，在 TensorFlow 中可以使用 tfp. distributions. Beta. quantile。

当逆变换采样函数难以计算时，一种可行的办法是使用拒绝采样（Rejection Sampling）来得到分布的样本。拒绝采样使用一个已知的概率分布 g 来逼近一个目标分布 f，此时要求 $\dfrac{f}{g}\leqslant\dfrac{1}{\epsilon}$，伪代码如代码清单 8-7 所示。

⊖ 下确界（infimum，inf）：某个集合 X 的子集合 E 的下确界是小于或等于 E 的所有其他元素中的最大元素，不一定在 E 内，记为 $\inf E$。

代码清单 8-7 通用拒绝采样算法

在迭代轮次 $i(i\geqslant 1)$

1. 相互独立地生成 $X_i\sim g_i$ 和 $U_i\sim u([0,1])$
2. 如 $U_i\leqslant\frac{\epsilon_i f(X_i)}{g(X_i)}$，则接受 $X_i\sim f$
3. 否则执行下一轮迭代（$i+1$ 轮）

下面证明该算法的收敛特性。设 Z 为代码清单 8-7 输出的随机变量，Z 的 CDF 为

$$
\begin{aligned}
P(Z\leqslant z) &= \sum_{i=1}^{\infty}P(Z\leqslant z, Z=X_i)\\
&= \sum_{i=1}^{\infty}\left[P\left(X_i\leqslant Z, U_i\leqslant\frac{\epsilon_i f(X_i)}{g(X_i)}\right)\prod_{j=1}^{i-1}P\left(U_j\geqslant\frac{\epsilon_j f(X_j)}{g_j(X_j)}\right)\right]\\
&= \sum_{i=1}^{\infty}\int_{-\infty}^{z}\frac{\epsilon_i f(x)}{g_i(x)}g_i(x)\,\mathrm{d}x\prod_{j=1}^{i-1}(1-\epsilon_j)\\
&= \int_{-\infty}^{z}f(x)\,\mathrm{d}x\sum_{i=1}^{\infty}\epsilon_i\prod_{j=1}^{i-1}(1-\epsilon_j)
\end{aligned}
$$

因此，如果 $\sum_{i=1}^{\infty}\epsilon_i\prod_{j=1}^{i-1}(1-\epsilon_j)=1$，则 Z 服从 f 分布。如下定理将这一条件与一个序列发散关联在一起。

定理 8-11 当且仅当序列 $\sum_{i=1}^{\infty}\log(1-\epsilon_i)$ 为发散的时，$\sum_{i=1}^{\infty}\epsilon_i\prod_{j=1}^{i-1}(1-\epsilon_j)=1$ 从而通用拒绝采样算法是有效的。

证明： 首先证明 $\sum_{i=1}^{\infty}\epsilon_i\prod_{j=1}^{i-1}(1-\epsilon_j)$ 必然会收敛到一个小于或等于 1 的值。对于任意 $n\geqslant 1$，设

$$
\begin{aligned}
\xi_n &= \sum_{i=1}^{n}\epsilon_i\prod_{j=1}^{i-1}(1-\epsilon_j)\\
&=\epsilon_1+(1-\epsilon_1)\{\epsilon_2+(1-\epsilon_2)[\cdots(1-\epsilon_{n-1})\epsilon_n\cdots]\}\\
&\leqslant\epsilon_1+(1-\epsilon_1)\{\epsilon_2+(1-\epsilon_2)[\cdots\epsilon_{n-1}(1-\epsilon_{n-1})\cdots]\}\\
&=1
\end{aligned}
$$

同时序列 $\{\xi_n\}$ 随着 n 递增，因此 $\{\xi_n\}$ 收敛到 1。

而 $\{\xi_n\}$ 收敛到 1 当且仅当 $\forall\,0<\eta<1$，存在 n_0 使得

$$\forall n>n_0, \xi_n>1-\eta \tag{8-16}$$

时成立。该条件等价于

$$\epsilon_1+(1-\epsilon_1)\{\epsilon_2+(1-\epsilon_2)[\cdots(1-\epsilon_{n-1})\epsilon_n\cdots]\}>1-\eta$$

$$\Leftrightarrow \epsilon_2+(1-\epsilon_2)[\cdots(1-\epsilon_{n-1})\epsilon_n\cdots]>\frac{1-\epsilon_1-\eta}{1-\epsilon_1}=1-\frac{\eta}{1-\epsilon_1}$$

$$\Leftrightarrow\cdots$$

$$\Leftrightarrow \epsilon_n > 1-\frac{\eta}{\prod_{i=1}^{n-1}(1-\epsilon_i)}$$

序列 $w_n=\prod_{i=1}^{n-1}(1-\epsilon_i)$ 当设定 w_1 为 1 时，递减且非负，因此$\{w_n\}$收敛到 0 或者 $\alpha(\alpha>0)$，如果收敛到 0，则$\sum_{i=1}^{\infty}\log(1-\epsilon_i)$发散，此时比例$\frac{\eta}{w_n}$趋向于$+\infty$，式(8-16)成立。

如果序列$\{w_n\}$收敛到 α，则$\sum_{i=1}^{\infty}\log(1-\epsilon_i)$收敛，此时根据柯西判别法则[⊖]，当 n 趋向于∞时，$\log(1-\epsilon_n)$收敛于 0，因此$\{\epsilon_n\}$收敛到 0。因此对于足够小的 δ，存在 n_1 使得对于$n>n_1$有 $\epsilon_n<\delta$。如此时选择 η 使得 $1-\frac{\eta}{\alpha}=\delta$，如果式(8-16)成立，则对于 $n>\max(n_0,n_1)$有 $\epsilon_n<\delta<\epsilon_n$，矛盾，因此序列$\{w_n\}$收敛到 α 不成立。

该定理说明以下几点：

- 在拒绝采样中，对建议概率分布 g 进行持续修改，只要接收率 ϵ_n 不太快地收敛到 0，是可以接受的；
- 接收率 ϵ_n 不一定随着 n 的增加而趋向 1，因此其中某些 ϵ_n(或者无穷多个 ϵ_n)可以为 0，该算法仍然有效；
- 如果有任意一个 ϵ_n 为 1，则该序列结束。

设通用拒绝采样算法的输出为从概率分布 g_i 生成的独立随机变量 $Y_1,Y_2,\cdots$和均匀分布的随机变量 $U_1,U_2,\cdots$，给定一个函数 h，基于样本集 $X_1,X_2,\cdots,X_t$，设 t 为 Y_j 中选择接受的随机变量数目，则拒绝采样对期望 $E^f\{h(X)\}$的估计值为

$$\hat{r}_1=\frac{1}{t}\sum_{i=1}^{t}h(X_i)=\frac{1}{t}\sum_{i=1}^{N}I(U_i\leqslant W_i)h(Y_i) \tag{8-17}$$

其中 N 为 Y_j 生成输出的数目，是一个随机整数，满足如下条件：

$$\sum_{i=1}^{N}I(U_i\leqslant W_i)=t,\quad \sum_{i=1}^{N-1}I(U_i\leqslant W_i)=t-1$$

⊖ 柯西判别法则是判断一个实级数或数列收敛的方法：当且仅当对于实数 $\epsilon>0$，存在正整数 N，使得对于任何 $n>N$ 以及 $p\geqslant1$，$|\sum_{i=n+1}^{n+p}a_i|<\epsilon$ 时，极数$\sum_{i=0}^{\infty}a_i$ 收敛。另一个说法是，当且仅当对于任何实数 $\epsilon>0$，存在正整数 N 使得对于任何 i，$j>N$，$|A_i-A_j|<\epsilon$ 时，数列 A_i 收敛。

其中 $W_i = \dfrac{\epsilon_i f(Y_i)}{g_i(Y_i)}$，根据 Rao-Blackwell 定理[一]，条件期望

$$\hat{r}_2 = \frac{1}{t} E\left\{ \sum_{i=1}^{N} I(U_i \leqslant W_i) h(Y_i) \mid N, Y_1, \cdots, Y_N \right\}$$

是比式(8-17)更好的估计量。

$(N, Y_1, \cdots, Y_N, U_1, \cdots, U_N)$ 的联合概率分布为

$$\begin{aligned} &P(N=n, Y_1 \leqslant y_1 \cdots, Y_n \leqslant y_n, U_1 \leqslant u_1 \cdots, U_n \leqslant u_n) \\ &= \int_{-\infty}^{y_n} g_n(v_n)(u_n \wedge w_n) \mathrm{d}v_n \int_{-\infty}^{y_1} \cdots \int_{-\infty}^{y_{n-1}} g_1(v_1) \cdots g_{n-1}(v_{n-1}) \times \\ &\sum_{(i_1 \cdots i_{t-1})} \prod_{j=1}^{t-1} (w_{i_j} \wedge u_{i_j}) \prod_{j=t}^{n-1} (u_{i_j} - w_{i_j})^+ \mathrm{d}v_1 \mathrm{d}v_2 \cdots \mathrm{d}v_n \end{aligned}$$

其中 $w = \dfrac{\epsilon f(v)}{g(v)}$（对应各种下标），$(u_{i_j} - w_{i_j})^+$ 为截断幂函数[二]，最后的求和部分是对集合 $\{1, \cdots, n-1\}$ 中所有大小为 $t-1$ 的子集合求和。因此 U_i 对应的条件密度函数为

$$\begin{aligned} &f(u_1 \cdots u_n \mid N=n, y_1 \cdots y_n) \\ &= \left\{ \sum_{(i_1 \cdots i_{t-1})} \prod_{j=1}^{t-1} w_{i_j} \prod_{j=t}^{n-1} (1 - w_{i_j}) \right\}^{-1} \times \\ &\left\{ \sum_{(i_1 \cdots i_{t-1})} \prod_{j=1}^{t-1} I(u_{i_j} \leqslant w_{i_j}) \prod_{j=t}^{n-1} I(u_{i_j} > w_{i_j}) \right\} \frac{I(u_n \leqslant w_n)}{w_n} \end{aligned}$$

其中 $w = \dfrac{\epsilon f(y)}{g(y)}$（对应各种下标）。使用该分布，可以计算事件 $\{U_i \leqslant w_i\}$ 在条件 $(N, y_1 \cdots y_N)$ 下的概率 ρ_i，从而推导出 $h(Y_i)$ 在估计量 $\hat{r}_2$ 中的权重。该计算需遍历所有已接受样本的排列并求平均，对于 $i<n$：

$$\rho_i = \frac{w_i \sum_{(i_1 \cdots i_{t-2})} \prod_{j=1}^{t-2} w_{i_j} \prod_{j=t-1}^{n-2} (1 - w_{i_j})}{\sum_{(i_1 \cdots i_{t-1})} \prod_{j=1}^{t-1} w_{i_j} \prod_{j=t}^{n-1} (1 - w_{i_j})} \tag{8-18}$$

其中 $\rho_n = 1$，分子的求和是对集合 $\{1, \cdots, i-1, i+1, n-1\}$ 中所有大小为 $t-2$ 的子集求和，分母是所有大小为 $t-1$ 的子集求和。如下定理给出式(8-17)对应的 Rao-Blackwellized 版本：

[一] Rao-Blackwell 定理：如 $g(X)$ 是参数 θ 的估计，而给定充分统计量 $T(X)$（充分统计量指统计量使用了全部信息），则给定 $T(X)$ 下 $g(X)$ 的条件期望是一个对参数 θ 更好的估计量。

[二] 截断幂函数(truncated power function)的定义为 $x^+ = \begin{cases} x: & x>0 \\ 0: & x \leqslant 0 \end{cases}$。

定理 8-12 对于 $N=n$，式(8-17)对应的 Rao-Blackwellized 版本为

$$\hat{r}_2=\frac{1}{t}\sum_{i=1}^{n}\rho_i h(Y_i)$$

其中 ρ_i 由式(8-18)给出。

重要性采样(importance sampling)是另一种常见的采样方法。设 $X:\Omega\rightarrow\mathbb{R}$ 为概率空间 $(\Omega,\mathcal{F},P)$[㊀]随机变量，此时希望估计 X 在 P 下的期望记为 $E[X;P]$。设此时训练样本为 $x_1,\cdots,x_n$，则估计期望为 $\hat{E}_n[X;P]=\frac{1}{n}\sum_{i=1}^{n}x_i$，估计的方差为 $\mathrm{var}[\hat{E}_n;\ P]=\frac{\mathrm{var}[X;P]}{n}$。重要性采样的思想是从另一个分布中采样，从而降低 $E[X;P]$ 估计的方差，或者直接从 P 中采样比较困难时，也可以选择容易采样的分布。首先需要选择一个随机变量 $L\geqslant 0$，使得 $E[L;P]=1$，且几乎处处 $L(w)\neq 0$，从而定义概率分布 $P^{(L)}$ 满足 $E[X;P]=E\left[\frac{X}{L};\ P^{(L)}\right]$，此时可以通过对服从 $P^{(L)}$ 的随机变量 $\frac{X}{L}$ 进行采样来估计 $E[X;P]$，且如果 $\mathrm{var}\left[\frac{X}{L};\ P^{(L)}\right]<\mathrm{var}[X;P]$，则该估计是更优的估计。

当 X 在 Ω 上保持符号不变时，L 的最佳值是 $L^*=\frac{X}{E[X;P]}\geqslant 0$，由于 $E[X;P]$ 是我们要估计的值，所以我们实际上无法设定该值，但是可以给出最优值的基准：

$$\begin{aligned}\forall a\in\mathbb{R},P^{(L^*)}(X\in[a;a+\mathrm{d}a])&=\int_{w\in\{X\in[a;a+\mathrm{d}a]\}}\frac{X(w)}{E[X;P]}\mathrm{d}P(w)\\&=\frac{1}{E[X;P]}aP(X\in[a;a+\mathrm{d}a])\end{aligned}$$

而 $aP(X\in[a;a+\mathrm{d}a])$ 是对 $E[X;P]$ 求和的无穷小项，$E[X;P]=\int_{-\infty}^{+\infty}aP(X\in[a;a+\mathrm{d}a])$，也即一个选择恰当的分布 $P^{(L)}$ 使得对其进行采样的频率与其在 $E[X;P]$ 中的权重等价，这也是“重要性采样”名字的由来。

使用拒绝采样或者重要性采样算法，可以对不常见的概率分布采样，并使用蒙特卡洛方法来求和，但这些采样方法有许多场景并不适用，例如：对于一些二维分布，通常只能得到条件分布，而不能得到联合分布函数；对于多元分布，如应用拒绝采样比较难找到对

㊀ 概率空间 $(\Omega,\mathcal{F},P)$ 是一个总测度为 1 的测度空间，也即 $P(\Omega)=1$，其中 Ω 是一个非空集合，有时称为样本空间，$\mathcal{F}$ 是 Ω 的幂集的非空子集，$\mathcal{F}$ 的集合元素称为事件 Σ，事件 Σ 是 Ω 的子集，P 称为概率，是从集合 F 到实数域 $\mathbb{R}$ 的函数，$P:\mathcal{F}\rightarrow\mathbb{R}$，每个事件都被此函数赋予了一个 0 和 1 之间的概率值。

应的 $g(X)$。重要性采样中选择概率分布 $P^{(L)}$ 则非常重要，选择错误可能导致更大的方差，而如何选择并没有规律可循。因此蒙特卡洛方法作为一种通用的采样方法，需与马尔可夫链结合使用。

8.3.3 马尔可夫链蒙特卡洛采样

马尔可夫链是满足马尔可夫性质的随机变量序列 $X_1,X_2,\cdots$，即给出当前状态，将来状态和过去状态是相互独立的，其定义如下。

定义 马尔可夫链是满足马尔可夫性质的随机变量序列 $\{X_0,X_1,\cdots\}$，即给出当前状态，将来状态和过去状态是相互独立的，也即 $P(X_{n+1}=x \mid X_1=x_1,\ X_2=x_2,\cdots,X_n=x_n)=P(X_{n+1}=x \mid X_n=x_n)$，其中 X_i 的可能值构成的可数集[㊀] Z 叫作该链的状态空间。

设马尔可夫链的一步转移概率为

$$p_{ij}(n)=P(X_{n+1}=j \mid X_n=i);n=0,1,\cdots$$

马尔可夫链如与时间无关，则可称为齐次马尔可夫链(Homogeneous Markov Chain)，定义如下。

定义 一个马尔可夫链，如果其单步转移概率与 n 无关，即

$$\forall n,m\in N,\quad i,j\in Z,\quad p_{ij}(n)=p_{ij}(m)$$

则称它为齐次马尔可夫链。此时可以定义齐次马尔可夫链 n 步转移概率为

$$p_{ij}^{(m)}=P(X_{n+m}=j \mid X_n=i)$$

其中定义 $m=0$ 时转移概率为

$$p_{ij}^{(0)}=\begin{cases}1, & i=j\\ 0, & i\neq j\end{cases}$$

根据该定义，如下定理(Chapman-Kolmogorov 等式)成立。

定理 8-13 $\forall r\in N\cup\{0\}$；$p_{ij}^{(m)}=\sum_{k\in Z}p_{ik}^{(r)}p_{ik}^{(m-r)}$。

证明：

$$\begin{aligned}p_{ij}^{(m)} &= P(X_m=j \mid X_0=i)\\ &=\sum_{k\in Z}P(X_m=j,X_r=k \mid X_0=i)\\ &=\sum_{k\in Z}P(X_m=j \mid X_r=k,X_0=i)P(X_r=k \mid X_0=i)\end{aligned}$$

㊀ 如果从 S 到自然数集合 $\mathbb{N}=\{1,2,3,\cdots\}$ 存在单射函数，则称 S 为可数集。

$$=\sum_{k\in Z}P(X_m=j\mid X_r=k)P(X_r=k\mid X_0=i)\text{（根据马尔可夫链的性质）}$$
$$=\sum_{k\in Z}p_{ik}^{(r)}p_{ik}^{(m-r)}$$

现在定义矩阵 $P^{(m)}=(p_{ij}^{(m)})$，Chapman-Kolmogorov 等式可以将 n 步的转移概率与矩阵相乘关联。

推论 8-3 $P^{(m)}=P^m$，其中 P^m 为矩阵乘法。

证明：首先利用矩阵形式将 Chapman-Kolmogorov 等式重写如下：

$$\forall r\in N\cup\{0\};\quad P^{(m)}=P^{(r)}P^{(m-r)}$$

对于 m 使用归纳法，显然 $P^{(1)}=P$，因此 $P^{(m+1)}=P^{(r)}P^{(m+1-r)}=P^rP^{m+1-r}=P^m$。

对于马尔可夫链，一个重要性质是初始分布与转移概率完全决定了马尔可夫链。

定义 马尔可夫链的初始分布是概率分布 $\{\pi_i=P(X_0=i)\mid i\in\mathbb{Z}\}\ \sum_{i\in\mathbb{Z}}\pi_i=1$。

该分布如果满足条件 $\pi_j=\sum_{i\in\mathbb{Z}}\pi_ip_{ij}$，则称之为平稳的。

定义 对于子空间 $C\subset Z$，如果 $\forall i\in C$，$\sum_{j\in C}p_{ij}=1$，则称子空间 C 是闭的。

如果 Z 没有闭的子集，则称对应的马尔可夫链不可约(irreducible)。

定义 一个马尔可夫链的状态 i 的周期 $d_i=\gcd(m\in\mathbb{Z}\mid p_{ii}^{(m)}>0)$。

如果 $d_i=1$，则称状态 i 为非周期的(aperiodic)。

定义 一个状态 i 称为从状态 j 可到达的，如果 $\exists m\geqslant 1$，$p_{ij}^{(m)}>0$。

如果 i 为从 j 可到达的，j 为从 i 可到达的，则称 i 和 j 为连通的。

定义 定义马尔可夫链的首达时间概率为

$$f_{ij}^{(m)}=P(X_m=j;X_k\neq j,0<k<m-1\mid X_0=i);\quad i,j\in\mathbb{Z}$$

定义期望返回时间为 $\mu_{ij}=\sum_{m=1}^{\infty}mf_{ij}^{(m)}$。

定义 对于马尔可夫链的状态 i：如果 $\sum_{m=1}^{\infty}f_{ij}^{(m)}=1$，则称 i 是常返的(recurrent)；如果 $\sum_{m=1}^{\infty}f_{ij}^{(m)}<1$，则称 i 是瞬变的(transient)。对于一个常返状态：如果 $\mu_{ij}<\infty$，则称其为正常返(positive-recurrent)；如果 $\mu_{ij}=\infty$，则称其为零常返。

下面引入马尔可夫链基本定理。

定理 8-14 对于任何不可约、非周期、正常返的马尔可夫链，存在一个唯一的平稳分布 $\{\pi_j,\ j\in\mathbb{Z}\}$，$\forall i\in\mathbb{Z}$。

证明：由于马尔可夫链是不可约、非周期、正常返的，因此对于 $\forall i\in\mathbb{Z}$，$\pi_j=\lim\limits_{n\to\infty}p_{ij}^n>0$，同时对于任意 m，$\sum_{i=0}^{m}p_{ij}^{(m)}\leqslant\sum_{i=0}^{\infty}p_{ij}^{(m)}\leqslant 1$。取极限 $\lim\limits_{m\to\infty}\sum_{i=0}^{m}p_{ij}^{(m)}=\sum_{i=0}^{\infty}\pi_j\leqslant 1$，因此对于任意

M，有$\sum_{i=0}^{M}\pi_j \leqslant 1$，此时应用 Chapman-Kolmogorov 等式：

$$p_{ij}^{(m+1)} = \sum_{k=0}^{\infty} \pi_k p_{kj} \geqslant \sum_{k=0}^{M} \pi_k p_{kj}$$

对 m，M 取极限可得

$$\pi_j \geqslant \sum_{k=0}^{\infty} \pi_k p_{kj}$$

假设至少存在 j 使得上式中不等式成立，也即

$$\pi_j > \sum_{k=0}^{\infty} \pi_k p_{kj}$$

两边对 j 求和，可得

$$\sum_{j=0}^{\infty} \pi_j > \sum_{j=0}^{\infty} \sum_{k=0}^{\infty} \pi_k p_{kj} = \sum_{k=0}^{\infty} \pi_k \sum_{j=0}^{\infty} p_{kj} = \sum_{k=0}^{\infty} \pi_k$$

不等式两边矛盾，因此假设不成立，也即

$$\pi_j = \sum_{k=0}^{\infty} \pi_k p_{kj}$$

因此存在唯一的平稳分布。

对于马尔可夫链，如果我们得到了平稳分布所对应的状态转移矩阵，就容易采样出平稳分布的样本集。设任意初始分布为 $\pi_0(x)$，经过第一轮马尔可夫链状态转移后的概率分布为 $\pi_1(x),\cdots$，第 i 轮概率分布是 $\pi_i(x)$，假设经过 n 轮后马尔可夫链收敛到平稳分布$\pi(x)$，即

$$\pi_n(x) = \pi_{n+1}(x) = \pi_{n+2}(x) \cdots = \pi(x)$$

因此可以基于初始任意分布例如正态分布 $\pi_0(x)$ 采样得到状态值 x_0，基于条件概率 $P(x \mid x_0)$ 采样状态值 x_1。一直进行下去，当状态转移进行到一定次数，例如到 n 次时，认为此时的采样集$(x_n, x_{n+1}, \cdots)$符合平稳分布对应的样本集，可以用于蒙特卡洛求和。对应算法的伪代码如代码清单 8-8 所示。该算法引出的问题是给定平稳分布 π，如何找到对应的状态转移矩阵 $\boldsymbol{P}$。

代码清单 8-8 马尔可夫链采样算法

```
输入：马尔可夫链状态转移矩阵 P，状态转移次数阈值 n_1，需要样本个数 n_2
1    从任意简单概率分布采样得到初始状态 x_0。
2    for t = 0 to n_1+n_2-1:
3        从条件概率分布 P(x | x_t) 中采样得到 x_{t+1}
4    end for
5    样本集(x_{n_1}, x_{n_1+1}, …)即符合平稳分布的对应样本集。
```

定义 马尔可夫链具有平稳分布 π，则如果 $\forall i, j$，$\pi_i p_{ij}=\pi_j p_{ji}$，则该链称为对 π 可逆，或者称为对 π 是细致平衡的(detailed balance)。

细致平衡条件提供了一种寻找平稳分布的方法，是一个强有力的属性。

定理 8-15 设 P 为马尔可夫链对应的状态转移矩阵，设存在分布 π 满足细致平衡条件，也即 $\forall i, j$，$\pi_i p_{ij}=\pi_j p_{ji}$，则该分布 π 为该马尔可夫链对应的平稳分布(stationary distribution)，该马尔可夫链称为对 π 可逆。

证明：设 π 满足细致平衡条件，也即 $\forall i, j$，$\pi_i p_{ij}=\pi_j p_{ji}$，对 i 求和，可得

$$\sum_i \pi_i p_{ij} = \sum_i \pi_j p_{ji} = \pi_j \sum_i p_{ji} = \pi_j$$

因此有 $\pi P=\pi$，也即 π 为平稳分布。

在大多数程序中，需要采样的分布为 $\pi(\cdot)=\dfrac{p(\cdot)}{P}$ 的形式，其中 P 为归一化常数 $P=\int_E p(x)\mathrm{d}x$，通常未知。$p(\cdot)$ 称为未归一化的概率分布，$\pi(\cdot)$ 称为归一化的概率分布。

设 $U(0, 1)$ 为对应 $(0, 1)$ 之间的均匀分布，设 $X_n=x$，同时设定一个已知的概率分布 $\gamma(\cdot|x)$（如正态分布）。给定 $X_n=x\sim\pi(\cdot)$，则通过 Hasting 算法可以产生 $X_{n+1}\sim\pi(\cdot)$，其算法的伪代码如代码清单 8-9 所示。

代码清单 8-9 Hasting 算法

```
输入 X_n = x ~ π(·)
1  生成 y ~ γ( · |x)，r ~ U(0, 1)
2  如 r ≤ α_HA(x, y)，则输出 X_{n+1} = y
3  否则输出 X_{n+1} = x
```

其中 $\alpha_{HA}(x, y)$ 是 Hasting 算法中的接受概率，定义如下：

$$0\leqslant\alpha_{HA}(x,y)=\frac{s(x,y)}{1+\dfrac{p(x)}{\gamma(x|y)}\dfrac{\gamma(y|x)}{p(y)}}\leqslant 1，\text{其中 } s(x,y)=s(y,x) \tag{8-19}$$

现在证明 Hasting 算法中转移概率 $P(\cdot|\cdot)$ 满足细致平衡条件，即 $p(x)P(y|x)=P(x|y)p(y)$。Hasting 算法中的转移概率可以写为如下形式：

$$P(y|x)=r_1(y|x)+I(x=y)r_2(y|x)$$

其中 I 为指示函数，由于 $p(x)I(x=y)r_2(y|x)=p(y)I(x=y)r_2(x|y)$，因此我们只需证明

$x \neq y$ 时第一部分满足细致平衡条件。对于 Hasting 算法，$\forall x,\ y \in Z$，其转移概率为

$$P_{\mathrm{HA}}(y \mid x) = \alpha_{\mathrm{HA}}(x,y)\gamma(y \mid x) + I(x=y)\left[\int_Z (1-\alpha_{\mathrm{HA}}(x,z))\gamma(z \mid x)\mathrm{d}z\right]$$

其中第一部分为选取的随机变量 $y \sim \gamma(\cdot \mid x)$ 被接受的概率（马尔可夫链迁移到 y 的概率）。积分项内部的项式选取的随机变量 $z \sim \gamma(\cdot \mid x)$ 被拒绝的概率，即马尔可夫链保留在 x 的概率。根据式(8-19)，$\forall x,\ y \in Z,\ x \neq y$：

$$\begin{aligned}
p(x)\alpha_{\mathrm{HA}}(x,y)\gamma(y \mid x) &= p(x)\frac{s(x,y)\gamma(x \mid y)p(y)}{\gamma(x \mid y)p(y)+p(x)\gamma(y \mid x)}\gamma(y \mid x)\\
&= p(y)s(x,y)\frac{1}{1+\dfrac{p(y)}{\gamma(y \mid x)}\dfrac{\gamma(x \mid y)}{p(x)}}\gamma(x \mid y)\\
&= p(y)\alpha_{\mathrm{HA}}(y,x)\gamma(x \mid y)\ (s(x,y)=s(y,x))
\end{aligned}$$

即 $p(x)P_{\mathrm{HA}}(y \mid x) = P_{\mathrm{HA}}(x \mid y)p(y)$。

所有 Hasting 算法中条件转移矩阵均满足细致平衡条件。

Metropolis-Hasting 算法将式(8-19)中 $s(x,\ y)$ 设定为 $s_{\mathrm{MH}}(x,y)$，如下：

$$\begin{aligned}
s_{\mathrm{MH}}(x,y) &= \begin{cases} 1+\dfrac{p(x)}{\gamma(x \mid y)}\dfrac{\gamma(y \mid x)}{p(y)}, & \dfrac{p(x)}{\gamma(x \mid y)}\dfrac{\gamma(y \mid x)}{p(y)} \geqslant 1 \\[2ex] 1+\dfrac{p(y)}{\gamma(y \mid x)}\dfrac{\gamma(x \mid y)}{p(x)}, & \dfrac{p(y)}{\gamma(y \mid x)}\dfrac{\gamma(x \mid y)}{p(x)} \geqslant 1 \end{cases}\\
&= \left(1+\frac{p(x)}{\gamma(x \mid y)}\frac{\gamma(y \mid x)}{p(y)}\right)\min\left\{\frac{\gamma(x \mid y)}{p(x)}\frac{p(y)}{\gamma(y \mid x)},1\right\}
\end{aligned}$$

此时 Metropolis-Hasting 算法中 $\alpha_{\mathrm{HA}}(x,y)$ 为 MH 接受概率：

$$\alpha_{\mathrm{MH}}(x,y) = \min\left\{\frac{\gamma(x \mid y)}{p(x)}\frac{p(y)}{\gamma(y \mid x)},1\right\}$$

对 $s(x,y)$ 进行不同的设定可以得到 Hasting 算法的不同形式，设定 $s(x,y)$ 为如下形式：

$$\begin{aligned}
s(x,y) &= \min\left(\frac{\gamma(x \mid y)}{p(x)},1\right)\min\left(\frac{\gamma(y \mid x)}{p(y)},1\right)\left(\frac{p(x)}{\gamma(x \mid y)}+\frac{p(y)}{\gamma(y \mid x)}\right)\\
&= \min\left(\frac{\gamma(x \mid y)}{p(x)},1\right)\min\left(\frac{p(y)}{\gamma(y \mid x)},1\right)\left(1+\frac{p(x)}{\gamma(x \mid y)}\frac{\gamma(y \mid x)}{p(y)}\right)
\end{aligned}$$

代入式(8-19)可得此时的接受概率为对应 Hasting 算法的另一种形式

$$\min\left(\frac{\gamma(x \mid y)}{p(x)},1\right)\min\left(\frac{p(y)}{\gamma(y \mid x)},1\right) \leqslant 1$$

MH 算法很好地解决了蒙特卡洛方法需要的任意概率分布的问题，在物理、化学、生物、统计等领域得到广泛应用，被列为 20 世纪十大算法之首。

8.3.4 吉布斯采样

吉布斯采样(Gibbs sampling)是马尔可夫链蒙特卡洛采样的一种形式，适用于高维数据，条件分布比边缘分布更容易采样的多变量分布。假设我们需要从联合分布 $p(x_1,\cdots,x_n)$ 中抽取 $X=(x_1,\cdots,x_n)$ 的 k 个样本，记第 i 个样本为 $X^{(i)}=(x_1^{(i)},\cdots,x_n^{(i)})$，吉布斯采样的算法如代码清单 8-10 所示。

代码清单 8-10 吉布斯采样

确定初始值 $X^{(1)}$。

假设已得到样本 $X^{(i)}$，记下一个样本为 $X^{(i+1)}=(x_1^{(i+1)},\cdots,x_n^{(i+1)})$。对于其中某一分量 $x_j^{(i+1)}$，可通过在其他分量已知的条件下，该分量的概率分布来抽取该分量。对于此条件概率，使用样本 $X^{(i+1)}$ 中已得到的分量 $x_1^{(i+1)}$ 到 $x_{j-1}^{(i+1)}$ 以及上一样本 $X^{(i)}$ 中的分量 $x_{j+1}^{(i)}$ 到 $x_n^{(i)}$，即 $p(x_j^{(i+1)}\mid x_1^{(i+1)},\cdots,x_{j-1}^{(i+1)},x_{j+1}^{(i)}\cdots,x_n^{(i)})$。

重复上述过程 k 次。

吉布斯采样中条件转移概率矩阵满足细致平衡条件，证明如下。

首先设样本 X 服从多元随机分布，参数为向量 $\theta\in\mathbb{R}^d$，d 可能非常大，设定先验分布为 $g(\theta_1,\theta_2,\cdots,\theta_d)$，此时对应生成边缘概率密度的吉布斯采样算法如下：

1）随机生成一个下标 $1\leqslant j\leqslant d$；

2）根据 $g(\theta_1,\cdots\theta_{j-1}\cdot\theta_{j+1}\cdots\theta_d)$ 生成 θ_j。

设 $x\sim_j y, x_i=y_i, i\neq j, \sim_j$ 为等价关系。设 p_{xy} 为马尔可夫链中从 x 转移到 y 的概率，则该转移概率定义为

$$p_{xy}=\begin{cases}\dfrac{1}{d}\dfrac{g(y)}{\sum\limits_{z\in\mathbb{R}^d:z\sim_j x}g(z)} & x\sim_j y\\ 0, & \text{其他}\end{cases}$$

此时由于 $\sim_j$ 为等价关系，有 $z\sim_j x$ 且 $x\sim_j y$，因此 $z\sim_j y$，有

$$g(x)p_{xy}=\frac{1}{d}\frac{g(x)g(y)}{\sum\limits_{z\in\mathbb{R}^d:z\sim_j x}g(z)}=\frac{1}{d}\frac{g(y)g(x)}{\sum\limits_{z\in\mathbb{R}^d:z\sim_j y}g(z)}=g(y)p_{yx}$$

从而该过程满足细致平衡条件。

8.3.5 拉普拉斯近似

在使用带正则项逻辑回归对点击率进行建模时，如假定参数权重服从高斯分布，且对应的协方差矩阵为对角矩阵，此时在计算上有以下优势。

- 在模型训练过程中，可以作为先验概率来更新模型权重，如代码清单 8-11 所示。
- 在汤普森采样中作为被采样概率分布使用。

代码清单 8-11 参数服从正态分布先验的逻辑回归

输入：正则化参数 $\lambda>0$

for t = 1,⋯,T do

get a new batch of training data (x_j, y_j), $j=1, \cdots, n$

$m_i \leftarrow 0$，$q_i \leftarrow \lambda$，{每个权重 w_i 相互独立且其先验分布为 $\mathcal{N}\left(m_i, \frac{1}{q_i}\right)$

$$\hat{w} \leftarrow \underset{w}{\operatorname{argmin}} \frac{1}{2} \sum_{i=1}^{d} q_i (w_i - m_i)^2 + \sum_{j=1}^{n} \log(1 + \mathrm{e}^{-y_j w^{\mathrm{T}} x_j}) \tag{8-20}$$

$$m_i \leftarrow \hat{w}_i \tag{8-21}$$

$$p_j \leftarrow \frac{1}{1 + \mathrm{e}^{-\hat{w}^{\mathrm{T}} x_j}}$$

$$q_i \leftarrow q_i + \sum_{j=1}^{n} x_{ij}^2 p_j (1 - p_j) \tag{8-22}$$

end for

此时应用于汤普森采样算法，其中每个参数对应的权重可以从其对应的后验正态分布 $\mathcal{N}\left(m_i, \frac{1}{q_i}\right)$ 中独立采样得到。

代码清单 8-11 中对应的公式推导如下。

设数据后验分布可以使用正态分布近似。设参数 $w \in \mathbb{R}^D$，参数的后验分布使用贝叶斯公式改写为

$$p(w \mid D) = \frac{p(D \mid w) p(w)}{p(D)} \propto p(D \mid w) p(w) = p(w, D)$$

其中 $p(D) = \int p(D \mid w) p(w) \mathrm{d}w$ 为常数项，使得后验概率归一化。

模型训练过程即求解如下公式：

$$\hat{w} = \underset{w}{\operatorname{argmax}}\, p(w \mid D) = \underset{w}{\operatorname{argmax}} \log(p(w, D))$$

通常我们通过最小化能量函数(energy)来训练模型，能量函数定义为

$$E(w)=-\log(p(w,D))$$

此时

$$\hat{w}=\underset{w}{\operatorname{argmin}}E(w)$$

在 $\hat{w}$ 附近（在能量最低点）对 $E(w)$ 进行泰勒展开可得

$$E(w)=E(\hat{w})+(w-\hat{w})^{\mathrm{T}}g+\frac{1}{2}(w-\hat{w})^{\mathrm{T}}H(w-\hat{w})$$

其中 g 是一阶梯度，$g=\left.\frac{\partial E(w)}{\partial w}\right|_{w=\hat{w}}$，$H$ 为二阶梯度，$H=\left.\frac{\partial^2 E(w)}{\partial w^2}\right|_{w=\hat{w}}$。由于 $\hat{w}$ 为最小化点，即一阶梯度为 0，因此有

$$E(w)\approx E(\hat{w})+\frac{1}{2}(w-\hat{w})^{\mathrm{T}}H(w-\hat{w})$$

此时

$$\hat{p}(w\mid D)\approx\frac{1}{p(D)}\mathrm{e}^{-E(\hat{w})}\,\mathrm{e}^{-\frac{1}{2}(w-\hat{w})^{\mathrm{T}}H(w-\hat{w})}$$

$$p(D)=\int\hat{p}(w\mid D)\,\mathrm{d}w=\mathrm{e}^{-E(\hat{w})}(2\pi)^{\frac{D}{2}}|H|^{-\frac{1}{2}}$$

其中 $p(D)$ 称为对边缘似然的拉普拉斯估计（Laplace Approximation），其中 $\hat{p}(w\mid D)$ 称为对后验概率的拉普拉斯估计。

对于单变量正态分布 $\mathcal{N}(\mu,\ \sigma^2)$，对应的能量函数为 $E_{\mathcal{N}}(w)=\frac{(w-\mu)^2}{\sigma^2}$，最值点为 $\hat{w}=\mu$，二阶导为 $H=\frac{1}{\sigma^2}$。推广到多元正态分布 $\mathcal{N}(\mu,\ \Sigma)$，对应的能量函数为 $E_{\mathcal{N}}(w)=\frac{1}{2}(w-\mu)^{\mathrm{T}}\Sigma^{-1}(w-\mu)$，对应最值点为 $\hat{w}=\mu$，对应协方差矩阵为 $\Sigma=H^{-1}$。此时 $\frac{1}{2}(w-\hat{w})^{\mathrm{T}}H(w-\hat{w})$ 对应式(8-20)右边第一项。

逻辑回归的似然函数为 $L(w)=\prod[p(x_i)]^{y_i}[1-p(x_i)]^{1-y_i}$，此时

$$\begin{aligned}E(w)&=-\log(p(w,D))\\&=-\sum[y_i\log(p(x_i))+(1-y_i)\log(1-p(x_i))]\\&=-\sum\left[y_i\log\left(\frac{p(x_i)}{1-p(x_i)}\right)+\log(1-p(x_i))\right]\\&=-\sum[-y_iw^{\mathrm{T}}x_i-w^{\mathrm{T}}x_i+\log(1+\mathrm{e}^{-w^{\mathrm{T}}x_i})]\end{aligned}$$

$$\left(\text{逻辑回归函数}(x)=\frac{1}{1+\mathrm{e}^{-w^{\mathrm{T}}x}}\right)$$

$$=-\sum\log[\mathrm{e}^{-y_iw^{\mathrm{T}}x_i}-\mathrm{e}^{w^{\mathrm{T}}x_i}+1+\mathrm{e}^{-w^{\mathrm{T}}x_i}]$$

$$=-\sum\log[1+\mathrm{e}^{-y_iw^{\mathrm{T}}x_i}]$$

因此$E(\hat{w})=-\sum\log[1+\mathrm{e}^{-y_i\hat{w}^{\mathrm{T}}x_i}]$对应式(8-20)右边第二项。此时最值点$\hat{w}$即为均值，对应式(8-21)，新的协方差为$\Sigma=H^{-1}$，而$H=\left.\frac{\partial^2E(w)}{\partial w^2}\right|_{w=\hat{w}}$。

此时$E(w)=-\sum[-y_iw^{\mathrm{T}}x_i-w^{\mathrm{T}}x_i+\log(1+\mathrm{e}^{-w^{\mathrm{T}}x_i})]$，求二次导保留最后一项，为

$$\frac{\partial^2E(w)}{\partial w^2}=-\frac{\partial^2}{\partial w^2}\sum[\log(1+\mathrm{e}^{-w^{\mathrm{T}}x_i})]$$

$$=-\frac{\partial}{\partial w}\sum\frac{-x_i\mathrm{e}^{-w^{\mathrm{T}}x_i}}{1+\mathrm{e}^{-w^{\mathrm{T}}x_i}}$$

$$=\frac{\partial}{\partial w}\sum x_i\left(1-\frac{1}{1+\mathrm{e}^{-w^{\mathrm{T}}x_i}}\right)$$

$$=\sum x_i^2\left(1-\frac{1}{1+\mathrm{e}^{-w^{\mathrm{T}}x_i}}\right)\frac{1}{1+\mathrm{e}^{-w^{\mathrm{T}}x_i}}$$

$$\left.\frac{\partial^2E(w)}{\partial w^2}\right|_{w=\hat{w}}=\sum x_i^2\left(1-\frac{1}{1+\mathrm{e}^{-\hat{w}^{\mathrm{T}}x_i}}\right)$$

对应式(8-22)右边的第二项。

按照设定$p(D\mid w)$与$p(w)$服从正态分布，均值相同，对应的协方差矩阵为对角矩阵，也即

$$p(D\mid w)=\frac{1}{\sqrt{(2\pi)^d|\Sigma_1|}}\mathrm{e}^{-\frac{1}{2}(w-\hat{w})^{\mathrm{T}}\Sigma_1{}^{-1}(w-\hat{w})}$$

$$p(w)=\frac{1}{\sqrt{(2\pi)^d|\Sigma_2|}}\mathrm{e}^{-\frac{1}{2}(w-\hat{w})^{\mathrm{T}}\Sigma_2{}^{-1}(w-\hat{w})}$$

则

$$p(w\mid D)=\frac{p(D\mid w)p(w)}{p(D)}$$

$$=\frac{\frac{1}{\sqrt{(2\pi)^d|\Sigma_1||\Sigma_2|}}e^{-\frac{1}{2}(w-\hat{w})^{\mathrm{T}}(\Sigma_1^{-1}+\Sigma_2^{-1})(w-\hat{w})}}{p(D)}\sim\mathcal{N}(\hat{w},(H_1+H_2)^{-1})$$

因此式(8-22)成立。

8.4 广告转化率预估

在 oCPM 等广告竞价方式中，广告主对转化目标出价，根据展示扣费，此时广告平台计算 eCPM 的公式为 $\mathrm{eCPM}=\mathrm{Bid}_{\mathrm{convert}}\times\mathrm{pCVR}\times\mathrm{pCTR}$，转化率 pCVR 因而特别重要。与点击率预估相比，转化数据回流延迟大，需要设定回流归因时间窗口(如 15 天)，只使用已归因的数据(已超过归因时间的数据，如 15 天之前的数据)进行模型训练。此时设定时间窗口会遇到两难的困境：

- 时间设定过短，一些样本被标记成负样本，但在未来即将完成转化，从而对模型训练形成干扰；
- 时间设定过长，模型训练无法捕获广告更新与用户行为更新(例如发生新的转化)，从而可能生成一个过时的模型。

因而需要对转化率与延迟回流分别进行建模，使用延迟模型来捕获点击与转化之间的延迟时间，同时两个模型进行联合训练来共享训练数据与部分参数。

延迟模型使用类似生存时间分析(survival time analysis)的技术。生存函数 S 定义为

$$S(t)=P(T>t)$$

其中 t 表示某个时间，T 为对应生存时间的随机变量，P 表示概率，生存函数就是生存时间 T 大于某个时间 t 的概率。例如所有人中寿命超过 50($t=50$)岁的概率对应为生存函数 $S(50)$ 的值。通常假定 $S(0)=1$，$S(\infty)=0$，若不符合该假定则不适用生存时间分析。因此 S 为单调非递减函数，t 越大，S 值越小。基于生存函数可以定义以下函数。

- 寿命分布函数(lifetime distribution function)，$F(t)=1-S(t)=P(T\leqslant t)$。
- 当寿命分布函数可微时，可以定义其导函数为 $f(t)=F'(t)=\frac{\mathrm{d}}{\mathrm{d}t}F(t)$，该函数又被称为事件密度，对应单位时间内死亡事件的发生率。生存函数可以使用 $f(t)$ 表达为 $S(t)=P(T>t)=\int_t^{\infty}f(u)\mathrm{d}u=1-F(t)$。对应的生存密度函数 $s(t)=S'(t)=\frac{\mathrm{d}}{\mathrm{d}t}S(t)=-f(t)$。

- 危险函数(hazard function) $\lambda(t)$ 定义为生存到时间 t 或以后的条件下，在时间 t 的事件发生率。设某个试验项已经生存了时间 t，则其不会再生存超过 $\mathrm{d}t$ 的概率为 $P(T\leqslant t+\mathrm{d}t \mid T>t)=\dfrac{P(t<T\leqslant t+\mathrm{d}t)}{P(T>t)}$，对应的发生率为 $\dfrac{P(T\leqslant t+\mathrm{d}t \mid T>t)}{\mathrm{d}t}$，危险函数定义为 $\lambda(t)=\lim\limits_{\mathrm{d}t\to 0}\dfrac{P(T\leqslant t+\mathrm{d}t \mid T>t)}{\mathrm{d}t}=\lim\limits_{\mathrm{d}t\to 0}\dfrac{P(t<T\leqslant t+\mathrm{d}t)}{\mathrm{d}t\cdot P(T>t)}=\dfrac{f(t)}{S(t)}=-\dfrac{S'(t)}{S(t)}$。函数 $\lambda(x)$ 当且仅当满足 $\begin{cases}\forall x\geqslant 0,\ \lambda(x)\geqslant 0\\ \int_0^{\infty}\lambda(x)\mathrm{d}x=\infty\end{cases}$ 时被称为危险函数。
- 累积危险函数(cumulative hazard function)定义为 $H(t)=\int_0^t\lambda(u)\mathrm{d}u=-\log(S(t))$，此时有 $S(t)=\mathrm{e}^{-H(t)}$。

引入延迟模型之前先做如下设定：

- 特征集合记为 X；
- $Y\in\{0,1\}$ 对应转化事件是否发生，0 对应未发生，1 对应发生；
- $C\in\{0,1\}$ 对应用户是否最终会发生转化行为，0 对应不会，1 对应会；
- D 对应点击和转化之间的延迟，如果 $C=0$ 则该值未定义(可以设置为-1 或其他不会出现的值)；
- E 对应点击之后的持续时间。

如果一个转化没有被观测到，可能是用户不会转化或者转化没有发生，也即如下公式成立：

$$Y=0\Leftrightarrow C=0 \quad 或 \quad E<D$$

如果转化事件已经发生，则 C 对应为 1，也即

$$Y=1\Rightarrow C=1$$

由于持续时间 E 仅仅影响 Y，因此给定 $X,(C,D)$ 的组合与 E 相互独立，也即

$$P(C,D \mid X,E)=P((C,D \mid X))$$

设定训练集对应为 (x_i,y_i,e_i,d_i)，$i=0,\cdots,N$，其中 N 为训练集样本条数。此时对应的转化率模型为 $P(C \mid X)$，对应的延迟模型为 $P(D \mid X,C=1)$，均为广义线性模型。第一个模型为标准的逻辑回归模型：

$$P(C=1 \mid X=x)=p(x)=\frac{1}{1+\mathrm{e}^{-w_c\cdot x}}$$

假定延迟 D 服从先验指数分布，第二个模型为延迟的指数分布模型：

$$P(D=d \mid X=x, c=1)=\lambda(x) \mathrm{e}^{-\lambda(x) \cdot d}$$

此时也可以设定其他先验分布。其中 $\lambda(x)$ 为生存时间分析中对应的危险函数，为了保证 $\lambda(x)>0$，设定 $\lambda(x)=\mathrm{e}^{w_d \cdot x}$，因此模型对应的可训练参数为 w_c 和 w_d。

此时一个转化事件的概率为

$$\begin{aligned}
P(Y=1, D=d_i \mid X=x_i, E=e_i) &= P(C=1, D=d_i \mid X=x_i, E=e_i) \\
&= P(C=1, D=d_i \mid X=x_i) \\
&= P(D=d_i \mid X=x_i, C=1) P(C=1 \mid X=x_i) \\
&= \lambda(x_i) \mathrm{e}^{-\lambda(x_i) \cdot d_i} p(x_i)
\end{aligned}$$

未观测到转化事件的概率为

$$\begin{aligned}
P(Y=0 \mid X=x_i, E=e_i) = & P(Y=0 \mid C=0, X=x_i, E=e_i) P(C=0 \mid X=x_i) + \\
& P(Y=0 \mid C=1, X=x_i, E=e_i) P(C=1 \mid X=x_i)
\end{aligned}$$

而延迟转化的概率为

$$\begin{aligned}
P(Y=0 \mid C=1, X=x_i, E=e_i) &= P(D>E \mid C=1, X=x_i, E=e_i) \\
&= \int_{e_i}^{\infty} \lambda(x) \mathrm{e}^{-\lambda(x) \cdot t} \mathrm{d}t \\
&= \mathrm{e}^{-\lambda(x) \cdot e_i}
\end{aligned}$$

同时有 $P(Y=0 \mid C=0,\ X=x_i,\ E=e_i)=1$，因此未观测到转化事件的概率为

$$P(Y=0 \mid X=x_i, E=e_i)=1-p(x_i)+\mathrm{e}^{-\lambda(x) \cdot e_i}$$

定义负对数似然为

$$L(w_c, w_d)=-\sum_{i, y_i=1} \log(p(x_i))+\log(\lambda(x_i))-\lambda(x_i) \cdot d_i$$

对应的优化目标为

$$\underset{w_c, w_d}{\operatorname{argmin}} L(w_c, w_d)+\frac{\mu}{2}(\|w_c\|_2^2+\|w_d\|_2^2)$$

其中第二项是正则化项。

8.5 本章小结

本章首先介绍了广告系统中的预估子系统，包括预估模型数据处理、常用的模型评价方法与指标、常用的模型训练方法，包括逻辑回归、参数服务器、深度学习方法等，然后介绍了新广告点击率预估的常用技术以及转化率预估中特有的转化延迟建模。

推荐阅读

深入浅出
图神经网络
GNN原理解析

Deep Learning and Image Recognition
Principle and Practice
深度学习与图像识别
原理与实践

Natural Language Processing
Python自然语言处理实战
核心技术与算法

Face Recognition with Python
Python人脸识别
从入门到工程实践

Dive into AutoML and AutoDL
深入理解
AutoML和AutoDL
构建自动化机器学习与深度学习平台

Python Deep Learning with TensorFlow
Python深度学习
基于TensorFlow

Python3智能数据分析
快速入门

MXNet Deep Learning in Action
MXNet
深度学习实战
计算机视觉算法实现

Deep Learning with Python and PyTorch
Python深度学习
基于PyTorch